"十二五"江苏省高等学校重点教材
（编号：2014-1-089）

职业教育
心理学新论

ZHIYE JIAOYU
XINLIXUE XINLUN

崔景贵　蒋　波　主编

南京大学出版社

图书在版编目(CIP)数据

职业教育心理学新论 / 崔景贵,蒋波主编. —南京：南京大学出版社，2020.11
　　ISBN 978-7-305-23916-8

　　Ⅰ.①职… Ⅱ.①崔… ②蒋… Ⅲ.①职业教育－教育心理学－高等学校－教材 Ⅳ.①G710

中国版本图书馆 CIP 数据核字(2020)第 217589 号

出版发行	南京大学出版社
社　　址	南京市汉口路 22 号　邮　编　210093
出 版 人	金鑫荣

书　　名	职业教育心理学新论
主　　编	崔景贵　蒋　波
责任编辑	王其平　　　　　编辑热线　025-83596923
照　　排	南京紫藤制版印务中心
印　　刷	南京京新印刷有限公司
开　　本	787×960　1/16　印张 25.5　字数 417 千
版　　次	2020 年 11 月第 1 版　2020 年 11 月第 1 次印刷
ISBN	978-7-305-23916-8
定　　价	65.00 元

网址：http://www.njupco.com
官方微博：http://weibo.com/njupco
官方微信号：njupress
销售咨询热线：(025)83594756

＊ 版权所有，侵权必究
＊ 凡购买南大版图书，如有印装质量问题，请与所购 图书销售部门联系调换

目 录

第一章 绪论 ·· 1
  第一节 教育与心理学 ··· 1
  第二节 教育心理学与教师专业化 ·· 8
  第三节 职业教育心理学的发展 ··· 12
  第四节 职业教育心理学的研究 ··· 21

第二章 心理发展与职业教育 ··· 32
  第一节 人的心理发展的基本理论 ·· 32
  第二节 心理发展与职业教育的相互依存 ······································· 41
  第三节 树立科学的职校学生心理发展观 ······································· 45

第三章 职校学生的心理发展 ··· 50
  第一节 职校学生的心理特征 ·· 50
  第二节 职校学生的心理问题 ·· 57
  第三节 职校学生的心理潜能 ·· 70

第四章 职校学生的心理辅导 ··· 75
  第一节 心理健康概述 ·· 75
  第二节 职校学生心理辅导的专业技术 ·· 83
  第三节 职校学生心理辅导的基本原则 ·· 88

第五章　职校学生的学习心理 · 91
第一节　学习心理概述 · 91
第二节　学习理论的主要心理流派 · 97
第三节　激发和培养职校学生的学习动机 · 110
第四节　职校学生的学习差异与因材施教 · 126

第六章　职校学生的职业理论学习 · 131
第一节　职业理论学习的心理目标 · 131
第二节　职业理论的知识学习与能力发展 · 133
第三节　促进职业理论学习的心理策略 · 137
第四节　职业理论学习迁移 · 165

第七章　职校学生的职业技能学习 · 174
第一节　职业技能概述 · 174
第二节　职业技能学习的心理过程 · 177
第三节　职业技能练习的心理规律 · 179
第四节　职业技能练习的基本策略 · 184
第五节　错误职业技能的矫正策略 · 188

第八章　职校学生的技能竞赛心理 · 193
第一节　职校学生技能竞赛常见的心理现象 · 193
第二节　职校学生技能竞赛与系统心理训练 · 199
第三节　职校学生技能竞赛的心理训练策略 · 204

第九章　职校学生的职业品德心理 · 213
第一节　职业品德心理概述 · 213
第二节　制约职业品德形成的心理因素 · 217
第三节　职校学生职业品德教育策略 · 219
第四节　矫正不良职业品德的心理技术 · 226

第十章　职校学生的职业心理素养 ……………………………… 231
- 第一节　职校学生的职业心理素养概述 ……………………… 231
- 第二节　职校学生的职业兴趣分析与培养 …………………… 237
- 第三节　职校学生的职业情感类型与调适 …………………… 242
- 第四节　职校学生的职业价值观与教育 ……………………… 245

第十一章　职校学生的职业心理适应 …………………………… 253
- 第一节　职校学生的职业适应概述 …………………………… 253
- 第二节　职校学生的职业能力训练 …………………………… 259
- 第三节　职校学生的专业实习心理 …………………………… 261
- 第四节　职校学生的职场人际交往 …………………………… 268

第十二章　职校学生的职业心理发展 …………………………… 273
- 第一节　职业生涯规划概述 …………………………………… 273
- 第二节　职校学生的自我认知与辅导 ………………………… 280
- 第三节　职校学生的职业认知与辅导 ………………………… 285
- 第四节　职校学生的职业决策与辅导 ………………………… 288

第十三章　职校教师的心理素养 ………………………………… 294
- 第一节　职校教师的专业角色 ………………………………… 294
- 第二节　职校教师的心理素质 ………………………………… 299
- 第三节　职校教师的角色技能 ………………………………… 305
- 第四节　职校师生关系的心理分析 …………………………… 310

第十四章　职校教师的职业心理成长 …………………………… 315
- 第一节　职校教师的职业成长 ………………………………… 315
- 第二节　职校教师的职业倦怠 ………………………………… 319
- 第三节　职校教师的心理健康 ………………………………… 325

第十五章　职校教育教学过程的心理管理 ……………………… 331
- 第一节　职校班集体的心理建设 ……………………………… 331

第二节　职校课堂氛围的心理调控 ··· 337
　　第三节　职校师生关系的心理调适 ··· 343

第十六章　职业教育教学系统的心理设计 ·································· 348
　　第一节　职业教育教学目标的心理设计 ····································· 348
　　第二节　职业教育教学内容的心理设计 ····································· 355
　　第三节　职业教育教学方法的心理设计 ····································· 361
　　第四节　职业教育教学评价的心理设计 ····································· 369

第十七章　职教行动导向教学范式的心理建构 ······························ 377
　　第一节　职教行动导向教学范式的心理基础与目标 ··························· 377
　　第二节　职教行动导向教学范式的心理过程与角色 ··························· 380
　　第三节　职教行动导向教学范式的心理特征与原则 ··························· 383

参考文献 ·· 390

后　记 ·· 398

第一章　绪论

心理科学理论是职业教育理论建构和实践探索的基础。德国教育家赫尔巴特早就提出:"教育学作为一门科学,是以实践哲学和心理学为基础的。前者说明教育的目的;后者说明教育的途径。""教育者的第一门科学,虽然远非其科学的全部,也许就是心理学。"[①]俄国教育家乌申斯基在1867年发表的《教育人类学》第一卷中,提出"心理学就其对教育学的应用和对教育者的必要性方面来说,当然站在一切科学的首位"的著名论断。学习和研究职业教育心理学,有利于职业学校教师运用科学的心理学理论指导职业教育实践,把握规律性,增强自主性,富有时代创造性,具有科学预见性,实现自身的专业化发展。

第一节　教育与心理学

教育心理学是心理科学与教育相结合的产物,是"研究学校教育情境中学与教的基本心理学规律的科学"。[②] 这门学科主要是揭示学生学习与教师教育的心理学规律。它的研究直接针对学校教育,为学校教育实践服务,其研究课题、资料和数据也直接从学校教育实践中获得。

一、教育心理学的研究对象

教育心理学既有社会科学的知识,也有自然科学的知识。一方面它同普通

---

① [德] 赫尔巴特.普通教育学·教育学讲授纲要[M].李其龙,译.北京:人民教育出版社,1989:190,11.
② 邵瑞珍.教育心理学(修订本)[M].上海:上海教育出版社,1997:12.

心理学、发展心理学、生理心理学、社会心理学等有着密切的联系和交叉,另一方面也和教育学、教学论、教材教法、教学技术等学科有着密切的联系和交叉,同时,它还运用系统论、信息论、控制论的观点和神经学、数学、统计测量学等自然科学的理论和方法来研究。因此,它是以哲学、社会科学观点作指导,以自然科学方法为手段,以解决教育实际问题为目的,以心理科学和教育科学交叉为内容的应用性学科。

美国心理学家桑代克依据学习的实验和测验研究所得的资料,在1903年出版了《教育心理学》一书,后于1913—1914年扩展为《人的本性》《学习心理》《个别差异及其起因》三大卷。桑代克是教育心理学中划时代的人物,提出了系统的教育心理学思想和完整的学习理论,奠定了西方教育心理学发展的基础,其观点也成为20世纪20年代前后教育心理学研究的主要课题,并支配西方教育心理学理论和实践研究长达50年之久。正如格瑞德(Grinder, R F, 1989)在《教育心理学的未来》一书中所指出的:"桑代克的三卷本《教育心理学》的出版,使教育心理学中概念的进展在随后的近半个世纪中停留于这一高原之上。"桑代克是当之无愧的教育心理学的"鼻祖",他使教育心理学的发展处于历史发展的第一个鼎盛时期。

桑代克最早在他的《教育心理学》中指出,教育心理学是研究人类在未受教育以前的本性,这种本性通过学习与教育如何发展变化的,个性的差异是怎样造成的。西方大都倾向于把教育心理学定义为学校情景中教与学或学与教中的心理与行为的研究,分歧在于学与教中什么问题应成为主要研究内容。苏联把教育心理学定义为"研究教学和教育的心理学规律"的学科。国内教育心理学界的一般看法是:"研究学校教育过程中学生的学与教师的教的基本心理规律的科学,其中学生学习的心理学规律是研究的主要方面。"

教育心理学作为一门独立学科的时间并不长。一般认为它经历了初创期(20世纪20年代以前)、发展期(20年代末到50年代末)、成熟期(60年代到70年代末)和完善期(80年代以后)等四个时期。在教育心理学的研究过程中,有两条基本线索,一条是在实验室中研究动物和人类的学习规律,另一条是在真实的学校和社会情景中探究人类学习的规律,研究如何改进教和学。

20世纪教育心理学的发展,主要经历了两条道路,其一是上半世纪由机能主义向行为主义的发展,其二是下半世纪由格式塔学派向认知学派的转变。纵观教育心理学发展的整个过程,不难看出,教育心理学的发展规律大致有以下几点:(1)从"S-R"范式转向认知范式;(2)从强调学生被动学习转向强调学生主动学习;(3)从学习问题研究转向教学问题研究;(4)从实验室纯理论研究转向教育情境中的实际应用研究;(5)从理论的狭隘、零散转向理论的完善、整合。[①]

二、教育心理学的研究成果

教育心理学的每一次进步都会给教育带来巨大变革。杜威以儿童为中心、以活动为中心的思想,开辟了教育史上"进步教育"的新篇章;由斯金纳的操作条件反射理论产生了程序教学的新模式,使学习更能个别化、主动化和操作化,也奠定了当今计算机辅助教学的基础;人本主义心理学的学习理论,更是开拓了探索教育规律的新途径,引起了整个教育观念的变革:教育要以学习者为中心,教学的基本目的是帮助学生发展其积极的"自我概念",教师是发展的促进者、鼓励者和帮助者,情感教育是教学的基本动力,教学是一种知情协调活动。

苏联教育心理学家维果茨基的非常有影响的最近发展区理论。维果茨基提出了发展性教学的理论,认为教学要考虑学生的两种发展水平:一是个体在独立活动中目前已经达到的解决问题的水平,即"现有的发展水平";二是在他人的指导帮助下所能达到的解决问题的水平,即"可能的发展水平"。这种可能的发展水平,实际上就是教育目标,这两者之间的差距就是所谓的最近发展区。教学就是着眼于、落实于最近发展区,教育就是实现"最近发展区"的过程。也就是说,教学不仅要依据儿童已经达到的心理发展水平,而且要预见到今后的心理发展,即教学要走在发展的前面,而不是迁就原有水平。只有这样,教学才能带动、加速发展。最近发展区理论对教师根据学生的原有基础确定合适的发展目标具有直接的指导意义。

赞可夫依据这一思想进行教学改革,其改革的指导思想是"以最好的教学效果达到学生最理想的发展水平"(赞可夫,1980)。为此,他提出了教学的5条

---

① 张卿.学与教的历史轨迹:20世纪的教育心理学[M].济南:山东教育出版社,1995:5.

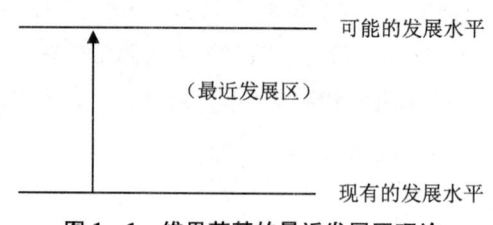

图 1-1 维果茨基的最近发展区理论

原则:(1)提高教学的难度;(2)提高教学的速度;(3)使学生依据理论指导行动;(4)使学生理解学习;(5)使所有学生得到发展。

沃尔勃格(1992)通过广泛的引文分析,调查了近年来许多有关教育心理学方面的书和杂志的中心议题,概括出了当前教育心理学研究的8个热点和前沿,主要集中于以下4个教育心理学研究领域:(1)阅读理解和写作教学,关注于鼓励学生确定目标,促进他们自身的进步,并且在必要时运用不同的策略;(2)归因研究,关注于归因的模式、动机、情绪及教师的期望,学生的表现等;(3)正式教育的发端问题,关注于严重缺陷学生进入正式课堂学习的问题;(4)有关教育研究的历史观点,以及社会对教育的期望,这些期望对学习和教学行为的影响途径等。[1]

布鲁纳在1994年美国教育研究会的专题特邀报告中,总结了教育心理学十几年来的研究成果,主要表现在4个方面:(1)主动性,研究如何使学生主动参与教-学过程,对自身的心理活动作更多的控制;(2)反思性,指从内部理解所学内容的意义,研究元认知和自我调控的学习,过去是讲学习的传递,现在是讲知识的建构和获得;(3)合作,共享教-学中所涉及的人类资源,重视在一定背景下组织起来一起学习,如同伴辅导、合作学习、交互式学习等,把个人的科学思维与同伴合作相结合;(4)社会文化对学习的影响,即任何学习的发生都不是在白板上进行,而是在文化背景上建构而产生。[2]

20世纪80年代以来,伴随着心理科学的迅速恢复和发展,我国教育心理学领域出现了较为繁荣的景象,一批专家学者在积极引进、介绍、消化国外现代教

---

[1] Wallberg H J, Heartel G D. Educational psychology's first century[J]. Journal of Educational Psychology, 1992, 84(1):13-15.

[2] 陈琦,刘儒德.当代教育心理学[M].北京:北京师范大学出版社,1997:15.

育心理学思想和理论的同时,结合我国国情需要和教育实际,深入研究,积极探索,初步形成了比较系统的、独具特色的教育心理理论,有代表性的是:(1)华东师大邵瑞珍教授主持的"知识分类学习与教学理论及其技术"的研究;(2)北京师大冯忠良教授主持的"结构-定向教学理论"研究与林崇德教授关于"智力与智力培养"的研究;(3)东北师大郭占基教授主持的"中小学生成就动机"和"自我效能感"的研究。可以看出,更为重视与我国教育实际紧密相关的重大课题研究,研究的计划性、系列性、集团化与专题化倾向日益明显,这将进一步成为我国教育心理学的一种发展趋势。

三、教育心理学的发展趋势

20世纪后20年,我国教育心理学的发展趋势存在以下几方面比较明显的特点:(1)扩大了教育心理学研究的范围;(2)重视应用教育实践的研究、实验,对于填平与教育实践之间的鸿沟的研究显示出极大兴趣,不再注意理论争论问题和心理学史;(3)把最新的社会心理学的成果吸收到教育心理学体系中来的比例呈上升趋势;(4)注意和重视师生之间的关系,更加重视教师在教学指导中的作用和职能;(5)教育心理学研究队伍的素质有很大的提高,在研究方法上更加严谨、科学,采用量表和实验研究方法更严密,数理统计更科学化;(6)借鉴国外研究成果的同时,开始提出自己理论的设想,比如品德研究中的"环形定型结构"、教学模型的构想,而且出现了许多新课题的研究,如学习策略的研究、自控能力的研究、民族心理及跨文化的研究。[①]

我国教育心理学在研究方向和发展趋势方面很大程度上受国外教育心理学,特别是受美国教育心理学的深刻影响。美国教育心理学专家根据他们近期的研究现状而总结出的研究与发展趋势是:有关教育心理研究的自然观察方法论(informal eyeball methodology)思想占统治地位。这主要体现在4个方面:(1)在活跃的认知加工领域中,"问题解决"的深入、细致的研究;(2)在教育情境中的动机与社会认知研究;(3)能力和策略的个性差异及其与之有关的元认知的研究;(4)写作与修改技能获得的研究。[②]

---

① 章永生.教育心理学[M].石家庄:河北教育出版社,1996:26.
② Levin J R. Things you should know about[J].The Journal of Education Psychology, 1994, 86:3-5.

回顾总结20世纪教育心理学的历史发展,我们可以对教育心理学的未来作出预测:(1) 教育心理学研究将更加关注教育实际中存在的一系列问题,使其研究领域进一步扩展,如学科心理学研究将逐步开展,研究的问题不再是人们如何学习,而是人们如何学习写作,如何学习计算,如何学习阅读等;(2) 学习策略、教学策略、问题解决策略研究将更加深入;(3) 学习动机、学生与学习情境间的相互作用认知研究将得到加强;(4) 年龄特点、个别差异及测量研究将重新兴起;(5) 教育心理学的理论体系将进一步完善。内容上将包含有关学习理论、教学理论、动机理论、发展理论、教育社会心理理论相互联系的五大块,理论观点上除了认知观之外,还将吸收行为主义、人本主义、精神分析等心理流派、理论学说的精华,来充实教育心理学的理论体系。[①]

21世纪的教育心理学不可避免地要面临着一些新问题,出现某些新的研究取向。这些取向主要表现在以下10个方面:(1) 教育心理学学科性质的探讨;(2) 个别差异成因的研究;(3) 教育心理学中的基本心理现象的分析;(4) 获得与迁移研究的复兴;(5) 自然科学与数学模型的借鉴;(6) 从个体模式向社会文化模式的转变;(7) 注重学科内容,强调学科特殊心理规律的研究;(8) 使教育心理学的理论与研究适合不同群体的需要;(9) 在教育改革中扮演积极角色;(10) 确立教育心理学的核心,寻求统一的理论模式。这其中前五个方向表现了教育心理学的继承性,后五个方向则是一种创新,表现了教育心理学的变革性。[②]

20世纪80年代以来,国内外教育心理学研究存在着以下几个趋势:(1) 在理论思想方面,外因论和机械论逐渐被克服;(2) 实验采用心理模拟法;(3) 理论研究与实际研究相结合;(4) 在传统理论及课题基础上提出了许多新的理论、研究课题与方法,如认知理论、构造观点、累积学说、内化学说、信息加工模式等;(5) 微观研究与宏观研究相结合;(6) 分析性研究与综合性研究相结合;(7) 定量研究与定性研究相结合。[③]

如何理解和把握当代教育心理学在未来时代的研究与发展呢?我们可以从三个方面表达对这个问题的理解:(1) 教育心理学的独立性发展;(2) 教育心

---

① 张卿.学与教的历史轨迹:20世纪的教育心理学[M].济南:山东教育出版社,1995:355-356.
② 叶浩生.21世纪教育心理学的十大研究方向[J].教育研究与实验,1997,(1):46-51.
③ 冯忠良,伍新春,姚梅林,等.教育心理学[M].北京:人民教育出版社,2000:28.

理学研究课题的变化,如对教师与教学过程、教师角色模型、教师与学生之间的关系、伴随课堂学习而发生的社会学习、专家认知系统与学生学习策略、自控学习与学习者自我调节过程及自我效能等研究课题的重视和关注;(3)心理学新理论的启发与影响,如加德纳的"多元智力理论"和戈尔曼的"情感智能理论"("EQ"理论),透视着一种文化心理学的意义和潜在价值,同样包含或者说迎合着当代教育心理学研究的发展趋势。①

当前,我们要深入研究教育心理学的学科性质、特点和学科地位,科学确定教育心理学的学科结构体系和基本内容。教育观念的嬗变如社会的教育化和教育的社会化,必然对教育心理学的理论体系提出更高的要求,教育心理学必须改变自己的研究思路,深入地自我改革、自我完善,从单一的以学校教学心理为主的模式走向更加宽泛的社会化模式。当代教育心理学的这种变革主要体现在三个方面:(1)宗旨的变化,现代化要求教育心理学眼界开阔,树立更远大目标,以人力资源开发为其新宗旨;(2)内容的社会化,即应当从人的社会适应角度重新安排教育心理学的内容体系,如重视学生社会技能的培养,加强对学生心理健康和问题行为的研究,重视个体差异的研究;(3)研究扩大到人的一生发展,除了研究与早期教育、学校教育有关的心理问题外,还要研究与成年教育甚至与老年人教育有关的心理问题。②

国内外学者关于当代教育心理学现状与发展趋向的研究,可以给我们带来许多思考和启示。③(1)在指导思想上,我国教育心理学的研究与发展将继续坚持"三个面向",即"面向现代化、面向世界、面向未来"。(2)在研究理念上,我国教育心理学将坚持以"实"为本,实现"四化",即坚持联系实际、体现实用、突出实践、注重实效;实现研究对象全人化、研究策略整合化、研究手段现代化、研究队伍多元化。(3)在发展取向上,我国教育心理学将努力实现"四个统一",即科学性与思想性相统一,理论应用与实践探索相统一,继承性与创新性相统一,本土化与国际化相统一。

---

① 高岚,申荷永.教育心理学若干发展趋势探析[J].教育研究与实验,2000,(5):50-54.
② 刘翔平.适应现代化社会,改革传统的教育心理学体系[J].教育研究与实验,1996,(3):42-45.
③ 崔景贵.当代教育心理学现状与发展研究[J].云南师范大学学报(教育科学版),2002,(1):1-3.

第二节 教育心理学与教师专业化

现代心理科学的理论研究,从不同的角度向我们揭示了人类,特别是青少年学生心理发展的动力、结构、程序等,为现代教育提供了内在的根据。心理学的每一次前进,心理科学理论的每一次发展,比如,多元智能理论、最近发展区理论、自我实现理论、大五人格理论、需要层次理论,都会在教育领域留下自己的足迹,促成教育观念或教育实践在某一方面的局部的甚至整体的变革。教育和教育科学的发展,离不开心理学的发展,这已经成为一个常识性的问题,对于教师专业化来说尤其如此。教师必须自觉地运用现代心理科学的研究成果,敏锐地把握心理科学理论的新进展,并把它作为一个重要的理论基础。没有这个基础,教师专业化发展将会失去它的特有的本质和应有的效能。

一、教师成长与发展的心理历程

(一)教师成长的基本阶段

自从踏上教师的工作岗位,每个人都有一个成长的过程,教师在不同的成长阶段所关注的问题各不相同。根据国外有关教师教育的研究(Venman, 1984),新教师一般关心以下八个问题:课堂纪律、激发学生学习动机、因材施教、评价学生的学习、与家长的关系、教学组织和管理、备课不充分和处理学生的个别问题。福勒和布朗(Fuller & Brown)根据教师的需要和不同时期所关注的焦点问题,把教师的成长划分为关注生存、关注情境和关注学生三个不同阶段。[①]

1. 关注生存阶段

刚走上工作岗位的新教师,都非常关注自己的适应性,最担心的问题是:"学生是否能听我的?""我能胜任自己的工作吗?""同事们如何看我?""是否能获得领导的认可?"……他们往往把大量的时间都花在如何管理和控制学生上,

---

[①] 张大均.教育心理学[M].北京:人民教育出版社,1999:340.

而不是重点关注如何教他们。这可能是由于教师过分看重校方或同事对自己的评价。

2. 关注情境阶段

经过若干年的适应,教师感到自己完全能够生存(站稳了脚跟)时,便把关注的焦点投向提高学生的成绩上,即进入了关注情境阶段,教师关心的是如何教好每一堂课,关心诸如班级的大小、时间的压力和备课材料是否充分等与教学情境有关的问题。

3. 关注学生阶段

当教师顺利地适应了前两个阶段后,成长的下一个目标便是关注学生。在这一阶段,教师将考虑学生的个别差异,认识到不同发展水平的学生有不同的需要,某些教学材料和方式不一定适合所有学生,因此教师要因材施教。自觉关注学生、因材施教是一个教师成长成熟的重要标志。

(二)专家型教师

所谓专家型教师,是指那些在教学领域中具有丰富的和组织化了的专门知识,能高效地解决教学中的各种问题,具有敏锐的洞察力和创造力的教师。[1]

根据上述界定,专家型教师主要具有以下三个方面的基本特征:

第一,具有丰富的组织化的专门知识并能加以有效运用。

第二,教学领域内问题解决的效率较高。他们善于利用认知资源;善于监控自己的认知执行过程,对教学过程能进行有效的反思;善于"节约"认知资源并再投入到更高水平的认知活动中,在解决问题时专家型教师会不断探寻更新更为有效的方法。

第三,专家型教师善于创造性地解决问题,有很强的洞察力。创造性问题解决中的"洞察力"与斯腾伯格等提出的认知的"选择性编码""选择性联合""选择性比较"是相对应的。选择性编码旨在区分与问题解决相关的信息和无关的信息;选择性联合以有利于问题解决的方式将一些信息结合起来,如两项信息分开是不相关的,而联系起来考虑对于解决手边的问题却是相关的;选择性比较涉及将所有在另一个背景中获得的信息运用到手边的问题解决上来。基于选择性比较的洞察力是通过注意,找出相似性,运用类推来解决问题。

---

[1] 张大均.教育心理学[M].北京:人民教育出版社,1999:342-345.

二、教师专业化发展的基本途径

（一）教学观摩

对优秀教师的课堂进行教学观摩和分析，可分为组织化观摩和非组织化观摩。组织化观摩是有计划、有目的的观摩，非组织化观摩则没有这些特征。一般来说，为培养提高新教师和教学经验欠缺的年轻教师宜进行组织化观摩，这种观摩可以是现场观摩（如组织听课），也可以观看优秀教师的教学录像。非组织化观摩要求观摩者有相当完备的理论知识和洞察力，否则难以达到观摩学习的目的。通过观摩分析，学习优秀教师驾驭专业知识、进行教学管理、调动学生积极性等方面的教育机智和教学能力。

（二）微型教学

微型教学（microteaching），是指以少数学生为对象，在较短的时间内（5～20分钟），尝试小型的课堂教学，可以把这种教学过程摄制成录像，课后再进行分析。这是训练新教师、提高教学水平的一条重要途径。其基本程序如下[①]：(1)选择特定的教学行为作为着重分析的问题；(2)观看有关的教学录像，指导者说明这种教学行为具有的特征，使新教师能理解要点；(3)新教师制定微型教学计划，以一定数量的学生为对象，实际进行微型教学，并录音或录像；(4)和指导者一起观看录像，分析自己的教学行为是否恰当，考虑改进行为的方法；(5)在以上分析和评论的基础上，考虑改进教学方案；(6)进行以另外的学生为对象的微型教学，并录音录像；(7)和指导教师一起分析第二次微型教学。

微型教学使教师分析自己的教学行为更加直接和深入，增强改进教学的针对性，因而往往比正规课堂教学的经验更有效。

（三）教学反思

通过反思训练来提高教师的教学水平，是近年来教师心理研究的一个重要课题。反思是教师分析自己做出的某种行为、决策以及所产生的结果的过程，是一种通过提高参与者自我觉察水平来促进能力发展的手段。

教学反思可以是个体在教学行为完成之后对自己的行动、想法和做法的反

[①] 张大均.教育心理学[M].北京：人民教育出版社，1999：346.

思(reflection-on-action),也可以是在活动中的反思(reflection-in-action),目的都是为了总结经验来指导和改进以后的活动(reflection for action)。

教学反思可分为以下四个环节[①]。

1. 具体体验阶段

教师意识到问题的存在,明确问题情境。一旦教师意识到问题,就会产生认知冲突,并试图改变这种状况。教师意识到自己在活动中的问题与不足,这是对个人能力、自信心的一种威胁,往往并不容易,作为教师反思活动的促进者,要创设宽松、信任、合作的气氛,帮助教师看到自己的问题所在。

2. 觉察分析阶段

教师广泛收集有关自己教学行为的信息,以批判的眼光反观自身,包括自己的思想、行为、信念、价值观、目的、态度和情感等,明确问题的根源所在,使教师对问题情境形成更为明确的认识。

3. 重新概括阶段

在观察分析的基础上,教师审视自己已有观念并积极寻找新思想与新策略来解决面临的问题。

4. 积极验证阶段

通过实际尝试或角色扮演检验以上阶段所形成的新思想、新策略(即有效的教学行为假设)。在检验的过程中,教师会遇到新的具体经验,从而又进入下一轮具体体验阶段,开始新的循环。

布鲁巴奇(Brubacher,J W,1994)提出了四种反思的方法[②]:(1)反思日记。在一天教学工作结束后,要求教师写下自己教学的成败得失、经验教训,并与指导教师共同分析。(2)详细描述。教师相互观摩彼此的教学,详细描述他们所看到的情景,教师们对此进行讨论分析。(3)交流讨论。来自不同学校的教师聚集在一起,首先提出课堂上发生的问题,然后共同讨论解决的办法,最后得到的方案为所有教师及其他学校所共享。(4)行动研究。为了改进自己的教学行动,教育行动者(教师)在教育行动中研究教育行动的方法。

---

① 张大均.教育心理学[M].北京:人民教育出版社,1999:18-20.
② 伍新春.高等教育心理学[M].北京:高等教育出版社,1999:61.

第三节 职业教育心理学的发展

职业教育心理学是心理学与职业教育相结合的产物,是教育心理学的一个重要分支。现代职业教育心理学不再是心理学理论的职业教育学延伸,而是以心理学为指导来研究职业教育领域现实的教与学的问题,因此,我们可以把职业教育心理学理解为研究职业学校教育情境中学与教的基本心理学规律的一门应用科学。

20世纪80年代以来,伴随着我国职业教育和心理学事业的快速发展,职业教育心理学也有了引人注目的发展,出现了较为繁荣的景象:研究队伍不断扩大,研究课题逐渐开展,出版了一些各具特色、有代表性的职业教育心理学研究成果。[①] 这些著作为我们了解职业教育心理学的学科意识、发展历程、理论成果、结构体系等提供了大量的信息资料,为职业教育心理学构建了理论体系的初步框架,奠定了较好的学科基础。

但从总体上看,我国职业教育心理学的发展现状不容乐观,发展速度缓慢,发挥作用不大,问题比较突出。理性反思与科学建构是新兴学科发展与成熟的关键。一门学科只有在把自身也作为一个问题提出来的时候,它才开始走向成熟。职业教育心理学应当能够通过不断反身自观而获得可持续发展。我们有理由追问21世纪我国职业教育心理学该向何处去,又该如何去的问题,更有责

[①] 主要有张燕逸主编的《职业心理学》(延边大学出版社,1987年)、黄强、张燕逸、武任恒主编的《职业技术教育心理学》(天津人民出版社,1991年)、刘重庆、崔景贵主编的《职业教育心理学》(立信会计出版社,1998年)、郑日昌、伍新春主编的《职业技术教育心理学》(北京师范大学出版社,1999年)、杨广兴、赵欣、黄强主编的《职业教育心理学》(现代知识出版社,香港,2000年)、刘德恩等著的《职业教育心理学》(华东师范大学出版社,2001年)、崔乃林、邹培明主编的《职业技术教育心理学》(高等教育出版社,2001年)、王国华、刘合群主编的《职业教育心理学》(广东高等教育出版社,2005年)、崔景贵主编的《职业教育心理学导论》(科学出版社,2008年)、曾玲娟主编的《职业教育心理学》(北京师范大学出版社,2010年)、卢红、李利军主编的《职业教育心理学》(华东师范大学出版社,2010年)、夏金星主编的《职业教育心理学专题》(北京师范大学出版社,2012年)、谭静、温卫宁主编的《职业教育心理学》(广西师范大学出版社,2013年)、胡克祖主编的《职业教育心理学》(中国人民大学出版社,2018年)、崔景贵主编的《现代职业教育心理学:积极范式的实证研究》(知识产权出版社,2018年)等。

任从策略建构的角度作出理性的回答。①

一、职业教育心理学发展的问题

与职业教育改革和发展实践的要求、国际职业技术教育的发展形势相比，我国职业教育心理学还存在不小的差距。② 在实际工作和理论研究中，有关职业教育心理学现状的几种形象比喻，从侧面说明国内职业教育心理学在发展进程中存在的突出问题。这样的"隐喻"或许我们并不心甘情愿接受，但不能不予以正视和重视。

（一）"奴婢"：角色定位不恰当

职业教育心理学是一门性质特殊、非常重要的分支学科。"一门学科在学科类属中的地位的摆法表现我们对这门学科的整体理解和认识，因而也就会影响到它的发展方向和应受到的重视，非同小可。"③在学科体系中，职业教育心理学的生存处境艰难，基本上处于职业教育学的"奴婢"和教育心理学的"附庸"的尴尬位置，好像是"呼之即来、挥之即去"的"勤杂工"。在职业教育学科建设中，职业教育心理学的角色变得可有可无，大多空位、缺位或者错位。

（二）"大拼盘"：结构体系不成熟

构建职业教育心理学体系，目前基本上有两种思路：一种是职业教育与教育心理学的"对接"与"嫁接"，一种是依据职业教育工作实际需要来寻求心理学理论的支撑与支持。这两种思路并不能够适合职业教育改革与发展的需求。这也导致了职业教育心理学课程教学和教材编写"普教化"的问题比较突出，移植和复制的倾向比较明显，"剪不断，理还乱"，缺乏应有的职业教育特色。

（三）"传声筒"：作用发挥不理想

职业教育改革与发展、决策需要职业教育心理学研究提供切实的心理学依

---

① 崔景贵.我国职业教育心理学发展的困境与变革[J].职业技术教育,2006,(22):68-71.
② 可以参阅:徐国庆,石伟平.21世纪世界职业技术教育发展的课题与展望[J].外国教育资料,2000,(6):65-70;王英杰.试论世界职业技术教育发展趋势及我国职业技术教育的困境与出路[J].比较教育研究,2001,(3):49-53.
③ 著名心理学家潘菽教授和陈立教授1986年4月11日向中国人民政治协商会议第6届全国委员会提交的《提请改正心理学在学科类属中的地位》的提案。转引自:乐国安.对中国社会心理学学科制度建设的思考[J].赣南师范学院学报,2003,(1):23-25.

据。但职业教育心理学大多借用或套用教育心理学的思想观点和研究成果,传播的大多是普通教育学之"声"或教育心理学之"音",缺乏应有的改造创新和职业教育特色,缺少对职业教育活动心理规律的深层次把握。职业教育心理学成了普通教育学或教育心理学的"应声虫",实质上反映了职业教育心理学功能和作用发挥上的"边缘化"。国内已经出版的职业教育心理学著作和教材的学术贡献固然可贵,但总体而言,学术影响力还不够大,对职业教育实践与研究的科学指导性还不够强。

(四)"四不像":发展方向不明确

职业教育心理学是职业教育与心理学等相结合的产物,是一门交叉学科。在学科划分上,职业教育心理学究竟属于职业教育学还是属于教育心理学,学术界也是众说纷纭,没有明确的规定,常常是左右摇摆。在学科发展走向上,职业教育心理学既不像教育学或职业教育学,也不像职业心理学或教育心理学,还没有成为一门相对独立的分支学科,还没有形成自身独特的话语体系,几乎成了哪一方也不想要的"穷亲戚"。坦率地说,职业教育心理学与其他学科良性互动的发展格局还没有形成,我们还没有找到比较适合的职业教育心理学的发展路径。

(五)"鸡肋":建设效益不显著

职业教育心理学是适应现代社会职业教育的需要而产生和发展起来的。在职业教育社会需求旺盛与快速发展的背景下,职业教育心理学可以也必须有所作为,能够也应该产生好的职业教育效益和社会效益。但现实的基本状况是,职业教育心理学在职业技术师范院校还游离于人才培养教育教学体系之外,成为教师教育(师范类)专业的"额外附加",处于一种可有可无的"多余人"位置,甚至变成了食之无味、用之不得、弃之可惜的"鸡肋"。

(六)"塑料花瓶":学科形象不如意

在职业院校,许多教师的感觉是,职业教育心理学如同"塑料花瓶"一般,让人觉得"好看不中用",说起来相当重要,做起来排在次要,忙起来根本不要。只是在特别需要时职业教育心理学才被搬出来作为职业院校教育的"装饰与摆设",作为职业院校教育创新发展的"墙面砖";只是在申报论证职业教育课题、制定职业院校或职业教育发展计划时,职业教育心理学才被一些研究者想起,作为"调味品"稍加点缀,平时则被弃置一边、无人问津。

此外,职业教育心理学发展的问题还表现为地区发展不平衡,政策保障和经费投入不到位,基础理论相对薄弱,理论创新能力不强,对重大现实问题的研究力度不够大,有重大影响的精品力作不够多,科研体制、服务和发展机制没有真正建立等。

二、职业教育心理学发展的多维反思

经过几十年的发展,国内职业教育心理学为什么不如我们所愿,离理想的目标状态相去甚远?与其他学科相比,职业教育心理学固然具有滞后性,但滞后并不意味着永久的落后和学科地位的低下、卑微,只能说明职业教育心理学发展的紧迫性、广阔性和巨大的潜能。面对职业教育心理学发展令人忧虑的现实,我们应该理性反思、自觉反思、深刻反思。反思是为了职业教育心理学更好地前进,是快速和谐发展的第一步。这种反思应当是全方位、深层次的。

(一)"羊肠小道式"的发展路径

多年来,我国职业教育心理学既没有积极引进介绍西方发达国家职业教育心理学的成果,也没有立足于职业教育实际,进行系统深入的本土化研究;既没有贴近职业教育发展实际,也没有能够紧随教育心理学的前沿。职业教育心理学的发展似乎是一种"小农作坊式"的经营,缺乏系统的规划,发展路径不够宽广,基本上处于自发自流、自生自灭状态。

(二)"关门办学式"的建设格局

职业教育心理学是与多种学科有着紧密联系的一门综合性学科,具有鲜明的跨学科性,理应向多学科开放。现实的状况是,职业技术师范院校各自关起门来搞职业教育心理学学科(方向)和课程建设,"各人自扫门前雪",其研究成果出自书斋,也只能束之高阁。即便是在职业教育心理学的同一研究领域,理论建设工作者和实际工作者展开学术对话与交流分享的机会、平台几乎没有,彼此相互不了解、不理解,甚至相互埋怨和指责,最后变成"你行你的阳关道,我走我的独木桥"。

(三)"坐井观天式"的研究视野

职业教育心理学的研究视野相对比较狭隘,研究课题和内容基本是职业教育与心理学共同关注的"交集",常常是"只见树木、不见森林",把重大的、重要的职业教育心理学课题人为地排除在专业研究领域之外；应用性、服务性、系列化、争鸣类的研究少，为职业教育改革发展创新服务的研究成果寥寥无几。职业教育心理学研究习惯于沿用普通教育或高等教育研究的思维方式，真正有职业教育特色的、高水平的研究成果少，"还或多或少存在点不盖面或面不彻底和急功近利甚至些微的浮躁现象，就其成效而言，是否达到了预期目的，答案也让人绝非满意"[①]。

（四）"蜻蜓点水式"的课程教学

目前，职业教育心理学是职业技术师范专业学生的教师教育类公共必修课程，但普遍不被重视、不受欢迎。其教学也存在比较突出的问题，不仅时间安排偏少，而且教学内容远离或偏离职业教育，教学方法启发性、互动性不强，理论传授灌输比较多，教学实践环节薄弱，教学评价考核方式单一。[②] 在职业院校教师继续教育与学习培训中，真正有关职业教育心理学的内容也大多是象征性的、点缀性的。

（五）"放任自流式"的专业队伍

目前，大陆进行职业教育研究的机构和人员日益增加，但潜心从事职业教育心理学研究的人员数量相当少，高层次的专业化研究人才奇缺。一些研究者的感觉是，能够进行对话交流的国内同行几乎没有，基本上处于"无语或失语"状态，学术研究空间小，实践活动机会少。职业教育心理学的人才队伍建设缺乏科学有效管理，专业结构不合理、队伍不稳定，基本上处于一种"我行我素、来去自由"的状态，缺少或者根本没有科学引导、政策鼓励和财力支持。

这样认识和反思国内职业教育心理学存在的问题，绝不是无可奈何、无所适从的悲观心态，或者无能为力、无所作为的消极论调。职业教育心理学在发展进程中存在一些问题是正常的，问题也是学科创新发展的动力。我们更需要

---

① 李晓玲.中国二十年来职业技术教育研究的进展及其问题分析[J].华东师范大学学报（教育科学版），2000，(2)：25-33.

② 读者可以参阅相关文献，如：蒋波，崔景贵.职业教育心理学课程建设的困境与出路[J].职业技术教育，2014，(32)：80-83；徐国庆.职业教育心理学教学中运用自学-研讨法的初步实验研究[J].常州技术师范学院学报，1999，(3)：20-24；刘重庆.突出重点坚持特色：《职业教育心理学》课程建设总结[J].常州技术师范学院学报，2002，(3)：41-43；包昆锦.《职业教育心理学》课程改革行动研究综述[J].职业技术教育（教科版），2006，(1)：57-60.

关注和探究的是,这些问题产生和存在的"症结"究竟是什么?这些职业教育心理学"隐喻"能够给我们什么有益启示?我们应该去努力做些什么?或许我们所看到的职业教育心理学诸多问题还不是所谓的问题,如何解决这些问题才是我们面临的真正的问题;或许职业教育心理学辉煌的明天就在于今天问题解决的不懈努力之中。

三、职业教育心理学发展的基本策略

当前,我国职业教育事业面临的社会环境已经发生全面而深刻的变化,职业教育的地位、作用和形态将具有更加丰富的新时代内涵。这对我国职业教育心理学提出了新的实践要求、新的研究课题,同时也为职业教育心理学发展提供了巨大的推动力。寻求职业教育心理学的创新发展,我们没有现成的"锦囊妙计"或"灵丹妙药",也不可能期望在短时期内取得"对症下药"、立竿见影的神奇效果。职业教育心理学工作者要振奋精神,坚定信心,抢抓机遇,扎实工作,整体推进,努力创建职业教育心理学发展的新局面。

(一)与时俱进的发展理念

实现职业教育心理学的和谐发展,重在建设,贵在创新。与时俱进、勤于探索、勇于创新是发展职业教育心理学的内在要求和必由之路。职业教育心理学的发展,必须坚持为职业教育服务的方向和"百花齐放、百家争鸣"的方针,坚持理论联系实际,推动理论不断创新,积极探索有中国特色职业教育实践与发展的心理规律,以实践应用研究为主,加强基础理论研究,为繁荣职业教育科学和教育心理科学作贡献,更好地为职业教育管理决策服务,为职业教育改革实践和创新发展服务。职业教育心理学要以科学发展观、现代教育思想和心理学新理念为指导,突出重点,凸现特色,强化质量,优化效益,全面加大建设力度,着力打造发展品牌,以学科建设、课程建设、队伍建设为基本依托,以科学研究来促进创新发展,以服务职业教育来积极塑造社会形象。

(二)多元共生的学科范式

在发展范式上,职业教育心理学要从"独木桥"变成"立交桥",既立足于现在又着眼于将来,既统领全局又兼顾局部,做到学科建设、巩固与提高三者并重。目

前,职业教育的理论研究主要有经济学范式、人才学范式和技术学范式。[①] 从理论和逻辑上分析职业教育心理学的"成长",其发展范式应该是多元的。既有基于职业教育科学的范式,也有基于职业(技术)科学的范式,还有基于教育心理科学的范式;既有偏重于对职业教育基本范畴心理规律研究的教育学科范式,也有侧重于对心理发展与职业教育关系研究的心理学科范式;既有侧重于研究职业教育教学心理规律的范式,也有侧重于研究职业教育学习心理规律的范式。应该说,职业教育本来就是纷繁复杂的,其逻辑起点必然是多元的,而且心理学的发展更是流派纷呈、此起彼伏,这就决定了职业教育心理学学科范式发展的多样性和复杂性。这种复杂性,正是其发展活力和动力之所在,也是深入探究的魅力之所在。盲目追求"大一统"的职业教育心理学发展范式,反而会窒息其生命力。

(三)开放互动的学术机制

促进交叉学科的发展是目前科学界普遍关心的问题之一,而针对社会需求开展合作研究和学术交流是推动交叉学科研究发展的方向之一。职业教育心理学要向社会开放,把握职业教育的社会需求,积极吸纳社会职业教育资源,要主动向社会学、文化学、经济学、教育学、心理学、伦理学等多学科开放,欢迎、鼓励和支持多学科的专家共同协作,从多侧面、多角度研究职业教育心理学课题。组织召开高层次的职业教育心理学学术研讨会,就当前职业教育心理学的焦点问题和重大问题进行国内或国际合作研究。职业教育心理学理论工作者要自觉深入职业教育改革实践、参与职业教育决策,从广大实际工作者的创造性实践中汲取营养,在推动职业教育改革和发展中实现理论的进步,在满足职业教育决策和职业教育改革实践的理论需求中实现自身的价值。而实际工作者也要主动学习职业教育心理学理论与方法,在职业教育心理学理论的科学指导下,更新职业教育教学观念,改善职业教育教学行为,提升职业教育教学水平。

(四)分层整合的结构体系

职业教育心理学是一个复杂的多层次、多维度的系统,有广义和狭义之分。有研究者主张,职业教育心理学体系应分为理论的职业教育心理学、应用的职

[①] 徐国庆.职业教育的研究范式[J].职教论坛,2005,(3):1.

业教育心理学和专项的职业教育心理学三个层次,其中应用的职业教育心理学又可分为宏观、中观和微观三个层次。① 从纵向层次上划分,有初等、中等与高等职业教育心理学;从横向服务范围看,有岗前、转岗和在岗的职业教育心理学。最重要的是能站在当代职业教育和心理学学术发展的前沿,处理好为决策实践服务和推进学科建设的关系,在科学分层的基础上形成纵向有机衔接、横向融会贯通的职业教育心理学体系,着力建设有中国职业教育特色的职业教育心理学体系。

(五)求真务实的课程建设

课程建设是职业教育心理学发展的重要基础。求真,就是职业教育心理学课程改革要倡导科学性,研究把握职业教育心理的特殊规律,研究本真的职业教育心理学问题,科学界定职业教育心理学的课程性质,科学推进课程建设。务实,就是职业教育心理学课程建设要有针对性,"联系实际、突出实践、体现实用、注重实效"。② 尤其要紧密联系我国职业教育改革发展实际、职校生发展实际和职业学校办学实际,要强化和优化课程实践教学环节,注重培养学习者职业教育心理学的实际应用能力和专业实践能力,注重"对职业技术教育的教学组织形式和教学方法的规律、特点及其实践价值的探讨"。③ 职业技术师范院校要站在培养职教师资专业人才和彰显办学特色的高度,采取务实的倾斜和扶持政策,整体提升职业教育心理学的课程建设水平。

(六)服务为本的实践模式

职业教育最突出的特点是应用性和实践性,职业教育实践是职业教育心理学最深厚的源泉和最强大的动力。理论成果能够及时充分地应用于职业教育实践,是职业教育心理学发展的理想归宿。职业教育心理学要坚持理论联系实际,做到贴近职校生,贴近职业院校,贴近职业教育和社会发展实际。职业教育心理学要坚持"以育人为本"的理念,进一步认识"职业教育的对象是人,职业教育是由人来实施"这一特殊现象,围绕"职业教育促进人的心理发展"问题,加强实践性、实证性和应用性的研究。要坚持"以服务特色人才培养为本,以服务职业教育发展为本",加强服务职教的科学性,突出服务职教的针对性,注重服务

---

① 王燕,董圣鸿.职业教育心理学教材内容体系的分层构建[J].职教论坛,2006,(5):27-29.
② 崔景贵.职业教育心理学的学科定位与教材建设[J].职业技术教育(教科版),2002,(4):40-42.
③ 秦虹.略论职业技术教育的心理学基础[J].天津市教科院学报,1998,(5):51-53.

职教的实效性,把握服务职教的创造性,坚定不移地为职业教育决策服务,为我国职业教育改革发展与创新实践服务。

（七）注重应用的研究取向

职业教育改革发展、现代化建设的重大现实问题和理论问题是职业教育心理学研究的主攻方向。21世纪我国职业教育心理学研究要以加强职业教育心理学的应用性与实践性研究为主线,注重校本研究、行动研究,积极倡导发展性研究、服务性研究。应用研究始终是职业教育心理学研究的主体,同时要立足于两个基本出发点:一是要围绕解决具有普遍性和根本性的职业教育心理学中的基础问题;二是要瞄准和解决能够推动职业教育发展的重大心理学课题。职业教育心理学要研究"职业教育教学情境中教师与学生及其相互作用时的心理现象及规律",[①]要积极吸收自然科学的成果,研究脑功能开发与职校生素质教育、多元智能理论与职业教育人才培养目标、心理科学与职业教育改革之间的关系。特别要注重对职校生这一主体的研究,要研究职校生身心发展特点和成长规律,研究职校生健全人格、创新精神、实践能力和创业能力的培养问题。

（八）内培外引的队伍建设

发展职业教育心理学,高质量的专业人才队伍是决定性的关键要素。职业教育心理学要以加强专业化、网络化人才队伍建设为依托,重视学术研究机构建设和专业组织建设。既要搭建学术平台积极培养,也要吸引其他学科学者加盟职教心理学研究队伍。今后,要逐步建立网络化的职业教育心理学学术交流组织和研究机构,可以建立中国职业技术教育学会职业教育心理学专业委员会,可以在省、市职业技术教育研究院所（中心）建立专门的职业教育心理学研究室（中心）,建立职业教育心理学专业人才档案和人才库,善于发现和汇聚职业教育心理学专业人才,鼓励和培育职业教育心理学研究的团队协作精神,支持职业教育心理学优秀中青年人才潜心研究、多出精品,造就一批学术作风严谨、理论功底扎实、富有创新精神的职业教育心理学专家。

以上是国内职业教育心理学发展的认识和思考,是对职业教育心理学过去的回顾,是对现实存在问题的理性认识与反思,更是对我国职业教育心理学未来前景的展望。21世纪前20年是心理学全面走向应用的时期,也是我国职业

---

① 冉苒.关于职业教育心理学研究对象的思考[J].职教通讯,2004,(12):8-10.

教育加快发展的重要时期。我们有理由对未来我国职业教育心理学高质量发展寄予厚望、充满信心,更需要为此作出坚持不懈的努力。

第四节 职业教育心理学的研究

职业教育心理学的研究,是为了探明职业学校教育情境中各种心理现象的本质和规律,以便更好地为职业教育教学实践服务。而要取得有价值的科研成果,就必须注意研究的科学性,必须明确进行这类研究的科学范式和程序。

一、职业教育心理学的研究步骤与原则

(一)职业教育心理学课题研究的基本步骤

一个完整的职业教育心理学研究范式和程序,主要涉及下面一系列内容。[①]

1. 正确选择课题

课题研究首先要选择有意义的课题。课题的恰当与否,不仅直接关系到课题研究能否顺利进行,而且关系到课题成果的推广与应用。好的课题应该是既有理论贡献,又能解决实际问题。对于研究课题的选择,有两个途径:一是选择感兴趣的研究课题;二是从已有研究中找出需要进一步研究的问题。

2. 收集查阅资料

围绕所确定的课题进行一定的文献研究,可以使我们掌握目前这方面研究的状况、存在的问题,这样可使课题更加明确,还可从别人的研究中获得一定的借鉴和启发。资料文献的收集一般采用倒推法,先从最新的权威专业杂志或索引中找到相关内容,然后根据找到的材料在其后所引的参考资料中寻找所需材料。

3. 提出研究假设

研究假设是研究者在一定理论基础之上对所研究问题事先做出的预测或假说,通过研究加以验证或推翻。

---

① 张大均.教育心理学[M].北京:人民教育出版社,1999:348-349.

4. 制定研究计划

研究计划的制定包括:(1)研究变量的选择,这包括对自变量、因变量的选取和对无关变量的控制。(2)研究方法和研究对象的确定。(3)研究材料的编制。(4)结果测定方法的设计。(5)研究的进程安排等。

5. 实施研究过程

这是研究活动的主体,也是确保职业教育心理学研究工作最后得出可靠结果的最直接保证。

6. 分析研究结果

无论是经过实验所获得的材料还是原始的资料,只有对它们进行进一步的加工处理,才能真正揭示材料的意义。

7. 检验研究结果

研究结果出来以后就存在与现有理论和心理现象之间是否相符的关系问题,而这种关系还需进一步的检验。

(二)职业教育心理学研究的基本原则

1. 客观性原则

客观性原则是指职业教育心理学的研究必须贯彻实事求是的基本精神,采取实事求是的态度,客观地研究职业教育心理固有的本质、规律和机制。

任何心理现象都是由客观刺激所引起,通过个体内部的一系列中介过程而最终反应在行为上。通过对客观刺激、中介过程和最终的行为反应之间关系的综合考察,就可以探索出各种心理现象的本质。但在实际的研究中,研究者容易把自己的主观倾向和体验同客观观察到的事实混淆起来,或因自己的喜好而影响到对客观事实的观察、数据的采集及其解释,使研究失去客观性。

贯彻客观性原则,必须做到:(1)收集资料应根据事先设计的观察内容、步骤进行,并以此来判断被试的心理过程;资料的采集应尽量采用多种方法,以使采集的第一手资料公正全面。(2)对资料的处理、分析与整理,应尽可能根据客观的尺度来进行,特别是在对待与自己的假设、理论不一致的数据资料时,更应实事求是。(3)根据所收集的资料,作出结论应谨慎。

2. 系统性原则

系统性原则是指在研究心理现象时应把人的心理作为一个开放的、动态的、整体的系统加以综合考虑,这样才更有可能把握各种心理现象之间的本质及它们的必然联系。

贯彻系统性原则,要求做到以下几个方面:(1)对待职业教育中出现的各种心理现象,必须把它放在心理系统的大背景之中进行综合的研究。(2)应该区分心理现象的结构层次及其相互关系,找到相应心理现象之间的结构层次网络,揭示出人的心理各水平之间的关系。(3)人的心理处于一种动态平衡之中,呈现出一种相对稳定的动态变化过程,应对职业教育教学中出现的心理现象作动态的分析,弄清其产生的原因、过程、发展转变的机制等。

3. 教育性原则

教育性原则是指在职业教育心理学的研究过程中,所采用的研究手段与方法应能促进职校生心理的健康发展。这是心理学研究的一个基本的道德原则。职业教育心理学的研究主要是以学生被试为主,更应该遵循教育性原则,在研究过程中特别注意避免外部不良刺激对职校生心理产生消极的影响。

4. 发展性原则

职校生的生理、心理迅速发展,正处于由不成熟到成熟的过渡阶段。职业教育心理学必须坚持发展性原则,以职校生已有生理、心理发展特点为基础,分析影响学生心理发展的诸多因素,揭示学生心理发展的阶段和规律,并据此对学生施加职业教育影响,促进职校生更和谐地发展。

5. 理论联系实际的原则

理论联系实际的原则是指职业教育心理学的研究应从实际的需要出发,以解决职业教育教学中的实际问题为根本目的。现代职业教育心理学研究的趋向之一是由基础理论研究转向应用研究,其原因在于,职业教育心理学理论研究的最终目的是为了解决职业教育教学实践中的问题,密切联系职业教育教学实践是检验职业教育心理学理论的最好方法,而职业教育实践反过来也可以促进职业教育心理学的研究与发展。因此,在职业教育心理学的研究中,必须贯彻理论联系实际的原则。

二、职业教育心理学的研究方法

职业教育心理学的研究方法很多,常用的有以下几种。

(一)观察法

观察法是通过直接观察职业教育教学过程中个体心理活动的表现或行为

变化,从而了解学生心理的方法。在观察中,研究者对观察情景不加任何控制,不影响被观察者的正常行为。

观察法是职业教育心理学研究中最普遍、最基本的方法之一。这种方法使用简便,可单独使用,也可结合其他方法进行。观察法记录的材料是第一手真实材料,但是不够精确;它只能了解学生心理活动的某些自然的外部表现,而不能对心理活动施加主动影响,了解其因果关系;它需要观察者具有敏锐的观察力,善于从纷繁复杂的情景中捕捉所需的行为表现,同时还要进行及时的记录。

要取得良好的观察效果,必须做到:(1)根据观察目的确定观察对象和观察内容;(2)确定观察的方法;(3)制订观察的计划,对所观察的行为需事先进行界定,并设计观察记录表;(4)观察时应随时记录,有条件时可以利用一定的录音录像器材;(5)观察时间不宜过长,对同一类行为可采用重复观察的方法,即采用"时间取样"的方式;(6)最好采用单向观察窗、摄像监控等技术,不致因观察对象知道研究人员的观察活动而影响他的正常表现。

(二)调查法

调查法是根据某一特定的要求,向被调查者提出有关的问题,让其回答,了解某一心理活动的发生及其条件,从而把握这一心理活动的方法。

调查法包括访谈法和问卷调查法两种主要的类型。访谈法是指与被调查者面对面地以口头言语的方式就某些特定问题进行交谈,从而获得资料的方法。这种方法适合对单个被试进行深入调查,尤其适合无法进行问卷调查的情形。问卷调查法是以书面语言的形式让被试回答问题,从而获得资料的方法。问卷调查法是职业教育心理学研究中经常使用的方法。

问卷调查法的优点是可根据研究者的实际需要灵活地设计问题,从而在短时间内获得大量资料;调查的结果既可进行定性分析,也可进行定量分析。调查法的缺点是调查结果依据的是被试的主观回答,与实际情况难免出现一定偏差,为弥补这一缺陷,常常要做大样本调查。

运用问卷调查法进行研究时,首先要设计一份调查问卷。一份完整的调查问卷,一般由以下几个部分构成。

1. 调查题目

调查题目有时不宜太具体,特别是对职校生比较敏感的问题进行调查时,不可从题目中泄露调查目的,可以写成"学生情况调查"或"教师情况调查"等。

2. 被调查者的自然状况

在题目之下要设计若干项目,让被调查者将性别、年龄、身份、职业、学历、父母的职业和文化程度等自然状况填上。这些资料对于分析调查结果常常是很有用的。有一点需要指出的是,姓名一栏在这里常常省略,即采取不记名的方式,目的是消除被调查者的某些不必要的顾虑,使调查结果更加真实可靠。

3. 指导语

指导语要对调查的目的、意义作简要的说明,措辞要尽力消除被试的某些顾虑,取得被试的信任与合作。同时,要详细说明回答问题的方法和要求,必要时可适当举例示范。

4. 呈现要回答的问题

问题是调查问卷的主体。经过精心设计的问题在问卷中按照先易后难、先封闭后开放的原则,一一呈现,供被调查者回答。

运用问卷调查法进行研究时,要注意如下基本要求。

(1) 调查前,要围绕需要调查的问题,搜集有关的文献资料,做好充分的资料准备;要在问卷的设计和编制上下功夫,这是保证调查效果的关键。

(2) 编制好问卷后,根据研究需要选择被试样本(一般来说样本不宜过小)进行施测。施测时多采取团体施测,对一些无法直接接触的调查对象,可采取邮寄方式进行调查。

(3) 调查后,选出有效问卷进行统计处理。在整理资料时,对于开放式问题和封闭式问题要运用不同的方法。对于开放式问题的回答资料,在整理时,首先要将所有被试对同一问题的回答都集中起来;然后将回答按一定标准进行分类,分类要细,要有不同的层次,而且要将任何一个回答分到某一类中去;最后,可计算各类别中相同回答的次数和比例,其结果可作为定性分析时的参考。对于封闭式问题的回答资料,在整理时,首先要将被试对某一问题的回答换算成数值,然后运用一定的统计方法进行统计检验,对结果进行定量分析。

(三) 个案研究法

个案研究法是对一个人或一组人的问题进行专门研究的方法。个案法比较适合进行特例研究,如对智力落后儿童、智力超常儿童、学习困难儿童、品德不良儿童等进行研究。个案法有时也与纵向的追踪研究相结合,比如,对智力超常儿童的心理发展的特点以及相对应的教育措施进行研究。

个案研究法的优点是可以使研究者充分考虑每个被研究个案的特点,并能提供这些个案心理发展的具体资料;其缺点是研究结果所依据的样本较小,因而代表性较差。

在运用个案法进行实际研究时,要注重以下几点:(1) 个案法是针对个别学生的心理或行为问题进行直接的、深入的研究,因而必须搜集有关个案的一切资料;(2) 研究者要与被研究者建立良好的关系,取得被研究者的充分信任;(3) 个案研究的目的不只是对个案本身的心理或行为问题求得了解,而且更重要的是通过这种了解,进一步寻求解决有关问题的方法。

(四) 实验研究法

实验法是指实验者有意控制某些因素,引起被试某些心理现象的发生,探讨两者因果关系的研究方法。主要有实验室实验法和自然实验法。

实验室实验法是在专门的实验室内利用一定的仪器进行心理实验,获得人的心理现象的某些数据。实验室实验的主要优点在于它的控制比较严格,所获得的数据的可重复性高,数据比较可靠,结论经得起考验。但实验室实验也具有一定的局限性,如需要严格控制有关条件,所得结论在实践教育情景中难以推广等。在职业教育心理学研究中,采用更多的是自然实验法。

自然实验法也叫教育现场实验法,是指在职业教育实践中按照研究目的,对研究对象施加某些刺激(自变量),并控制其他条件(无关变量),以引起某种心理现象(因变量或反应变量)的发生而进行研究的方法。自然实验法既能较好地反映职业教育实际的情况,又可对无关变量进行一定的控制,使研究达到一定的精确程度。自然实验法的基本组织形式有三种:单组实验(同一组被试先后两次接受不同实验因素的影响,然后对两种实验因素产生的结果进行比较和分析);等组实验(根据实验条件,将被试随机分成条件相同的等组作为实验对象进行研究,一组为实验组、一组为控制组);循环组实验(各实验因素在各组中轮流施行)。

(五) 经验总结法

经验总结法是指职业教育工作者对自己日常工作中获得的关于职业教育

过程心理现象的整合性认识进行总结,进而寻找其中的规律性的方法。

经验总结法的优点是职业教育工作者可以结合自己平时的教育、教学工作,随时对一些典型经验加以总结,所获得的资料比较真实可靠;其缺点是成果的质量受到教育者自身素质和理论修养水平的限制,难以上升到一定的理论高度。

运用经验总结法时,要注意以下几点:(1)选择的研究对象要具有典型意义;(2)要通过对职业教育现象的总结得出某些规律性的结论,要有创新;(3)要把定量分析与定性分析相结合。

三、职业教育心理学研究的问题与走向

（一）职业教育心理学研究存在的问题

由于社会、历史原因,我国职业教育心理学的研究基础和研究力量较为薄弱,研究经费不充足,因而研究成果总体来说数量少,尤其是质量有待提高,而且研究方法的科学性不强,主观性色彩较重。当前我国职业教育心理学这一领域的研究呈现出以下多方面的不足。[①]

1. 有特色的研究少

当前,我国职业教育心理学的理论性研究对国外教育心理学的理论、观点评价多,在其基础上进行接续性的研究少,反驳性的研究更少;对普通教育心理的理论、观点沿用多,在其基础上进行特殊性的研究少,独创性的研究更少;低起点、重复性的研究多,在他人研究的基础上有突破、有新意的研究少,结合中国文化背景和职教特点进行"本土化"深入研究的更少。

2. 高水平的研究少

当前,我国职业教育心理学的基础理论研究薄弱,小范围、小样本的研究多,大范围、大样本的研究少,研究方法或思辨为主或实证为主,两者和谐结合的研究少,高水平、规范性的研究成果更少,缺乏"大家"之作和精品,缺乏与国际水平接轨的专家、权威,所发表的成果被引用的频率不高。

---

① 刘重庆,崔景贵. 我国职业教育心理学的研究现状与展望[J]. 职业技术教育,2000,(13):10-11.

3. 系列化的研究少

当前,我国职业教育心理学往往是在研究过某一课题之后,又去研究与这一课题基本没有关联的另一问题,横向研究多,纵向研究少,缺乏跟踪性的、长期性的研究,缺乏大规模的、系统性的研究。

4. 争鸣类的研究少

当前,我国职业教育心理学的研究缺乏应有的学术讨论,在学术研讨会、理论研究刊物上就共同关心的职教心理课题进行讨论的机会几乎没有。这就使得职业教育心理学与其他学科相比相对落后,也束缚了职业教育心理学研究的进一步深入发展。

5. 服务性的研究少

当前,我国职业教育心理学领域问题研究多,影响机制研究少,干预研究少,从宏观上研究我国职业教育改革、职业学校素质教育现实并为之服务的研究更少,投入的力量也远远不够,以致在职业教育深化改革、推进素质教育迫切需要职业教育心理学为之服务的时候,职业教育心理学回应不多、声音不高、实效不大。

(二)职业教育心理学研究的基本趋向

当前,我们要深入研究职业教育心理学的性质特点和学科地位,科学地确定职业教育心理学的学科体系和基本内容。我国正值积极深化教育改革、全面推进素质教育的重要时期,如何结合我国职业教育实践,深入研究职业教育心理学的理论和实际问题,科学地把握、引导职业教育心理学的研究取向,对于促进我国职业教育改革深化和职业教育心理学的自身发展都具有特殊的意义。我国职业教育心理学研究的发展取向主要表现在以下几个方面。

1. 研究目的实用化

职业教育心理学的首要任务是揭示职业教育实践过程中的心理活动规律,更好地为我国职业教育事业发展和深化职业教育改革服务。职业教育心理学应该也必须以职业教育对心理学的基本要求为出发点,以解决职业教育实践中的心理学问题为目的。未来职业教育心理学的研究主要不是为探讨一般的心理学理论而在职业教育过程中搜集事实材料,而是根据我国职业教育实践的实际情况确定自己的研究课题和工作范围,从而满足职业教育实践与改革的基本需要。

2. 研究领域体系化

职业教育心理学要得到进一步发展,就必须及时地吸收本学科和某些相关学科的研究成果,调整自身的学科体系。从组成内容上说,职业教育心理学包含学习理论、教学理论、心理发展理论、职业心理理论、职业教育社会心理理论等;从理论观点上看,除了认知观外,职业教育心理学还将吸收其它心理流派、理论学说的精华,如行为主义、人本主义、精神分析、建构主义、后现代主义等方面被证明是正确的理论观点,来充实和完善职业教育心理学的理论体系。

3. 研究方法本土化

"本土化"一词在概念上既不同于"本土法",也不代表心理学研究上任何一种研究方法。就职业教育实践而言,负责施教者是本地区的教师,接受教育的是本地区的学生,因此,任何有关教与学的问题,全都是本土性的。针对本土性的职业教育问题,选择适当的研究方法以谋求解决,以实现职业教育目的的一切构想与实际运作,即是研究方法的本土化取向。研究有法,但无定法,贵在得法。未来职业教育心理学研究只有适当的方法,没有"最好的方法",凡是适合于研究目的、研究对象以及问题性质的方法,就是最适当的方法。

4. 研究对象全人化

职业学校教育的对象是有思想感情、有个性的人(学生),是活生生的整体的人,不是局部的人或由局部凑成的人。因此,职业教育教学活动必须考虑是在教"学生这个人"。我们所说的研究对象全人化,是指为了符合"要教育学生必先了解学生"的原则,在职业学校教育的情境中,以全体学生为范围,以每个学生的身心全部为对象所采取的研究取向。虽然全人化研究的范围包括学生全部,但研究对象却是以个别学生为基础的,是在"了解学生心理需求与主观价值的教育基本目的"的理念之下,对每个学生身心全部的研究。研究整体的身心统一的学生主体是未来职业教育心理学的艰巨任务。

5. 研究策略整合化

20世纪60年代以来,认知心理学逐渐成为心理学的主要思潮,它给职业教育心理学提供了一个较为连贯而统一的理论与观点。目前,职业教育心理学基本上采用认知心理学的概念及术语,但认知心理学的局限性又是显而易见的,难以成为公认的"范型"。可以推断,未来职业教育心理学的研究策略将建立在认知观与人本观统一、分析观与整体观结合基础上,研究理念将是认知心理学与人本主义心理学的兼容并包与有机结合,定性研究与定量研究互相结合,强调经验分析与心理实验相结合,教育心理研究与职业活动心理研究相结合,理论研究与应用研究相结合等原则。

6. 研究重点集中化

20世纪80年代以来,教育心理学研究领域中"热点"纷呈,心理潜能开发、心理素质(健康)教育、创新教育、人格教育等已经成为我国教育心理学研究的重点,学习策略、教学策略、问题解决策略、操作技能训练策略等方面的研究将更加深入,这些策略是职业教育心理学理论应用于职业教育实际的桥梁。要解决未来职业教育领域的实际问题,上述这些课题的进一步集中与深化研究具有重要作用。

7. 研究手段现代化

所谓现代化是指各种先进工具与仪器的大量应用。目前世界各国对教育心理学专业人才的培养都加强了高新技术和方法的训练。我国心理学研究人员已经开始借助于计算机,采用多因素分析等统计技术,而且还引进了现代统计分析软件包,这就为未来职业教育心理学的研究增添了现代化手段。可以预见,高新技术与手段在未来职业教育心理学研究中将发挥越来越重要的作用。

8. 研究队伍多元化

由于教育心理学的研究日益完善与深入,复杂性日益增加,职业教育心理学的课题研究仅凭个人的努力是难以胜任的,需要集体的智慧和力量协作完成。越来越多的相关学科和其他学科的研究人员已经进入职业教育心理学的研究领域,心理学工作者、职业教育工作者、职教行政管理人员等共同合作进行职业教育心理研究,必将成为未来我国职业教育心理学研究的发展取向。

通过理性预测分析,一方面,能对职业教育心理学的发展趋势有所认识,使所从事的研究具有明确的目标和取向;另一方面,应该在合理继承职业教育心理学现有研究成果的基础上,对职业教育心理学研究进行积极有效的引导,把握职业教育心理学的未来,不至于使它任意发展或走弯路。把预测和引导这两方面的工作相结合,也是职业教育心理学研究所应当肩负的时代重任。

【本章思考与练习】

1. 简述教育心理学的研究对象。
2. 简述 20 世纪教育心理学发展的基本历程。
3. 简述当代教育心理学研究的重要成果。
4. 结合实际,说明教育心理学对教师专业化发展的意义。
5. 简述我国职业教育心理学发展存在的主要问题。
6. 简述职业教育心理学研究的基本步骤。
7. 简述职业教育心理学研究的常用方法。
8. 结合实际,简述职业教育心理学研究的未来趋向。

第二章　心理发展与职业教育

职校生心理发展与职业教育的关系属于职业教育心理学的基本理论范畴。我国职业教育理论界在认识和阐述这个问题时，大都是根据遗传素质、社会环境和职业教育三者在职校生心理发展中的作用关系比较而言的，一般认为职业教育在职校生心理发展中起主导作用，职业教育要适应职校生心理发展的特点。20世纪80年代以来，我国职业教育实践历程说明了原有职业教育与职校生心理发展关系认识的局限性与片面性。如起初职业学校强调学生智力和能力的发展，后来是非智力因素的培养，再后来是心理健康的维护，现在则明确提出实施心理健康教育。这些从职校生心理的单方面、某一侧面到整体心理全面发展的职业教育探索，促使我们不得不从理论上去进一步认识职业教育与职校生心理发展的辩证关系。如何科学认识职校生心理发展与职业教育的关系，是一个十分重要、最为复杂的研究课题。

第一节　人的心理发展的基本理论

人的心理结构是一个多维度、多层次的统一体，是一个特别复杂的整体。"心理学的每一个领域都可以被恰当地放在人的发展这个标题之下。"[①]从20世纪50年代开始，埃里克森(Erikson, E H)、哈维格斯特(Havighurst, R J)等人提出的毕生发展观，以及皮亚杰的认知发展理论、柯尔伯格的道德发展阶段理论等，为学校教育的变革提供了重要的理论基础。俄国教育家乌申斯基把心理

---

① [美]克雷奇.心理学纲要[M].周先庚，等，译.北京：文化教育出版社，1980：18.

学视为科学的教育学的三个理论基础之一。他认为:"教育的主要活动是在心理和心理-生理现象的领域内进行的","不管讲教育学的人也好,听教育学的人也好,首先一定要在理解心理的和心理-生理的现象上意见一致,以求达到教育的目的"。①

一、心理发展的基本认识

(一)心理发展的基本内涵

人的心理是人脑的机能,脑是心理的主要物质器官。人的心理反映的内容来自客观现实,客观现实是人的心理的源泉或原料,人的心理都是对客观现实的反映,客观现实的丰富性和多样性就决定了人的心理世界的丰富性和复杂性。人的心理反映是客观现实的主观映像,心理现象是客观现实在人脑中产生的主观映像;其内容是客观的,但形成的映像是主观的。心理反映是主观与客观的统一。人的心理反映是一种积极能动的反映。人脑对客观世界的反映不像镜像、摄影那样的机械、刻板,它是一个积极能动的过程。心理反映具有选择性和深刻性;人的心理反映不仅能认识世界,而且能够改造世界。人的心理反映受社会实践活动的制约。归纳起来讲,人的心理是人脑对客观现实的主观能动反映,具有社会制约性。

教育心理学所研究的心理发展,主要是个体从出生到成年期间所发生的积极的心理变化,是个体在成长期间对客观现实的反映活动不断扩大、逐步提高和完善的过程。心理发展有种系发展和个体发展,身体发展和心理发展,量的发展和质的发展。心理发展不同于心理变化。由疲劳、疾病和药物等因素的影响所引起的偶然的心理变化,不能称之为个体心理发展。

一般说来,个体在主体和客体相互作用的过程中,社会和教育向个体提出的要求所引起的新的需要,与其已有的心理水平之间的矛盾,是个体心理发展的内因或内部矛盾,也就是其心理发展的根本动力。心理发展的内部矛盾性是在主体与客体相互作用的过程中,即在主体的实践活动中产生的。当客观现实与主体之间的矛盾被主体本身所意识到,并把客观现实的要求转化为自己新的

---

① [俄]乌申斯基.人是教育的对象(上卷)[M].郑文樾,译.北京:人民教育出版社,1989:28,30.

需要时,就会产生新的需要和他已有心理水平之间的矛盾,这就是心理发展的内部矛盾性。

心理发展与生理发展相互作用,密不可分。人生过程即人的发展过程。人生既是一个连续的发展过程,又是一个分阶段的发展过程。心理发展按照年龄阶段一般划分为:婴儿期(0—3岁),幼儿期(3—6、7岁)——幼儿园阶段,童年期(6、7岁—11、12岁)——小学阶段,少年期(11、12岁—14、15岁)——初中阶段,青年初期(14、15岁—17、18岁)——高中阶段,青年中晚期(17、18岁—24、25岁)——大学阶段,成年期(25—60岁),老年期(60岁以上)。

个人在特定阶段必须获得的知识、技能、观念和态度等即为发展课题。美国心理学家哈维格斯特在阐述发展课题的意义时指出:"人为了度过幸福的一生,在各个时期都有该时期必做的事情,错过时机就不行。如果能完成各时期的课题,便是幸福的,并且以后的课题他将易于完成,如果没有完成,本人就会不幸,也会遭到社会的谴责,完成后面的课题也将是困难的。"哈维格斯特认为,青年期的发展课题有:(1)学习与同龄男女进行高尚而潇洒的新交际;(2)掌握男性或女性的社会作用;(3)认识自己身体的构造,有效地使用身体;(4)从情绪上独立于双亲或其他成人;(5)具有经济独立的自信心;(6)选择和准备从事职业;(7)做结婚和家庭生活的准备;(8)发展作为市民所必需的知识和态度;(9)寻求并完成对社会负有责任的行为;(10)学习作为行动指南的价值和理论的体系。

(二)影响心理发展的基本因素

1. 遗传素质

遗传素质是心理发展的必要物质前提和基础。遗传是指亲代将自己的生物特征传递给子代的生物学过程,包括遗传素质、生理成熟和机能状态。遗传是一种生物现象,染色体是生物遗传的基础,称为遗传载体。它的主要成分是脱氧核糖核酸(DNA)。父母通过细胞内的染色体把祖先的许多生物特征传递给子女,如机体的构造、形态、感觉器官和神经系统的结构和机能特征等。这些遗传的生物特征又叫遗传素质。在遗传素质中,对心理的发展具有重要意义的是脑的结构和机能特征。从个体因素发展来看,遗传素质的作用是不能忽视的。无脑畸形儿都不会有正常人的心理活动。严重智力落后的儿童,常常存在遗传上的缺陷。没有正常人的遗传素质,就没有正常人的心理。遗传素质在心理发展上的物质前提作用,主要表现在通过中枢神经系统的特征、感觉器官的灵敏度、运动器官的结构等素质影响智力的发展。遗传素质不仅是生理发展的物质基础,而且也是心理发展的潜在因素,为心理发展的个别因素提供了条件。生理成熟在一定程度上促进心理发展,是心理发展新的物质基础。虽然遗传素质对心理发展有重要的作用,但它只是心理发展的必要条件,仅仅为个体的心理发展提供可能性。

2. 社会环境

社会环境是心理发展的决定因素。社会生活条件使遗传提供的心理发展的可能性变为现实,遗传性质仅仅提供了心理发展的可能性,但不是心理发展的现实,遗传素质及其个别差异,只是使人的心理可能发展到一定水平和具有某种差异,但并不保证它一定能实现。心理是人脑在实践活动中对客观现实的反映,决定心理发展的主要因素是社会生活条件,社会风气、教育水平、人际关系的协调与否决定着人的心理发展的倾向和水平。生活在不同社会条件下的人的心理状态是不同的。调查发现,同一年龄阶段的儿童,由于生活在不同的环境和教育条件下,他们的心理发展也会有差异。

3. 学校教育

学校教育在学生心理发展上起着主导作用。学校是一种特殊的社会环境,有别于一般的社会环境。学校教育是对儿童进行普遍社会化的较为理想的组织过程,在影响儿童心理发展诸因素中起主导作用。学校是一种特殊的社会环境,具有相对独立性,能根据预定目和自身规律连续而有效地对儿童实施系统的教育影响。学校教育能积极主动地影响、充实、优化家庭教育和社会教育。

4. 实践活动

实践活动是实现人心理发展的主要途径。人的心理发展,不是被动地接受环境与教育影响的过程,而是在他们的实践活动中,通过自己的主观努力,主动得到发展的过程。人的实践活动在心理学上是指其与周围现实相互作用、与周围人们相互交往的过程中,以一定的行为和动作反作用于客观现实的活动,体现在日常生活、游戏、学习、劳动中。人的实践活动的内容和形式,随着其年龄的增长和生活条件的改变而不断发生变化,开始是以生理需要为主的基本生活活动,之后发展到越来越多的社会活动,其心理也就随着活动的发展而发展。

上述四个因素是人的心理发展过程中的重要因素,四者的作用和地位各不相同，但同时又互相联系和影响。人的心理发展是全部因素综合影响、交互作用的结果，绝不是其中某一因素单独作用的结果。教育工作者应该正确认识四个因素的地位和作用，过分强调或夸大其中一个因素的作用，不仅不能促进人的心理的健康发展，反而会产生不良后果。遗传决定论和环境决定论就是两种最典型的错误观念。

高尔顿和霍尔的遗传决定论。这种理论认为儿童心理发展是由先天的、不变的遗传所决定的。儿童心理发展的过程就是这些先天遗传素质的自我发展和自我表露过程，与外界影响、教育无关；外界影响和教育即使对儿童心理发展起作用，至多只能促进或延缓遗传素质的自我发展和自我表露，不能改变它的本质。优生学的创始人——英国的高尔顿是"遗传决定论"的鼻祖。高尔顿(1869)曾在《天才的遗传》一书中写道："一个人的能力乃由遗传得来，其受遗传决定的程度如同机体的形态和组织之受遗传决定一样。"为此，他曾做了一个有趣的研究。他从英国的名人(包括政治家、法官、军官、文学家、科学家和艺术家等)中选出977人，调查他们的亲属(有血缘关系)中有多少人与他们同样著名。结果发现，他们的父子兄弟中有332人也同样出名。而在另一个对照组，即所谓的一般的平常人(人数相等)，他们的父子兄弟中只有1个名人。美国儿童心理学家霍尔提出的"复演说"也属于遗传决定论。霍尔说过："一两的遗传胜过一吨的教育。"他把当时生物学上的复演说用来解释儿童心理的发展，认为个体心理发展是人类进化过程的简单重复，个体心理发展是由种系发展决定的。显然，遗传决定论过分强调了生物因素对人的发展的作用。

华生是美国行为主义的创始人，也是环境决定论的代表人物。华生说："给我一打健康和天资完善的婴儿，并在我自己设置的特定环境中教育他们，那我愿意担保，任意挑选一个婴儿，不管他的才能、嗜好、定向、能力、天资和他祖先的种族，都可以把他培养训练成我所选定的任何一种专家：医生、律师、艺术家、商界首领乃至乞丐和盗贼。"在个体心理发展的观点上，他过分强调环境对人的发展的作用，否定遗传的作用。

(1) 否认行为的遗传是华生环境决定论的基本要点之一。第一，华生认为，行为发生的公式是刺激(S)—反应(R)。反应主要是由刺激引起的，刺激来自客观而不是遗传，因此行为不可能取决于遗传。第二，生理构造上的遗传作用并不能导致机能上的遗传作用，即尽管构造来自遗传，但未来的形式如何，则决定于所处的环境。第三,华生的心理学以控制行为作为研究目的,而遗传是不能控制的,所以遗传的作用越小,控制行为的可能性就越大。

(2) 片面夸大环境与教育的作用。他从行为主义控制行为的目的出发提出了闻名于世的"教育万能论",认为只要教育得当,他可以把任何一个健全的个体培养成其想要培养成的人。可见,这一观点不仅夸大了教育的作用,而且忽视了人类心理发展的内部机制,否定了人的主体性、能动性和创造性。

(三) 教育、学习、发展三者的关系

教育、学习、发展是教育理论与教育实践共同关心的核心问题,任何一门教育理论学科都会涉及这三者。[①] 它们有着紧密的联系,但也有着明显的区别。三者的区别突出体现在:

1. 三者分别由教育理论中不同的学科侧重加以研究。"教育"主要由教育学(含教育哲学、教育原理、教学论、教学法等)侧重研究;"学习"主要由教育心理学侧重研究;而"发展"则主要由发展心理学来研究。

2. 三者的主体不同。"教育"的主体是教师,"学习"和"发展"的主体是学生。当今教育所倡导的主体性教育,强调以学生为本,发展学生的主体性,但并不否认教师这一教育主体。

三者的联系表现在:

1. 教育必须以学生现有的发展水平为基础,低于或大大超越学生已有的发展水平,都不利于学生未来的发展。

2. 教育的目标就是促进每一个学生的发展,教育必须以学生为本,以学生的发展为本,本着"一切为了学生,为了一切学生,为了学生的一切"的宗旨,做好教育教学工作。

3. 教育促进学生的发展必须以学生自身的学习活动为中介。教育是影响学生发展的外因,外因必须通过内因即学生自身的学习活动才能起作用。因此,教师本人首先必须具有较高的教育水平,同时还需要想方设法激发学生的学习动机,把激发学生的学习动机不仅是看作促进学生学习的一个手段,而且看成是教育必须达到的目标之一。因此,教育与学习总是联系在一起的。

[①] 谭顶良.高等教育心理学[M].南京:河海大学出版社,2006:8-9.

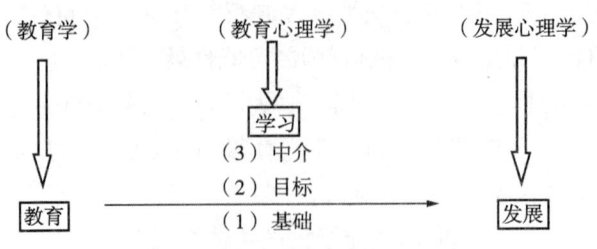

图 2-1　教育、学习、发展三者关系

二、建构主义的心理发展理论

建构主义是当代心理学理论中行为主义发展到认知主义（Cognitivism）以后的进一步发展，即向与客观主义（Objectivism）更为对立的另一方向发展，被喻为"当代教育心理学中的一场革命"。[①] 在当今多元文化的社会背景中，建构主义历经碰撞与交融，得以脱颖而出，已经成为备受关注并且正在对当代教育教学的理论与实践产生广泛影响的理论思潮。建构主义如何看待人的心理发展？建构主义在人的心理发展方面有哪些基本主张呢？我们以皮亚杰和维果茨基这两位 20 世纪最有影响的心理学家、教育学家为代表，来认识建构主义的心理发展观。

（一）认知建构主义：皮亚杰的心理发展观

瑞士著名心理学家皮亚杰是认知建构主义的主要代表人物。其认知建构理论的核心观点是：活动是认识建构的基础，是主客体双重建构的产物，同化与顺应的交替作用推动着主客体的连续建构和无限发展。皮亚杰认为，知识既非来自主体，也非客体，而是在主体与客体之间的相互作用过程中通过同化与顺应过程逐步建构起来的，并在"平衡—不平衡—新的平衡"的循环中得到不断的丰富、提高和发展。主体通过动作对客体的适应，乃是心理发展的真正原因。人的动作图式经过不断的同化、顺应、平衡的过程，就形成了本质不同的心理结构，这也就形成了心理发展的不同阶段。显然，图式、同化、顺应和平衡是皮亚杰心理发展理论中非常重要的四个概念。"图式的形成和变化的过程就是心理

---

① 陈琦，刘儒德.当代教育心理学[M].北京：北京师范大学出版社，1997：97.

发展的过程,通过同化和顺应而导致的不断发展着的平衡状态,实际上就是心理的发展。"[1]简而言之,人的心理发展是在活动基础上主客体的双重建构与认识的无限发展。

皮亚杰对"建构"的理解如下:(1)结构的建构是一个不断从低级水平向高级水平过渡的无止境的发展过程。(2)新结构的建构不是预成,而是"组合"而成的。他认为,新结构的产生不是预先在可能性的理念王国中早已包含着的东西。可能性在被现实化以后才能真正确定。可能性的王国不是预成的,它本身也是通过连续不断的建构丰富和发展的。(3)正因为高级水平的结构是组合而成的,而组合不是预成,因而水平不同的两个结构是不能运用纯粹的演绎方法进行单向还原的。应该肯定,皮亚杰的建构理论将认识基点置于主体活动,从而批驳了机械反映论;同时,又视外界为认识的依据,把认识及其结构的建构看成是后天长期活动的产物从而驳斥了唯心论。可以看出,皮亚杰的建构理论有着很多合理性。但需要指出的是,认知建构主义理论对社会历史发展制约人的心理发展的作用认识不足,对环境、文化特别是教育的作用估计偏低,因而不免表现出一定的片面性。

皮亚杰的观点和研究给我们以不少的启示:心理不断建构的过程也是心理结构、心理内容不断综合的过程。现实的人的心理内容和结构是对先前心理发展过程中的内容和结构的扬弃和改造取得的。因此,作为整体而并列存在的多侧面、多层次的成熟个体的心理,是对个体心理发展过程的综合。或者说,前后相继的心理结构、心理体系、心理内容综合而来的并列存在的多侧面、多层次的个体心理整体,是心理过程的产物。心理的建构是实践过程中人的心理的一种未定性、未完成性的创生。建构不仅说明了并列的结构关系是相继关系的结果,是一个过程的结果,而且说明了后继的结构、整体并不完全包含在并行的结构、整体关系之中,它是建设性的。

(二)社会建构主义:维果茨基的心理发展观

被誉为"心理学界的莫扎特"的苏联著名心理学家、教育学家维果茨基是社会建构主义的主要代表人物。维果茨基在运用因果发生分析法的基础上构建了彼此间有机联系着的有关人的高级心理机能的三大学说,形成了心理

---

[1] 冯忠良,伍新春,姚梅林,等.教育心理学[M].北京:人民教育出版社,2000:205.

发展的活动说、心理发展的中介说、心理发展的内化说三位一体的心理发展理论。这一理论被苏俄学者称之为"心理发展的文化历史学说",被视为"20世纪世界心理学宝库中颇具特色的瑰宝"。这一理论在20世纪70年代传入西方后与建构主义思潮相结合,产生了作为建构主义重要范型之一的"社会建构主义"。

社会建构主义是指个体在社会文化背景下,在与他人的互动中,主动建构自己的认识与知识。社会建构主义主张,个体与社会是相互联系、密不可分的,知识来源于社会的建构,学习与发展是有意义的"社会对话"与"社会协商",文化和社会情境在儿童的认知发展中起着巨大的作用。与其他建构主义理论一样,社会建构主义也把心理看成个体自己建构的过程,但它更关注这一社会建构过程中社会的一面。社会建构主义将心理描述为超越身体范围而进入社会环境的一种分布式的存在物。与个人-认知建构主义相反,社会-文化建构主义者将心理定位于社会中的个人行为,定位于个体与社会活动的产物,将学习看作是在实践共同体中基本的文化适应过程,看作是一种"合理的边缘性参与"。

维果茨基认为,个体活动是人的心理与意识发展的重要基础,人的心理过程的变化与其实践活动过程变化是同样的。维果茨基强调,人的高级心理机能是以社会文化的产物——符号为中介的,人的心理发展的源泉与决定因素是人类历史过程中不断发展的文化,是作为人的社会生活与社会活动产物的文化。维果茨基指出,人的心理发展有两条客观规律[①]:(1)人所特有被中介的心理机能不是从内部自发产生的,它们只能产生于人们的协同活动和人与人的交往之中;(2)人所特有的新的心理过程结构最初必须在人的外部活动中形成,随后才有可能转移至内部,成为人的内部心理过程的结构。这种从社会的、集体的、合作的活动向个体的、独立的活动形式的转换,从外部的、心理间的活动形式向内部的心理过程的转化,就其实质而言是人的心理发展的一般机制——"内化"机制。同时,这也表明内化的过程是一种转化的过程,而不是传授的过程。

维果茨基在心理发展上强调认知过程中学习者所处社会文化历史背景的作用,特别是强调活动和社会交往在人的高级心理机能发展中的作用。他很重

---

① 高文.维果茨基心理发展理论与社会建构主义[J].外国教育资料,1999,(4):10-14.

视学生原有的经验与新知识之间的相互作用。他把学习者的日常经验称为"自下而上的知识",而把他们在学校里学习的知识称为"自上而下的知识"。自下而上的知识只有与自上而下的知识相联系,才能成为自觉的、系统的知识;而自上而下的知识只有与自下而上的知识相联系,才能获得成长的基础。维果茨基认为,教育教学就是使学生从现有的发展水平达到可能的发展水平,从而把"最近发展区"变成现实的发展,这是儿童知识经验发展的基本途径。显然,最近发展区、活动、心理工具、内化是维果茨基心理发展理论中四个非常重要的概念,它们之间的内在联系就构成了一个完整的关于教育教学的思想体系。

尽管皮亚杰与维果茨基这两位"20世纪最伟大的心理学巨匠"的心理发展观存在着一定的差异,但还是有着一些共同的认识:人的心理是以活动为基础通过主客体相互作用发展的,是在活动中主体与客体不断双向建构生成的。在如何认识人的心理发展、如何把握教育教学改革方向方面,建构主义提供了一个清晰的框架和新视角,也为从根本上去变革职业教育心理学指明了努力的方向。

第二节 心理发展与职业教育的相互依存

职校生的心理发展是职业教育的产物,又是接受职业教育的条件。而职业教育作为心理发展的决定性条件,制约着职校生心理发展的趋向和速度。但是,职业教育对心理发展的影响作用并不是唯一的,也不是单向的,职业教育与职校生的心理发展之间存在着比较复杂的相互依存的关系。为了充分发挥职业教育在职校生心理发展中的主导作用,我们首先必须正确理解并处理好职业学校教育与心理发展之间的关系。这对职业教育工作具有重要的意义。正如维特罗克(Wittrock,1989)所说:"我们试图提出一个给未来教育心理学提供一致性和方向性的框架,我们希望这个框架有助于维持和促进教育研究领域和心理科学的互利互惠。"[1]辩证地认识职业教育与职校生心理发展的相互依存关系,就是为了在职业学校教育教学实践中更好地贯彻教育教学与学生发展的互惠原则。

---

[1] 张爱卿.现代教育心理学[M].合肥:安徽人民出版社,2001:29.

一、心理发展对职业教育的依存

职校生的心理发展对职业教育的依存性主要表现在以下几个方面。

1. 职业教育是引起职校生学习和掌握经验、促进心理发展的关键

从职业教育措施到职校生心理得到明显而稳定的发展,并不是立刻实现的,而是以职校生对教育内容的领会或掌握为其中间环节,并经过一定的量变质变过程。缺少职业教育,离开学习和训练,他的品德、性格是不可能得到自主健康全面发展的。职业教育引起职校生对于知识、技能、经验的领会掌握和学习,然后才有可能促进职校生心理发展。

2. 职业教育制约着职校生心理发展的方向、过程、速度和水平

有关研究表明,职业学校教育所坚持的正确方向对职校生心理发展的方向起着决定性的作用。良好的职业学校教育能促进职校生心理获得积极、高速度、高水平的发展。反之,不良的职校教育则会阻碍职校生心理的正常发展。

3. 职业教育能够加速或延缓职校生心理发展的进程

心理发展中由于外因的作用、影响不同,进程的速度也就不同。职业教育是职校生心理发展、挖掘心理潜力的主要条件。因此,职业学校应当创造条件,采取积极的职业教育措施以加速职校生心理发展的进程。

4. 职业教育能够制约职校生的遗传素质对其心理发展的影响

职业教育既可以利用遗传素质来充分发展职校生的智力和才能,又可以对一些大脑发育健全但存在一定生理缺陷的职校生施加特殊的职业教育和训练,以弥补他们某些遗传素质的不足。

5. 职业教育对社会环境的影响进行选择,从而对职校生心理发展产生积极作用

社会环境的影响协同配合对职校生进行职业教育,可以巩固职业学校教育的成果;当社会环境的某些影响与职业学校教育不一致时,学校教育又可以通过正面教育,防止这些消极影响对职校生心理健康发展的侵蚀。

二、职业教育对心理发展的依存

职业教育对职校生心理发展的依存性主要表现在以下几个方面。

(一)职业教育受职校生已有的心理发展水平和特点的制约

职校生在社会生活中由于受到遗传、环境和教育的影响,其生理和心理循序渐进地发展,在各个阶段显现出各不相同的特点。职业教育只有适应受教育者身心发展的水平和特点,才能充分发挥它在促进受教育者身心发展过程中的主导作用。因此,职业学校教育的内容和方法都必须符合职校生心理发展的水平和特点。否则,学校教育就难以被职校生接受,当然也就不能起到促进职校生心理发展的作用。

(二)职业教育受职校生的主动性和积极性的制约

教育过程是教育者和受教育者共同积极活动的过程。在这一过程中职业学校教师要发挥主导作用,须以职校生的主动性和积极性为前提,仅有教师的积极性而无职校生的积极性是不行的。职业教育对职校生心理发展的影响,既不是手对手的交接、口对口的交流,也不是脑对脑的感应所能实现的,而是要通过职校生的领会和理解,并经过内化的过程才能实现。因此,职业教育的效果受制约于职校生的主动性与积极性的大小。如果没有职校生的主动性和积极性,职业教育也就不可能发挥它应有的主导作用。

(三)职业教育受职校生心理发展个体差异性的制约

俗话说,"人心不同,各如其面",职校生心理发展上的个别差异是多方面的。职业教育要面向全体职校生,就必须考虑他们在智力、能力和个性品质等方面的个别差异,从个体学生的实际出发,有的放矢地进行个别指导或因材施教,最大限度地发挥每个职校生的潜力和积极因素,弥补短处与不足,否则,就不能保证学校教育被全体学生所接受,当然也无法保证所有的职校生在心理上获得健全的发展。

根据以上介绍和分析,要正确认识职业教育对职校生心理发展的作用,我们必须把握以下几个基本观点。

(1)职业教育是职校生心理发展的主要条件,对职校生心理发展的作用不是无能的,但其作用并非是万能的、唯一的。职校生是年轻社会成员,对其心理发展产生重要影响的,除了教育以外,还有家庭、社会环境等其它各种社会因素。因此,职业教育也不能忽视这些因素在心理发展中的作用,而要很好地考虑这些条件,特别是要取得社会、家庭的配合,并对它们加以指导,相互协调,使这些因素作用的方向大体一致,作用的能量互为补充,才能有效地推动职校生的心理发展。

（2）职业教育对职校生心理发展的作用，不是机械的、简单的、直接的"授予"，而是通过职校生的积极活动和主观能动性的发挥实现的。职业教育工作必须激发起职校生的活动积极性和自我教育的要求，将职业教育这种外部力量转化为职校生本人的需要，把职校生的积极性、主动性引导到正确的方向上去，才能取得成效。当然，我们也不能用形而上学的观点去看待职业教育与职校生心理发展的关系，片面强调学生的主观能动性，就有陷入唯心主义的危险，就会导致"儿童（学生）中心论"的错误。

（3）职业教育对职校生心理发展的影响是一个长期的过程。无论是职校生的个性还是情感智能的培养，职业教育都不可能一蹴而就。迟效性和反复性是职业教育工作中的正常现象，职业教育工作者要在缓慢的发展和经常的反复中看到职校生的进步。

（4）职业教育对心理发展的作用，不是无条件的，而是有条件的。这些条件包括：① 职业学校教育要反映当代的社会发展水平，对职业教育内容要进行精细选择和加工，使之具有目的性和方向性，具有教育意义和教养价值。② 对职业教育内容和教师的要求必须适合职业学校学生的心理发展水平，同时又提出更高的要求，才能促进职校生心理不断地发展。要求过高或过低，都不能有效地促进心理发展。③ 职业教育要具有系统性、连贯性和一致性。如果职业教育工作缺乏连贯性、系统性，就不能很好地发展职校学生的智能和个性；如果各种教育不一致，不协调，就会造成职校生个性品质的缺陷。④ 职业学校应精心设计与组织有利于职校生发展的活动，并激发主体参加活动的积极性。在实际活动中，经常地反复进行练习，是智能发展和良好行为习惯形成所不可缺少的条件。⑤ 职业教育应当注意因材施教，职业教育的内容和难度要适合每个学生的能力，提出要求的方式、时间、地点也要有适当选择，既要注意培养那些具有特殊才能的职校生，也要帮助那些心理发展水平较低的职校生，使他们的心理都能获得最优化的发展。

职业教育与职校生心理发展之间存在着相互依存的辩证关系。一方面，职校生心理发展的水平和特点是职业学校教育的起点和依据，是职业教育科学开展的前提；另一方面，职校生的心理发展又依赖于职业教育，是职业教育的产物和结果。

第三节 树立科学的职校学生心理发展观

一般认为,职业教育与职校生心理发展的关系是互为条件、相互制约的,职业教育过程和职校生心理发展过程是辩证统一的过程。一方面,职校生心理发展要以职业教育为前提,职业教育是制约职校生心理发展的主要条件之一,职业学校教育的目的、内容和方法等直接制约着职校生心理发展的方向、速度和水平,没有科学合理的职业教育就无法指导和促进职校生的心理发展;另一方面,职业学校教育工作必须以职校生现有的心理发展水平和特点为出发点。一切不适合职校生心理发展水平和特点的学校教育工作,都是徒劳的,甚至是有害的。可见,职业教育促进职校生的心理发展,职校生的心理发展制约着职业教育,职校生心理发展水平的提高又可以促使个体更好地接受教育,职业教育与职校生心理发展之间是相互促进、相互依存的关系。

对职业教育与职校生心理发展的关系问题,不同的发展观必然会作出不同的结论。在教育心理学史上,存在各种各样的发展观,归纳起来大致可以分为对立的两组。从是否承认教育在心理发展中的作用上,可以分为自然成熟观和文化发展观;从如何分析教育在心理发展中的作用和地位上,可以分为机械发展观和辩证发展观。

所谓辩证发展观,是一种根据辩证法原理阐述教育在人的心理发展上的作用和地位的观点。苏联心理学家首先按照辩证唯物主义的发展学说提出了这种发展观,从而揭示了教育与发展的辩证关系,以及从教育到发展过程中的量变与质变的统一。瑞士心理学家皮亚杰既讲外因(教育的作用)和内因的相互作用,又讲发展,表明其发展观中有着丰富的辩证法思想。我国心理学家对于教育与发展的关系问题进行了一系列的探讨,形成了较完整的辩证发展观。朱智贤在《儿童心理学》一书中写道:"教育条件必须适合于儿童心理得到明显的发展,又不是立刻实现的,而是量变质过程的。"潘菽在其主编的《教育心理学》中也指出,心理的发展"是由对立面的斗争所产生的,通过数量的改变而达到质量的变化,是成长着的人的整个反应活动的改造、增长、复杂化和完善化所构成的"。

根据辩证发展观理解,职校生的心理发展充满着矛盾,是一个十分复杂的过程。首先,职校生的心理发展不仅受生理条件的制约,更重要的是受社会条件的制约。但二者都不是孤立地、机械地决定心理的发展。其次,职校生的心理发展是内外因的统一,职校生心理如何发展,向哪里发展,不是由外因机械决定的,也不是由内因孤立决定的,而是由适合于内因的一定外因(职业教育条件)决定的。再次,职校生的心理发展是一个量变到质变的过程,是一种持续不断的发展与发展阶段性相统一的过程。这里,领会是职业教育和职校生发展之间的中间环节,从领会到发展是比较明显、稳定的质变过程。最后,职校生的心理发展既有共性,又有个性;既有稳定性,又有可变性。在相同年龄的职校生之间,他们的心理发展可以有显著的差异。

职业教育应遵循职校生心理发展的一般规律。职校生的心理发展是不断完善、螺旋式上升的过程。这一过程具有以下四条基本规律:一是具有一定的顺序性和阶段性,因而职业教育应当循序渐进,对处于不同教育阶段的职校生要区别对待,不搞"一刀切";二是具有稳定性和可变性,因而职业教育既要科学规定每一阶段教育、教学的内容与方法,又要充分利用发展的可能性,创造"最近发展区",促进职校生心理较快地发展;三是具有不均衡性,因而职业教育要抓住心理发展的"关键期"、最佳期,进行有针对性的教育引导;四是具有个别差异性,这是职业教育对职校生进行因材施教的心理学依据。

职业学校教师要切实把握时代脉搏,摈弃传统陈旧的学生发展观,树立科学的职校学生心理发展观,引导学生坚持全面发展与个性发展的和谐统一。

一、职校生心理发展的主体观

从促进与实现职校生心理发展的影响因素看,真正的教育主体是职校生。职业教育只有调动职校生作为主体的自主性、能动性和创造性,才能促进学生心理富有成效地发展,才能获得教育成功的实效。职校生的头脑不是"装知识的容器",而是有待点燃的"火把"。职业教育不应进行机械的灌输和简单的说教,而要能够理解尊重,爱护激励他们。作为职校教师,要善于做人生理想和现代思想的播种者,不但要在非常时期或特殊时刻能够"救火""灭火",更要敢于并且善于"点火",点燃职校生的人生希望之火,点燃职校生的职场发展之火,点燃职校生的追求卓越之火。

二、职校生心理发展的动态观

当代职校生是一个与时代相呼应、为时代所塑造并为时代服务的特殊群体。他们是受时代召唤诞生的,跟随时代步伐而前进,并在时代大潮中逐步成熟起来的。伴随着当今时代的发展,职校生的素养和个性也在日新月异的、不间断的变动中完善与提升。与20世纪80、90年代的职校生相比,当代职校生的个性面貌和素养已经发生了很大的变化。我们不能用过去陈旧的条条框框来要求现在的职校生,不能用静止不变的观点来分析当代职校生,也不应该再用20世纪80年代、90年代的标准来衡量和要求当代职校生。只能把他们放在特定的时代背景下去理解,引导他们在跟随时代前进的步伐中扬优弃劣、扬长避短。

三、职校生心理发展的全面观

当代职校生是一个长处与短处都有、优点与缺点并存、兼容并蓄的青年群体。职业学校教师既要看到他们朝气蓬勃、富有活力的一面,也要看到他们存在的问题和弱点。那种当代职校生是"在父母和老师怀抱中长大的一代","年纪小小,思想复杂,行为散漫,不可管教"的观点,职业教育教学与管理无可奈何的悲观论调,显然会妨碍我们认识职校生的主流;那种当代职校生是"开拓进取、奋发有为的一代,值得骄傲和自豪的一代"的评价,又未免显得过于乐观,同样会使教育者忽视学生的弱点和问题,而放弃对他们的严格要求和复杂教育工作。职业学校教师既不必沾沾自喜于当代职校生的种种优点,因为社会、时代将继续铸造他们,也不必忧心忡忡于他们存在的种种不足和缺点,因为社会、时代正处在转型、转轨之际。

树立科学的心理发展观,首先要求职业学校教师对人的心理发展实质有一个理性的认识。人的心理发展,实质就是自主建构心理结构的过程。根据心理实质的能动反映观,职业学校教师可以将心理发展理解为,在主客体相互作用的基础上,通过主体不断构建心理结构而实现的,但这种构建过程是一种积极的能动的反映过程,是通过一系列的心智动作实现的。心理构建过程的成效不仅受制约于客观因素,如环境、教育等,而且也受制约于一系列主观因素,如需要、心理发展水平。心理结构的构建不是孤立进行的,每个心理结构的构建都伴随发生心理结构的整合过程,整合即统一的一体化的心理结构的形成,是通过同化与顺应而实现的。这就是所谓的心理发展实质的结构-构建观。

树立科学的心理发展观,就要使得职业教育走在发展的前面,高于职校生现有的心理发展水平,引领学生从现有水平向可能或潜在的水平不断发展。成功的职业教育就是不断创造和实现"最近发展区"的职业教育,富有成效的职业教育就是能够创造最优化的"最近发展区"并引领学生成功跨越的教育。也就是说,职业教育的目标应当定位在儿童可能的发展程度,而不是停留于现有的发展状况。当然,不同学生的"最近发展区"是不同的,这就需要了解心理发展特点和水平,有针对性地因材施教,鼓励学生发挥主观能动性,在心理发展的阶梯上更上一层楼。

树立科学的心理发展观,就要建构新的职业教育价值观。科学的心理发展观不是强求心理的同步发展,不是追求心理机能的均衡发展,不是机械的缓慢发展。建构新的职业教育价值观念:每一位职校生都要发展,但不求一样的心理发展;每一位职校生都要提高,但不是同步的心理提高;每一位职校生都要合格,但不必相同的心理规格。就是使得每一个学生真正成为独特的自己,成为富有智慧的自我实现者。"除了我们的时代之外,每个时代都有它的英雄典范。我们的文化把圣人、英雄、绅士、骑士、神秘之人都一扫而空,取而代之的是一个毫无问题、四平八稳的人,一个值得怀疑的、苍白的替代者。也许我们很快就会把自我发展、自我实现的人作为我们的典范:他的潜力能充分发挥,他的内在本性能自然表露,而不是被扭曲、压抑或得不到承认。"[①]

上述关于职校生心理的科学发展观,是职业学校教师树立科学的学生观、教育观的哲学前提。缺乏科学的学生观、教育观,往往是职业学校教师教育工作出现种种失误的根本原因。因此,职业学校教师要认真研究当代职校生在社会转型时期的心理发展特点,切实把握时代脉搏和教育规律,把自己对职校生心理发展的认识建立在理性分析的基础上,坚持不懈地让所有职校生的心理得到最充分和谐的发展。

---

① [美]戈布尔.第三思潮——马斯洛心理学[M].吕明,陈红雯,译.上海:上海译文出版社,2001:69.

【本章思考与练习】

1. 影响人的心理发展的主要因素有哪些？如何理解它们各自的作用？
2. 如何认识和评价遗传决定论、环境决定论？
3. 简要阐述建构主义的心理发展观。
4. 如何认识职业教育与心理发展的相互依存性？
5. 如何树立科学的职业学校学生心理发展观？

第三章 职校学生的心理发展

当代职校生的年龄在 15 岁至 20 岁,正处于人生最活跃、最丰富多彩的青年初中期。青年期是一个由少年儿童向成人过渡的时期,是人生发展变化的重大转折时期。一些西方心理学家称青年期是"暴风骤雨、疾风怒涛时期"和"第二次危机时期",是"心理上的断乳期"和"人生的第二次诞生期"。对职校生来讲,青年初中期是其个性发展和人格成熟的重要时期,是由"自然人"向"社会人"发展、完成社会化任务的关键时期,要面临许多心理方面的问题。同时这一时期又是职校生心理发展最宝贵、最富特色的时期,其特质就是心理世界的可变性和心理发展的可塑性。这就使得有目的、有计划的职业教育成为必要与可能,可以发挥不可替代的重要作用。

第一节 职校学生的心理特征

青少年期是个体从不成熟走向成熟的过渡时期。处于这个时期的个体,生理成熟水平显著提高的同时,其心理发展的特点特别是在智力发展、情感和意志表现、个性及言语表现上,都有其独特的发展特征。心理发展的年龄特征是指在一定社会和教育条件下,在个体心理发展的各个年龄阶段所表现出来的一般的、典型的、本质的心理特征。它既不同于前一个发展阶段,又不同于后一个发展阶段。从群体心理分析,中等职业学校学生的心理特点与普通高中学生的心理特点既有年龄特征的共同之处,也存在明显的个性发展差异。

一、职校学生心理发展的年龄特征

职校生正处在青春发育期,也是人生的身体发育第二个高峰期。在这一时期,学生无论在身体的形态上、机能上,在脑和中枢神经系统的发展上,在肌肉力量和运动能力上,都急剧地发展、变化和成熟。辩证唯物主义认为,心理发展必须以生理的发展为基础,生理上的显著变化,是心理变化、发展的重要原因和条件。职校生生理上的这些发展又为他们的心理发展提供了基础。要把握职校生的心理特征,首先要了解他们的生理特征。职校生生理机能的变化涉及很多方面,归结起来主要有"三大变化":一是身体外形的变化,身高体重增加迅速;二是内脏机能的逐步健全;三是性的成熟,以及三大性征的出现与完善。性是人体内部发育最晚的部分,它的发育成熟,标志着人体全部器官接近成熟。

青春发育期是人的一生中最充满生机,具有蓬勃向上发展趋势的时期,无论在生理上还是在心理上,都逐渐地趋向于成熟,因此,也是人生道路中最宝贵、最有特色的黄金时期。职业学校学习阶段不仅是长身体长知识的时期,更是培养他们具有良好的思想道德品质和文明行为习惯的最佳时期,也是帮助他们奠定科学人生观和世界观的有利时期。探索他们的心理发展规律,掌握他们的心理特征,是对他们进行教育的前提和出发点。许多经验证明,在这个时期,除了具有顺序性和阶段性、稳定性和可变性、不均衡性和个别差异性等,职业学校学生在心理发展上大体表现出过渡性、闭锁性、自主性、动荡性、职业性和社会性等特征。

1. 心理发展的过渡性

职校生正值青春期或青年初期,是一个由少年儿童向成人过渡的时期,是人生发展变化的重大转折时期,也是对他们进行教育的最佳时期、关键时期。职校学习时期是职校生从心理幼稚走向成熟的过渡时期,从少年向成年过渡,从依赖性向独立性转化,从幼稚性向成熟性转化,从不自觉向自觉性发展。在这一时期,他们表现出幼稚与成熟、依赖性与独立性、自觉性与不自觉性相互交织的复杂现象,认识水平、能力还不高,心理发展不够稳定,思想还比较单纯,遇事欠思考,好感情用事。

2. 心理发展的闭锁性

进入青年期的职校生,渐渐地将自己内心封闭起来,不像儿童时期那样经常向成人敞开自己的心扉,内心世界变得更加丰富多彩,但又不轻易表露出来,心理的发展呈现出闭锁性的特点。他们的心理生活丰富了,但表露于外的东西却少了,加之对外界的不信任和不满意,又增加了这种闭锁性的程度。他们非常希望有单独的住宿房间,有个人的抽屉,并喜欢把抽屉锁起来。爱写日记,不大乐意与长辈交流了,在长辈面前显得寡言少语,就是这种闭锁性的表现。心理发展的闭锁性使职校生容易感到孤独,因此又产生了希望被人理解的强烈愿望,热衷于寻求理解自己的人,寻找"志同道合"、有共同语言的知心朋友,对值得信任的朋友能坦率地说出内心的秘密。

3. 心理发展的自主性

青春期正处在心理上脱离父母的时期,即心理上的断乳期。随着身体的迅速发育,自我意识的明显加强,独立思考和问题解决能力的发展,职校生在心理和行为上表现出强烈的自主性,迫切希望从父母的束缚中解放出来,开始积极尝试脱离父母的保护和管理。具有很强的自尊心,热衷于显示自己的力量和才能。不论是在个人生活的安排上,还是在对人生与社会的看法上,开始有了自己的见解,自己的主张。已不满足于父母、老师的讲解,或书本上的现成结论,对成年人的意见不轻信,不盲从,要求有事实的证明和逻辑的说服力,对许多事件都敢于发表个人意见,并为坚持自己的观点而争论不休。如果说生理上的断乳是个体被动地离开父母,那么心理上的断乳则是个体主动地离开父母。

4. 心理发展的动荡性

青春期生理、心理发展的不平衡性,以及生理和某些心理发展同道德或其他社会意识发展之间的不平衡性,一方面创造了个性发展以及道德和社会意识发展的条件,另一方面也造成了心理过程的种种矛盾和冲突,表现出一种成熟前的动荡性。心理发展的动荡性表现在知、情、意、行等各个方面。例如,思维敏锐,但片面性较大,容易偏激。热情,但容易冲动,有极大的波动性。意志品质在发展,但在克服困难中毅力还不够,往往把坚定与执拗、勇敢与蛮干和冒险混同起来。在对社会、他人与自我之间的关系上,常易出现困惑、苦闷和焦虑,对家长、教师表现出较普遍的逆反心理和行为。血气方刚,敢说敢为,要强好胜,富有热情与正义感,遇事敏感、急躁,易动感情而难以自控自律。希望受人重视,对别人的评价十分敏感,易受外界环境和伙伴的影响。看问题容易片面性和绝对化,逆反心理强烈,很少知道反思,出了问题冷静下来,又感到痛苦和后悔。

5. 心理发展的职业性

如从心理过程看,职校生的认知模式职业化,职业道德情感发展较快,职业意志活动具有理智性;从个性心理特点看,职校生具有鲜明而强烈的职业成就动机,学习动机比较复杂、层次偏低,学习行为和活动实用化,专业技能水平较高,职业能力得到较好发展,讲究实惠的择业观念,理想日益现实化,兴趣爱好定向化,高度自觉而敏锐的就业信息意识,对毕业分配和择业的疑虑心理,比较突出的自卑心理,强烈的审美需求,觉醒而敏感的性意识。[①] 这些都决定了中等职业学校学生教育必然有别于普通学校的教育。

6. 心理发展的社会性

虽然心理内容的社会性早在儿童时期就已开始出现了,但是更大规模的深刻的社会化,则是在青春期完成的。职校生开始注意社会现象,开始探索人生,对社会、现实、人生等问题思考的深度和广度有所提高。职校生对社会现实生活中的很多现象都很感兴趣,喜欢探听新鲜事,很想像大人一样对周围的问题做出褒贬的评论,对社会活动的参与日益活跃。如模拟角色活动"假如我是校长""假如我是班主任",对自治、自理、自立、自行结社、创办协会与刊物等的要求,充分表明他们思考问题已远远超出学校的范围,做集体、国家主人翁的思想开始萌发并日益强烈。尤其对未来生活道路的选择,成为他们意识中的重要问题。他们在考虑未来的发展及社会抉择时,比小学生和初中生更具现实性和严肃性。

职业学校教育阶段是职校生理想动机和兴趣发展的重要阶段,是世界观从萌芽到形成的重要阶段,是学习与品德发展的重要阶段。职校生的心理发展具有复杂性,他们模仿能力较强,但识别能力还比较差;接受信息多,思想活跃,但是非标准不清晰;成就动机强,渴望成材,但学习目的不明确;向往美好未来,盼望幸福生活,但艰苦奋斗精神差;自主自立意识强,但纪律观念、关心他人与集体观念弱;求新求美求乐,但有不思进取、贪图及时享乐倾向。有人说,青年既

---

① 刘重庆,崔景贵.职业教育心理学[M].上海:立信会计出版社,1998:167-184.

不是一切暴露无遗、明明白白的"白箱",也不是一切不可知、看不见内部结构的"黑箱",而是一个以模糊不定、动荡多变为主要特征的"灰箱"。①

职校生心理发展的年龄特征既有稳定性,又有可变性。心理发展年龄特征的稳定性和可变性都是相对的,而不是绝对的。如果无稳定性,也就没有什么年龄特征可言了。但这种稳定性并不意味着一成不变,完全相同,它只是一种相对的稳定。随着各种条件的不同,职校生心理特征在一定范围、程度上可以发生某些变化,但这些变化也是有限制的,而不是毫无限制的。根据职校生心理发展的年龄特征的实质,在职业教育中既要考虑年龄特征,以此出发去引导职校生的心理发展,又要考虑年龄特征的可变性,考虑个性心理差异,注意因材施教。

二、职校学生心理发展的时代特征

从时代特征看,当代职业学校学生与以往职校生相比,个性心理面貌表现为三大突出变化,即从接受转向思考,从闭锁转向开放,从关心书本转向关心社会。在当今社会变革与转型中,由于所处的特殊社会历史时期、年龄的特殊阶段、生活的特殊环境和所担当的特殊角色与使命,当代职校生有了一些与以往任何一个年代职校生不同的心理面貌和心理矛盾。

(一)当代职校学生心理发展的新面貌

1. 学习行为实用化

在当今世界务实避虚的社会变革大背景下,在升学与择业竞争、完善自我、迎接挑战与适应未来的目标驱使下,当代职校生的学习越发显得实用,不少职校生将学习对自己的将来升学、生活与工作是否有用作为产生学习需要的主要甚至唯一的标准,往往是自己觉得有用就肯学、想学、苦学、乐学,要是觉得没有用就不肯学、不想学、少学、厌学甚至逃学。许多职校生都认同这样的观点,即学习就是为了将来到社会上能够管用,学了无用等于不学,学了不好用,等于学糟了学坏了,还不如不学。

2. 个性发展自主化

现代生活使得在校职校生获得了相对过去较为"自由"和"开放"的环境,他

---

① 郑和钧,邓京华.高中生心理学[M].杭州:浙江教育出版社,1999:22.

们的"成人感"迅速增强,几乎无一例外地认为自己已经完全长大成人了,开始具备自主自立的强烈意识。对个性他们有着自己独特的理解,渴望拥有"帅呆"的鲜明个性,希望自己能够主宰、决定自己的一切,自己独立地走自己的路,从而为将来的社会适应做好准备。因此,他们大多不满足于学校管理部门、班主任老师或家长为他们设计好的成才模式和发展道路,试图摆脱所谓"独裁专制、家长式"的束缚,对"出自好心"的包办代替和别人的"指手画脚"特别反感。

3. 需要结构多样化

不难理解,当代职校生处于改革开放日益深化的新时代,社会政治、经济、文化、科技和教育诸方面都在影响着他们的思想、心理和行为系统,使得他们产生丰富强烈、纷繁复杂的需要结构。"超前"的现代化的物质生活需要,多维自主的社会交往需要,新奇高雅的文化娱乐需要,提升自我的学习求知需要,自我实现的专业成才需要,加上职校生强烈的归属和爱的需要,尊重与理解的需要,等等,使得当代职校生在需求满足上"似乎没有不需要的",总是显得有些贪心不足,甚至表现出有点"贪婪"。可以说,当代职校生与以往任何一个时代的职校生相比,其需要心态的最大不同和突出特征就是它的丰富多样性。

4. 价值观念多元化

在当今社会日新月异的形势下,职校生价值观出现了前所未有的多元化重新组合,表现出前所未有的包容性,多元价值观并存现象在当代职校生身上也表现得十分突出。在当代职校生中,绝对权威崇拜、绝对一元的价值信仰和价值评价标准已经不复存在,而代之以一幅多元纷呈的价值世界图像。越来越多的职校生强调自我与社会融合,索取与奉献并重,兼顾国家、集体和个人三者利益而又比较注重自我,注重实际。这种变化趋势似乎日益成为当代职校生价值观的主流。

5. 负面心态普遍化

毋庸置疑,健康向上、科学合理的心理状态是当代职校生心理发展的主流。但值得重视的是,当代职校生确实比较普遍地存在着一些消极甚至阴暗的负面心态,如"社会人"的实用心态,"时代人"的浮躁心态,"复杂人"的困惑心态,"无关人"的冷漠心态,"多余人"的悲观心态,"对立人"的逆反心态。这些负面心态的产生和形成,既有思想观念、思维方式、人格心理等方面的主观原因,也有社会文化、家庭影响、教育改革、体制变革等方面的客观原因。尽管当代职校生存在的负面心态不是严重的心理疾病,但很容易诱发各种心理障碍和过激行为,需要我们积极引导,促进其良性转变。

(二)当代职校学生心理发展的新矛盾

1. 心理矛盾的普遍性

当代职校生是一个充满矛盾的青年群体。不难理解,这个年龄阶段的职校生普遍存在的内心矛盾主要有:闭锁性所导致的孤独感与强烈的交往需要之间的矛盾;渴求自主独立与情感物质依赖之间的矛盾;强烈求知欲与识别能力不强之间的矛盾;情绪情感冲动与理智调控约束之间的矛盾;美好的愿望理想与当前现实不如意之间的矛盾;强烈的性意识、性冲动与正确处理异性之间关系、性道德之间的矛盾。

2. 心理矛盾的二重性

当代职校生的心理矛盾具有两重性的特征:政治态度上具有探求性,而思想观点上带有偏激性;思想上具有进取性,而认识上带有片面性;奋斗目标上具有时代性,而基本需求上带有享乐性;思维活动上具有求异性,而心理过程带有逆反性;行动方式上具有独立性,而物质生活上带有依赖性;自我意识上具有自主性,而待人处事上带有自私性;性格特征上具有开放性,而意志品质上带有脆弱性;交往对象上具有广泛性,而情感表露上带有冲动性。

3. 心理矛盾的复杂性

在学习与学历压力、经济与生活压力、就业与竞争压力等作用下,当代职校生心理世界的双趋冲突、双避冲突和趋避冲突等比比皆是,巨大的心理压力、多重的心理矛盾交织在一起,使得不少职校生感叹"个中滋味谁人能知道","剪不断、理还乱","才下眉头却上心头"。比如,有的职校生在渴望继续学习与现实生活需要之间矛盾重重,真是"患得患失"。他们想努力学习,但又怕吃苦,不愿吃苦,甚至吃不了一点苦;想继续学习深造,但抵制不了现代物质生活的诱惑,希望尽快找到一个称心如意的工作岗位;既想把握理想的就业机会,又留恋美好的校园生活,唯恐失去难得的学习深造的机会。

当代职校生存在诸多的心理矛盾和冲突并非偶然,也并不可怕,相反这是心理发展过程中的正常现象,是职校生努力走向成熟与尚未真正成熟的集中表现,也是实现职校生心理健康发展和持续前进的内因和动力。

第二节 职校学生的心理问题

中等职业技术学校学生，正处于青春期或青年初期，这一时期是人的心理变化最激烈的时期，也是产生心理困惑、心理冲突最多的时期。而从实际情况看，随着普高热的升温，中等职业技术学校(一般简称职业学校)的社会地位日见低下，中考后半段考分的学生进了职业学校，学习上的后进生、品德和行为上的"差生"，成为现阶段中等职业学校学生的主要生源。职校生中的大多数是基础教育中经常被忽视的弱势群体，这也决定了他们的心理问题多发易发而且日益复杂。职校生是一个需要特别关注的特殊群体。

一、职校学生的主要心理问题

(一)职校学生的学习心理问题

学习是学生的第一要务和主导活动，职校生的身心发展也主要是通过学习来实现的。职校教育阶段是职校生学习与发展的重要时期、黄金时期，而学习心理问题也是职校生最普遍、最常见、最突出的心理问题。

1. 学习目标不够明确

不少职校生对进入职业学校学习自信心不足，对未来的学习目标几乎没有什么考虑，甚至没有学习的近期、中期和远期目标，因而学习态度不够认真，只求能够过得去，甚至是得过且过。

2. 学习动机层次不高

不少职校生对学习的认知内驱力不足，对学习提不起内在的兴趣，学习的实用化倾向十分明显，过分追求学习上的急功近利和"短平快"，对学习文化基础课和思想品德课很不情愿，觉得学了将来没有用等于在浪费时间，还不如不学。

3. 学习方法不当，学习习惯不良

不少职校生在初中阶段就没有养成良好的学习习惯，不知道怎样学更科学、更有效，没有掌握基本的学习策略，因为不会学而学不好，由学不好到不愿意学,最后发展到厌学、逃学。

4. 学习的元认知能力水平较低

相当一部分职校生对学习过程、学习活动和自己的学习习惯缺少必要的反思自省意识,不懂得科学合理地安排学习时间,不懂得如何进行学习成败上的合理归因。

5. 学习焦虑现象比较普遍

不少职校生是读不进书又不得不读书,在家中瞒着父母,在学校应付老师,对学习有着一种"剪不断、理还乱"、摆脱不掉的心理压力。对考试或某些学科、课程的学习存在比较严重的恐惧心理,有明显的厌学情绪和行为。

(二) 职校学生的情感心理问题

一般认为,情绪情感是人对客观事物的态度的一种反映,是客观现实是否符合自己需要而产生的体验。职校生的内心世界是五彩缤纷、各具特色的,而情绪情感最能体现他们内心世界的丰富多彩和复杂多变。

1. 情绪不稳定,情绪自控能力较弱

处于青年初期的职校生具有明显的情绪两极性,比少年期更为突出,容易出现高强度的兴奋、激动,或是极端的愤怒、悲观等情绪。他们的情绪变化很快,常常是稍遇刺激,即刻爆发,出现偏激情绪和极端的行为方式,冲动性强,理智性差。在日常生活中,不少职校生躁动不安,动不动就想哭,大叫大喊或摔砸东西,与同学、朋友争论起来面红耳赤,甚至发生激烈的争执。也有一些职校生经常性地大惊小怪,给人一种装腔作势、无病呻吟的印象。

2. 社会性情感表现冷漠

就其实质而言,职校生的冷漠是多次遭遇严重挫折之后的一种习惯性的退缩反应。不少情感冷漠的职校生对他人怀有介意或敌意,对人对事的态度冷淡,漠不关心,有时近乎"冷酷无情",对集体活动冷眼旁观,置身于外,给人一种"看破红尘"的感觉。有人说职校生情感世界中的"冻土层"很厚,因为在初中阶段老师关爱的"阳光"照耀到他们的时间不仅短而且热量少。国外心理学研究者指出:在现代社会中,不少青年在心理上处于"三无"状态:无动于衷,谓之无情;缺乏活力,谓之无力;漠不关心,谓之无心。这在职校生中表现得更为突出。

3. 感情容易遭受挫折,挫折容忍力弱

面对当今社会的文凭歧视和社会偏见,以及劳动力市场上越来越激烈的就业竞争,职校生群体普遍感到巨大的压力和深受伤害,对生活逆境没有充分的心理准备,不清楚如何把握自己的命运。一些职校生稍遇挫折,就觉得受不了,产生"还不如死了"的"希死"心理。出走、打架、自残、轻生等现象在职业学校并不少见,也说明职校生应对挫折的能力比较薄弱。

4. 情感严重压抑,情绪体验消极

受社会大环境的影响,许多家长认为孩子只有进入重点学校才是进了大学的门,才有前途和出息,进入职业学校,等于是成才道路上领到了一张红牌,被判定"下场"或没出息。在社会和家庭的双重影响刺激下,职校生的心理压力增大,常常有身心疲惫感,觉得自己活得真累。特别是一些单亲家庭、特困家庭或家庭关系不和睦的职校生,不愿意和别人交流自己的真实感受,也不善于合理宣泄自己的不良情绪,更容易产生抑郁、悲观等消极情绪体验。

(三)职校学生的个性心理问题

个性是个体经常表现出来的具有一定倾向性的、比较稳定的心理特征的总和,是一个人的基本的精神面貌。职校生中"落水者"的心态、"失败者"的心态、"多余人"的心态比较普遍,使得他们难以拥有一个健康健全的人格和积极向上的个性面貌。

1. 缺乏应有的积极理想和追求

不少职校生在进入职业学校时就觉得自己是被淘汰的或者被遗弃的人,认为自己是将来没有出息、事业上难有作为、几乎没有什么希望的人,因而往往表现为精神萎靡不振,政治思想上不求进步,学习上不思进取,生活上自由散漫。一些职校生抱着混世度日的心态打发人生,甘愿沉沦,听天由命。

2. 社会适应能力较弱

现在的职校生大部分是独生子女,由于受到来自长辈的过分关爱,依赖性强,生活自理能力差,难以顺利适应职业学校的集体生活。由于缺乏集体生活的磨练,职校生社会生活经验比较少,社会认知方式不够合理,往往对社会现象缺乏理智的判断,分不清哪些是对的或错的,哪些事情对自己人生发展来讲是最重要的,而哪些在目前又是次要的。面对快速多变、纷繁复杂的社会,可以说职校生比同龄优势群体的学生显得更加困惑和无所适从。

3. 人格尊严受到严重损害

由于初中阶段学业成绩的不理想,不少职校生的人格尊严被异化。社会上不论什么人都是低眼看职校生,他们成了世人眼中"不上进"的顽劣,是老师眼中"不可教"的孺子,是家长眼中"没希望"的一代,是亲友眼中"不学好"的典型,是现实社会中"多余人"的代表。可以说,与普高生相比,职校生的人格尊严问题比较突出。

4. 不良性格特征普遍存在

从当前职校生个性塑造的实际情况看,狭隘、妒忌、暴躁、敌对、依赖、孤僻、怯懦、抑郁、神经质、偏执性、攻击性等不良的性格倾向,已经成为相当一部分职校生的个性心理特征。一些职校生可以毫不犹豫或毫不内疚地说谎、欺骗、敲诈或偷盗,"边缘性人格""双重人格""物化人格"等并不少见,反社会性、分裂性、戏剧性等人格障碍倾向在一些职校生言行举止中也有明显表现。

(四)职校学生的自我心理问题

自我意识是主体对自己的心理、身体、行为以及自己与别人、自己与社会关系的意识。不难发现,相当一部分职校生缺乏合理的自我意识,自我评价不当,理想自我与现实自我、主观自我与客观自我之间的矛盾比较突出。

1. 自卑自贱心理严重

自卑心理是个体在外界的消极暗示下,由现实自我与理想自我之间产生强烈的反差而引起的自我贬低、自我否定的一种消极的心理状态。它的外在表现就是看轻自己,对个人的能力与品质做出不符合实际的偏低评价,认为自己什么都不行,即使对那些稍加努力就可以完成的任务,也往往自叹无能而轻易放弃。部分职校生由于长期处在被别人瞧不起的地位,常常听到的是指责和不满,常常看到的是歧视的眼光,总觉得自己"低人一等""矮人三分",容易出现自暴自弃、破罐破摔等消极表现。

2. 自我中心意识过强

由于家庭生活中长期的以自我为中心,一些职校生习惯于随意支配、指使别人,进入职业学校后仍然希望别人围着自己转,但现实情况正相反,许多独生子女职校生就会产生严重的失落感。由于缺乏合理正当的表现机会,一些职校生就试图通过逆反的或对立的角色和行为如恶作剧、故意捣乱、夸张炫耀、标新立异、逆反言行等表现来突出自我的存在,设法引起别人对自己的关注,以此获得异常的自我满足感。

3. 自私自利心理普遍

在职业学校生活中,相当一部分独生子女职校生过分关注自己的感受,而很少考虑甚至丝毫不考虑别人的想法和利益；希望得到别人的尊重，却很少去考虑尊重别人；希望别人对自己关心，但不愿意真诚地关心帮助别人。不少职校生以"人不为己，天诛地灭"作为自己的人生信条，"事不关己，高高挂起"，表现为时时处处事事只关心自己的利益得失，却很少自觉地关心他人和集体。

（五）职校学生的人际心理问题

职校生的人际交往，主要是与朋友、同学、老师及父母的交往。而职校生的人际心理问题，也主要表现在这些方面。

1. 社会性交往萎缩

在初中阶段，由于学习成绩的不理想，自然在以学业好坏为标志的学校、社会里，职校生就是笨孩子、傻学生，座位是在教室的后排，上课没有被提问的机会，根本没有参加学习竞赛的可能，有些老师和同学都懒得与他们打交道，一些家长甚至不允许自己的孩子与职校生来往相处。进入职业学校后，一些职校生对正常的社会交往仍然心存疑虑，总是怕这怕那，尤其是担心别人瞧不起自己，因而不愿与过去熟悉的人打交道，不愿意暴露自己职校生的身份，有意回避正常的社会性交往，甚至希望自己与世隔绝。

2. 异性交往上的行为偏差

随着性意识的觉醒，职校生已经逐步度过了异性疏远期，而走进了异性接近期。他们渴望与异性多接触交往，和异性谈话交流会觉得十分高兴，和异性在一起活动感到特别兴奋、愉快。他们渴望有能够亲近的异性朋友，希望建立良好的异性交往关系。由于情感的冲动性，不少职校生分不清友谊和爱情的界限，不能理智对待自己朦胧的情愫，过早地追求所谓的爱情，因而职校生早恋现象比较普遍，由此而引发的职校生品德心理问题和性行为过错等违纪现象比较多见。

3. 师生间交往缺乏信任感

由于初中阶段不良的师生关系，经常被老师忽视、排斥、指责，一些职校生对职业学校的老师自然会有一种条件反射式的疏离感或压抑感，担心老师会向家长告状，怀疑老师会与自己有意过不去，想与老师亲近但又怕受到冷落。一旦老师在处理或对待与自己相关的事情不够恰当时，便会产生强烈的不满或偏见，形成对立情绪，出现逆反行为，不配合、不支持老师的教育教学和管理工作。

4. 代际交往的隔阂明显

在人类历史的长河中,代际冲突是一种必然的现象。而在现代社会转型期,所谓的"代沟""代差"问题更为明显和突出。不少职校生与父母之间的沟通交流比较困难,经常埋怨父母不理解、不尊重自己,轻视父母的存在和价值,与父母的矛盾冲突不断,甚至可能产生严重的行为冲突。①

5. 网络交往失度失范

一些职校生在现实交往中难以获得需要的满足,便试图在网络世界中得到补偿。如今,不少职校生偏重于"人-机"对话式网上人际交往,热衷于网络交友,迷恋上网寻找所谓的友谊,甚至为此荒废了学业。在网络世界里,更有一些职校生有一种"特别自由"的感觉和"为所欲为"的冲动,自我约束力不足和道德自律意识不强,违背网络交往道德规范,做一些平时不可能做,也明显是不道德的问题行为,如粗言恶语、人身攻击、"灌水"、网恋或多角恋等比比皆是。沉溺于网络交往容易导致职校生忽视真实可信的人际关系,使得人际关系更加冷漠,造成人际情感逐渐萎缩,产生严重的人际交往心理障碍。

(六) 职校学生的性心理问题

伴随着男女两性身体形态的变化和第二性征的迅速发育,处于青春期的职校生的性意识和性情感已经开始萌发。他们希望多了解性的知识,但又怕别人发现或讥笑。性生理上的剧烈变化,会给职校生带来所谓的"青春期骚动"和强烈的"性困扰",产生不少性心理问题。

1. 性征体相的烦恼

第二性征和第三性征的出现,被人形象地称为青少年的"第二次诞生"。许多职校生总在为自己性征体相的不如意而烦恼,担心自己的形象不佳。不少男生常反问自己:我的长相怎样?是不是具有成熟男子汉的气质?而女生常反问自己:我的外貌如何?有没有青春女性的现代风度?一旦得到别人的肯定和认可,就会兴高采烈、兴奋无比;一旦获得别人的否定性评价,就可能伤心烦恼不已,甚至茶饭不思。职校生中的"追星族"比较多,明星偶像崇拜热一浪高过一浪,内在原因就是要寻求一种莫名的身心补偿,摆脱困扰自己的性征体相的烦恼。

---

① 从心理学角度讲,人在 10 岁以前是对父母的崇拜期,20 岁以前是对父母的轻视期,30 岁以前对父母又变为理解期,40 岁以前是对父母的深爱期,直到 50 岁才会真正了解认识自己的父母。

2. 性心理反应过敏

有些职校生经常被原始的性欲望所困,对性问题过于敏感,表现为过分关注性知识,过多阅读性描写的书籍,喜欢谈论性的话题,传播一些性的笑话,沉湎于性的想象或性的"白日梦"。有些职校生养成了习惯性的手淫等自慰行为,常常自责不已,有着强烈的罪恶感和负疚感,生怕别人识破自己性方面的隐私或秘密。对于遗精、月经等一些正常的性生理现象,不少职校生缺乏科学的认识,产生惊恐、疑惑、羞涩、精神恍惚、焦虑不安等心理反应。

有的心理学家把青年期的性欲望比做火药库,如保管得当,则能够保持平静,相反,则可能引起强烈的爆发,带来灾难性的后果。从目前实际情况看,不少职校生出现的不良品德或行为问题,追根溯源都与自身性生理、性心理或性道德方面存在的问题有关。这也说明进行适当的青春期教育是职业学校素质教育的当务之急。

(七) 职校学生的择业心理问题

择业就业是当前职校生非常关心、特别关注的一个热门话题,因为择业就业是职校生人生道路上的一项重要抉择,伴随着这种抉择而来的往往是兴奋、紧张、忧虑混杂在一体的矛盾心态。

1. 择业依赖退缩心理

虽然现在实行的是"双向选择,自主择业"的就业制度,但许多职校生还是寄希望于职业学校或家长帮助自己解决就业问题。对于职业学校承诺保证毕业推荐就业的那些专业,职校生往往是十分喜爱、情有独钟。这也说明不少职校生在内心深处还是惧怕或不愿意自主择业,更缺乏创业精神和能力。

2. 择业紧张焦虑心理

能不能顺利就业,成为许多职校生的一大"心病"。一些职校生担心自己的学历低,专业技能水平低,害怕"毕业就是下岗";有的职校生甚至为此寝食不安;还有的职校生对所学专业不满意、没兴趣,自己又没有办法改变现实,整天心绪不宁、唉声叹气、愁眉苦脸。

3. 择业思维定势心理

一些职校生为所学的热门专业所困,希望找到有社会地位的、体面轻松的、收入高待遇好的理想的就业岗位。一旦要放弃所学的专业,一些职校生就显得无所适从,心理极度矛盾。

需要说明的是,本章主要分析的是当代职校生存在的一般性的心理问题,没有去探究职校生中存在的比较严重的心理障碍和心理疾病。所提及的这些心理问题基本上属于成长性的、适应性的心理问题,是职校生心理发展过程中的问题。通过实施科学的、有针对性的心理教育,这些心理问题是完全可以而且能够得以妥善解决的。我们无意将职校生的心理世界描述得"一无是处",而主要是从存在问题的视野来认识职校生的心理现状,为职业教育寻求心理依据,从而有利于加快职业教育的改革与发展,更好地推进和深化职业学校素质教育。

二、正确认识与对待职校学生的心理问题

职校生心理问题的表现多种多样,其产生的原因也比较复杂,非只言片语所能透析。初中阶段学习生活的不良经历,教师以及家长的教育观念方式不当,普遍存在的社会认知偏见,特殊的时代和社会环境,特别的职业学校专业教育,特定的青春期年龄阶段和独特的身份(如独生子女、特困生或孤儿),加上一些职业学校教育教学管理工作和办学条件的不尽如人意,都使得职校生的心理问题日益多样,更加普遍。这也说明职业学校教育管理工作必然具有长期性、系统性、复杂性和艰巨性。

(一)职校学生心理问题产生的主要原因

应该说,当今职校生心理问题的多发易发并非偶然,而是必然的现象,其形成原因是多方面的,需要职业学校教师理性认识、理智分析。

1. 特定年龄阶段日益复杂的心理矛盾

当代职校生正处在青年初中期。这是一个"狂风恶浪""疾风怒涛"的人生过渡时期,也是职校生人生"第二次诞生"和真正实现"心理性断乳"的人格再构时期。由于当代职校生人生经历基本上是从校门到校门,缺乏必要的社会生活经验和实践锻炼,在心理发展过程中存在着明显的两面性,而且其各方面的心理发展很不平衡,往往容易产生各种各样的心理矛盾与冲突。现在我们生活的时代,是一个梦想与磨砺并存、挑战与机遇并存、希望与绝望并存、快乐与痛苦并存、幸福与艰难并存的多元化选择的时代。加上东西方文化观念的差异,传统价值权威衰落与现代多元价值的影响,当今职校生生活在一个多重矛盾冲突

相互交织的复杂时期。当代职校生是一个充满矛盾的青年群体。可以说,这是人生烦恼最多、矛盾和冲突最激烈的时期。部分职校生不能理智地自主应对和妥善解决这些矛盾冲突,使得一般性的心理问题"日积月累",出现了严重的心理障碍,严重影响了他们的学习、生活和健康成长。

2. 现实教育价值取向的偏差与错位

的确,职校生日益增多的心理问题,值得我们深刻反思,也使得我们不得不反思当下的职业教育。当今职业学校教育的理想目标和价值追求究竟应该是什么?是知识技能教育还是健全人格的塑造与完善?而且这种全面反思,应该从小学乃至学龄前教育就开始,同时还要进一步深刻反思我们的家庭教育。尽管我们极力倡导素质教育,但现实的状况是,在普通学校更多的是"应试教育"和升学教育,在职业学校只是就业教育或技能教育。职业教育的现实问题就是缺少必要的"成人"教育,人格教育的"空场"和错位。事实上,重生理轻心理、重知识轻能力、重技艺轻人文、重学历轻素质、重智商轻情商等不良教育倾向在职业学校还是普遍存在。

目前,我国儿童的心理发展普遍存在着两大缺陷:一是创造力低于计算能力;二是对长辈及他人的施爱行为反应迟钝、冷淡,共情能力差。这是著名心理学家沈德立教授主持的"儿童心理与行为研究"课题中引人注目的结论。大量调查结果表明,目前学校教师对儿童心理与行为认知存在八个误区:对于学生,教师们"关注成功重于失败,关注物质需求重于精神需求,关注学习结果重于学习过程,关注智力因素重于非智力因素,关注'是什么'重于'为什么',关注外显行为重于内隐心理,关注共性问题重于个性问题,关注单向说教重于双向交流"。这八个误区导致教师对学生"爱"之愈深,学生对教师"拒"之愈切。教师给学生包办一切且过分地关注学生表面东西,造成两个结果:一是没有给学生搭建发展创造力的舞台;二是使本来容易以自我为中心的独生子女职校生更加重了自我中心意识。

职业教育价值取向的偏差给职校生带来的是素质发展的不和谐,最终也不可能培养现代社会所需要的高素质技术技能人才。因为畸形的职业教育培养出的只能是畸形的人,职业教育的"异化"必然导致人的"异化"。英国教育家洛克说过:"因为教育上的错误比别的错误更不可轻犯。教育上的错误正和配错了药一样,第一次弄错了,决不能借第二次第三次去补救,它们的影响是终身洗刷不掉。"[1]国际教育基金会总裁石峻淏博士曾经说过:"在你们追求更高的学术与科技教育的同时,千万不要忽略青年人的人格教育。否则,你们将会重复西方的严重错误。由于这些错误西方得到的是犯罪、道德败坏、家庭的崩溃与其他种种有关问题。这些问题的存在并不是科技的失败,而是最基本的教育失败。"我们这样分析并不是说,教育应该对职校生出现的心理问题承担全部的责任,我们不能因为出现了诸多心理问题就否定当今教育特别是职业教育的功效,就否定教育的全部意义和价值,就推断职业学校教育是完全失败的。这样的推论不符合教育哲学逻辑,思考这样的问题似乎没有多大的现实意义。我们需要深思的是,职业教育的核心旨趣究竟应当是什么？我们认为,职业学校教育的最高目的是"成人教育",比知识技能教育更重要的是精神教育、心理教育和健全人格教育。表面上看起来,我们的职业教育似乎在引领职校生"就业"或"成才",但是,职校生如果不能首先成为真正意义上的人,没有健康健全的人格,又怎么可能成为合格的人才？！职校生要"成才"就得先"成人"。在某种意义上说,"成人"教育比"成才"教育显得更加重要、更为迫切。我们的职业教育首先要从单纯的就业教育、成才教育真正回归到成人教育,做到成人教育与成长教育、成功教育、成才教育、成就教育的有机融合、和谐统一。

3. 职校学习阶段一些不良生活事件的影响

从相关调查结果看,影响职校生心理健康的不良生活事件主要有:家庭经济特别困难,经济来源没有保障,生活压力过大;受人歧视和鄙视,被同学或朋友排斥;本人患过重病,遭受重大打击或挫折;当众受到侮辱或个人的尊严名誉受损害;恋爱困惑与性征烦恼,感情严重受挫;学习遇到困难或自己感到学习负担重;不喜欢现在所学的专业;家庭结构特殊和情况特别,如单亲家庭或重新组合家庭,亲人过世或受重大伤害;被人误会错怪,特别是自己的好友或老师误解;期待中的评优奖励如"三好生"、奖学金等落空;人际关系严重失衡,与家长老师产生对立冲突,与宿舍同学或朋友关系不和谐;无法应对生活和就业的巨大压力。

(二)容易产生心理问题的职校生群体

毫无疑问,健康向上、科学合理的心理状态是职校生心理发展的主流,职校

---

[1] [英]洛克.教育漫话[M].傅任敢,译.北京:教育科学出版社,1999:2.

生现实人格的主流是健康向上、务实积极的,但与当今时代和未来社会需要的现代化人格相比还存在较大反差。少数职校生存在比较严重的心理问题。职校生相对比较严重的心理问题是:面对学习、择业与考试压力时的严重焦虑状态,人际交往的冷漠、对立和恐怖,比较明显的"网络成瘾"倾向,性心理偏差与越轨行为引发的激烈矛盾冲突,性格特征的严重缺陷如孤僻、极度自卑、严重嫉妒感、思维偏执,恋爱问题引起的人格障碍。尽管存在严重心理问题的职校生是少数,但他们对职业学校安全稳定、对他人正常生活和自己生存发展甚至生命可能产生的危害不容小视,需要予以特别的关注。

  从相关调查看,当前职校生存在的心理问题可以分为一般性的心理问题和比较严重的心理问题,而容易产生"特殊"心理问题的一部分职校生更需要我们重点关心。在职业学校,有几种类型的职校生最容易出现比较严重的心理问题:一是学习成绩优秀而又自负自傲的职校生,稍遇挫折就觉得人生无望、前途渺茫。二是心胸狭隘、思维偏执的职校生,患得患失,思考问题习惯于"钻牛角尖"。三是以自我存在为中心的独生子女职校生,行为表现自私自利,情感特别脆弱。四是缺乏自理自立能力、性格特别内向、行为孤僻的职校生,社会生活经验少,对职业学校集体生活严重不适应。一旦遇到不良生活事件,他们往往会思维固执偏激,认知严重失调,情绪或严重压抑或放任冲动,心理严重失衡,可能出现极端化的行为方式,甚至危害他人或自己的生命。对职业学校中性格孤僻、心态悲观、言行古怪的职校生,职业学校教师应该给予更多一些的理解和关爱,主动多给他们一点"心灵鸡汤"和心理辅导。

  在实际工作中,最需要心理帮助与服务的是以下几类职校生:一是职校新生。我是谁?我能做什么?我应该怎么去做?三个问题看起来是如此简单,却是许多职校生最想搞明白的。二是特困生和弱势群体。对于贫困生而言,与经济自立相比,他们更要解决心理自立,做到自立自强,自尊自爱,因此迫切需要加强对他们的心理辅导。三是农村职校生。来自农村的职校生,往往容易自卑,容易与同学发生争执,遇到挫折困难退缩。他们对自己天然的"不足"感到"羞怯",隐而不发的沉重感伴随着许多来自农村的贫困生。四是职校毕业生。有人说职校毕业生心头有三支"伤心箭":就业市场上的艰难、对口升学道路上的迷茫以及遭遇分离考验的"爱情"。这是许多毕业生最常见的三大"心病",也使得他们的心理压力确实比一般职校生要大。

职校生是一个不容忽视、不可小视的社会群体,应该是富有活力、充满朝气的青年群体,也必定是未来社会发展进步和城乡建设的生力军。早在2002年8月,国务院《关于大力推进职业教育改革与发展的决定》明确提出:中等职业技术学校要"加强文化基础教育、职业能力教育和身心健康教育,注重培养受教育者的专业技能、钻研精神、务实精神、创新精神和创业能力"。应该说,职业学校学习时期是职校生从心理幼稚走向成熟的过渡时期,是他们的个性人格趋于定型的时期,也是对他们进行心理教育的最佳时期、关键时期。心理教育在职业学校素质教育体系中有着不可替代的重要地位,可以说是素质教育的基础、核心和中介。[①] 现在最为关键、最为迫切的是,职业学校要高度重视心理教育,科学实施,积极探索,整体推进,狠抓落实,提升水平,创建特色,努力开拓心理教育的新境界,把职业学校素质教育真正落到实处。

(三)职校学生心理问题的教育预防策略

培养职校生健康、健全的理想人格,促进职校生的人格现代化,应该成为我国职业学校教育工作的迫切任务和当务之急。健全的人格,不仅是职校生应该追求的人生心理发展目标,也是当代职校生充分发展所能达到的一种成熟境界。未来学家预测,21世纪将真正属于能承受社会变化和经济改革所带来的冲击的人格健全者。青年期是人格形成和完善的关键期,对职校生来说,都存在着如何度过这一时期,如何保持和增进自己的心理健康的现实问题。当今职校生在人格修养上要正确处理好学会学习与学会做人的关系,正确处理好成人与成才的关系。着眼于未来社会发展对人才的要求,需要培养、值得培养的现代人格特征很多。我们认为,当今职校生最需要的是瞩目未来的前瞻思维,面向世界的全球眼光,正视困难的坚定信心,脚踏实地的实干精神,尤其是要拥有积极向上的心态,具有责任感和正义感,富有爱心和人道精神。就当代职校生的人格发展而言,主要应当培养自主自尊、勤奋钻研、认真负责、坚强自制、共处利他、创新创业意识和探索实践能力等优良的心理品质。这是中等职业学校开展职校生人格教育的着力点。

职业学校加强和改进职校生心理教育的基本思路就是:以联合国教科文组织1996年提出的当代教育的四大"支柱"或四个"学会"(学会学习或学会认知、

[①] 崔景贵.素质教育场域中的心理教育[J].中国教育学刊,2003,(7):30-34.

学会做事、学会共处或学会共同生活、学会生存或学会发展)为主线,以教育部《中等职业学校心理健康教育指导纲要》的基本精神为指导,以职校生心理发展的实际需要和关注的实际问题为依据,以发展性、积极性心理素质教育为主导,以引导心理发展、开发心理潜能、维护心理健康、预防心理障碍为目标,以实现职校生的个性和谐发展和人格现代化为根本。① 当前,加强和改进职业学校心理教育,最重要的是充分体现"求是"精神与"求实"精神的有机融合,就是讲究职校生心理教育的科学性、针对性和实效性。②

1. 在职校新生入学时安排入学适应心理辅导讲座,进行心理健康状况测试,建立特殊学生(如单亲或离异家庭学生、留守家庭学生、性格孤僻内向的特困生)的心理档案,重点抓好特殊群体职校生的心理健康教育或辅导。

2. 逐步建立职校生心理保健的校、年级、班以及宿舍工作信息联系网络,形成和完善职校生心理问题信息报告制度,对需要重点心理辅导的职校生给予及时、必要和尽可能的心理援助。

3. 面向职校生开设"职校生心理健康"或"职校生心理辅导"课程。参照目前国内部分职业学校的经验和做法,可以考虑将其列为职校生的必修课,或者作为职校生的指定选修课。

4. 定期举办有针对性的、高水平的职校生心理健康讲座,如职校生学习心理辅导,职校生生涯规划设计辅导,职校生恋爱与性心理辅导,职校生人际关系心理辅导,职校生择业心理辅导等,尤其是外请有影响的青年心理辅导专家来校做学术报告或现场咨询辅导。

5. 鼓励和支持职校生成立心理健康协会等社团,指导协会自主开展工作,发展职校生朋辈心理辅导,组织开展职校生校园心理剧(小品)等有特色、系列化的校园心理文化活动,定期印发有针对性的心理健康科普材料,营造良好的心理育人氛围。

6. 加强职校生心理健康教育机构和工作队伍的建设,每年投入必要的工作经费,改善工作场所,保证必要的工作条件,充分整合社会、家庭和职业学校等多方面的心理教育资源,支持心理辅导老师的业务学习培训,尽可能合理解决心理辅导老师的工作量等问题。

---

① 崔景贵.心理教育(职业学校)[M].南京:南京师范大学出版社,2002:4.
② 崔景贵.职校生心理问题与职业学校心理健康教育[J].职教通讯,2005,(4):15-18.

7. 切实重视广大教师的心理教育,引导教师自觉调适心理压力,健全和完善现代化人格,加强对班主任老师有关职校生心理健康知识技能的学习培训,让更多的教师能够重视和关心职校生的心理健康,确立"心理育人,人人有责"的思想,在学科教学和管理服务工作中有机融合心理教育。

第三节 职校学生的心理潜能

人脑与宇宙、生命并列为三大科学之谜,探索和揭示脑的奥秘是 21 世纪人类面临的最重大的挑战之一。诺贝尔奖得主埃勒斯(Eccles,J C)曾经预言:"世界上多数伟大的科学家都将研究脑。"国际脑研究组织(International Brain Research Organization,简称 IBRO)已经把 21 世纪定名为"脑的世纪"。[1] 自 20 世纪 90 年代美国与欧洲分别提出各自的"脑的十年"计划以来,脑科学研究的新成果、新发现层出不穷、日新月异,脑科学已经发展成为一门自分子水平扩展至行为水平的统一的学科。[2] 脑科学的研究成果无疑具有广泛的应用前景,尤其是在职业教育领域,更具有不可替代的重要作用。

一、脑科学研究的新进展

人脑是人的心理主要的物质器官,是心理发展的重要源泉。脑的生理解剖特点、生长发展规律等,在很大程度上影响着个体的形成和发展。20 世纪 70 年代以来,脑科学的最新研究成果,为职业学校实施心理教育、培养学生良好的心理素质提供了生理和心理的科学理论基础。特别是 20 世纪 90 年代以来,世界各国为迎接信息化社会和新科技革命来临的挑战,更加重视对人类自身大脑的研究。当今人们对脑科学研究与教育之间关系的认识已经取得了不少新进展。究其要者,主要有以下三种理论。

(一)人脑潜能无限理论

根据当代生理学、心理学等的研究,人脑有 140 亿个神经细胞,与银河系的

---

[1] 张光鉴,高林生,张菀竹.科学教育与相似论[M].南京:江苏科学技术出版社,2000:5.
[2] 杨雄里.脑科学的现代进展[M].上海:上海科技教育出版社,1998:1.

星数大致相等,可以贮存 1015 比特的信息量。正如苏联著名科学家伊凡·叶夫里莫夫所指出的那样:"人类学、心理学、物理学、逻辑学的最新发现证实,人具有巨大的潜能,一旦科学的发展能够更深入了解脑的结构和功能,人类将会为储存在脑内的巨大能力所震惊。人类平常只发挥了极小部分的大脑功能。如果一个人能够发挥一半的大脑功能,他就能轻易地学会 40 种语言,背诵整本百科全书,拿 21 个博士学位。"[1]20 世纪 90 年代《美国心理学会年度报告》指出:"任何一个大脑健康的人与伟大的科学家之间,并没有不可跨越的鸿沟,他们的差别只是用脑程度与方式的不同,而这个鸿沟不但可以填平,甚至可以超越,因为从理论上讲,人脑的潜能几乎是无穷无尽的……"美国加州大学洛杉矶分校研究脑的爱迪博士及其同事们最近的研究发现,大脑的功能非常奇妙、复杂,几乎无所不能。他们认为:"就实用目的而言,脑的创造力几乎是无限的。"越来越多的科学家认为,人类大约只发挥了其脑力的 10%,甚至更少,尚有 90%的脑细胞处于"失业状态"。人脑潜能很像一个沉睡的巨人,等待我们去唤醒。

人的心理和实践是人脑的机能。心理潜能的概念是建立在人脑的机能远未被开发这个事实上的,从某种意义上说,人脑潜能就是心理潜能。有学者指出,21 世纪是人的大脑资源得到进一步开发的时代,是人的心理潜能将得到充分发挥的时代。职业学校虽然在开发学生的心理潜能方面进行了一些有益的积极探索,但学生的大脑资源和心理潜能远远未被充分挖掘,还有待进一步深化和优化。

(二)大脑两半球机能分工协作理论

当代脑科学研究发现,人的大脑左右两半球既有明确的功能分工,又有连为一体的协作。以分工来说,大脑左半球的功能主要负责语言及其它逻辑符号的加工,对人的认知活动起主要作用;而右半球的功能主要负责形象加工,对非认知活动起主要作用。人的右脑与个性密切相关,而左脑与人的思维密切相关。在思考方式上,左半球是垂直的、连续的、因果式的,右半球是并行的、发散的、整体式的。[2] 大量的研究表明,大脑两半球在功能上不仅有分工,而且也有一定的互补能力。它们在一些具体功能上有着主次之分,但这种区分只是相对

---

[1] [美]奥图著.人的潜能[M].刘君业,译.北京:世界图书出版公司,1988:4.
[2] 张爱华.全脑开发与创造性思维能力的培养[J].教育研究,1999,(8):32-35.

而言的,并不是全或无的关系。① 大脑两半球既各司其职,又互相配合、互相补偿,从而保证大脑整体功能的协调统一。人脑科学研究的深入,促使人们认识到人脑两半球既分工又合作,是一个协同的整体。

用大脑两半球功能特点的新认识来审视我们目前的学校教育,确实存在着"重左(脑)轻右(脑)"的倾向,从教育计划、教学内容和教学方法到考核评价学生都是重抽象轻形象,重分析轻直觉,重理性轻感情。学校的教育教学活动大多围绕着发展学生的左脑功能,鼓励左脑行为,致使不少学生左脑训练较多,右脑活动相对较少,大脑两半球功能得不到和谐发展和合理发挥。因此,学校实施心理教育要吸取脑科学研究的这一成果,注重使用语言、逻辑手段和生动、形象的手段,特别是要注重二者的有机结合,促使学生心理和人格的和谐发展。

(三) 多元智能理论

1967年,美国著名哲学家戈德曼在哈佛大学教育研究生院创立"零点项目",研究在学校教育中加强艺术教育,开发人脑的形象思维问题。后来担任该项目责任执行主席的加德纳教授,经过长期分析研究大脑和大脑对教育的影响,提出了多元智能理论。② 该理论认为,人的大脑有八个区域,每个区域主管一种思维能力、一种智能。这八种智能是:逻辑分析智能、语言技巧智能、艺术智能、身体运动智能、空间位置智能、人际关系智能、自我认识智能和自然智能。加德纳认为,前两种智能在传统教育中受到了高度重视,而后六种智能则开发不够。当代脑科学研究已经证实,每一种"智力"或能力在人脑中都有相应的位置,学校教育应该开发每个学生脑内的全部八种智能。

多元智能理论表明,人的能力具有多元表现,并非只有科学创造力和艺术活动能力两种,不仅表现在认识、文学艺术等领域中,而且也表现在管理、体育、政治、商务、组织等诸方面,不仅表现为学术上的成就,也表现为非学术方面的业绩。这一理论的实质并不在于将智力分成若干种,而是提示人们重视以往被忽略的隐藏在每个人身上的巨大潜力,加以充分挖掘,从整体上提高人的智力素质。总之,心理能力可以表现在人类实践活动的诸领域,形式多样的实践活动和民主和谐的人际关系、教育氛围都能促进心理素质的发展、完善。

应该说,当代脑科学的研究成果已经比较充分,问题在于它对职业学校教

---

① 俞国良.创造力心理学[M].杭州:浙江人民出版社,1996:93.
② 冷英.加德纳的多重智力理论及其启示[J].心理学探新,2001,(1):33-37.

育实践的科学启示是什么,如何将脑科学研究成果转化为职业教育策略或教育措施,即如何跨越脑科学与职业学校教育的鸿沟,这是我们需要进一步深入探讨的重要课题。我们完全可以这样说,将儿童、青少年教育研究与脑科学的发展相结合,是21世纪最重要的职业教育研究课题之一。

二、职校学生心理潜能的开发策略

脑科学研究的各种新发现和新成果揭示出人脑潜能的丰富性、无限性和可开发性,不仅为培养和提高职业学校学生心理素质提供了坚实的、科学的生理和心理基础,也为职业学校进一步加强和改进教育指明了方向和途径。

近年来,人们一直在进行将脑科学的研究成果应用于学校的学习与教学的实践之中,以改变目前职业学校教育不尽如人意的地方。从脑科学角度研究素质教育现在已列入议事日程,但这是一个应该慎重对待的研究课题。无论是提出"左脑革命""电脑革命"的主张,还是呼吁"右脑革命",都隐含着曲解一项严格的科学研究成果的危险,即割裂了对人类经过长期进化而形成的人脑整体协调性的理解,这种非此即彼、顾此失彼的主张只能误导职业教育实践。

人的心理素质的最佳表现就是左右脑的协同活动,大脑两侧半球的良好沟通、协调和相互联系,有助于促进和引导职业学校学生心理向着健康、和谐的方向发展。职业教育要培养学生的优良心理素质就必须重视左右脑的协同开发,即实施"全脑型"教育,促使学生左右脑在一个高水平上协调发展,脑的整体功能得到充分发挥,脑的固有潜能得到充分发掘。

实施"全脑型"教育开发心理潜能的基本策略,主要有五点:一是信息刺激,学会用脑。信息是大脑的精神营养,对大脑的最佳的信息刺激,就是勤学习、多学习。苏联心理学家赞科夫提出:"智力像肌肉一样,如果不给予适当的负担、加强锻炼,它就会萎缩、退化。"开发大脑潜能的关键就在于多练脑,勤动脑,会用脑。二是协同开发,全面塑脑。既重视左脑功能开发,又重视右脑功能的开发,克服"重左轻右"的传统倾向,可以多开展一些左侧活动和从事音乐美术活动,促进大脑状态调节,有利于全面锻炼脑力。三是劳逸结合,科学护脑。要有张有弛,科学休息,保证适量睡眠,防止过度疲劳,防止外伤和毒害。四是营养健身,合理补脑。脑科学家指出,脑的重量不到人的体重的2%,而需要消耗的能量却占到人体营养的15%到20%,因此要及时补充能量,养成良好的生活习惯,强身健体。五是情绪乐观,精心益脑。开发大脑潜能必须排除心理障碍,而心境乐观、心理健康,有利于健脑用脑。

国内有学者提出"双脑教育"的主张,对于职业学校教育的实践不无启示意义。所谓"双脑教育",是指"左脑+右脑""大脑+小脑""人脑+电脑"的协调教育。[①] 许多研究发现和显示:左右脑协调教育可以提高教学效率和学习兴趣,有助于受教育者事业成功;大小脑协调教育能有效地培养适应与创新能力,减轻学习负担;人脑电脑协调教育能使人类的学习、生活和工作发生彻底的革命。需要说明的是,人的大脑可以看成是一个计算机,但比现存的任何计算机的功能强大得多。开发职校生的心理潜能,要正确处理好人脑与电脑的关系。这两者之间不是孰轻孰重、谁比谁更重要的关系,而应当积极寻求人脑与电脑的最佳结合方式。在信息网络时代,人脑固然离不开电脑,但电脑越先进就越离不开高度发达的人脑。我们只有实现人脑与电脑的同步开发和优势互补,实现人脑潜能与电脑优势的最佳结合,才能从容迎接全方位的心理挑战。

脑科学研究与职业学校学生心理潜能开发是一个大课题。既然脑科学研究成果是职业教育发展的重要依据,那么我国职业教育理所当然应该更多地关注和吸收当代脑科学研究成果,及时把握脑科学的最新进展,积极探索脑科学理论和职业教育实践的有机结合,努力推动职业学校教育理论和实践的不断创新。

【本章思考与练习】

1. 职校学生主要的心理矛盾有哪些?
2. 如何认识职校学生的心理特征?
3. 职校学生的心理问题主要有哪些?
4. 如何认识和分析职校学生的心理问题?
5. 如何有效预防职校学生心理问题的产生?
6. 结合职业教育实际,阐述如何开发职校学生的心理潜能。

---

① 孟万金.浅论"双脑教育"与"减负"[J].教育研究与实验,2001,(2):59-61.

第四章 职校学生的心理辅导

在职校生成长过程中,学校可以通过多种形式,帮助职校生树立心理健康意识,认识自我,接纳自我,开发心理潜能,提高心理素质,促进人格健康发展。本章主要介绍心理健康的基本标准、职校学生心理辅导的专业辅导技术及辅导原则、心理辅导机构的管理和辅导教师的专业素养。

第一节 心理健康概述

心理健康是人才素质的基础。只有心理健康,职校学生的德、智、体、美、劳才能得到全面的发展;只有心理健康,职校学生的实践能力和创造精神才能得以培养。

一、心理健康与心理适应

(一) 什么是心理健康

所谓健康,是指个体的生理、心理与社会行为的健全状态。联合国世界卫生组织(the World Health Organization,简称 WHO)所下的定义是:"健康不仅仅指没有疾病或不正常现象的存在,还包括每个人在生理上、心理上以及社会行为上能保持最佳、最高的状况。"由此可见身心平衡、情感理智和谐是一个健康人必备的条件。

心理健康(mental health)概念是由心理卫生(mental hygiene)的概念延伸过来的。就词义讲,卫生一词(英文为 hygiene)是从古希腊神话中健康女神

"hygeia"的名字衍化而来的,其原处就含有"健康"之意。现在,心理健康和心理卫生在英文里都是"mental health"。在概念上,心理健康通常指一种积极的心理状态,而心理卫生则指一切维护心理健康的活动及研究心理健康的学问。

1908年5月6日,由比尔斯(Beers,C W)发起,成立了世界上第一个心理卫生组织美国康涅狄格州心理卫生协会。1909年,美国全国心理卫生委员会在纽约成立。1930年5月第一届国际心理卫生大会在华盛顿召开,会上产生了一个永久性的国际心理卫生委员会。1936年4月19日,中国心理卫生协会在南京正式成立。1949年,世界卫生组织总部设立了卫生部。从此,心理卫生运动在世界各地蓬勃展开。

所谓心理健康,是指不仅没有心理疾病或变态,而且个人在身体上、心理上以及社会行为上均能保持最高、最佳的状态。心理健康包含有生理、心理和社会行为三方面的意义。

从生理角度上看,心理健康的个人,其身体状况特别是中枢神经系统应当是没有疾病的,其功能应在正常范围之内,没有不健康的体质遗传。健康的身体特别是健全的大脑乃是健康心理的基础。只有具备健康的身体,个人的情感、意识、认知和行为才能正常运行。身体不健康特别是大脑出现了毛病,就会影响心理健康。

从心理上看,心理健康的个人对自我必然持肯定的态度,能自我认知,明确认识自己的潜能、优点和缺点,并发展自我;其认知系统和环境适应系统也得到发展;现实中的自我既能顾及生理需求又能顾及社会道德的要求,能面对现实问题,积极调适,有良好的心理适应能力。

从社会行为上看,心理健康的个人能有效地适应社会环境,能妥善地处理人际关系,其行为符合生活环境中文化的常态而不离奇古怪,所扮演的角色符合社会要求,与社会保持良好的接触,并能为社会做出贡献。

(二) 什么是心理适应

心理学家丁瓒认为:"人类的心理适应,最主要的就是对人际关系的适应,所以人类的心理病态,主要是由人际关系的失调而来的。"《教育:财富蕴藏其中》一书指出:"教育过程与适应社会能力的培养始终并存于人的一生。"从心理健康的人应该具有良好的心理适应能力,能有效地适应社会环境来看,虽然良好适应与心理健康这两个术语都表示个人有价值的、受到赞许的行为,但词义上仍有差异。

"适应"是日常生活中常用的词,通常表示个人处理问题得当且心中愉快自在。"适应"一词,在实验心理学中,是指在刺激作用下感受性降低或增强的过程,例如对光适应或对暗适应;在社会心理学和社会学中,是指个人的社会或文化倾向的改变;在进化理论中,则是指任何具有生命价值的结构或行为的改变。在人格心理学中,对于心理适应问题,由于各心理学派对人性理解的不同以及研究重点的不同,迄今尚无一个为各家均能接受的定义。综合各家的观点,可以归纳为:心理适应是指在个人与环境交互作用的过程中,能自由地选择其所从事的活动,追求自己的目标,以顺从环境、调控环境或改变环境。个人与环境的关系不是固定不变的,在不同的环境下,对同样的事物,个人会因环境的不同而做出不同的调适。因而心理适应者有满足感,心情舒适,而无恐怖、抑郁、焦虑等心理问题。通常心理适应的好与坏是以个体与环境是否能取得和谐的关系而定,其标准可分为下列两点:(1)个人的心理环境与实际环境相一致。所谓心理环境是指个人因实际环境所产生的看法、想法和意念。个人的心理环境如果能与实际环境相一致、相吻合,就会产生适当的行为以应对其所处的环境。(2)能够依据实际环境调节自己的反应。心理适应良好者,对事件的处理,不会受一时一地的影响,能考虑到广大的时空因素,并随时调节自己的反应。个人在某种情境下,必须改变其行为,以顺从环境的需要;有时必须要改变环境,以符合个人的需求。

运用系统论的观点,从整体的角度研究心理适应和发展,可制定出如下一个相对动态的标准:(1)能够正确地认识自我和理解自我;(2)能够正确地认识社会和对待社会;(3)能够确立作为一个社会成员所必须具备的人生观和价值观;(4)能够对身体的发育及其变化成分理解,能逐渐完善作为男性和女性的性别角色;(5)能正确处理人际关系,特别是能正确处理和异性的关系;(6)具有充分的心理能力,去掌握作为社会成员必备的知识和技能;(7)有较充分的心理能力作选择职业和就业的准备;(8)有一定的心理能力准备结婚和过家庭生活。

二、心理健康的标准

心理健康对职业学校学生的成才有着重要的影响,健康的心理是职校生接受思想政治教育以及学习科学文化知识的前提与保证。如果一个人经常地、过度地处于焦虑、郁闷、孤僻、自卑、犹豫、暴躁、怨恨等不良心理状态,就不可能在学习生活中充分发挥个人潜能,取得成就。

(一)心理健康的标准

1946年第三届国际心理卫生大会对心理健康所下的定义是:"所谓心理健康是指在身体、智能以及感情上与他人的心理健康不相矛盾的范围内,将个人心境发展到最佳状态。"并指出心理健康者的特点是:(1)身体、智力、情绪十分调和;(2)适应环境,人际关系中能彼此谦让;(3)有幸福感;(4)在工作和职业中,能充分发挥自己的能力,过有效率的生活。

罗杰斯认为健康人格者应具有下列特征:(1)对任何经验都是开放的,不对某种经验拒绝和歪曲;(2)自我结构与其经验相协调,并能同化新经验;(3)体验到自我价值感;(4)与周围人高度协调,乐意给他人以关怀;(5)自我实现的潜能得到发挥。

马斯洛和密特尔曼(1951)认为心理健康者的特点是:(1)有充分的安全感;(2)对自己有较充分的了解,并能恰当评价自己的能力;(3)自己的生活理想和目标切合实际;(4)能与周围的环境保持良好的接触;(5)能保持自身人格的完整与和谐;(6)具备从经验中学习的能力;(7)能保持适当和良好的人际关系;(8)能适度地表达和控制自己的情绪;(9)能在集体允许的前提下,有限度地发挥自己的个性;(10)能在社会规范的范围内,适度地满足个人的基本需要。

张春兴认为心理健康者应是:(1)能了解自己并肯定自己;(2)能掌握自己的思想和行动;(3)有自我价值感与自尊心;(4)能与人建立亲密的关系;(5)有独立谋生的意愿与能力;(6)理想追求不脱离实际。

王登峰和张伯源认为心理健康的指标是:(1)了解自我,悦纳自我;(2)接受他人,善与人处;(3)正视现实,接受现实;(4)热爱生活,乐于工作;(5)能协调与控制情绪,心境良好;(6)人格完整和谐;(7)智力正常,智商在80分以上;(8)心理行为符合年龄特征。

黄希庭认为心理健康应具备六个特点:(1)积极的自我观念;(2)对现实有正确的知觉能力;(3)热爱生活,乐于学习和工作;(4)良好的人际关系;(5)能面对现在,吸取过去经验,策划未来;(6)真实地感受自己的情绪,能恰当地调控自己的情绪。

由上可见，对于心理健康者的特点，各家的说法不尽相同，但也有不少共同之处。多数学者主张应以人的整个行为的适应情况为标准，而不过分重视个别症状的存在。就个别的心理结构而言，心理健康应包括人的人格、能力、认识、行为和情绪等多方面的健康。就心理健康的人本身而言，又有水平高低之分。如心理健康从最低水平上理解是指没有心理障碍或行为问题的一种精神状态；从高水平上理解则是指人们客观地认识环境与自我，进行心理调节，最大限度地发挥自身潜能从而更好地适应社会生活，更有效地为社会和人类做出贡献的心理发展状态。这只是较为笼统的解释，要想较为具体地掌握心理健康的概念，就需要了解心理健康的标准。

我国一些教育工作者根据国内外学者的论述、学生心理发展的特征以及学校心理健康工作的实践，从四个方面描述了学生心理健康的标准。

第一，对自己有信心。即对自己有基本的了解，能作正确的自我评价。不仅知道自己的弱点、缺点和局限，而且还知道自己的优点、长处和发展潜质；对自己持肯定态度且怀有信心，有良好的自我形象，自尊、自爱、自信；对自己的未来抱有切合实际的希望。

第二，对学校生活有兴趣。即喜欢自己担负的学业和工作任务，能在学习和工作等活动中发挥自己的智慧和才能，获得满足感与成就感，认识并肯定自己的价值，从而热爱学习和班级工作。

第三，喜欢与人交往，有较好的人际关系。在家里，关心家庭和家人，与父母有良好的沟通；在学校里，与同学和老师有比较多的接触，与他们建立友好和谐的关系，共同分享快乐，分担忧虑；喜欢结交朋友，对人的态度正面的（信任、尊敬、喜欢、热爱）多于负面的（敌意、怀疑、憎恨、冷漠）。能帮助别人，也愿意接受别人的帮助。

第四，具有良好的心理适应能力。能根据环境的变化，调整自己，积极地适应环境变化；能面对自己的成长变化，学习调整自己；遇到失败和挫折，不过分焦虑不安和颓废丧气，具有一定的挫折容忍力。

尽管在措辞和侧重点上，学者们有所不同，但基本思路是一致的，即标准涉及知、情、意、行等心理活动的各个方面。据此，我们可将心理健康的概念概括为：个体能够积极地适应环境，有正常的认知水平，稳定愉快的情绪，同客观现实保持平衡的意志行为与良好的个性特征的状态和正常的自我调控能力。

（二）心理健康的评估标准

许又新提出心理健康可以从体验标准、操作标准和发展标准三个维度去衡量。在具体评估心理健康时要把这三类标准联系起来综合考察和衡量。

1. 体验标准

体验标准是指以个人的主观体验和内心世界的状况来衡量心理健康与否，主要包括是否有良好的心情和恰当的自我评价等。

2. 操作标准

操作标准是指通过观察和测验等方法考察心理活动的过程和效应，其核心是效率，主要包括个人心理活动的效率和个人的社会效率或社会功能，如学习效率高低，人际关系和谐与否等。

3. 发展标准

发展标准着重对人的个体心理发展状况进行纵向考察与分析。判断一个人的心理健康状况，必须考虑其年龄、性别、社会角色、情境等因素。例如某些心理行为表现发生在儿童身上是正常的，发生在大学生身上则是不正常的；发生在女生身上是正常的，而发生在男生身上则不正常；在特定的情境中是正常的反应，而在其他情况下出现就不正常了。

王效道曾经提出判断心理健康的三项原则：其一，心理与环境的统一性。即一个人的所思所想、所作所为是否能正确地反映外部世界，有无明显的差异。正常的心理活动，在内容和形式上与客观环境具有一致性。其二，心理与行为的统一性。即人的心理活动中认识、情感、意志三个过程内容是否完整，是否协调一致。其三，人格的稳定性。即在外部环境没有重大改变的前提下，人的气质、性格、能力等个性心理特征相对稳定，行为表现出一贯性。

（三）心理健康评估的相对性

心理健康不像生理健康那样可以用一些数据加以量化，如体温、血压、脉搏等数据，以表明生理健康与否。心理健康无法根据这些数据为标准来衡量。心理健康与不健康，很难截然划分，这两种状态不是非此即彼的，而是相对的。每个人在不同情境中的行为表现、内心体验也不完全一致。正因为如此，在界定人的心理健康的概念及标准时，因其复杂性，至今尚无统一的答案。

心理健康是比较而言的，从健康到不健康只是程度的不同，而无本质的区别。如：一个没有明显心理疾病、能够勉强生活工作的人和一个心理变态的人相比他是健康的，但和一个自我实现的人相比，其心理健康水平又是较差的，是需要改进的。而且人的心理健康状态又是动态变化的，而非静止不动的。人的心理健康既可从相对不健康变得健康，又可从相对健康变得不那么健康。因此，心理健康反映的是某一时间内的特定状态，而不应认为是固定的和永远如此的。据此，人的心理健康水平大体可分为三个等级。

一是一般常态心理，表现为心情经常愉快，适应能力强，善于与别人相处，能较好地完成与同龄人发展水平相适应的活动，具有调节情绪的能力。

二是轻度失调心理，表现出不具有同龄人所应有的愉快，与他人相处略感困难，生活自理能力较差，经主动调节或通过专业人员帮助后可恢复常态。

三是严重病态心理，表现为严重的心理失调，不能维持正常的生活和工作。如不及时治疗，就有可能恶化成为精神病患者。

心理健康标准是一个发展的文化的概念，会随着社会的发展变化而发展变化，也因不同的社会文化背景而有差异。不同的国家和地区、同一地区的不同民族和阶层可能有不同的要求和标准；同一国家和地区的标准也会因时代的变迁、历史的进步而有不同的标准。如中国传统文化重视个人与自然、社会保持和谐关系，心理健康以"和"为核心；而西方的心理健康观念，则以崇尚自我为核心，把自我实现看做心理健康的最高境界。

三、心理健康的评价方法

如何正确有效地评价人的心理健康状况？心理学家们提供了可使用的多种方法。应该说目前尚没有哪一种方法可以完全客观准确地评价出心理健康状况。这里介绍三种方法供参考。它们是环境适应判定法、症状观察法及心理测量法。每种方法虽然都可单独使用，但都有其局限性。在实践中，通常是把几种方法综合使用，效果较好。

（一）环境适应法

尽管心理学家们在描述心理健康标准时各不相同，但大部分心理学家都把"适应良好"作为一条重要的标准。因为，良好的适应涉及心理活动的各个方面,是一个较综合的标准。环境适应主要包括社会适应和生活适应两方面。社会适应指个体与社会处于和谐状态而不是对立状态。换言之,个体行为能符合社会行为规范的要求,说明其社会适应良好,视其为心理正常;若个体行为不符合社会行为规范的要求,则说明社会适应不良,视其为异常。生活适应以个人是否表现出与外在生活情景相一致的情感、言语、行为为依据,对人的生活适应水平进行了解,从而判断其心理是否健康,即言行表现越是与外在情景相协调一致越正常,越是不一致越是反常。

环境适应法的优点是简便易行,获得的信息直观、真实,但局限性也显而易见。如有些违反社会规范的行为,可能是心理异常造成的,也可能就是单纯的犯罪,很难区分。这时,就需要配合其他方法综合分析,才能做出准确的判断。

(二) 症状观察法

通过观察学生在自然情景中的行为表现,捕捉基本信息,从而了解学生是否存在某些心理异常的症状,并对学生的心理健康状况进行判定的方法。使用此方法判定时,必须要求判定者对心理异常的多种症状较为熟悉,并且要对被检查的学生的心理的方方面面能进行检查,才能最后进行判定。

症状观察法的可靠性取决于判定者对心理异常症状的熟悉程度和检查的细微程度。这种方法最好能结合学生的自诉症状来综合判断,因为,任何行为必然伴随主观感受,一种行为是否健康不仅仅取决于行为本身,很大程度上还要看个体的主观感受如何,要看这种行为是快乐还是焦虑、痛苦。因此,将外部观察和内部体验结合起来评价学生的心理健康是较为可行的方法。

(三) 心理测量法

这是一种采用专门的心理测量工具(测验量表),在较短的时间内对被试的某些或某方面的心理属性做出测定,然后和常模(某一特定人群的心理健康总体平均标准)进行比较,从而判定某个体的心理健康水平的方法。

心理测量时可使用的量表很多,常用的有人格测验、智力测验、心理健康测验等,如明尼苏达多项人格测验(MMPI)、卡特尔16种人格因素测验(16PF)、主题统觉测验(TAT)、康乃尔健康问卷(CMI)、心理健康自评量表(SCL-90)、抑郁评定量表和焦虑评定量表等。上述量表绝大多数在国内都可以找到修订过的版本,因此在心理健康教育工作中可以使用。

第二节 职校学生心理辅导的专业技术

职校心理辅导主要有个别心理辅导、团体心理辅导和心理活动课三种形式。个别心理辅导是针对单个学生问题进行的辅导,是一对一的辅导,主要采用心理咨询会谈的技术;团体心理辅导是针对部分学生的共同成长问题进行的辅导,也称为小组辅导,团体心理辅导中既要采用个别心理辅导的技术,同时也要采用团体心理辅导的技术;心理辅导活动课是以班级为单位的团体辅导。本节主要介绍两种辅导技术:个别心理辅导技术和团体心理辅导技术。

一、个别心理辅导的技术

(一)个别心理辅导的概念

个别心理辅导是针对单个学生而言的,以单个学生为对象的心理辅导活动,是教师通过与学生一对一的沟通互动来实现的专业助人活动,通过语言和非语言的对话交流,对学生进行心理辅导。

职校个别心理辅导的对象是全校所有的学生,而不是只针对有心理问题和心理偏差的学生。对心理正常的学生主要做发展性辅导,心理辅导的目的是为了更好地认识自己,充分发挥潜能,提高学习与生活的质量,促进心理健康发展,例如如何处理与同学及老师的关系、如何提高学习效率、选择文科还是理科等。对心理偏常的学生主要做健康辅导,辅导的目的是消除心理困扰,矫正心理问题。其中既有在认知、情感、意志、行为等方面存在障碍的学生,也有存在一定的心理问题困扰的学生,如厌学症、焦虑症、强迫症、网络成瘾等。

个别心理辅导保密性高,但是相对团体心理辅导比较费时费力,对辅导教师的个案专业知识与专业技能要求较高。

(二)个别心理辅导的技术

个别心理辅导中常用的是行为矫正技术和认知改变技术。

1. 行为矫正技术

行为矫正技术是指通过适当的行为改变技术,增进学生积极行为的发展,减少并逐步克服不良行为的技术。行为矫正的程序:确立目标行为、明确行为基线、实施强化干预、效果评估与反馈。目标行为是指需要克服的不良行为,或是需要培养的积极行为。如上课注意力不集中、考试焦虑、退缩行为等是需要克服的不良行为,增加人际交往是需要培养的积极行为。行为基线是指个体在一定时间内不良行为表现的次数,如一天强迫性洗手13次。

行为矫正技术通常包括以下几种。

(1) 强化法。某一行为若得到奖赏,那么,以后这个行为重复出现的频率就会增加;反之,得不到奖赏的行为出现的次数就可能会减少。强化法包括正强化和负强化。正强化,即将愉快的刺激施加于干预对象,以增进其积极行为,如表扬、微笑、奖励等。负强化,即撤去令人不愉快的刺激,增进其积极行为,如能够按时交作业,撤去不许打游戏的禁令等。

(2) 消退法。指对不适应的行为不予注意,不给予强化,使之渐趋削弱以致消失。例如有些学生在课堂调皮捣乱、搞恶作剧,破坏上课秩序,如果大家的注意力被他吸引,他会更加得意,这种行为得到强化,他会继续重复这种行为。如果教师采用消退法,不在课堂公开批评这个学生,照常上课,这个学生的消极行为自然会减少。

(3) 橡皮圈法。这是训练自我控制和自我矫正的强化技术。将橡皮圈套在手腕上,当学生出现不良行为时,如上课分心,自己弹拉橡皮圈,以自我惩罚的方式克服不良行为。

人的心理是一个整体,是认知、情绪、行为的统一体。人的行为要受到外界因素的影响,受到认知因素的调节,因此,在行为矫正技术使用时,需要考虑认知因素的影响,将行为矫正技术与认知改变技术结合起来。

2. 认知改变技术

认知改变的技术很多,这里介绍理性情绪疗法。美国心理学家埃利斯在20世纪50年代创立了理性情绪疗法,其中心目标是除去非理性的、不合理的信念,而以正确的信念取代谬误的信念。ABC理论是理性情绪疗法的核心内容。ABC的基本观点:决定人的情绪反应的不是事件本身A,而是对事件的不合理信念即不合理的态度和想法B,不同的人对同一件事有不同的想法,产生不同的情绪与行为C,因此,我们可以通过改变人的态度与想法,进而改变其情绪与行为。

理性情绪疗法的操作步骤：(1) 帮助来访者明了自己有哪些不合理的信念，以及不合理的信念与他们的情绪困扰之间的关系。可以直接或间接地向来访者介绍 ABC 理论的基本原理。(2) 要向来访者指出，他们的情绪困扰之所以延续至今，不是由于早年生活的影响，而是由现在他自身所存在的不合理信念所导致的，自己应对自己的情绪和行为负责。(3) 帮助来访者改变非理性观念，调整认知。(4) 帮助来访者学习理性观念，用理性方式进行思维，以家庭作业的方式将新学到的与不合理信念辩论的方法运用于实际生活中。

家庭作业可以采用理性情绪疗法的自助量表。其内容为，先让学生找出 A 和 C，然后再找 B。表中列有十几种常见的不合理信念，学生可从中找出符合自己情况的 B，若还有其他不在此列中的不合理信念可以单独列出。接下来是请学生自己做 D，对自己所有的不合理信念，进行质疑式的辩论。最后是填写 E，即通过自己与自己的不合理信念辩论而达到了什么情绪的和行为的效果。

与不合理的信念辩论，这也是一种规范化的作业形式，需学生回答一些具体的问题：(1) 我打算与哪一个不合理的信念辩论并放弃这一信念？(2) 这个信念是否正确？(3) 有什么证据能使我得出这个信念是错误或正确的结论呢？(4) 假如我没能做到自己认为必须要做到的事情，可能产生的最好的结果是什么？最坏的结果是什么？

家庭作业对学生学习处理问题的应变能力，练习新的行为很有帮助。当学生面临最坏的结果时，教师应该引导学生思考，自己做什么能够使最坏的结果造成的影响降低到最低点，自己通过怎样的行为改变使问题得到解决。如，面对孤独，采取阅读、主动参加集体活动、旅游、听音乐、运动等方式使自己的生活丰富起来，扩大自己的视野，而不是一个人抑郁地独处，自怨自艾或怨天尤人。

二、团体心理辅导的技术

（一）团体心理辅导的概念

团体心理辅导是在团体情境下进行的一种心理辅导形式。在辅导教师的指导下，运用讨论、角色扮演、游戏等辅导方法，有效处理团体成员共同面临的问题。通过团体成员间的互动，促使个体观察、学习、体验，认识自我、探讨自我、接纳自我，调整和改善与他人的关系，学习新的态度与行为方式，增强适应能力的助人过程。

团体心理辅导因组成因素与设计内容的不同,可有不同的分类。根据团体成员的背景相似度或问题的性质分为同质团体与异质团体;根据团体心理辅导活动有无计划与目标,分为结构式团体与非结构式团体;根据团体成员的固定程度,分为封闭式团体与开放式团体;根据团体功能,分为发展性团体、训练性团体与治疗性团体。职校团体心理辅导多是以班级为单位的团体,在心理健康活动课中实施,是结构式、封闭式、发展性团体,既是同质的也是异质的团体。此外,职校辅导教师可以根据学生的共同问题组成同质团体,如人际交往团体。

团体心理辅导具有教育、发展、预防与治疗四大功能。这四大功能相互联系、相互渗透,在团体心理辅导过程中共同起作用。团体为学生提供了一个相互支持的心理环境,在人际互动中,有利于学生改变认知、处理情绪困扰与发展适应行为。团体心理辅导比起个别心理辅导省时、省力,辅导效率高,成本低,辅导的效果容易巩固。

(二) 团体心理辅导的技术

团体心理辅导不是一次辅导活动,而是围绕主题的系列活动。团体的运作是一个复杂的过程,团体成员从相互生疏到彼此熟悉,从相互分离到互助合作是一个渐进的过程。团体心理辅导一般经历四个阶段:团体创始阶段、团体过渡阶段、团体探索阶段和团体结束阶段。本章介绍团体发展的阶段技术。

1. 团体组成技术

团体组成阶段的主要任务是确定团体目标、决定团体的类型、招募团体成员。团体组成的技术包括团体的方案设计技术与团体招募技术。(1) 团体方案设计技术。团体在方案设计时要考虑:团体要达到的目的是什么?团体的类型是什么?是同质团体还是异质团体、开放团体还是封闭团体、发展性团体还是训练性团体?团体活动的内容是什么?团体活动的方式、时间与地点。(2) 团体招募技术。团体招募时要根据团体目标与类型筛选成员。团体成员招募可以采用张贴海报宣传、课堂演讲宣传和教师推荐等方式,对自愿报名参加的学生进行面谈、心理测验等方式进行筛选。团体成员对团体的目的、活动内容及活动方式有知情权,也有退出团体的权利,在团体招募时,辅导者应该将这些要求通告报名参加的学生。以班级为单位的团体,不需要招募,班级全体学生必须参加,不可以退出。因为学生不是自愿地参加团体,可能会有抗拒心理,因此,在辅导前,辅导者需要提供有关辅导的信息,如解释辅导的目的、意义、内容及活动形式,播放以前班级团体辅导过程的视频、照片等,使班级学生对团体辅导有所了解,增加对团体辅导的兴趣,做好辅导前的心理准备。

2. 团体起始技术

团体起始阶段的主要任务是促进成员的熟悉与相识,创建安全、友善、温暖的团体氛围。团体起始阶段主要包括分组技术和暖身技术。(1) 分组技术。团体一般分成 6—8 人小组。分组采取随机的方式,每次活动都要分组,团体要不断变换分组的方式,以促进学生间的互动与交流。分组的方法:报数分组、扑克牌分组、图片分组、活动随机分组等。(2) 暖身技术。团体心理辅导的起始要用暖身的方式带领学生渐进地进入主题。暖身的目的是让学生放松心情,营造安全温暖的团体氛围,为后续的主题辅导活动做好心理准备。暖身的方法通常是团体游戏,也可以是音乐与游戏的结合。如小组成员一起唱歌,并且边歌边舞,最后做一个小组雕塑。做小组雕塑时,小组成员要喊出小组口号,以展示小组团体的力量。

3. 团体过程技术

团体过程技术,也是团体辅导工作阶段常用的技术,是维持和发展团体,有效促进成员改变的技术,包括引导参与的技术和解决问题的技术。(1) 引导参与的技术。辅导者鼓励和协助成员讨论和决定团体的事务,鼓励并提供每一个成员民主参与的机会。(2) 解决问题的技术。辅导者要帮助成员通过互动沟通学会解决问题的过程。步骤:了解问题的存在;分析问题的性质;列举解决问题的办法;评估解决问题的可行性及预测后果;选择恰当的方法,解决问题。

4. 团体结束技术

结束的技术包括每次辅导活动结束的技术和团体整个历程结束的技术。(1) 每次辅导结束的技术。每次辅导活动结束,辅导者至少要留出 10 分钟时间用于团体结束,内容包括:邀请成员分享活动体会、安排辅导作业、预告下一次活动时间及内容等。(2) 整个团体辅导结束的技术。整个团体历程的结束,一般内容包括:团体成员互赠礼物,道别祝福;辅导者对团体历程做简短的回顾与总结;成员评估辅导取得的进步与改变;展望未来,明确今后应该怎样做,如何巩固团体辅导的效果。

第三节　职校学生心理辅导的基本原则

职业学校心理辅导的原则是指职业学校开展心理辅导过程中应该遵循的一些基本指导思想。

（一）面向全体学生原则

职业学校心理辅导工作不是针对少数有心理问题的学生，在局部范围开展教育工作，而是要面向全体学生，为全体学生开展辅导服务工作。心理辅导的目的在于通过对学生的指导、协助和服务，培养学生良好的心理素质，开发潜能，健全人格，促进学生的健康成长和发展。心理辅导面向全体学生的原则要求我们在制订心理辅导计划时要着眼于全体学生，以学生为本；确定辅导目标时要考虑学生的心理特点、年龄特点；确定心理辅导活动的内容时要考虑学生的共同需要与普遍存在的问题；组织心理辅导活动时，要创造条件，尽可能给每一个学生创造参与的机会，避免只有平时活跃的少数学生出头露面，多数学生在一边旁观的局面。

（二）预防与发展相结合原则

职业学校的心理辅导服务不仅仅面向个案，在问题发生之后才起帮助作用，而且更多的是要运用心理学知识在学校整体工作中起预防作用。预防原则是指帮助学生掌握有关心理健康的知识和技能，学会用有效、合理的方式满足自己的需要，提高人际交往水平；学生自主地应付由挫折、冲突、压力、紧张等带来的种种心理困扰，减轻痛苦、不适的体验，防止心理问题产生，保持正常的生活秩序与学习效率。职业学校心理辅导的目标不仅仅是预防心理问题发生，在预防的同时还要追求发展，将预防与发展结合起来。发展的原则是指面向每个学生，培养他们积极的心理品质，促进其心理健康。辅导者协助学生树立有价值的生活目标，认清自身的潜力和可以利用的社会资源，承担责任，充分发挥个人潜能，过健康有意义的生活。预防和发展是相互联系的，预防的目的是为了发展，发展也是积极的预防。

（三）学生主体性原则

学生主体性原则要求在职业学校心理辅导中尊重学生的主体地位，充分发挥学生作为辅导活动主体的作用。辅导的基本功能是促进学生成长与发展,而成长与发展从根本上说是一种自觉的和主动的过程。辅导不以传授系统学科知识为目的,辅导内容的选取与安排应充分考虑学生的需要,围绕学生关心的实际问题进行,要在学生积极、主动的配合下开展心理辅导。心理辅导活动设计不要过分拘泥于教材,要善于就学生所关心的热点问题或具有共性的问题灵活机动地、创造性地进行。在心理辅导中,教师不仅要主动积极地发挥主导作用,更要采取一定的方法、技巧,充分调动起学生主体的积极性和创造性。

(四)个别化对待原则

职业学校心理辅导既要面向全体学生,又要关注个别差异。在具体辅导过程中既要有面向全体学生的授课、讲座,又要有针对个别学生的心理咨询。不能将心理辅导工作全部课程化,辅导工作应该是集体活动与个别教育相结合,全体参与与个别对待相结合。心理辅导教师要了解学生的共性,更要注重了解学生的个别性、差异性,对不同学生实行区别对待,使个别学生的特殊问题得到及时解决。心理辅导教师要充分考虑学生的年龄特征、性别特征、个性特征,灵活运用心理辅导的理论,找出适合不同学生的解决方法。

(五)平等对待原则

平等对待的原则即尊重每一位学生,把每一个学生都看作是有独特价值和无限潜能的个体。平等、友好、和谐的心理气氛是搞好心理辅导工作的首要条件。心理辅导教师应该时刻牢记,教育者与被教育者尽管角色不同,但在人格上是平等的,必须给学生充分的尊重。尊重学生就要承认每个学生的人格尊严和人格平等,只有从尊重出发,学生才能敞开自己的心扉。特别是那些有心理障碍的学生,他们往往不能接受自己,感觉不到自己的价值。这些学生只有被人接受,才能接受自己,只有被人尊重,才能尊重自己。尊重学生,要平等对待每一位学生,学生无论学习成绩好坏、礼貌教养如何、家庭背景怎样,辅导教师都应坦诚相待,一视同仁地予以尊重,不应厚此薄彼。

(六)协同工作原则

职业学校心理辅导工作如果只有心理辅导教师去做,必将是孤掌难鸣,势单力薄。职业学校应多方面、多角度、多层次地协调学校各方面工作,相互配合,共同进行心理辅导工作。从学校工作来说,心理辅导应寓于教育、教学和管理工作之中;从教育体系来说,心理辅导应渗透到德智体美劳各育之中,使心理辅导的要求与德、智、体、美、劳各育的教育要求结合起来；从具体课程来说，心理辅导应寓于各门学科之中，各学科教学中渗透心理辅导；从学生活动来说，心理辅导应寓于课内学习、课外活动以及团队工作之中。心理辅导也要整合学校、家庭和社会各方面的教育力量，使职业学校心理辅导更加持久有效地展开。

【本章思考与练习】

1. 什么是心理健康？什么是心理适应？
2. 心理健康的基本标准有哪些？
3. 简述个别辅导的主要技术。
4. 团体心理辅导四个阶段的基本技术有哪些？
5. 职校学生心理辅导的原则主要有哪些？

第五章　职校学生的学习心理

学习是人类认识世界，获得生产、生活经验的有目的的活动，也是人自身可持续发展的源泉和动力。现代社会已进入学习化社会，知识更新的速度越来越快，其老化的周期也越来越短，学习不再是一次性的和终结性的。"学会"只能成为传统意义上的"工匠"，而"会学"才有可能成为"专家"。这就要求职校生具有很强的学会学习的能力和获得信息的能力。"心理学研究指出：人是一个未完成的动物，并且只有通过经常地学习，才能完善他自己。"[①]职校生应该是一个在学习化时代具有终身学习素质和可持续发展素质的学习者，必须通过持续的学习和探究历程来提升其专业水准与专业表现，并在整个生存期间不断更新和改进自己的知识装备。

第一节　学习心理概述

"学习"一向是心理学研究中的核心课题。学习是一个普遍现象，无论是低级动物，还是高级动物，乃至人类，在其整个生命过程中都贯穿着学习。

一、学习的概念

学习的概念有广义与狭义之分。作为有机体普遍存在的适应环境的手段之一的学习是广义的学习。一般定义为：学习是指人和动物在生活过程中，凭

---

① 联合国教科文组织国际教育发展委员会.学会生存：教育世界的今天和明天[M].华东师范大学比较教育研究所，译.北京：教育科学出版社，1996：180.

借反复经验而产生的行为或行为潜能的相对持久的变化。在理解学习这个概念时,应注意把握以下特征。

(一)学习者必须产生某种行为或行为潜能的变化

学习者自身的变化是学习是否发生的依据,只有当学习者在行为或行为潜能方面产生变化,学习才会发生。如个体从不会骑自行车到会骑自行车,这就是学习。但学会骑车以后,再以自行车作为交通工具的骑车行为就不是学习,只是习得骑车技能的运用,个体在这时并未再产生行为或行为潜能的变化。学习使得学习者产生的变化不一定都是外显的,或者不总是明显地表现出来,有时作为一种行为倾向或潜能而潜藏起来。例如某职校生通过学习,掌握了机械制图的知识与技能,已习得了制图的能力,但当前他并未制图,就可以说他的制图能力是潜在的。适当时候,他会表现出制图的外显行为。

(二)学习者行为或行为潜能的变化是相对持久的

许多原因都可导致学习者的主体变化,但不少变化可能只是暂时的,一旦条件变化,主体可能就会恢复到先前状态。疲劳、疾病、饮酒、药物等都会影响或引起主体发生某种变化,但这些变化都是暂时性的,当休息、病愈、酒精与药物作用消退之后,这种变化就可能消失,故不能称作学习。

(三)学习是由学习者反复经验引起的

学习所导致的学习者主体变化是后天习得的,是在学习者与环境的相互作用过程中产生的。学习者在生活过程中由于先天反应倾向,或者成熟与衰老等因素也会造成主体产生行为的持久变化,但这些变化与练习和经验无关,不属于学习的范畴。如青春期少年嗓音的变化,是生理成熟的结果,与经验无关,因此不能称之为学习。

二、学习的类型

学习现象非常复杂,涉及不同的学习主体、学习内容和学习方式等,因此存在着不同类型的学习,并且各种学习的条件及过程各有差异。若用单一的模式来解释不同的学习类型,显然不够恰当。

(一)根据学习主体不同,可将学习分为动物学习、人类学习和机器学习

动物学习限于消极适应环境变化,以满足其生理需要,主要以直接的方式

获取个体经验,而且主要局限于第一信号系统,学习环节较为简单。人和动物的根本区别在于,动物只能对"信号"做出条件反射,而只有人才能够把这些"信号"改造成有意义的"符号"。① 人类学习与动物学习存在本质区别。首先,人的学习除了要获得个体的行为经验外,还要掌握人类世世代代积累起来的社会历史经验和科学文化知识;第二,人的学习是在改造客观世界的生活实践中,在与其他人的交往过程中,通过语言的中介作用而进行的;第三,人的学习是一种有目的的、自觉的、积极主动的过程。机器学习主要指计算机学习,它是人工智能的一个活跃的研究领域。机器学习的过程就是计算机系统如何获得信息并利用信息来解决问题的过程。机器学习的研究涉及概念形成、图式识别、语言理解、问题解决等方面。

（二）根据学习内容不同,可将学习分为知识学习、技能学习和社会规范学习

知识是客观事物在人脑中的主观映像,它来自反映对象本身的认知经验。学生有了这种认知经验,就可以解决知与不知和知之深浅的问题,从而可以在实际的生活中更好地确立个体活动的方向。技能是通过学习而形成的符合法则要求的活动方式,它是来自于活动主体所做出的行动及其反馈的动作经验。这种经验既包括在人脑内部,借助于内部言语,以简缩的方式,对事物的主观表征进行加工改造的心智技能,也包括借助于人的肢体或一定的器械,以展开的方式作用于客观对象的动作技能。学生有了这种动作经验,就可以解决会不会做和做得熟练与否的问题,从而可以在实际的生活中更好地控制个体活动的执行。社会规范是用以调节人际交往,实现社会控制,维持社会秩序的思想工具,它来自主体和客体相互作用的交往经验。这种经验的习得以一定的价值观为中介,并通过态度的形成与改变而最终培养学生的品德。学生有了这种交往经验,就可以协调个体与他人和集体之间的关系,从而在实际生活中更好地为个体的社会行为进行定向和调控。

（三）根据学习方式不同,可将学习分为接受学习和发现学习

美国心理学家奥苏伯尔指出,发现学习是指人类个体经验的获得是来源于学习活动中主体对经验的直接发现或创造,并非由他人的传授而得。因发现学

---

① ［德］卡西尔. 人论［M］. 唐译,编译.长春:吉林出版集团有限责任公司,2014,编者序.

习中经验来自学习主体自身的创造,故这种学习又叫创造学习。发现学习的根本特点在于其所得经验是学习主体发现或创造的结果,并非来自别人的传授。接受学习是指人类个体经验的获得是来源于学习活动中主体对他人经验的接受,把别人发现的经验经过其掌握、占有或吸收,转化为自己的经验。这种学习又叫掌握学习。接受学习区别于发现学习之处在于,主体所得经验来自经验传递系统中他人对此经验的传授,并非来自主体的发现与创造。

必须注意的是,相较其他学习方法,发现学习是一种不"经济"的方法,只能偶尔为之,而不能作为课堂教学中的一种主导方法来使用。布鲁纳提出发现学习的一般步骤[①]:第一,提出和明确使学生感兴趣的问题,通过这些问题引起学生的兴趣和好奇心;第二,使学生感到这种问题具有某种程度的不确定性,以激起他们的探究欲望;第三,提供解决问题的多种可能的假设,开阔学生的思路;第四,协助学生收集与问题有关的资料,丰富学生的知识经验;第五,组织学生审查有关资料,从中得出应有的结论;第六,引导学生用分析思维去证实结论,使问题得以解决。

奥苏伯尔还根据学习内容与学生已有知识之间的关系,将学习分为机械学习和有意义学习。学生只记住词语或符号,并不理解内容,只是死记硬背,称之为机械学习;不仅能记住词语或符号,而且能理解其内容实质,称之为有意义学习。接受学习和发现学习都有机械学习和有意义学习。认字、记外语单词等最初必须通过机械的接受学习,对概念、原理和规则实现理解就是有意义的接受学习;走迷宫式的问题解决是机械的发现学习;独立地发现了事物间的关系和联系,就是有意义的发现学习。

此外,现代西方教育心理学主要从学习的结果、学习的心理机制两个方面划分学习的类型。加涅根据学习条件的不同,将学习结果划分为五类:言语信息、智慧技能、认知策略、动作技能和态度。对应地,就有五类不同的学习。布卢姆将教育目标区分为认知、动作技能和情感三个领域,这种划分与加涅的分类在大类上基本一致,因为加涅所区分的言语信息、智慧技能、认知策略实际上是属于认知领域的结果。安德森等人则根据学习机制的不同,将学习区分为陈述性知识学习和程序性知识学习两类。

---

① 张爱卿. 放射智慧之光:布鲁纳的认知与教育心理学[M].武汉:湖北教育出版社,1999:100.

三、职校生学习的主要特点

（一）学习目的的职业性

绝大多数职校生在入学时就已选择了自己未来的职业。职校生在校学习的目的就是为将来更好地就业作充分准备。他们希望通过在职业学校的学习能掌握一定的专业知识和技能，从而为就业奠定基础。因此，职校生必须重视加强职业道德、职业意识、职业基础知识和技能、职业纪律及职业习惯等方面的发展。职业学校的教学计划、教学过程、教学方式方法、教学组织形式与生产实习等都应该以就业为导向，将指导帮助职校生就业作为学校教学工作的重要内容，应在课程设置、教学安排、技能训练等方面突出为职校生的就业服务。

（二）学习过程的实践操作性

学以致用是职校生学习的最终目的。根据斯腾伯格的成功智力理论，只有发展了实践性智力才能使我们最终获得成功。加涅将解决问题学习作为学习的最高级的形式，他认为："教育计划具有的重要的、终极的目的是教会学生解决问题。"[1]职业学校要根据培养目标，按照不同专业的特点，组织职校生参加大量的社会生产生活实践活动，培养职校生的动手操作能力和实践应用能力。因此，职校生必须既具有基本的理论知识，更要具有熟练的实践操作技能，能解决社会生产生活实践中的一般问题。在操作知识解决问题的过程中，不仅能巩固知识，形成技能，而且"把你所学的东西跟你的生活联系起来会增加学习的热情"[2]。

（三）学习内容的专业性

职业学校与普通高中有着明显的专业性差别，它强调在一定的文化基础上侧重实施专业技术教育，要求职校生能够熟练地掌握本专业基本的操作技能，能完成本专业中等复杂程度的作业。换句话说，职业学校要求培养的人才是"专才"，是在某一领域具有扎实技术的专业人才。职业学校的教学过程主要围绕职校生专业知识的获得和专业技能的形成来进行的。在教学活动的整个过程中，专业知识和专业技能的内容特征，专业学习的科学规律特点表现得非常

---

① [美]加涅.学习的条件和教学论[M].皮连生,等,译.上海:华东师范大学出版社,1999:221.
② [美]班纳,卡隆.现代教师与学生必备素质[M].陈廷榔,等,译.北京:中国轻工业出版社,2000:173.

突出。因此,职业学校要加强专业课的模拟实习与实践操作活动,加强专业技能课、见习和实习活动,加强职校生知识技能学习的专业性。

(四)学习方式的半自主性

随着职校生学习内容选择范围的增大,专业发展方向的变化和自我支配时间的增多等因素,要求职校生能动地选择适合自己的学习内容、方法和策略,能动地计划、实施、调节和评价学习,不断优化知识结构,适应自身与社会发展的需要。在学习过程中,"学生必须自己教自己,因为只有他们自己才晓得哪种方法最适合自己"[1]。这样,他们在面临种种情境和问题时才能及时能动地做出反应。但是,由于职校生的生理、心理特点所限,他们的学习不大可能具有较强的自主性,还需要教师的指导和监控,因而只能达到半自主性。

(五)学习范围的开放性

职业教育打破了单纯的课堂教学的基本教学形式,突破了职业学校的范围。学习目的的职业性、学习过程的实践操作性和学习内容的专业性等特点,决定了职校生在学习期间必须通过"产学结合",一边学习、一边实践,必须尽量利用专业知识和技能参加社会服务,投身社会实践。这样,课堂和教材不再是职校生惟一的学习资源。"学校再也不会是一个为学生一生准备一切的地方。"[2]课堂学习仅仅能够满足职校生系统接受知识的需要。封闭性的学校教育,从学习内容到学习过程都远远脱离社会公共生活和职业生活,使学生在完成学校教育而走向社会时根本不具备实际工作所需要的基本技能和相应的社会能力[3]。"闭门"难以造出"好车"。在课堂以外的学习空间里,职校生可以拓展视野、了解社会需求和专业发展现状,以使学习更具有目的性和针对性,可以广泛接触不同人群,面向社会生产生活实践,应用和创新所学知识,不断发展与提高专业技能和素养。

(六)学习策略方法的定势性

很多职校生尚未探索出科学的学习策略和学习方法体系,他们习惯于采用初中阶段惯用的学习策略和学习方法,容易产生学习的定势心理。他们对不同

---

[1] [美]斯腾伯格,史渥林.思维教学:培养聪明的学习者[M].赵海燕,译.北京:中国轻工业出版社,2001:149.
[2] 联合国教科文组织.学会关心:21世纪的教育:圆桌会议报告[J].王一兵,译.教育研究,1990,(7):76.
[3] 上官子木.创造力危机:中国教育现状反思[M].上海:华东师范大学出版社,2004:94-95.

学科、不同任务所采用的学习方法趋于一致,满足于简单诵读、机械识记。他们的学习策略多表现为重复地诵读和机械地练习等较低水平的复述策略,缺少高效率的预习、复习和听课等学习策略,很少对学习内容进行高水平的思维操作,难以将所学知识整合为一个完整的知识体系。

(七) 学习动力的匮乏性

进入职业学校后,很多职校生觉得未来没有前途,学习的抱负水平减低,学习热情不足,厌学情绪突出。他们对自己所学专业不够满意,对学习无热情、无兴趣,厌倦刻板的教与学的方式方法,往往产生一种"混"的学习心态,难以取得良好的学习效果。加之,由于远离家长的管束,缺少外部学习压力,缺乏引发他们学习的强化刺激,从而难以产生继续努力学习的需要。有的职校生在考取职业学校后非常自卑,缺少基本的自信心,觉得前途渺茫。

第二节 学习理论的主要心理流派

学习是如何发生的,如何进行,有哪些规律?近百年来,教育心理学家围绕着这些问题,从不同角度,运用不同方式进行了很多研究,试图回答这些问题,也由此形成了各种各样的学习理论。

一、学习的联结理论

联结理论认为,一切学习都是通过条件作用,在刺激(S)和反应(R)之间建立直接联结的过程。强化在刺激-反应联结的建立中起着重要作用。在刺激-反应联结之中,个体学到的是习惯,而习惯是反复练习与强化的结果。习惯一旦形成,只要原来的或类似的刺激情境出现,习得的习惯反应就会自动出现。

(一) 桑代克联结主义的学习论

桑代克被誉为现代教育心理学的奠基人,是联结主义学习理论的创始人。他把人和动物的心理过程,特别是学习过程,定义为刺激与反应之间的联结,认为知识和技能是通过"尝试—错误—再尝试"这样一个反复过程习得的。他的这一理论观点是在动物实验的基础上建立起来的。

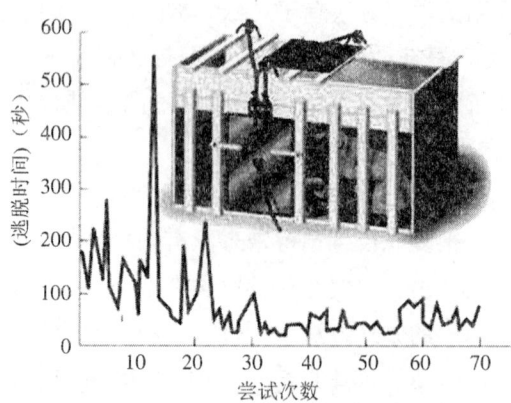

图 5-1 桑代克迷箱示意图及猫的学习曲线

让饿猫学习逃出迷箱是桑代克的经典实验之一。如图 5-1 所示,桑代克把饿猫放入笼子,然后在笼子外面放上猫可以看见的鱼、肉等食物,笼子中有一个特殊的装置,猫只要一踏笼中的踏板,门就会开启,从而吃到食物。一开始猫放进去以后,在笼子里上蹿下跳,试图逃出迷箱,无意中触动了机关,于是它就非常自然地出来吃到了食物。桑代克记录下猫逃出笼子所花的时间,然后又把它放进去,进行又一次尝试。桑代克认真地记下猫每一次从笼子里逃出来所花的时间。他发现随着实验次数的增多,猫从笼子里逃出来所花的时间在不断减少,无效动作逐渐被排除。最后,猫一放入笼子,就去启动机关,从而迅速逃出。桑代克把自己的观点称为试误说。他根据自己的实验研究得出了三条主要的学习定律。

1. 准备律

在学习者进行某种学习活动之前,如果他对刺激与反应之间的联结在事前有一种准备状态时,实现则感到满意,否则感到烦恼;反之,当此联结不准备实现时,实现则感到烦恼。"当儿童开始上学而心理上却对学习尚无准备时,这种社会任务和个体演化之间的不一致肯定是令人痛苦的。"[1]在学习过程中,教师要注意尽可能不打无准备之仗。

2. 练习律

对于学习者已形成的某种联结,在实践中正确地重复这种反应会有效地增

---

[1] [美]凯根. 发展的自我[M]. 韦子木,译. 杭州:浙江教育出版社,1999:183.

强这种联结。就专业技能训练而言,重视职校生技能练习中必要的重复是不可或缺的。另外,桑代克也非常重视练习中的反馈,他认为简单机械的重复不会造成学习的进步,告诉学习者练习正确或错误的信息有利于学习者在学习中不断纠正自己的学习内容。

3. 效果律

效果律是最重要的学习定律。学习者在学习过程中所得到的满意或烦恼的结果会加强或减弱学习者在头脑中已经形成的某种联结。桑代克还发现,赏和罚的效果并不相等,赏较之罚更加有力,即更能促成联结的增强。桑代克认为学习者学习某种知识以后,即在一定的结果和反应之间建立了联结,如果学习者遇到一种使他心情愉悦的刺激或事件,那么这种联结会增强,反之会减弱。他指出,教师尽量使学生获得感到满意的学习结果显得尤为重要。

(二)巴甫洛夫的经典条件反射论

俄国著名生理学家巴甫洛夫把狗作为实验对象(实验装置见图5-2),用铃声(条件刺激物)与食物(无条件刺激物)多次结合,原先是由食物引起狗的唾液分泌(无条件反射),后来单独出现铃声也引起类似的唾液分泌反应(条件反射)。这就是说铃声与食物之间形成了巩固的联系时,学习出现了。

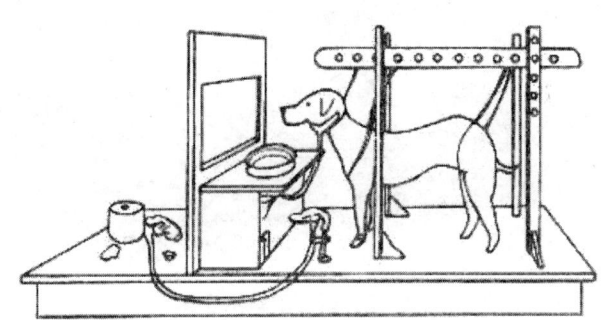

图5-2 经典条件反射学习实验装置示意图

在此基础上,他提出了广为人知的条件反射理论,主要原理如下。

1. 保持与消退

巴甫洛夫发现,在动物建立条件反射后继续让铃声与无条件刺激(食物)同时呈现,狗的条件反射行为(唾液分泌)会持续地保持下去。但当多次伴随条件刺激物(铃声)的出现而没有相应的食物时,则狗的唾液分泌量会随着实验次数的增加而自行减少，这便是反应的消退。教学中，有时教师及时的表扬会促进学生暂时形成某一良好的行为，但如果过了一段时间，当学生在日常生活中表现出良好的行为习惯而没有再得到教师的表扬，这一行为很有可能会随着时间的推移而逐渐消退。

2. 分化与泛化

在一定的条件反射形成之后，主体对与条件反射物相类似的其他刺激也作出一定的反应的现象叫做泛化。分化则是有机体对条件刺激物的反应进一步精确化，那就是对目标刺激物加强保持，而对非条件刺激物进行消退。

（三）斯金纳的操作性条件反射学说

继桑代克之后，斯金纳用白鼠作为实验对象，进一步发展了桑代克的刺激-反应学说，提出了著名的操作条件反射。与桑代克相类似的是斯金纳也专门为实验设计了一个学习装置——"斯金纳箱"（见图5-3）。箱子内部有一个操纵杆，只要当饥饿的小白鼠按动操纵杆，小白鼠就可以吃到一颗食丸。

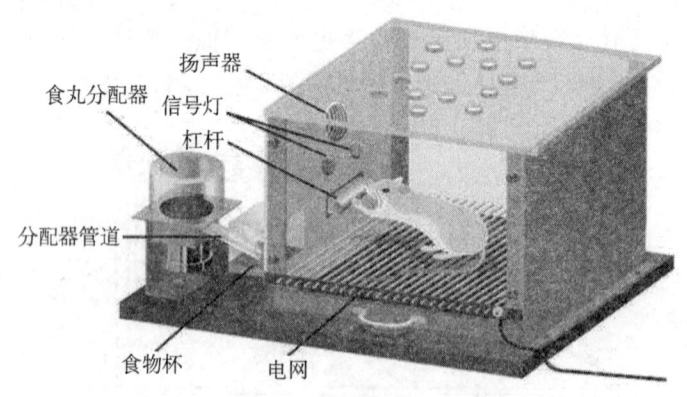

图5-3 斯金纳箱示意图

他把饥饿的白鼠放入实验箱内，白鼠在里面杂乱地活动，偶然踏动杠杆，食槽内滚出一粒食丸。重复多次之后，白鼠就不再做出多余动作，而径直操作杠杆便取得食物。这样白鼠便获得了按压杠杆可以得到食物的经验。按压动作与得食之间由此建立联系。前者为后者显现的手段，这就是一种操作性条件反射。斯金纳把这种会进一步激发有机体采取某种行为的程序或过程称为强化，凡是能增强有机体反应行为的事件或刺激叫做强化物。

斯金纳把一切行为分为应答性行为和操作性行为。经典条件反射属于应答性条件反射,即强化物(无条件刺激物)伴随条件刺激物,但强化物要与条件刺激物同时或稍后出现,这样条件反射才能形成。在操作条件反射中,强化物同反应相结合是有机体必须先作出适当的反应,然后才能得到强化,即 R—S(反应—强化)形式。

斯金纳按强化实施后学习者的行为反应,将强化分为正强化和负强化。正强化是指学习者受到强化刺激以后,加大了某种学习行为发生的概率。如由于教师表扬学生做出的正确行为,从而使学生能在以后经常保持这种行为。负强化是指教师对学习者消除某种厌恶刺激以后,学习者的某种正确行为发生的概率增加。斯金纳认为,对于目前课堂教学的最严重的批评也许是强化次数比较少①。

斯金纳通过实验观察发现不同的强化方式会引发白鼠不同的行为反应,其中连续强化引发白鼠按动操纵杆的行为最易形成,但这种强化形成的行为反应也容易消退,而间隔强化比连续强化具有更持久的反应率和更低的消退率。后来,斯金纳把对动物学习实验中得出的理论与模式,直接应用到人类的学习活动中,认为人类学习行为也是操作性的。他把操作性条件学习理论用于教学,提倡程序教学和机器教学,被称为"机器教学之父"。在教学过程中,教师要积极应对学生作出的每一个反应,并对学生作出的正确反应予以正确的强化。

二、学习的认知理论

认知学习理论认为,学习不是在外部环境的支配下被动地形成刺激-反应的联结,而是学习者主动地在头脑内部构造认知结构。学习者当前的学习依赖其原有认知结构和当前刺激情境,学习受主体的预期所引导,而不受习惯所支配。

(一)苛勒的完型-顿悟说

"格式塔"为德语名词 Gestalt 的译音,意为"形"或"形态"。格式塔学派反对学习是建立刺激与反应之间联结的观点,而注重知觉在行为中的作用,学习

---

① 王承绪,赵祥麟. 西方现代教育论著选[M]. 北京:人民教育出版社,2000:376.

是知觉系统的组织与再组织。格式塔学派心理学家苛勒设计这样一个实验情境。将一只饥饿的黑猩猩关在笼中,笼外放置香蕉,并在笼内放长短、粗细不等的两根竹竿,黑猩猩用"手"和任何一根竹竿都够不到香蕉。起初猩猩用"手"和单根竹竿均未取到香蕉。稍后,猩猩开始摆弄笼内的两根竹竿,在这一过程中突然停止摆弄竹竿,似有所悟,把两根竹竿拼接起来,成为一根长竿,用这根长竿取到了香蕉。黑猩猩为自己的这一"创造发明"而高兴,并不断地重复这一取香蕉的动作。在第二天重复这一实验时,苛勒发现黑猩猩很快就能把两根竹竿连起来取得香蕉,而没有漫无目的地尝试。在实验研究基础上,苛勒提出了与桑代克的试误说相对立的完形-顿悟说。

苛勒认为,学习的实质是在主体内部构造完形。学习过程中问题的解决,都是由于对情境中事物关系的理解而构成一种"完形"来实现的。学习过程是一个顿悟的过程。学习是个体利用本身的智慧与理解力对情境及情境与自身关系的顿悟,而不是动作的累积或盲目的尝试。顿悟虽然常常出现在若干尝试与错误的学习之后,但不是桑代克所说的那种盲目的、胡乱的冲撞,而是在做出外显反应之前,在头脑中要进行一番类似于"验证假说"的思索。动物解决问题的过程似乎是在提出动物只有在清楚地认识到整个问题情境中各种成分之间的关系时,顿悟才会出现。

(二)加涅的信息加工论

加涅利用计算机模拟的思想,坚持利用当代认知心理学的信息加工的观点来解释学习过程,展示了学习过程中的信息流程。加涅认为,学习是一系列认知加工过程,学习是学习者通过自己对来自环境刺激的信息进行内在的认知加工而获得能力的过程。他提出了一个较为完整和系统的学习与记忆的信息加工模型(见图5-4),以便形象地反映学习与记忆的内在过程。

该模型呈现了人类学习的内部结构及每一结构所完成的加工过程,是对影响学习效果的教学资源重新合理配置、调整的一种序列化结构。在这个信息流程中,加涅主要强调了以下三点。

1. 学习是学习者获取信息的一种方式

学习者从外部环境中接受刺激从而激活感受器,这是学习的第一步。感受器将接收到的信息传递至感觉登记器。信息在此处只保存1秒左右或更短,在这一阶段,绝大多数信息未能得到注意,只有一小部分信息被注意选择而进入

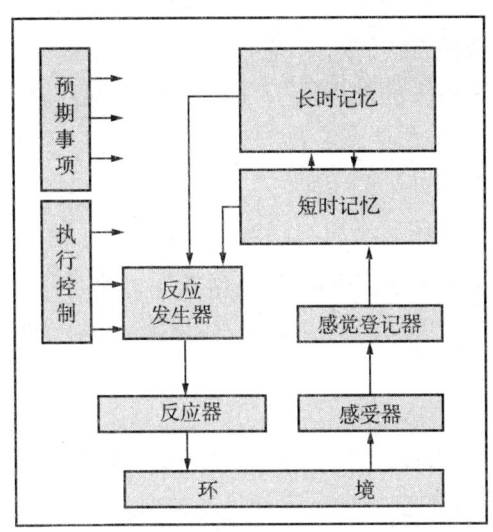

图 5-4　加涅的学习与记忆的信息加工模型

短时记忆加工阶段。信息进入短时记忆便被编码和贮存。但短时记忆对信息的贮存时间很短,一般只有 30 秒左右,而且容量极为有限,只有 7 ± 2 个单位。

从学习者的角度看,信息最为关键的变化发生在进入短时记忆后的编码,经过编码,原先以声音或形状储存的信息马上可能转化为能被人理解的、有语义特征的言语单元或更为综合性的句子、段落的图式。如果学习者能进行复述,信息就能保持较长时间,即进入下一个加工阶段——长时记忆加工阶段,否则就会被遗忘。长时记忆对信息保留时间很长,且贮存容量很大。存贮在长时记忆中的信息如果要用,必须通过"提取"。提取的信息构成"反应发生"的基础。对有意识的认知活动而言,信息从长时记忆流向短时记忆,然后到达"反应发生器";而对于熟练的自动化反应而言,信息可以直接从长时记忆流向反应发生器。反应发生器对反应序列进行组织并指引反应器。反应包括人的所有肌肉活动和腺体分泌。

2. 学习者自发的控制和积极的预期是制约学习有效性的决定因素

学习活动作为一个信息加工过程也需要自我调节和控制。比如,通过对感觉系统的调节,可以使之选择适当的信息加以注意;对记忆的编码方式进行调节,可以提高信息的贮存质量等。为了高效率地学习,学习者必须对一些刺激作出反应,这意味着在学习初期学习者的感觉器官就应该朝向刺激源,做好接受刺激的心理准备；另外，选择性知觉会直接影响到感觉登记器中的内容进入短时记忆的特征及编码方式的选择，它作为一种特殊因素在学习一开始就决定了学习者概括和问题解决的能力及学习者思维质量的高低。作为一种定向性的执行过程，预期的内容能使学习者产生一种连续的学习定势。

3. 反馈是检验学习效果的手段

学习是一个封闭的环形流程，有起点，也有终点。这里的起点和终点都指向与学习者紧密相关的学习情境（环境），在这样一种情境中需要对学习结果作出一定的评价。反馈是通过对学习者行为的效果提供结果性评定，来检测、描述学习的性能、意义。

（三）布鲁纳的认知结构论

布鲁纳始终认为，学校教育与实验室研究猫、狗、小白鼠受刺激后作出的行为反应是截然不同的两回事。建立在动物心理学基础上的，且仅限于知觉水平的认知理论同样已经不足以解释人类的学习，而需要获得进一步的开拓与完善。布鲁纳以认知结构理论为基础，提出了一套关于学习的理论，后来被有的心理学家称之为"认知-发展说"。

1. 学习的实质是主动地形成认知结构

认知结构就是指学习者头脑中的知识结构，他们已有的全部观念的内容和组织。布鲁纳认为，学习的本质不是被动地形成刺激-反应的联结，而是主动地形成认知结构。学习者不是被动地接受知识，而是主动地获取知识，并通过新获得的知识和已有的认知结构联系起来，积极地建构其知识体系。

2. 学习是由知识的获得、转化和评价过程所组成的

教师若在教学前了解学生已有的有关知识、经验情况，既可以促进新知识迅速掌握，又可以使已有的知识进一步提炼。知识的转化是指对知识进一步分析和概括，使之适合新任务，也就是通过各种加工的方法，把所得知识转化为另一种形式，目的在于学得更多的知识。评价是对知识转化的一种检查。通过评价可以核对处理知识的方法是否合适，分析、概括是否得当，运算是否正确等等。教师在帮助学生进行评价时具有决定性作用。

3. 强调学习各门学科的基本结构

布鲁纳非常重视学习各种学科的基本结构。他认为，学生理解学科的基本结构，能使接受的知识在以后一生中发挥作用。布鲁纳强调，"不论我们选教什

么学科,务必使学生理解该学科的基本结构"。所谓"基本",就是具有既广泛而又有强有力的适用性。他主张改革或重编基础课的教材,要把那些基本知识结构放在中心位置。同时教材要清楚地反映有关学术领域的发展水平,要使新编的学科知识能由普通的教师教给普通的学生。这样的学习才能促进学生智能的发展。

4. 提倡使用"发现法"

布鲁纳主张学习者要有发现的态度和方法,即采用"发现学习"。所谓发现法,就是由教师创设情境,学生在此情境下主动思考,提出要解决的问题和设想,通过分析、运算和操作等过程,对教材进行加工、改组,最后激起学生的学习动机和学习兴趣,启发学生独立思考,发展学生的创造性思维能力,并且利于巩固知识。布鲁纳指出,使用发现法应遵循六个步骤:提出和明确学生感兴趣的问题;使学生体验到对问题的某种程度的不确定性;提供解决问题的多种可能的假设;协助学生收集可供下结论的资料;组织学生审查有关资料,得出应有结论;引导学生用分析思维去验证结论。

(四)奥苏伯尔的认知同化论

奥苏伯尔创造性地吸收了皮亚杰、布鲁纳等同时代心理学家的认知同化理论思想,提出了著名的有意义学习、先行组织者等理论,并将学习论与教学论两者有机地统一起来。

1. 有意义学习

奥苏伯尔指出,有意义学习过程的实质就是符号所代表的新知识与学习者认知结构中已有的适当观念建立非人为的和实质性的联系。他提出有意义学习的两大条件:一是内部条件,学习者表现出意义学习的态度倾向,即学习者表现出积极地寻求把新学习的知识与本人认知结构中原有知识联系起来的行为倾向性;二是外部条件,所要学习的材料本身要符合逻辑规律,能与学习者本人的认知结构、认知特点相吻合,在学习者的认知视野之内。美国心理学家梅耶认为,促进有意义学习的三种外部教学条件是:① 学习材料具有实质性的意义;② 学习者需要帮助;③ 测验所评估的是有意义的学习……如果测验只是考查学生对信息的记忆,则不可能揭示所发生的有意义学习[①]。

---

① [美]迈耶.教育心理学的生机:学科学习与教学心理学[M].姚梅林,译.南京:江苏教育出版社,2005:16.

2. 知识的同化

奥苏伯尔认为,学习者学习新知识的过程实际上是新旧材料之间相互作用的过程。学习者必须积极寻找存在于自身原有知识结构中的能够同化新知识的附着点,这里同化主要指学习者把新知识纳入到已有图式中去,从而引起图式量的变化的活动。学习者在学习中能否获得新知识,主要取决于个体认知结构中是否已有了有关的概念。教师必须在教授有关新知识以前了解学生已经知道了什么,并据此开展教学活动。

三、社会学习理论

社会学习理论是美国社会心理学家班杜拉提出的。他认为,以往的学习理论一般都忽视了社会变量,主张要在自然的社会情境中而不是在实验室里研究人的行为。他们通过实验研究并阐明人在社会环境中是怎样进行学习的。这个实验分两个阶段进行。第一阶段是让三个不同班级(A、B、C)的学生看三段录像。录像中的第一部分内容相同,都是一个大孩子在一间屋子里击打一个玩具娃娃。接着,屋子里出现了一个成人。三个班级学生随后所看录像的内容就不一样了:A班学生看到进来的成人给大孩子一些糖果作为奖励,似乎是对孩子这种行为的赞许;B班学生看到的镜头是成人不满地在孩子的脑袋上拍打了几下,以示对孩子这种行为的惩罚;C班学生看到成人进屋以后,既没有对孩子表示惩戒,也没有对孩子表示赞赏,只是若无其事地招呼孩子离开那间屋子。第二阶段是看完录像以后,实验者让三个班级的学生分别待在不同的教室里,里面都放有一个玩具娃娃,观察者则在教室外观察学生的行为反应,结果看到A班学生主动攻击玩具的次数最多,C班次之,B班最少。

在一系列实验研究的基础上,班杜拉形成了社会学习(观察学习)理论。他认为,观察学习是人类的主要学习方式之一,其核心是替代性学习和替代性强化。替代性学习实际上就是指观察学习,亦称模仿学习,说明人类能通过观察模仿习得新的行为模式。替代性强化是指学习者通过观察对示范者榜样的强化所引起的行为变化。他认为,观察学习是否有效,主要受以下几种因素的影响:(1)榜样的刺激特征及其行为后果;(2)观察者的动机影响;(3)观察者的认知水平和过去经验。

班杜拉把儿童的观察学习过程分成了四个阶段:(1)注意阶段。个体通过观察他所处环境的特征,注意到那些可以为他所知觉的线索。通常,儿童更倾向于选择那些与自身条件相类似的或被他认可的对象作为知觉对象。(2)保持阶段。个体通过表象和言语两种表征系统来记住他在注意阶段已观察到的榜样的行为,并用言语编码方式存储于信息加工系统中。(3)复制阶段。个体从自身信息加工系统中提取从榜样情景中习得并记住的有关行为,在特定的环境中模仿。这是个体将通过观察学习而习得的不完整的、片段的、粗糙的行为,通过自行练习而得到弥补的过程,最终使一项被模仿的行为通过复制过程而成为个体自己熟练的技能。(4)动机阶段。个体通过前三个阶段已基本上掌握了榜样的有关行为,但在现实生活中,个体却并不一定在任何情景中都会按照榜样的行为去作出自己的反应。班杜拉认为这主要由于"条件"和"机会"的不成熟,而"条件"和"机会"的成熟与否则主要取决于外界对此行为的强化程度。

四、人本主义学习理论

20世纪中叶,一些心理学家感到现有的心理学(主要是行为主义心理学和精神分析心理学)所提供的关于人类的心理知识,大多数是不完整的、扭曲的,因此难以在新的时代里承担起解决社会问题的责任。行为主义心理学往往过于关注"严格"的研究方法,以致忽视了人之所以为人的实质性的东西,因此把对动物的研究结果应用于人类学习。精神分析心理学只看到人的无意识中的黑暗方面,而没有看到在人性之中尚有积极、美好的东西,过于悲观。在心理学的研究中,需要以人为本,即把人当作人来看待。由于具有这种观点的人越来越多,因而在20世纪60年代时代背景的推动下,他们的观点已形成一种学派,即人本主义心理学。

(一)以人性为本位的教学目的观

人本主义心理学家试图从行为者,而不是从观察者的角度来解释和理解行为。他们强调人的本性、尊严、理想和兴趣,认为人的自我实现和为了实现目标而进行的创造才是人的行为的决定因素。马斯洛指出:学习的本质是发展人的潜能,尤其是那种成为一个真正人的潜能;学习要在满足人最基本的需要的基础上,强调学习者自我实现需要的满足;人的社会化过程与个性化的过程是完全统一的。因而,许多人本主义教育家认为,教师在教学中应创设能促进学生学习的良好的心理氛围,保证学生在自由、安全的情境中发现学习内容的价值、意义,使学习者成为充分发展的人。

(二) 彰显主体的教学过程观

人本主义认为,在教学过程中,应以学生为中心,"学校为学生而设,教师为学生而教"。"育人"比"教书"更重要。教育就是要培养学生的健康、健全的人格。通过学校教育环境气氛的不断改善,调动学生的积极性,发展学生的潜能,提高自主学习的能力。罗杰斯主张学生要充分发挥自己的潜在能力,能够愉快地、创造性地学习。在罗杰斯看来,良好的师生关系应具备的三个基本条件是真实、接受和理解。为此,他提出教师应做到:要对学生进行全面的了解,对学生关心备至;尊重学生的人格;应与学生建立良好的、真诚的人际关系;要从学生的角度出发来设计教学活动和教学内容;善于使学生陈述自己的价值观和态度;善于采取灵活多样的教学方法,对学生进行区别对待。

罗杰斯基于对人本主义心理学的研究和多年大学教学的经验,在 1983 年提出了学习的十大原则[1],即:(1) 人类生来就有学习的潜能。(2) 当学生觉察到学习内容与他自己的目的有关时,意义学习就发生了。(3) 涉及改变自我组织(self-organization)的学习是有威胁性的,会受到抵制。(4) 当外部威胁降到最低限度时,就比较容易觉察和同化那些威胁到自我的学习内容。(5) 当对自我的威胁较小时,学生就会用一种辨别的方式(differentiated fashion)来知觉经验,学习就会取得进展。(6) 大多数意义学习是从做中学(acquired by doing)的。(7) 当学生负责任地参与学习过程时,就会促进学习。(8) 涉及学习者整个人(包括情感与理智)的自我发起的学习(self-initiated learning),是最持久、最深刻的。(9) 当学生以自我批判(self-criticism)和自我评价(self-evaluation)为主要依据,把他人评价放在次要地位时,独立性、创造性和自主性(self-reliance)就会得到促进。(10) 在现代社会中最有用的学习是了解学习过程,对经验始终持开放态度,并把它们整合进自己的变化过程中去。

---

[1] Jaques D. Learning in Groups: A handbook for improving group work[M]. 3rd edition. London: Routledge Falmer, 2000:57.

五、建构主义的学习理论

建构主义学习理论强调学习过程中的积极主动性、对新知识的意义的建构性和创造性的理解,强调学习的社会性质,重视师生之间、学生与学生之间的社会相互作用对学习的影响。

(一)知识观

建构主义认为,知识并不是对现实的准确表征,而只是一种解释和假设。首先,知识是个人经验的合理化。"知识学习并非由机体简单地以显见的方式来获得的,所有的知识都是自我创造(self-created)出来的。"[1]其次,知识是个体社会建构的产品。"新知识是由个体与社会相互联系而'建构'或创造出的。"[2]第三,知识是由个体主动建构的。因此,职业学校要引导职校生在原有知识经验的基础上,以意义建构的形式来学习知识、获取知识和创新知识。

(二)师生观

建构主义需要教师扮演反思实践家的角色,教师应转变为敏锐的观察者和预测者的角色。在建构主义的学习环境中,教师不应再将自己当作知识的传授者。他不必是无所不知并控制课堂中的方方面面。相反,教师应成为一个学生知识建构过程的促进者,引导学生顺利发展,与学生共同解决问题,为学生学习提供一个拥有丰富的必需资源的情境[3]。学生是一个主动的建构者,他要积极地对外部信息作主动选择、加工和建构。教师要由教育舞台上的"独奏者"转变为"伴奏者",从台前退到幕后,以学生为中心,努力创设适宜情境,激发学生主动创新的意识和热情。

(三)教学观

传统教学忽视学生的主动性,阻碍了学生学习创新。建构主义强调,教学应以学生为中心,学生在教师指导和帮助下不断自主建构和创新知识。教师要

---

[1] Iran-Nejad A. Constructivism an substitute for memorization in learning:Meaning is created by learner[J]. Education,1995,116(1):19.

[2] Hendry G D, Frommer M, Walker R A. Constructivism and problem-based learning[J]. Journal of Further and Higher Education,1999,23(3):359.

[3] Hay K E, Barab S A. Comparison and contrast of apprenticeship and constructionist learning environments[J]. The Journal of the Learning Sciences,2001,10(3):297.

进行有效的教学设计,研究并优化学生现有的认知结构,给学生提供必要的知识经验,引导并协助学生进行学习创新,以培养学生的创新能力。建构主义提倡用支架式教学(scaffolding instruction)、抛锚式教学(anchored instruction)、随机进入教学(random access instruction)等方法,引导学生对知识进行主动探究和建构,把学习引向深入。职业学校教师要给学生提供适合其知识建构的认知结构框架、思维方式、学习情境以及有关线索。职校生也正是依据这些条件不断建构新的知识意义,并以此发展他们的创新能力和自主学习的习惯。

尽管长期以来心理学家对于学习进行了长期研究,但迄今为止,还没有一种理论是适用于解释所有学习现象的。职校生学习类别多样,相当复杂。各种学习理论的研究成果尽管存在一些不足之处,但对于我们认识和研究职校生学习具有重要的理论指导价值和实践意义。

第三节　激发和培养职校学生的学习动机

人的各种活动总是由一定的动机引起的,并指向一定的目标。动机是由人的需要引发,在外在目标的推动下,直接激发人进行活动的,是人发起和维持自身行动的一种心理状态。职校生在进行学习时,总是受一定的学习动机所推动,并在不同程度上受到学习动机的支配。因此,激发职校生适度的学习动机、调动职校生的学习积极性,是职业学校教师做好教育教学工作的基础之一。

一、学习动机的概念、功能和类型

(一)学习动机的概念

学习动机是直接推动个体进行学习的心理动力,它是一种能激发并维持个体进行学习活动,使个体的学习行为朝向一定的学习目标的心理动力。学习动机与学习行为是可以互相激发、互相增强的。如果个体缺乏学习动机,可以先组织个体开展学习活动,随后通过学习活动逐步引发和形成学习动机,而一旦学习动机形成后,它又会反过来增强个体的学习行为。

1. 学习需要与内驱力

学习需要反映的是个体在学习活动中感到有某种欠缺而力求获得满足的

心理状态,能使个体产生学习的内驱力。内驱力的主观体验形式是个体主动学习的愿望或意向,这是驱使个体进行学习的根本动力。需要是个体行为积极性的源泉,也是个体认识过程的内部动力。需要往往是以个体内部的某种不平衡的方式表现出来的生理性或社会性的需求。需要是以内驱力的形式从个体内部产生并指向满足内部需求的行为动力。一般而言,学习需要与内驱力呈正相关。

2. 学习期待与吸引力

学习期待是个体对学习活动所要达到学习目标的主观估计。学习期待与学习目标二者密切相关,但是不能等同。学习目标是个体通过学习活动所想要达到的预期结果,而在学习活动完成之前,这个预期结果是以观念的形式储存于个体的头脑之中。这样来看,学习期待也就是学习目标在个体头脑中的反映。

学生是否能产生学习动机和学习行为,不仅是由其内驱力决定,还需要一定的外部条件的吸引,这个外部条件就是诱因。诱因是指能驱使个体产生一定行为以满足某种需要的外部条件。诱因既可以是物质的,如食物、水等,也可以是精神的,如名誉、地位等。诱因分为正诱因和负诱因两种。凡是能使个体趋向或获得它而满足其需要的刺激物称为正诱因,凡是使个体逃离或回避它而满足其需要的刺激物为负诱因。如教师给职校生的口头表扬或物质奖励等都是正诱因,学业考试的不及格就是负诱因。研究表明,家长、教师的期望水平,原有学习成绩与职校生的学习期待存在着不同程度的正相关。适度的诱因能对职校生产生一定的吸引力,诱发职校生通过学习活动来达到学习目标。

3. 学习环境与外压力

一般认为,学习需要和学习目标是引起学习动机的两个重要因素,由学习需要产生内驱力,而由学习目标产生吸引力。除了内驱力和吸引力而外,学习动机还应具有第三个成分——外压力。当学习目标对个体缺乏吸引力,个体自身缺乏学习的内驱力时,来自社会、学校和家庭等学习环境的外压力显得尤为突出。外压力迫使职校生重新设定学习目标,不断提高学习需要和学习期待,通过学习活动实现学习目标,降低来自外界的心理压力。

(二)学习动机的功能

学习动机在职校生的学习活动中具有十分重要的作用,学习动机是职校生学习的动力,指引着学习活动的方向。学习动机对学习有促进作用,直接影响着职校生所取得的学习成绩。一般而言,学习动机具有以下功能:(1)激发功能。学习动机能促使学生产生学习活动。如果没有动机,难以进行学习活动。(2)指引功能。在动机的作用下,能使个体的行为指向某一目标。如在学习动机的支配下,职校生会到图书馆去看书,到厂矿企业去从事生产实践活动。(3)维持和强化功能。当学习活动开始后,学习动机可以维持和调整学生的学习活动。学习动机能使学生的学习活动维持一定的时间,能调节学生学习活动的时间、内容和紧张度。当学生的学习活动指向既定目标时,学习动机便会获得强化,因而学习活动就会持续下去。

(三)学习动机的类型

学生的学习动机比较复杂,可以从多个角度,根据不同标准进行分类。以下从三个方面对学习动机进行分类。

1. 根据学习动机的来源,可以分为内部学习动机和外部学习动机

内部学习动机是指由学生的内部心理因素引起的动机,如职校生的学习需要、求知欲和兴趣爱好等引起的学习动机。通常,内部学习动机会促成更为积极主动的学习。外部学习动机是指由外部诱因所引起的动机,如成绩、竞赛活动与奖励表扬等引起的动机。一般而言,外部学习动机的效果和持续时间不如内部学习动机,但是具有一定的爆发力。这两种学习动机是共同作用于学生的学习活动的。在教学过程中,教师应该关注学生的内部学习动机,但也不应忽视外部学习动机的作用。教师应一方面逐渐使外部动机作用转化为内部动机作用,另一方面又应利用外部动机作用使学生已经形成的内部动机作用处于持续的激起状态。①

2. 根据学习动机来源与起作用的时间,可以分为直接的近景性动机和间接的远景性动机

直接的近景性动机往往是与学习活动的过程本身直接相联系的,来源于对学习内容的兴趣和学习结果的追求。如职校生对某学科内容的浓厚兴趣,教学内容的新颖以及教师生动形象的讲解等都直接影响到学生的学习动机。这类动机的效果比较明显,强度很大,但稳定性、持久性较差,容易受到外部环境和

---

① 伍新春.高等教育心理学[M].北京:高等教育出版社,1999:115-116.

一些偶然因素的影响。如有的职校生为了能考取某种职业技能证书而废寝忘食地学习。但是,这很可能在考完后就立即停止而不再继续保持。间接的远景性动机往往是与社会及教育的要求、学生个人的前途相联系的。如职校生为了能在将来找个较好的工作而努力学习。这些久远的、间接的学习动机往往与远大的理想和生活目标密切联系,因此其作用也是较为强烈、稳定和持久的,能激励学生努力学习并取得好成绩。

3. 根据学习动机的内容和性质,可以分为高级的、正确的学习动机和低级的、错误的学习动机

当职校生的学习动机在很大程度上取决于自己内在的心理因素,动机成分具有更多内驱力的成分时,这种内在的、自律的学习动机就是高级的。而当职校生的学习动机在很大程度上受到他人及外在环境的影响,动机成分具有更多吸引力、外压力的成分时,这种外在的、他律的学习动机就是低级的。如果学习动机不仅有利于自己的学习和发展,还有利于他人的学习和发展,同时还有利于国家和社会发展时,这种学习动机就是正确的、高尚的学习动机。如果职校生的学习动机只从一己私利出发,甚至有损于他人和社会的利益时,这种学习动机就是错误的、平庸的,甚至是庸俗的学习动机。

(四)学习动机与学习效果的关系

学习动机和学习效果之间存在着相互制约的关系。学习动机与学习效果之间的关系并不是直接的,它们之间往往以学习行为为中介,而学习行为不仅受学习动机的支配,还受制于一系列的主客观因素,如职校生的智力水平、学习基础、学习方法、学习策略与教师指导等。因此,必须把学习动机、学习行为和学习效果三者放在一起加以考察,才能看出学习动机与学习效果的关系。它们之间通常具有以下4种关系类型(表5-1)。

表5-1 学习动机与学习效果关系类型

	正向一致	负向一致	正向不一致	负向不一致
学习动机	+	−	−	+
学习行为	+	−	+	−
学习效果	+	−	+	−

(注:"+"表示好或积极,"−"表示差或消极)

从表5-1可以看出,有两种类型的学习动机与学习效果的关系是一致的,

另两种类型的学习动机与学习效果的关系则不一致。一致的情况是：如果学习动机好，学习行为也好，其学习效果也会好（正向一致）；相反，如果学习动机差，学习行为也差，则学习效果也会很差（负向一致）。不一致的情况是：如果学习动机好，而学习行为不好，其学习效果也不好（负向不一致）；相反，如果学习动机差，而学习行为好，则其学习效果也可能好（正向不一致）。由此，我们便可以得出这样的结论：学习动机是影响学习行为、提高学习效果的一个重要因素，但并非是决定学习效果的唯一条件。在学习过程中，激发职校生的学习动机固然非常重要，但是应当把改善各种主客观因素以提高学习效果作为关键来抓。在学习过程中，职校生要保持学习动机的积极性，并努力保持学习行为的积极性，努力保持正向一致与正向不一致，消除负向一致与负向不一致，从而保证产生积极的学习结果。

如果去除学习行为这个中介因素，只考虑学习动机和学习效果之间的关系，我们会发现，在一般情况下，随着学习动机水平的增加，学习效果也会逐渐提高。但是，学习动机水平也并不是越高越好，如果学习动机水平超过一定限度，学习效果反而会下降。1908年，美国心理学家耶尔克斯（Yerkes，R M）和多德森（Dodson，J D）发现，中等程度的动机水平最有利于学习效果的提高。同时，他们还发现，最佳的动机水平与学习任务的难度密切相关：任务较容易，最佳动机水平较高；任务难度中等，最佳动机水平适中；任务越困难，最佳动机水平越低。这就是著名的耶尔克斯-多德森定律（简称倒"U"曲线），如图5-5所示。

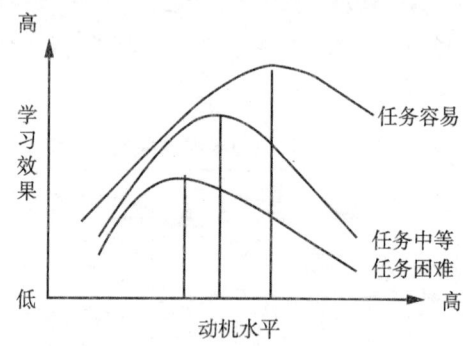

图5-5　动机水平与学习效果的关系

因此，教师在教学过程中，要根据学习任务的不同难度水平，适当控制职校生学习动机水平。在学习较容易的内容时，教师应尽量使职校生集中注意力，使他们尽量紧张一些；而在学习较困难的内容时，则应尽量创造自由轻松的课堂气氛，在职校生遇到困难时，要尽量心平气和地慢慢引导，以免职校生过度紧张或焦虑。

教育心理学的研究表明，不仅学习动机可以影响学习效果，反过来，学习效果也可以影响学习动机。学习效果好意味着学生在学习中的努力与所取得的成绩是成正比的，这样，学生的学习动机就会得到强化，从而形成新的学习需要，使学生以更强的学习动机去进行学习活动，并使得学习更有成效。这样，学习需要与学习效果相互促进，从而形成良性循环。反之，不良的学习效果，使学生的努力得不到相应的收获，从而削弱学习需要，降低学习动机，导致更差的学习效果，最终可能会形成恶性循环。

二、学习动机的基本理论

尽管不同学派的心理学家提出了各种各样的动机理论，但严格地讲，目前并没有专门的学习动机理论。不过，在已有的动机理论中，有的理论也可以用来解释人的学习行为。

（一）强化理论

行为主义心理学派用刺激-反应公式来解释人的行为。他们把动机看成是由外部刺激引起的一种对行为的冲动力量，并特别重视用强化来说明动机的作用。行为主义观点认为，人的某种学习倾向完全取决于先前的这种学习行为与刺激因强化而建立的牢固联系。强化可以增强人在学习过程中可能重复某种反应的力量。不断强化可以使外部刺激与学习者反应之间的联结得到加强和巩固。学习强化既可以是外部强化，也可以是内部强化。外部强化是教师给予学生的强化手段，如奖赏、惩罚、表扬、批评、竞赛和评分等。内部强化是学生的自我强化，是学生在学习过程中由于获得成功而增强了学习的成就感、自尊心和自信心，从而产生更加强烈的学习动机。无论是外部强化，还是内部强化，都有正强化与负强化之分。正强化通过施加有利于学习行为发生的愉快刺激来增强学习动机，如适当的表扬、获得优秀的成绩等。负强化通过消除不利于某行为发生的厌恶刺激来增强学习动机,如频繁的惩罚、考试不及格等。学生为了避免这些厌恶刺激,就必须提高学习动机水平,努力学习以获取好的学习成绩。

班杜拉把强化分为三种:一是直接强化,指通过外部因素对学习行为予以强化;二是替代性强化,指通过一定的榜样行为来强化学生相应的学习行为或学习行为倾向;三是自我强化,指学生根据一定的评价标准进行自我评价和自我监督来强化自己相应的学习行为。在学习过程中要结合应用这三种强化,才能达到更好的学习效果。

(二) 成就理论

成就理论也被称为成就动机理论。早在20世纪30年代,默里(Murry,H A)就提出了成就动机这一概念,并把成就动机定义为一种努力克服障碍、施展才能、力求又快又好地解决某一问题的愿望和趋势。20世纪40—50年代,麦克里兰(McClelland,D C)和阿特金森(Atkinson,J W)等人接受了默里的思想,将其发展为成就动机理论。

成就动机是人在成就需要的基础上产生的,它是激励个体乐于从事自己认为重要的或有价值的工作,并力求获得成功的一种内驱力。成就动机是人类所独有的,其形成与生理需要无关,它是后天获得的具有社会意义的动机。在学习过程中,成就动机是一种主要的学习动机。

阿特金森认为,个体的成就动机可以分为两类,一类是力求成功的动机,另一类是避免失败的动机。前者指个体追求成功的动机和由成功带来的积极情感的倾向性,后者指个体避免失败的动机和由失败带来的消极情感的倾向性。根据这两类动机在个体的动机系统中所占的强度,可以将个体分为力求成功者和避免失败者。力求成功者在其动机成分中,力求成功的成分比避免失败的成分多一些;避免失败者在其动机成分中,避免失败的成分比力求成功的成分多一些。力求成功者的主要目的是为了获取成就,因此他们会选择有所成就的任务,而成功概率为50%左右的任务是他们最有可能选择的,因为这种任务能给他们提供最大的现实挑战。而当他们面对不能稳操胜券的任务时,动机水平反而会大大下降。避免失败者倾向于选择非常容易或非常困难的任务,如果成功概率为50%左右时,他们就可能回避这项任务。因为选择非常容易的任务可以保证自己成功、避免失败;而选择极其困难的任务,即使失败,也能找到适当的借口,得到自己和他人的原谅,从而减少失败感。

奥苏伯尔认为,学生在学校情境中的成就动机由三个方面的内驱力组成。一是认知的内驱力,这是一种要求理解事物、掌握知识、获得技能,能解决学业问题的需要。它以求知作为目标,从获得知识的过程中得到满足。认知的内驱力是学习中最重要、最稳定的动机。二是自我提高的内驱力,指个体把学业成就看作获得相应的地位和威望的需要。它是一种间接的学习需要,属于外部动机。三是附属的内驱力,指个体为了获得教师或家长等的赞许,为了被同伴所接纳而表现出来的把学习搞好的一种需要。它表现为一种依附感。

这三种类型的动机在成就动机的结构中所占的比重并非一成不变,通常随着年龄、性别、个性特征、社会历史和文化背景等因素的变化而变化。在儿童早期,附属的内驱力表现得最为突出,儿童努力学习的目标主要是为了得到家长的赞许。到了儿童后期和少年期,附属内驱力的强度有所减弱,而且来自同伴的赞许和认可逐渐替代了对长者的依附。而到了青年期,认知的内驱力和自我提高的内驱力开始成为学生学习的主要动机,学生学习的主要目的在于满足自己的求知欲,并从中获得相应的地位和威望。

(三) 归因理论

最早提出归因理论的是奥地利社会心理学家海德(Heider,F)。他认为人们的行为总是由一定的原因引起的,并受到对周围事物与行为结果之间关系的认知因素所影响,因此人们往往有一种认识自己与行为环境之间关系的需要。他认为,人们行为的原因或者在于环境,或者在于个人。他人的影响、奖励、运气和工作任务的难易等都是环境原因。而人格、动机、情绪、态度、能力和努力等都是个人原因。如果把行动的原因归于环境,则个人对其行为结果可以不负什么责任。如果把行为的原因归于个人,则个人对其行为结果应当承担责任。

在海德理论的基础上,美国心理学家维纳(Weiner,B)对行为结果的归因进行了系统的探讨。他从三个维度把归因分为:内部归因和外部归因、稳定性归因和不稳定性归因、可控制归因和不可控制归因。同时,他又把人们活动成败的原因即行为责任主要归结为四个因素,即能力高低、努力程度、任务难易、运气(机遇)好坏等。如果将此"三维度"和"四因素"结合起来,就可组成如表5-2所示的归因模式。

表5-2 成就动机的归因模式

三维度	内部的		外部的	
	稳定的	不稳定的	稳定的	不稳定的
	不可控的	可控的	不可控的	可控的
四因素	能力高低	努力程度	任务难易	运气好坏

由于归因理论是从结果来阐述行为动机的,因此在对学习结果进行归因的过程中,其理论价值与实际作用主要表现在三个方面:一是有助于了解学习活动发生的因果关系;二是有助于根据学习行为及其结果来推断学生个体稳定的心理特征和个性差异;三是有助于从特定的学习行为及其结果来预测学生在某种情况下可能产生的学习行为。因此,在职业学校运用归因理论来了解职校生的学习动机,对于改善职校生的学习行为、提高其学习效果也会产生一定的作用。

(四)自我实现理论

自我实现理论是美国人本主义心理学家马斯洛提出的动机理论。马斯洛认为人的基本需要有五种,它们由低到高依次为:生理的需要、安全的需要、归属与爱的需要、尊重的需要和自我实现的需要。在人的需要层次中,最基本的是生理的需要,例如对食物、水、空气、睡眠、性和排泄等的需要;在生理的需要得到基本满足的基础上,便是安全的需要,如对于安全稳定、秩序、受保护、免除恐惧和焦虑等的需要;这之后是归属与爱的需要,即个体要求与他人建立感情联系,如结交朋友、追求爱情、团体归属等的需要;随后是尊重的需要,它包括自尊和受到他人的尊重的需要。自我实现的需要是在前四种需要基础上所产生的一种最高级的需要,包括认知、审美和创造的需要。自我实现具有两方面的涵义,即完整而丰满的人性的实现与个人潜能或特性的实现。自我实现需要是追求实现自我理想的需要,表现为个人潜能的极度发挥,做一些自己认为有意义和有价值的事。事实上,只有极少数人才能成为真正的自我实现者。对于大多数人来说,自我实现需要的满足仅仅是个人的奋斗目标。

从学习心理的角度看,人们进行学习就是为了追求自我的实现,即通过学习使自己的价值、潜能和个性能得到充分而完备的发挥和发展。因此,可以说自我实现是一种重要的学习动机。职业学校的教育工作者必须意识到:在某种程度上,如果职校生缺乏学习动机,这可能是由于他们的某种低级需要没有得到充分满足,而正是这些因素可能会成为职校生学习的自我实现的主要障碍。所以,教师不仅要关心职校生的学习,也应该关心学生的生活,以排除影响学习的一切干扰因素。

(五)自我效能感理论

自我效能感是班杜拉在1977年提出来的。它是指人们对自己是否能够成功地从事某种成就行为的主观期待。班杜拉指出,他的"期待"概念不同于传统的期待概念。传统的期待概念指的是对行为结果的期待,而他认为除了对结果的期待以外,还有一种效能期待。结果期待指的是个体对自己的某种行为导致某一结果的推测。如果个体预测到某一特定行为会导致某一特定的结果,那么这一行为就可能被激活和被选择。例如,职校生如果意识到只要上课认真听讲,就会获得他所希望的好成绩,那他就很可能认真听课。效能期待则指个体对自己能否实施某种成就行为的能力的预测。当个体确信自己有能力进行某一活动时,他就会产生高度的"自我效能感",并会主动去实施这一活动。这种自我效能感,实际上就是我们说的自信心,自信心是个体的内在动力源。例如,职校生如果认识到注意听课不仅可以带来理想的成绩,而且还感到自己能听懂教师所讲的内容,那么,他才会真正地认真听课。因此,在人们获得了相应的知识技能后,自我效能感就成为学习行为的决定因素了。

班杜拉还指出,影响个体自我效能感形成的最主要因素是个体行为的成败经验。一般来说,成功经验会提高效能期待,反复的失败则会降低效能期待。同时,归因方式也直接影响到自我效能感的形成。如果个体把成功的经验归因于外部的不可控的因素,就不会增强自我效能感;如果把失败归因于内部的可控的因素,也不一定会降低自我效能感。

一般认为,自我效能感在学习活动中主要具有四大功能:(1)决定学生对学习活动的选择及对学习活动的坚持性;(2)影响学生对待学习困难的态度;(3)影响学生新行为的获得和习得行为的表现;(4)影响学生学习时的情绪状态。自我效能感理论克服了传统心理学重认知、轻情感的倾向,把个体的需要、认知和情感紧密结合起来研究人的动机,因此具有较大的科学价值。

三、激发与培养职校生的学习动机的基本措施

职校生的学习动机不是自发产生的,而是在一定的社会生活条件和教育情

境下激发与培养起来的。良好的学习动机能促进职校生勤奋学习、顺利完成学习任务。不良的学习动机可能会使职校生处于消极被动的学习状态之中,影响学习的效果和学习任务的完成。"有必要把刺激学生学习和启发学生学习动机的方法,作为教学方法上一个新的类型来专门分析研究。"[1]因此,教师需要采取一定的措施,充分利用外部诱因,使职校生的学习需要由潜在状态变为活动状态,形成与保持学习的积极性。

(一) 开展学习目的教育,设置适当的学习目标

学习目的性的教育是调动职校生学习动机的有效措施之一。很多时候,职校生缺乏一定程度的学习动机,是因为他不知道学什么、为什么学和怎样去学。可以想象,一个缺乏学习的具体目的和意义的职校生,是很难产生强烈的学习动机的;而当其明确了学习的具体目的和意义之后,就会产生一种强烈的学习动机,并推动其积极主动地进行学习。因此,要激发职校生的学习动机,教师在讲授每门课程或每章节课程之前,必须首先确定学习的目标要求,简明扼要地让职校生明确学习的具体任务、重点和难点等,并向职校生解释学习内容在实践中的具体意义和在整个学科知识体系中所占的地位。当职校生认识到学习内容的重要性之后,就能够明确方向,并会对自己如何完成学习任务具有一个基本构想。这样,职校生的学习动机就能得到提升。

在教育教学过程中,教师要指导职校生确立适当的学习目标。设置的目标要起到激发动机的作用,还必须具有以下条件:(1) 具体;(2) 可控制;(3) 难度适中。[2] 不仅要有总的学习目标,还要有阶段性的具体目标。学习目标的高低往往与一个人的抱负水平有关。抱负水平是指人们要达到的既定的学习目标的高度。一般来说,一个抱负水平较高的职校生,其设立的学习目标也较高;反之,一个抱负水平较低的职校生,其设立的学习目标也比较低。必须注意的是,学习目标的实现难度应该在目标实现概率的可能范围之内,超越了条件和实现的可能,是不会产生较强的学习动机的。其次,职校生设立的学习目标应该做到清晰、具体、可操作与方便检查。清晰的、具体的、可以操作的目标,比模糊的、难以操作的目标更能引发职校生学习的动力。

---

① [苏] 巴班斯基. 论教学过程最优化[M]. 吴文侃,等,译. 北京:教育科学出版社,2001:112.
② [美] 帕森斯,布朗. 反思型教师与行动研究[M]. 郑丹丹,译. 北京:中国轻工业出版社,2005:187.

(二)讲求课堂教学的艺术

职校生学习动机的激发和培养是在学习过程中进行的,这主要依赖于教师的教学内容、教学方式方法与教学组织形式等因素。教师在教学过程中需要创设适当的条件,采用启发式教学、合作学习、研究性学习等多种教学方式,来增强职校生的学习动机。就实施启发式教学而言,关键在于创设问题情境。所谓问题情境,是指具有一定难度,需要职校生努力克服,而又是力所能及的学习情境。这就容易激起职校生求知的需要和思维的积极性,使其进入"心求通而未通,口欲言而未能"的境界。在这种情境中,容易激起职校生的求知欲,从而获得理想的教学效果。又如合作学习能在很大程度上提升职校生的学习动机水平,提高其学习成绩,发展良好的社会性和个性。教师可以以组内异质、组间同质的学习小组为基础,将独立学习、合作学习和竞争学习相结合,将个人学习、小组学习和全班集体学习相结合,使职校生在竞争学习中学会合作,在合作学习中学会竞争。

(三)给予适度积极的期待

期待是人们主观上的成功概率,是人们对自己或他人行为结果的某种预测性的认知。在职业学校中,期待主要表现在两个方面,即教师对职校生的期待和职校生对自己的期待。二者对加强职校生的学习动机具有很大作用。对教师期待效应进行经典研究的是美国哈佛大学的罗森塔尔(Rosenthal,R)和雅各布森(Jacobson,L)。他们对小学生作了一次所谓的学习潜力测验(实际上只是智力测验)。然后,在各个班级中随机地抽取少数学生,故意告诉教师说,他们是班级里最有发展潜力的学生,并要求教师注意作长期观察,但是不要告诉学生本人。8个月之后发现,这些学生的学习成绩和智力真的比其他学生进步更快。由此可见,教师的期望或明或暗、或多或少地被传递给学生,学生也会按照教师所期望的方向来塑造自己的行为。罗森塔尔借用古希腊神话中的典故,把教师的期待效应称为皮格马利翁效应。

在学习中,教师要善于调节职校生的期望,对于那些因成功经验而期望过高的学习优秀的职校生,应适当降低其期望值;对于那些因失败经验而期望过低的学习较差的职校生,又应该适当提高其期望值。因为如果期望总是太高,难免实现不了,久之就会丧失信心;如果期望总是太低,又会促使这些职校生逃避学习。

（四）以多种方式及时给予反馈

心理学研究表明，来自学习结果的多种反馈信息，对学习效果有明显影响。这是因为，一方面，学习者可以根据反馈信息调整自己的学习活动，改进学习的策略方法。如果无法把反馈转化为行为，只是空谈对反馈的敏感是毫无意义的。[①] 另一方面，学习者为了取得更好的成绩或避免再犯错误而增强了学习动机，从而保持了学习的积极主动性。

教师在给职校生提供反馈时，必须注意多用图表等直观的方式加以反馈，这样比较生动形象，显而易见。其次，反馈要及时。教育心理学研究表明，及时反馈比延缓反馈的学习效率更高，学习动机更强。在作业、练习、考试和技能考核后，教师要及时批改和发还作业和练习，及时批改试卷和技能考核的作品，让职校生及时知道结果，从而有助于激发其进一步努力学习。第三，反馈要具有针对性。要使反馈有效，反馈就必须是学习性的、纠正性的、表示尊重的，并且是有价值的。[②] 教师给职校生提供的反馈要具体，有针对性、启发性和教育性，反对千篇一律，"公式化"地走过场。最后，在提供定量的信息反馈的基础上，如果再能给予职校生以适当鼓励，效果就会更为明显。

（五）公正地评价与适当地表扬和批评

公正地评价与适当地表扬与批评的作用在于对职校生的学习进行强化，从而巩固和发展正确的学习动机，保持并适度提高学习动机的强度。心理学研究表明，表扬与奖励比批评与指责能更有效地激发学生的学习动机，因为前者能使学生获得成就感，增强自信心，而后者恰恰起到相反的作用。对学习结果进行评价能激发职校生的学习动机，对学习有促进作用；适当表扬的效果优于批评，所以在教学中对职校生要多表扬、少批评。

在给职校生进行奖励与批评时必须注意以下几点。

1. 要使职校生对评价有正确的认识

教师要根据职校生的具体情况进行奖励或批评，把奖励或批评看成某种隐含着成功或失败的信息，引导职校生由外部动机向内部动机转换，对信息任务本身产生兴趣。教师要引导职校生认识到分数并不是学习成绩的全部指标，而

---

① [美] 斯腾伯格,史渥林. 思维教学:培养聪明的学习者[M]. 赵海燕,译.北京:中国轻工业出版社,2001:41.
② [美] 乔伊斯. 教学模式[M]. 荆建华,等,译.北京:中国轻工业出版社,2002:410.

只在某种程度上反映了学习质量。

2. 表扬与批评要公正、客观和及时

教师给职校生的评价首先要做到客观、公正,避免主观化、片面化、随意化。这样,才能正确地指引职校生学习发展的方向,增强学习的动力和效果。评价还要做到及时,不能因为过于延缓而影响效果。

3. 表扬与批评要适度

虽然表扬和奖励对职校生的学习具有推进作用,但如果过多使用或者不当使用,也会产生消极作用。有许多研究表明。如果滥用外部奖励,不仅不能促进学习,而且可能破坏学生的内在动机。

4. 表扬时指出缺点,批评时肯定优点和进步

有经验的教师往往把表扬与批评结合起来运用,表扬时指出进一步努力的方向,批评时又会肯定其积极的一面。

5. 运用表扬与批评时要考虑职校生的个性、性别和年龄特征等因素

对于性格内向、信心不足的职校生,要多一些表扬和鼓励;对于性格外向、过于自信的职校生,要提出严格要求,在表扬的同时要指出其不足之处。

(六) 开展适度的学习竞赛活动

一般来看,学习竞赛活动具有以下优点:(1) 竞赛能激发职校生的兴趣,提高进取心。多种多样的竞赛活动能增强职校生的参与意识,可以激发职校生的学习兴趣,唤醒职校生的学习动机,不断增强进取心。(2) 竞赛能促使职校生更加努力,提高学习效率。在竞赛活动中,职校生的自尊心被大大激活,精神振奋,精力充沛,注意力高度集中,成就动机增强。职校生之间你争我赶,力争上游,能更快更好地完成学习目标,这都有利于提高他们的学习效率。(3) 竞赛能磨练职校生的意志,增强耐挫力。竞赛的重要意义还在于,在竞赛过程中职校生能够得到成功失败的心理体验,并进行相应的心理调整。职校生能够体验到学习的紧迫感、危机感和成就感。在紧张或落后的情况下,职校生心理的承受力和耐挫力能够得到锻炼与提高。(4) 竞赛能帮助职校生向对手学习,准确认识自己。竞赛过程具有社会助长作用,职校生可以观察和学习自己的同伴,甚至可以向竞赛对手学习。在竞赛过程中,职校生以竞赛对手为参照点,通过与对手的比较,能使职校生发现自己尚未显示出来的潜力;同时能够发现自己的不足之处,有助于自觉地克服某些不良的人格特征。(5) 群体竞赛,加强群体内

部的凝聚力。职校生为了使自己所在群体获胜,必须与群体同伴通力合作,这有助于发展成员之间的人际关系,并增强群体凝聚力。

尽管学习竞赛具有很多优点,但是它不可避免地也存在着一些副作用:(1)频繁的竞赛会给职校生带来过重的心理负担。频繁的竞赛难以起到教师所期望的激励的功效,反而使职校生长期处于应激状态,身心疲惫不堪,导致过度紧张和焦虑,抑制学习和竞赛的积极性。竞赛的结果可能只是少数人获胜,而多数人只能与失败结缘。频繁获胜可能导致部分职校生产生骄傲轻敌的思想,频繁失败则可能导致部分职校生产生"习得性无助"的心理,"破罐子破摔",导致更为严重的两极分化。(2)不当竞赛可能会降低群体的凝聚力,导致人际关系紧张。由于竞赛胜者总是与某个具体的人联系在一起,因而参加竞赛的职校生往往把别人的成功看作是对自己的威胁,千方百计想胜过对方。在传统教学中,一个学生的成功将会使其他学生的成功变得更为困难。努力完成学术性任务会使学生被贴上"令人讨厌的人"或"教师的宠物"的标签。[①] 频繁的竞赛使得同伴关系紧张,各行其是,对他人漠不关心,产生怀疑、嫉妒、忧虑、自私、排他等不良心理。从某种意义上讲,不当的竞赛活动实际上是鼓励不合作,产生排他心理,这不利于职校生身心的健康发展。(3)过度竞赛导致尔虞我诈。如果外部环境缺乏竞赛规范,学生个体缺乏竞赛道德,可能会形成片面的竞争意识和与之相伴的自我中心、自私利己等行为,为了获胜可能会采用各种手段,使得群体成员整体道德水平有所下降。(4)过度竞赛不利于对职校生的素质教育。学校、班级内部的过度竞赛是应试教育体制下升学竞赛的"微缩",过于强调职校生个体之间的竞赛、学习成绩的竞赛,不利于对职校生的素质教育。

总之,学习竞赛既有积极作用,也有消极影响,我们既不能简单地全盘肯定,更不能简单地全盘否定。为了最大限度地发挥竞赛的积极作用,同时避免竞赛的副作用,教师必须注意以下几点:(1)适度组织学习竞赛,多组织集体竞赛,少组织个体竞赛。在团体竞赛中,培养职校生团结合作、互相关心、互助共进的集体主义精神。(2)增加竞赛获胜的机会。要尽可能使更多的职校生获取竞赛的成功,以提高其自尊心和自信心。(3)结合竞赛活动,进行思想教育,这能使得竞赛成为激励职校生集体荣誉感与责任感的手段。(4)引导职校生选择

---

① Slavin, R E. Cooperative learning and the cooperative school[J]. Educational Leadership, 1987, 45(3):9.

合适的竞赛对手,鼓励多做自我竞赛。此外,教师必须注意公平竞赛的五个基本要素:确保获奖机会均等;奖励掌握和好奇心;奖励各种不同的能力;提供可选择的诱因;增加任务的吸引力①。

(七) 对学习结果进行合理归因

根据维纳的成就归因理论,职校生对学习结果的归因,不仅可以解释以往学习结果产生的原因,而且更重要的是对以后的学习行为会产生重要影响。归因通常有三种分类。

1. 从影响因素的稳定性看,可以分为稳定因素和不稳定因素

如果职校生把成功或失败归因于稳定因素(能力、任务难度),则其对未来的学习结果将会抱成功或失败的预期,并会增强他们的自信心或产生羞耻感、自卑感。相反,如果职校生把成功或失败归因于不稳定因素(努力、运气),则不会影响他们对未来成功或失败的期望,也不会影响到将来的学习行为。

2. 从影响因素的来源看,可以分为内在因素和外在因素

如果职校生把成功或失败归因于内在因素(能力、努力),就会产生积极的自我价值感,进而更乐于参与学习活动,或产生消极的自我意象,从而更避免参与学习活动。相反,如果职校生把成功或失败归因于外在因素(任务难度、运气),学习结果则不会对其自我意象产生什么影响。

3. 从影响因素的控制看,可以分为可控因素和不可控因素

如果职校生把成功或失败归因于可控因素(努力),则其会对自己充满信心或产生一种内疚感。相反,如果职校生把成功或失败归因于不可控因素(能力、任务难易、运气),则会产生感激心理或仇视报复情绪。

在职校生完成某一学习任务后,教师应指导其合理地进行归因。一方面,要引导职校生找出成功或失败的真正原因;另一方面,教师也应根据每个职校生以往的成绩,从有利于今后学习的角度出发,进行合理归因,即使此时的归因并不真实。一般而言,无论对优生还是差生,作努力归因均是合理的。因为归因于努力,可使优等生不至于过分自负,能继续努力,以便今后能继续成功;可使差等生不至于过分自卑,也能进一步努力学习,以争取今后的成功。

---

① [美]科温顿,蒂尔.学习障碍的消除策略:促进学生成功、高效地学习[M].伍新春,等,译.北京:中国轻工业出版社,2002:71.

第四节　职校学生的学习差异与因材施教

职校生之间的心理差异是客观存在的。教师的教,只有适应了学生学习的差异性,实施因材施教,才会取得理想的效果。因材施教是应学生的个别差异而来的,不了解学生的个别差异,就无法进行因材施教。因此,学习差异是因材施教的心理学基础。

一、职校生的学习差异

职校生之间既存在专业、性别、年级等群体差异,也存在智力、认知风格、人格等方面的个体差异。在分析职校生的学习差异时,我们主要分析学生的学习风格差异。

学习风格是学习者持续一贯的带有个性特征的学习方式,是学习策略和学习倾向的总和,具有独特性和稳定性的特点。学习策略是指学习者为完成学习任务而采取的一系列步骤(其中某一特定步骤称为学习方法)。学习倾向包括学习情绪、态度、动机、坚持性以及对学习环境、学习内容等方面的偏爱。并非所有的学习策略及学习倾向都属于学习风格,只有那些持续一贯表现出来的、相对稳定的学习策略和学习倾向,才构成学习者通常所采用的学习方式,才能称之为学习风格。学生的优势和偏好不仅影响他们的最佳学习方式,还影响他们用以表现自己理解和掌握程度的最佳方式[①]。

学习风格对于学习效率有很大的影响。在平时教学中,我们不难发现不同学生具有不同的学习风格。如有些学生爱听教师讲解,有些学生喜欢自己独立思考问题;有些学生喜欢与别人热烈讨论,有些学生则偏爱自己独立学习。目前研究较多的学习风格主要有场依存型和场独立型、冲动型和沉思型、具体型和抽象型等。

---

① [美]荷克斯.差异教学:帮助每个学生获得成功[M].杨希洁,译.北京:中国轻工业出版社,2004:40.

(一) 场依存型和场独立型

从个体在认知加工中对客观环境提供线索的依赖程度看,个体的认知风格可以区分为场依存型和场独立型两种。这两个概念最早由威特金(Witkin, H)于1954年提出。场独立型学习者对客观事物做判断时,倾向于利用自己内部的参照线索,不易受外来因素影响和干扰;在认知方面倾向于在更抽象和分析的水平上加工,独立对事物作出判断。场依存型学习者对物体的知觉倾向于以外部参照作为信息加工的依据,难以摆脱环境因素的影响。他们的态度和自我知觉更易受周围的人,特别是权威人士的影响和干扰,善于察言观色,注意并记忆言语信息中的社会内容。这两种学习风格者的学习差异如表5-3所示。区分这两种认知风格,对因材施教有重要的意义。

表5-3 场依存型-场独立型与学习的关系

	场独立型学习者	场依存型学习者
学科兴趣	自然科学	社会科学
学习特点	独立自觉学习,由内在动机支配	易受暗示、被动,由外在动机支配
教学偏好	非结构化教学方法	结构化教学

(二) 沉思型与冲动型

根据学生对问题作出反应的速度,可把学生分为冲动型和沉思型。沉思与冲动的认知方式反映了个体信息加工、形成假设和解决问题过程的速度和准确性。两种认知风格各有优缺点,见表5-4。沉思型学习者解决问题速度较慢,但准确性较高;而冲动型学习者则相反,速度快,但容易发生错误。通过让学生对自己的思维加工保持意识,可尽量减少学生的冲动倾向而提高他们解决问题的一般技能水平。

表5-4 沉思型与冲动型学习者的特点

	沉思型学习者	冲动型学习者
速度	较慢	较快
准确性	较高,错误较少	较低,容易发生错误
自制力	能较好地约束动作行为,忍受延迟性满足,更能抗拒诱惑	不能较好地约束动作行为,难以忍受延迟性满足,难以抗拒诱惑

续表

	沉思型学习者	冲动型学习者
成绩	阅读成绩好,再认测验及推理测验成绩较好,创造性设计成绩优秀	阅读困难,学业成绩不好,但在某些涉及多角度的任务中,表现较好
教学偏好	非结构化教学方法	结构化教学

（三）具体型和抽象型

根据学习者在进行信息加工时所采用概念水平的高低,可把学习风格区分为具体型和抽象型。抽象型学习者能看到某个问题或论点的众多方面,可以避免刻板印象,能容忍情境的模糊度并进行抽象程度较高的思维。具体型学习者则能较深入地分析某一具体观点或情境,但要向他们提供尽可能多的有关信息,否则很容易造成偏见。相关研究表明,抽象型学习者在非结构化教学方法（如归纳法或发现法）下会表现得更好,而具体型学习者在结构化教学方法（如演绎法和讲解法）之下成绩更好。

二、职业学校因材施教的基本策略

因材施教一方面意味着发挥不同学习风格类型学生的特长,另一方面也意味着采取适当的教学措施弥补学习风格上的缺陷。现行职业学校多提倡匹配学习,即扬长避短式的学习,使学生能有机会按照自己偏爱的方式进行学习。但是,如果职校生只进行扬长避短式的匹配学习,那么他们在面对结构不良领域的问题时,由于缺乏弥补自己学习风格中的短处,凭借原有风格中的优势将无法应对新的学习任务。由汉森与戴卫（Hanson & Dewing, 1990）对2000名学习者进行的调查显示,大部分不成功的"差生"并不缺乏基本的学习能力,而是因为他们的学习风格在课堂上完全被忽视[1]。由此,为了使学习能力和身心素质得到全面和谐的发展,职校生应在匹配学习的基础上,提倡有意失配学习,即抑长补短式的学习。为了更好地应对复杂的学习任务,职校生需要经常采用平时用得较少,对自己来说为劣势或短处的学习方式。"我们的任务不是选择尽力减少学生不适的学习方法,而是让他们去接触那些新的、会在将来给他们

---

[1] ［美］席尔瓦,斯特朗,佩里尼. 多元智能与学习风格[M]. 张玲,译. 北京:教育科学出版社,2003:40.

带来不适的教学方法。"①此外,职校生的学习风格经常会与教师的教学风格不相一致,这就可以理解为一种失配学习的方式。因此,职校生要自觉进行有意失配学习,同时努力适应不同教师的教学风格。通过学习方式的匹配与有意失配策略的相互补充,其最终目的是促使职校生掌握并采用多样的学习方式。②

《国家中长期教育改革和发展规划纲要(2010—2020年)》指出,注重因材施教。关注学生不同特点和个性差异,发展每一个学生的优势潜能。推进分层教学、走班制、学分制、导师制等教学管理制度改革。建立学习困难学生的帮助机制。改进优异学生培养方式,在跳级、转学、转换专业以及选修更高学段课程等方面给予支持和指导。

职校生培养既要面向全体,全面提高全体学生的职业能力和综合素质,又要兼顾他们的个别差异,采取不同的教学措施,使每个职校生的个性能得到充分自由的发展,让各类职校生都能成材。教师要全面了解职校生,熟悉职校生在知识、能力、身体和心理等方面的差异,在教学中扬长避短、有的放矢地进行因材施教。

此外,职业教育面对的工作对象是有理智有情感的人,有着其他工作对象所不具有的特殊性。这种特殊性具体体现在四个方面。

(一)因"类"施教

一方面,职校生的学习生活由普通教育向职业教育转变,发展方向由升学为主向就业为主转变。与普高生相比,无论是职校生学习的目的、任务,还是学习的内容、方式,都有其独特之处,如学习目的具有职业性,学习过程具有实践操作性,学习内容具有专业性等。另一方面,还要关注不同专业职校生教育教学的专业特点。

(二)因"龄"施教

不同年龄的学生有不同的年龄特征。一年级学生与二、三年级的学生也不一样。教师应充分认识到不同年龄学生的不同特点,并据此进行针对性教学。一年级是适应阶段,要对新生进行"导向"教育,使其尽快适应职业学校的学习生活。二年级是充实阶段,要对职校生加强"定向"教育,帮助他们掌握有效的学习方法和策略,引导职校生学会自主学习、有效学习,提高他们的思维能力、

---

① [美]乔伊斯.教学模式[M].荆建华,等,译.北京:中国轻工业出版社,2002:478.
② 谭顶良.学习风格论[M].南京:江苏教育出版社,1995:381.

操作能力。三年级是冲刺阶段,要对职校生进行"去向"教育,帮助他们做好就业前的心理准备,确立就业或继续学习的方向,引导他们树立终身学习信念。

(三)因"能"施教

教师要帮助职校生了解自己各种能力方面的优点和缺点,能够做到取长补短,不断进步。对少数学习能力强的职校生,要注意帮助他们端正学习态度,向他们提出更高要求,以满足其学习与能力发展的需要。要帮助大多数学习能力中等的职校生克服缺点,向高水平转化。对少数学习能力差的职校生要重点辅导,个别帮助,消除自卑,增强自信,逐步培养他们对学习的兴趣,发展自学能力。最终,使得全体学生的职业能力都能得到较好发展。

(四)因"性"施教

男、女生具有不同的性别特征。除了明显的生理差异外,男、女生在心理上也存在非常明显的性别差异。对男生有效的教育方法对女生则不一定管用,反之亦然。要想提高教育教学效果,教师必须理解男、女生之间的性别差异。

同专业、同年级、同性别的不同学生还存在明显的个体差异,表现在每一个体具有不同的需要、动机、理想、气质、性格等。职业教育要面向全体学生,促进每一名学生最大的发展,这就必须充分把握每一学生的个体差异,充分地进行因材施教。

【本章思考与练习】

1. 什么是学习?其基本特征如何?
2. 简述职校生学习的主要特点。
3. 如何充分利用斯金纳的强化原理来提升职校学生的学习效果?
4. 简述奥苏伯尔有意义学习的内外条件。
5. 简述学习动机的三个重要组成部分。
6. 在职校生学习指导过程中,如何充分应用耶尔克斯-多德森定律?
7. 简述学习动机的几种经典理论。
8. 论述激发与培养职校生学习动机的基本措施。
9. 职校生之间存在哪些明显的学习差异?结合这些学习差异如何进行因材施教?

第六章 职校学生的职业理论学习

学习是人自身可持续发展的源泉和动力,今日的学习昭示着个人的未来。职校生只有通过学习,才能真正成为具有一定专业技能和文化素养的合格人才。职业学校通过专业知识的传授、专业技能的提升来形成和发展职校生的能力,通过行为规范的学习来形成和发展学生的态度和品德。由此,职校生的学习内容主要包括职业理论学习、职业技能学习和职业品德的学习。职校生需要掌握扎实的专业理论、过硬的操作技能和良好的职业品德,从而成为社会发展所需要的合格职业人。

第一节 职业理论学习的心理目标

职校生职业理论学习的首要任务是需要扎实掌握职业理论知识。在此基础上,通过专业训练逐步形成职业技能,在知识学习和技能训练过程中不断形成职业品德。

一、掌握职业理论知识

理论知识相当于加涅关于学习结果分类中的言语信息。言语信息学习主要涉及的心理过程是记忆,它是其他类型的学习结果习得的基础。要实现智慧技能、认知策略、动作技能和态度等学习结果,职校生必须首先获得相关言语信息。在职业理论知识学习之前,职校生必须具有相应的学习准备,在此基础上才能有效地感知和体验知识,深刻地理解和巩固知识,做到融会贯通、熟练地掌握所学知识，从而分析、解决学习和生活中的问题。

职校生只有加强对职业理论知识的理解和巩固，才能为有效应用知识、解决问题提供相应的知识基础。知识融会贯通，应用起来就会得心应手。如果职校生对知识仅停留在感性阶段，其应用的范围将会很狭窄，往往局限于他所经历过的事物上，而不能揭示新的情况。如果对知识的理解不够确切，也会发生扩大或缩小应用范围的错误。如果习得的知识不够扎实、巩固，在解决问题时，职校生就不能将所需要的知识准确地再现出来。

二、形成职业技能与综合职业能力

在职业理论知识学习的基础上，职校生需通过系统的专业训练，形成并不断提升职业技能水平。职校生应努力积累职业知识，通过理论联系实际，加强职业技能学习，让自己的职业知识更加巩固，加强实际操作能力。职校生不能闭门造车，不能仅仅满足于在学校、课堂和书本中进行单纯的知识学习，并以此来发展能力，不能发展片面的应试能力，而要努力把自己塑造成为具有一定职业能力的人才。职业学校可以以现实生产生活中的问题为中心，引导学生通过课程学习，参与社会生活实践，积累丰富的经验与体验，促进职业技能的主动发展。

为了进一步强化学生的职业技能与职业综合能力，更早地接触未来的工作岗位，职业学校要进一步增加实习实训的时间，进一步加强校企合作、工学结合，通过顶岗实习的方式，向职校生完整展示真实的企业生产模式和劳动组织方式，使职校生了解职业情境和岗位要求，不断强化职业能力的学习，而且可以使学生在遵照企业要求完成工作任务的过程中不断增强责任意识、合作意识和创新意识，不断优化和提升职业品德。

三、学会应用学习

职业理论学习的最终目的就在于应用。理论知识的应用是知识学习过程中不可缺少的一个环节，它与知识的理解和巩固是相辅相成的。知识的理解和巩固是知识应用的前提和基础，而知识的应用又可使知识的理解和巩固得到检验和发展。通过运用知识解决问题,既检验了职校生对知识的理解程度,也加深了知识的巩固。

教育心理学所讲的知识应用主要指学生应用所学知识来解决课堂与课后练习问题或生产生活中的实际问题的学习过程。职校生知识应用的具体形式很多,一般而言,主要有以下三种。

(一) 应用知识去解决有关口头或书面作业问题

如回答老师和同学的提问、完成课堂和课后作业,这也是学生应用知识的最常用的形式。虽然这种应用形式比较简单,但是只有在这种形式的基础上,才能进一步应用知识,所以这是必不可少的一种应用形式。但在许多学校中,评价指的是学生做一些简答题或多项选择题,这些只是检测学生知道了多少事实,而不是帮助他们更好地理解怎样将他们所学的知识和才能应用到他们将面临的世界中[1]。因此,应用学习不能仅停留在完成作业与应试的层面上。

(二) 应用知识去解决各种实际操作的问题

如根据教师的要求、示范动作或演示实验完成学习任务。这种形式一般常用在学完某一部分知识后去巩固知识,并在实际操作过程中发现和解决新的问题。它要求职校生在一定范围内应用较多的知识,需要一定的技能的配合,还要求职校生能有一定的独立操作能力,来处理和解决实际问题。因此,这种应用方式涉及的范围比前一种要更广一些。

(三) 应用知识去解决社会生活中的问题

这主要包括应用知识参加社会实践活动,如见习、实习、社会调查和参观访问等。这种形式能根据不同的情况和条件,把多种知识综合起来灵活地加以应用。因此,这种方式是更为复杂,难度更大,独立性、创造性要求更高的知识应用的形式。

第二节 职业理论的知识学习与能力发展

在教学过程中,职校生不仅要努力学习和扎实掌握职业理论知识,而且还

---

[1] [美]席尔瓦,斯特朗,佩里尼. 多元智能与学习风格[M]. 张玲,译. 北京:教育科学出版社,2003:85.

要发展一系列的能力。职校生职业理论知识的学习对发展智力,提高独立学习、工作能力及问题解决能力,特别是对创造力的发展等都具有非常重要的意义。因此,在教学过程中,教师要正确认识和处理好知识学习与能力发展之间的关系。

一、知识与能力的关系

在知识与能力的关系上,早期形式教育派与实质教育派之间曾对此争论较长时间。形式教育派认为,教育的主要任务在于发展学生的能力。这正如坚持学习的认知观的心理学家所认为的那样,教学的真正目标不是具体的行为变化,而是内在的能力或情感的变化。[①] 人类社会的知识浩如烟海,纷繁复杂,不可能全部教给学生,与其向学生灌输知识,不如发展其能力。实质教育派则认为,教育的主要任务在于使学生获得知识。学生的头脑需要各种具体知识来充实,学生掌握了知识,能力也能得到相应的发展。他们非常重视课程和教材的实用性。虽然两种学派都有其合理性,但是又都具有片面性。两个学派不断修正自己的观点,双方的观点逐渐接近。

当代心理学认为,知识与能力既有区别,又有联系。

(一) 知识与能力的区别

1. 知识与能力所属的范畴不同

知识是人对客观事物和现象的属性、联系和关系的系统抽象的概括,是人类社会历史经验的总结和概括;能力则是人们成功地完成某种活动所必备的个性心理特征。如关于音程、音高、音阶、和弦等的概念和理论属于知识范畴,而听音、辨音、节奏感、曲调感等就属于能力范畴了。

2. 知识的掌握和能力的发展是不同步的

能力的形成和发展比知识的获得要晚,而且不是永远随知识的增加而发展的。在人的一生中,知识是可以随年龄增长而不断地积累,但是能力却是一个发展、停滞和衰退的过程。

3. 知识与能力的概括水平不同

尽管知识与能力都是一些巩固了的概括化系统,但是它们的概括水平不

---

① 皮连生. 教学设计:心理学的理论与技术[M].北京:高等教育出版社,2000:61.

同;知识的概括性水平较低;能力则是对调节人的认识活动和行为方式的心理活动功能的较高水平的概括,更具有一般性、概括性。

(二)知识与能力的联系

知识与能力既是相互制约的,又是互相促进、相互转化的。在学习过程中,知识、能力二者都不可偏废。

1. 知识学习促进能力发展

能力是在掌握知识的过程中形成和发展起来的。如果教学得当、训练合理,职校生在掌握知识的过程中,同时会发展能力。职校生在知识学习过程中,必然会有一系列的智力操作,会不同程度地发展不同能力。如职校生通过阅读掌握一定的语法知识、文学常识的同时能使其阅读能力得到明显提高。

2. 能力发展对知识获得起促进作用

能力是掌握知识的必要前提,没有起码的观察力、记忆力、思维力,感性知识就无法获得。没有一定的比较、抽象和概括能力,理性知识也难以掌握。因此,能力制约着知识学习的快慢、难易、深浅和巩固程度。

二、职校生职业能力的培养

近年来,各级各类职业学校开始加强对职校生职业能力的培养。一般认为,职校生的职业能力包括生存能力和发展能力。生存能力指有胜任某项具体工作的能力,也包括随着职业要求的提高而进行自我提高的能力。发展能力指用自己的智慧和才能进行创业的能力,这是一种建立在生存基础之上的能力。

(一)在实践活动中培养职校生的职业能力

职校生的能力是在实践活动中形成和发展起来的。离开了实践活动,即使有再好的素质和环境,能力也难以得到较好的发展。一个人只要有从事某种活动的需要和目标,那么活动对他不断提出的能力要求就会与他现有的能力水平之间形成矛盾,而这正是其能力发展的动力源泉。职校生必须通过多种多样的实践活动来形成专业技能,发展智力、发展创造力、发展职业能力。绝大多数职校生都要以就业为主,因此更要努力走出学校,走进工厂、企业等单位,通过见习、实习等社会生产生活实践来发展自己的职业能力。只有见多,才能识广,才能有敏锐的职业嗅觉,在提高生存能力的基础上,提升自己的发展能力。

（二）指导职校生科学练习，促进其知识和技能向职业能力的转化

知识和技能是职业能力形成和发展的基础和条件。职业能力的形成需要职校生长期系统地练习。因此，教师要加强对职校生职业知识和技能的教学与指导，鼓励职校生进行科学有效的练习。练习时必须注意以下几点：(1)明确练习的目的要求。有了明确的学习目的和任务，就可以激发职校生强烈的学习动机和高涨的学习热情。在职业能力形成过程中，教师若能依据学习进程，不断引导职校生提出适宜的练习目标，积极鼓励他们达到预期目标，就能加速职业能力的形成。(2)掌握正确的练习方法。教师可以通过讲解、动作示范，使职校生在理解的基础上加以练习。(3)练习要有计划、有步骤地进行。

在教学过程中，教师可以给职校生创设问题情境，使他们把解决问题变为发展自己职业能力的需要。教师可以给职校生讲明从职业知识、技能到形成职业能力的基本过程。在教学过程中可以采用启发式教学，采用发现教学法、合作学习法等，培养职校生自我发现问题，通过合作解决问题，发现培养职业能力的有效途径和方法，以及独立解决问题的能力。教师要教给职校生思维的方法和策略，引导职校生学会分类、比较、分析、综合，学会归纳、抽象、具体化，学会迁移、变通。职校生要学会提炼知识，努力使感性知识上升到理性知识，再用理性知识来指导实践活动。此外，职业学校和教师要给职校生增加实践的时间，创设实践教学的基地。实习基地是训练、形成职校生职业能力的有效场所。各个职业学校都要重视实习基地建设，让实习基地的发展朝着有利于职校生职业能力发展的方向进行。通过科学系统的实践练习，职校生最终能够形成扎实的职业技能和良好的职业能力。心理资源论认为，随着实践与训练的深化，不仅职业劳动原来所必需的心理资源总量不断减少，而且资源的结构、运用资源的方式都得到了优化。①

（三）努力培养和发展职校生的元认知能力

职校生学习的过程不仅是对所学知识的识别、加工和理解的认知过程，也是对认知过程积极地进行监控和调节的元认知过程。"提高学生的元认知能力，有助于促进学生进行创造性和批判性思考。"②认知过程的有效性如何，在很

---

① 刘德恩.职业教育心理学[M].上海：华东师范大学出版社，2001:239.
② [美]巴里斯，爱丽斯.培养反思力：通过学习档案和真实性评估学会反思[M].袁坤，译.北京：中国轻工业出版社，2001:48.

大程度上取决于元认知过程的运行水平。元认知是指对认知的认知,具体包括三个方面的内容:一是元认知知识,即个体关于自己或他人的认识活动、过程、结果以及与之相关的知识;二是元认知体验,即伴随着认知活动而产生的认知体验或情感体验;三是元认知监控,即个体在认知活动进行的过程中,对自己的认知活动积极进行监控,并相应地对其进行调节,以达到预定的目标。

　　元认知能力的发展是职校生职业能力发展的重要内容,也是职业能力发展的重要途径。职校生的职业能力发展应该同时重视认知能力和元认知能力两方面。这就强调要从过程角度深入分析学习的过程,特别是学习过程中主体积极监控、调节自身学习活动的思维过程。因此,职校生在职业能力发展过程中,需从更高的层次加以深刻认识,积极体验,自觉地进行监督、控制和调节。教师要不失时机地观察、发现、指导和培养职校生的元认知能力。

(四) 针对职校生能力的个别差异因材施教

　　职校生职业能力的培养既要面向全体,全面提高全体学生的职业能力和综合素质,又要兼顾他们的个别差异,采取不同的教学措施,使每个职校生的个性能得到充分自由的发展,让各类职校生都能成材。教师要全面了解职校生,熟悉职校生在知识、能力、身体和心理等方面的差异,在教学中扬长避短、有的放矢,因材施教。教师还要帮助职校生了解自己各种能力方面的优点和缺点,能够做到取长补短,不断进步。对少数学习能力强的职校生,要注意帮助他们端正学习态度,向他们提出更高要求,以满足其学习与能力发展的需要。要帮助大多数学习能力中等的职校生克服缺点,向高水平转化。对少数学习能力差的职校生要重点辅导、个别帮助、消除自卑、增强自信,逐步培养他们对学习的兴趣,发展自学能力。最终使得全体学生的职业能力都能得到较好发展。

第三节　促进职业理论学习的心理策略

　　学习策略是影响学习者学习质量的一个重要因素。我们认为,学习策略区别于学习方法、学习技能的本质特征,主要是学习策略具有计划预设性、动态性、灵活针对性、有效性等四个方面的主要特点。首先,学习策略是学习者为有效地达到学习目标而制定的方案,具有计划预设性;其次,学习策略不仅是一个学习前的方案,同时还表现为方案的实施过程与基本步骤,具有动态性;再次,学习策略还表现为学习者根据学习目标、自身特点、学习的内容性质、学习环境等因素而对学习方法、学习心态、学习过程进行不断调控,具有灵活针对性;最后,学习策略区别一般学习方法或学习方式的最大特点就是其有效性。

根据上述四个方面的特征,我们将学习策略界定为:学习者在学习活动中,为有效地达到学习目标,在认知与元认知的基础上对学习方法和学习心态的选择与调控。

学习策略组成部分非常复杂,其本身也是个动态的过程。严格说来,过程本身是不可能通过教师的教学获得的,而必须通过学生自己长期的锻炼才能掌握。但是,学习策略中所包含的若干要素,也即策略性知识是可以通过教学让学生掌握的。我们正是在这个意义上讨论学习策略的训练与培养问题。

一、学习准备策略的训练与培养

根据桑代克学习理论中的准备律,教学所面临的首要任务就是帮助学生形成良好的学习准备状态。"工欲善其事,必先利其器。"在学习之前,教师必须引导学生在知识基础、学习动机、学习时间、学习空间、身心发展等方面做好精心的学习准备。

(一)知识基础的准备

知识的准备是学习新知识的重要条件。我国古代就有"以其所知,喻其不知,使其知之"的说法。有效学习的最重要的内部条件就是学习者的原有知识和主动加工活动。[1] 所有的认知过程都在知识基础这一背景中运行,接受和加工信息以及输出的程序化都是在知识基础上进行的。[2] 奥苏伯尔有意义学习理论认为,学生原有的知识基础能够帮助同化新知识,因而也是使知识由逻辑意义转为潜在意义的必要条件之一。奥苏伯尔说过:"如果要我只用一句话说明教育心理学的要义,我认为影响学生学习的首要因素,是他的先备知识。研究并了解学生学习新知识之前具有的先备知识,配合之以设计教学,从而产生有

---

[1] 皮连生.教学设计:心理学的理论与技术[M].北京:高等教育出版社,2000:33.
[2] [加]戴斯.认知过程的评估:智力的 Pass 理论[M].杨艳云,谭和平,译.上海:华东师范大学出版社,1999:18.

效的学习,就是教育心理学的任务。"①

布卢姆(Bloom,B S)认为:"学生对新的学习任务的认知准备状态、情感准备状态和教学的质量,将决定学习结果的性质。"②在教学中,教师应了解学生原有的知识基础以及新的学习任务所必需的基础知识。教师应当采取各种有效的方式,唤起学生原有的知识经验,并在此基础上讲授新的科学知识,使新旧知识相互作用。这样,才能更好地促进学生对新知识的理解和对旧知识的巩固。

(二) 学习动机的准备

学习动机是影响学生学习活动的重要因素之一。学习动机是直接推动学生进行知识学习的内部动力。知识学习首先必须激发学生主动、积极的学习动机,使他们在头脑中产生达到某种学习目标的期望,从而引起学生主动积极的学习活动。学习动机不仅影响学生知识学习的效果,而且还关系到他们学习热情和良好学习态度的形成。奥苏伯尔有意义学习理论也指出,学习者必须有学习的心向,即具备积极主动地在新知识与已有适当观念之间建立联系的倾向性,这样学习者才能够获得知识的心理意义。教师还要引导学生树立知识学习的决心,增强学习的紧迫感,避免懒散、拖拉,从而有效地提高知识学习的效果。

(三) 学习时间准备

如果把学习理解为一种经营自己的知识结构和思维的活动,那么我们可以说在学习中也存在一个资源的合理、有利分配的问题,因此也存在着一种"学习的经济学"。③ 因此,首先就要树立明确的学习目标。教师应该针对学生的心理特点,引导他们制定相应的近期目标、中期目标与长期目标。学习目标要适当、明确、具体。如果学习目标是由学生自己提出并掌握的,那么更能提升学生的学习动机。让学生自己确定学习目标,采取行动达到目标,这样能使学生的表现更加出色。④ 在此基础上,要制定科学的学习计划,充分安排学习时间,要努力做到全面、合理、高效。教师要引导学生进行有效的时间管理,确立有规律的学习时段,确立切合实际的目标,分清任务的轻重缓急,学会对分心事物说"不",从而促进学习,增强自我效能感。

---

① 张春兴. 教育心理学[M]. 杭州:浙江教育出版社,1998:219.
② 施良方. 学习论:学习心理学的理论与方法[M]. 北京:人民教育出版社,1994:352.
③ 王言根. 学会学习:大学生学习引论[M]. 北京:教育科学出版社,2003:250.
④ [美]帕森斯,布郎. 反思型教师与行动研究[M].郑丹丹,译. 北京:中国轻工业出版社,2005:187.

（四）学习空间准备

学习的空间准备主要指选择良好的、相对固定的学习环境。良好的学习环境，如较低的噪音、柔和的光线、适宜的温度、舒适的座位等有利于学生良好学习状态的保持。学习场所的相对固定能使得学生比较熟悉学习环境，能增强学习状态的稳定性。经常变动学习环境，会浪费学生的学习时间去适应它。

（五）身心准备

身心发展水平是学生知识学习的必要的物质前提和基础。在泰勒看来，学习准备由生理的成熟、心理的成熟及学习的心向三个因素组成。[①] 学习必须以学生现有的身心发展水平为基础，低于或大大超越学生现有的发展水平，都不利于学生的学习和发展。

1. 心理准备

首先，学生学习要有决心。决心可以理解为学习的心向，这也是学习的内部条件之一。其次，要有信心。要通过一系列活动增强自我效能感、力量感、成功感和胜任感。第三，要有恒心。学习要做到脚踏实地，实事求是，能静下心来学习知识和练习技能，排除轻率、浮躁、冒进、马虎与急功近利等不良学习态度。此外，学生在学习时还要杜绝惰性心理、侥幸心理等不良心理。

2. 身体准备

有规律的生活有助于形成良好的条件反射，从而保证各种生理机能得到良好的发挥。学生要保证充足的睡眠，要调节好自己的生物钟，注意调整好自己每天、每周高效工作时间。学生要经常锻炼身体、做到劳逸结合。《黄帝内经·素问》指出，久卧伤气，久坐伤肉。必须注意，在运动之前要做好充分的准备，运动的方式、强度和频度要得当，避免造成过度疲劳，影响学习。

二、选择性注意策略的训练与培养

（一）选择性注意策略的概念

选择性注意策略是指学习者在学习情境中激活与维持学习心理状态，是学习者将注意集中于有关学习信息上，对学习材料保持高度的觉醒或警觉状态的

[①] 张爱卿. 放射智慧之光：布鲁纳的认知与教育心理学[M]. 武汉：湖北教育出版社，1999：79.

学习策略。简言之,选择性注意策略是帮助学习者针对具体的学习任务,对有意注意的分配进行调节和控制,其主要功能是保证注意指向于重要信息。

选择性注意策略在信息保持过程中具有极其重要的意义。首先,能否对有关学习内容给予选择性注意,保持一定的觉醒状态是学习者能否进行有效学习的前提。只有当学习者将心理活动指向并集中于所学材料,才可能对该材料进行更充分的信息加工。同时,呈现在学习者面前的学习材料通常是复杂多样的,而学习者接受信息是有限的,因此学习者不可能、也没必要对所有材料给予特殊的注意。其次,能否预期重要信息并对重要信息保持高度的警觉是判断学习者是否会学习的重要标志。有关研究表明,会学习的中学生和大学生对教材中的重难点部分的信息,会用更多的时间去阅读,眼睛在这些部分停留的时间也较久,而对其余的部分则不然。

(二)选择性注意的影响因素

1. 学习目标

学习目标是学习者对学习结果的预期。通常目标不同,选择的信息内容、方法就会有差异。如果我们学习某一概念的学习目标是识记,那么,学生就会把注意集中在概念本身与采取什么样的识记方法上;如果我们的学习目标是理解,那么学生就要把注意更多地指向概念的内涵和外延。

2. 问题的类型与位置

关于问题类型的研究发现,若问题涉及材料的基本结构,学习者注意材料的主要内容;若问题涉及材料的性质,学习者则注意材料中的细节。对问题的位置研究表明,问题若出现在阅读之前,将促使学习者的注意集中于与问题有关的内容,有助于有意学习;问题若出现在阅读之后,则有利于学生的偶然学习。前一项研究成果,在我们的教学中也得到证实。例如,在学习《祝福》这篇课文时,老师向学生提出了要掌握本文的倒叙写法的学习目标,学生在学习过程中,肯定会对小说的结构方面的信息格外注意。

3. 刺激物的特点

刺激物的强度、新异性、对比性和变化等都会影响学习者的选择性注意。首先,在一定的感觉阈限内,强烈的刺激易引起注意。不过长时间的刺激往往会导致适应,因此刺激物的相对强度在注意中起着重要的作用。其次,异乎寻常的刺激物容易受到关注。无论是绝对新异性或是相对新异性的刺激物都易引起选择性注意。例如,老师突然改换了发型,出现在课堂上,肯定会引起学生的注意。再次,刺激物之间或刺激物与背景环境之间形成对比,容易吸引人的注意。研究表明,除了形状、大小、强度、颜色、位置等有差异的刺激物易引起人注意外,增加刺激物的复杂性或模糊性也能引起人注意。例如,万绿丛中一点红、许多断续短促的声音中一个长音,都很容易引起人的注意。一旦感觉登记器接收到信息,突出物体特征(通过下划线、彩色印刷或其他的增强方式)有助于选择性知觉过程[①]。最后,变化的刺激物比静止的刺激物更能引起注意。例如教师讲课声音的抑扬顿挫或突然停止都会吸引注意。此外,期待、具有相应的知识经验、良好的情绪状态都可能导致人的选择性注意。

(三)选择性注意策略的训练与培养

1. 以学习目标为导向,引导学生的选择性注意

首先,教师应帮助学生建立明确的学习目标。确定学习目标时应充分注重自己的知识基础、能力水平、学习风格、个性特点等内部条件。其次,教师指导学生自觉确立、调节目标。最后,教师指导学生学会选择达到目标的最适当的手段。只有与学习目标相一致的信息选择策略,才能较好地引导学习者的选择性注意。

2. 以问题为导向,引导学生对重要信息的注意

对学习的重点、难点部分,教师可通过前置问题的设计,激发学生的注意。同时,也可通过变化问题类型与提问方式,促进课堂教学质量的提高。此外,教师还应有意识地培养学生区别重要信息与次要信息的能力。例如在小学数学应用题中,"修水渠"或"修公路"、"分桃子"或"分苹果"等信息无关紧要,可以弃之不管,而已知条件中数量关系及问题才是重要信息。

3. 以策略教学为导向,引导学生学会专注重要信息

教师可以引导学生做笔记、划线、列提纲、做摘要等,还可以督促学生关注出错的反馈信息,并要求找出错误原因,以加深印象,避免再错。

4. 以教学设计为导向,吸引学生的选择性注意

凡是需要学生注意的对象和操作的活动,通过教学设计,尽量赋予它们高强度、明显对比、运动变化等特性。尽量减少与教学无关的对象或活动的刺激

---

① [美]加涅. 学习的条件和教学论[M]. 皮连生,等,译. 上海:华东师范大学出版社,1999:96.

作用。

三、记忆策略的训练与培养

（一）记忆编码策略

1. 记忆要有决心

决心从某种程度来看，就是有意义学习的心向。如果缺乏决心，是难以将知识由潜在意义转化为个人心理意义的。如果缺乏决心，将难以保持对记忆内容的积极关注和努力，也就难以高质量地完成学习任务。如果缺乏决心，也将难以做到及时记忆与复习，养成懒散、拖拉的习惯和学习态度。

2. 加强理解，进行有意记忆

在记忆无意义材料时，如果只靠机械识记难以记住时，必须使无意义的材料意义化，进行有意记忆。只有理解所学知识的意义，掌握知识点之间的相互关系，所学知识才能牢固保持，并能被灵活运用于解决问题。相反，如果只满足于机械记忆，不了解学习材料的来龙去脉，尽管当时能记住，但过不了多久就会遗忘。由于理解不仅是对材料进行字面形式的表层加工，而且还要对材料意义进行深层加工，这就需要学生付出额外的心理努力，进行较为广泛而深入的编码，才能提高记忆效果。

3. 组块化

组块化是指运用已有知识经验，把较小的意义单元组合成较大的意义单元，从而扩大和增加记忆广度的信息加工处理过程。组块化策略的应用，可在缩减记忆空间或在不增加记忆空间的前提下扩大记忆容量，所以它确实是一种有效的记忆策略。如我国的四大牧区为内蒙古、新疆、青海、西藏，这四个记忆单位可通过组块化策略组合成"内新青西"（谐音"内心清晰"）这一个记忆单位，记忆效果更好。一个领域内专家与新手的区别表现为专家倾向于（由于有大量的经验）用更大的组块来组织信息，而新手则以孤立的小块信息来处理[1]。职校生应努力学会对知识信息进行科学合理的组块，以更好地促进记忆。

---

[1] [美]沃尔夫.脑的功能：将研究结果应用于课堂实践[M].北京师范大学"认知神经科学与学习"国家重点实验室，脑科学与教育应用研究中心，译.北京：中国轻工业出版社，2005：81.

4. 联想

联想是指将一个事物与另一事物建立某种程度的联系，从而当其中一个事物出现，就会使人回想起与之相联系的另一个事物的编码方式。记忆基本上是一个联想和连接的过程，而且在很大程度上取决于关键字，以及用于恰当想象的关键概念。① 联想有接近联想、类似联系、对比联想和因果联想等形式。

5. 记忆术

记忆术是记忆的窍门和方法，旨在促进人们记忆材料的一种程序。它是一种通过在本无内在联系的项目之间建立联系，以增强项目意义性的策略。记忆术的基础或者是利用视觉表象，或者是寻找语义之间的联系。常见的记忆术主要有替换法、首字母缩略词法、谐音法、位置法、歌诀法(举例见表 6-1)。替换法是将难以记忆的项目设法变成有意义、容易记的材料的一种编码策略。首字母缩略词法又叫首字联词法，这种方法是利用每个词的第一个字或字母形成一

表 6-1 记忆术举例

记忆术	需要记忆的原始内容	利用记忆术加工后的记忆内容
替换法	拉丁美洲 6 国：洪都拉斯、尼加拉瓜、萨尔瓦多、危地马拉、哥斯达黎加、巴拿马	红八哥你耍威 (洪巴哥尼萨危)
首字母缩略词法	北美洲五大淡水湖 Huron、Ontario、Michigan、Erie 和 Superion	HOMES
谐音法	《辛丑条约》的内容：(1) 清政府赔款白银 4.5 亿两；(2) 清政府保证严禁人民的反抗斗争；(3) 允许帝国主义国家在中国驻兵；(4) 修建使馆，划分租界	前进宾馆 (钱禁兵馆)
位置法	长江流域的 10 条主要支流，自西向东的北边五条(雅砻江、大渡河、岷江、嘉陵江、汉江)，南边五条(乌江、沅江、资水、湘江、赣江)	雅大岷嘉汉，乌沅资湘赣
歌诀法	二十四节气：立春、雨水、惊蛰、春分、清明、谷雨、立夏、小满、芒种、夏至、小暑、大暑、立秋、处暑、白露、秋分、寒露、霜降、立冬、小雪、大雪、冬至、小寒、大寒	春雨惊春清谷天 夏满芒夏暑相连 秋处露秋寒霜降 冬雪雪冬小大寒

---

① [英] 巴赞. 开动大脑[M]. 李水明，译. 北京：作家出版社，1998：87.

个缩写词或者是一个句子。谐音法就是用相同或相近的读音将无意义材料变成有意义的材料以帮助记忆。位置法是按照一定的空间位置进行记忆。学习者在头脑中确定一条熟悉的路线,在这条路线上确定一些特定的点,将要记的项目全部视觉化,并按顺序和这条路线上的各个点联系起来。歌诀法主要是利用歌诀具有韵律、抑扬顿挫、朗朗上口的特点,从而帮助我们把一些相互不联系或联系不多的材料很快地记下来。此外,记忆术还有编制知识网络和画内容框架图等方法。

6. 划线

划线有助于学习者快速地识别学习材料中的重要信息,便于对目标信息进行选择性注意,划线本身也是对信息的一种重复或复述。划线有两种具体的方式:一种是边看书边划线;一种是看完一部分后再根据信息的重要性划线。当学习材料难度较大时,采用后一种方式效果可能更好一些。

在划线时,首先必须有选择性、针对性。划线时要选择和针对重要信息,划线必须简洁、清晰、准确,而不是觉得什么都重要,大段大段地划线。其次,划线应与眉批、脚注、备注结合起来。第三,通过划线练习,逐渐形成个人化的符号。通过划线,要能够依据直线、曲线、星号等符号区分出哪些信息是最重要的,哪些是次重要的。第四,要注意对学生划线技术的训练。教师要引导学生学会把握关键词、主题句,结合具体学习内容教学生学会划线。

(二)复习策略

复述具有减少遗忘,强化新旧知识联系,促进理解,使学习内容条理化、系统化等作用。那些不复习的人是在不断地浪费自己付诸学习上的努力,也使自己处在很不利的劣势中。[1] 因此,为了保证有效的复述,学习者在学习过程中,要注意以下几方面。

1. 及时复习

对遗忘进程的研究,首推德国心理学家艾宾浩斯(Ebbinghaus,H)的开创性研究。艾宾浩斯在对遗忘的实验研究中,首创用无意义音节字表作为记忆实验的材料。在实验中,他随机取用13个无意义音节构成一组字表,并按此方法组成多组不同的字表。他首先对8组无意义音节字表进行识记,直到能够连续

---

[1] [英]巴赞. 开动大脑[M].李水明,译. 北京:作家出版社,1998:75.

两次背诵无误为止。然后,间隔不同的时间对上述材料以再现的方式进行回忆,实验结果见表6-2。当他不能完整地将全部材料正确回忆时,就需要重新学习,并以达到第一次学习时所能回忆的水平为准,记录并计算重新学习比初学时达到连续两次背诵无误所节省的时间百分数作为记忆保存量的指标。

表6-2 不同时距的记忆成绩

次序	时距(小时)	保持的百分数	遗忘的百分数
1	0.33	58.2	41.8
2	1	44.2	55.8
3	8.8	35.8	64.2
4	24	33.7	66.3
5	48	27.8	72.2
6	144	25.4	74.6
7	744	21.1	78.9

将表6-2中的时间作为横坐标,单位转为天数,将保持的百分数作为纵坐标,将实验中得到的数据标到坐标图中,并按顺序用线段连接,这样就得到了一条曲线,称为艾宾浩斯遗忘曲线(见图6-1),也称为保持曲线。

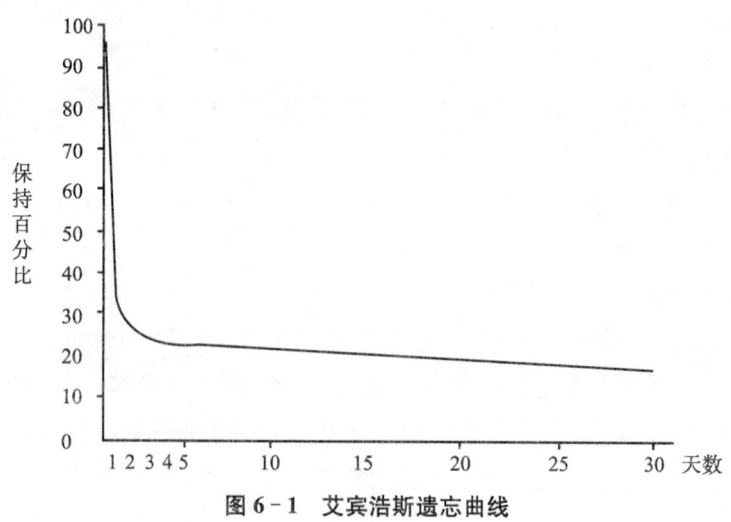

图6-1 艾宾浩斯遗忘曲线

遗忘曲线表明遗忘的过程是不均衡的。遗忘的进程"先快后慢"。在学习结束的较短时间内,遗忘的速度很快,遗忘的内容也很多。接着,这种下降的趋势就变得较为缓慢,遗忘速度有所减慢,数量有所减少,最后则在很长时间内基本不再变化。

艾宾浩斯遗忘曲线揭示了及时复习对知识学习而言意义重大。孔子曰:"学而时习之,不亦说乎。"乌申斯基说过:"我们应当巩固建筑物,而不要等待去修补已经崩溃了的建筑物。"根据艾宾浩斯的遗忘规律的遗忘进程先快后慢的特点,学生组织复习一定要及时,即当天学的课程一定要在当天就安排复习。及时复习可以有效阻止或减缓学习结束后短时间内的知识信息大规模的急速遗忘,具有事半功倍的效果。及时复习无须花费太多时间就可奏效,如果等知识遗忘后,要想再来恢复已经遗忘的知识,那便无异于再学,这必然会浪费很多时间和精力。那些不复习的人是在不断地浪费自己付诸学习上的努力,也使自己处在很不利的劣势中。

2. 集中复习与分散复习

复习时间和次数的正确分配,是记忆获得良好效果的重要条件。复习可以连续地进行,也可以有一定的时间间隔,前者称为集中复习,后者称为分散复习,二者各有特色。分散复习的优点是比较轻松、不易疲倦,注意力能高度集中,不会造成超限抑制;能将整体知识分成部分,能更好地利用首尾的首因、近因效应,相对而言增强了整体知识中间部位的记忆效果。但是其缺点是比较容易遗忘,增加复习时间,而且知识复习不够系统。集中复习的优点是知识获得比较系统完整。缺点是因为学习时间较为集中,注意力难以持久集中,容易形成超限抑制,而且可能会造成中间部分的知识难以记忆。

一般来说,分散复习的效果优于集中复习。苏联心理学家沙尔多科夫的实验表明,在学习同一门课程时,平时分散复习的记忆效果明显地要比在全部课程结束后再集中进行复习的记忆效果好(见表6-3),尽管两种复习方法在所用的时间上是完全相同的。

在进行分散复习时,每次复习的时间间隔不能过长,时间间隔过长就会造成遗忘,使识记效果降低。一般说来,总的原则是要做到集中复习不感到疲劳,分散复习不至于遗忘。各次复习的安排应"先密后疏"。开始时一次复习的时间要多一些,复习间隔要密一些。以后随着识记的不断巩固,复习的时间可少一点,复习间隔的时间也可长一些。

表6-3 集中复习与分散复习的记忆效果比较(%)

复习方法	成绩			
	优	良	及格	不及格
集中复习	9.6	36.4	47.6	6.4
分散复习	31.6	36.8	31.6	无

3. 整体复习与分段复习

学习材料的长度也对学习效果有很大的影响。一般认为,要达到同样的学习效果,学习材料越多,平均需要的学习时间或学习次数就越多。有人做过这样一个实验,让学生复习单词数不同的课文,这些课文的题材内容是相同的。实验结果表明学生的复习效果随着课文单词数的增加而显著降低,结果见表6-4。

表6-4 对单词数不同的课文复习效果的比较(时间:分钟)

课文单词数	识记的总时间	识记100个单词的平均时间
100	9	9
200	24	12
500	65	13
1000	165	16.5
2000	350	17.5
5000	1625	32.5
10000	4200	42

此外,材料不同位置的内容的复习效果也是不同的。处在材料首尾的内容,容易识记。其中,处于材料开头部分内容的回忆率高,这称为首因效应。处于材料结尾部分内容的回忆率也比较高,这称为近因效应。相对而言,材料中间部分的内容的回忆率最低,非常容易遗忘。识记材料的这种属性称为系列位置效应。因此,对识记材料的中间部分的内容要增加复习次数。当然,也可以将材料分成几个小的部分,既可以缩短中间部分的内容,也可以增加首尾的首因效应和近因效应。

4. 复习次数的适宜与过度记忆法

一般说来,复习次数越多,记忆的效果越好。因此,过度学习显得非常重要。所谓过度学习,是指在学习达到刚好完全掌握程度基础上的附加学习。一般认为,以150%的学习程度所获得的记忆效果较佳而又较为经济。如某学生用10次学习就能背诵所记材料,如果他再学习5次,就达到150%的学习程度。我国心理学家的实验证明:33%的学习程度,遗忘为57.3%;100%的学习,遗忘为35.2%;150%的学习,遗忘为18.1%。[1] 150%为过度学习的限度,低于或超过这个限度,记忆的效果都将下降。由此可见,复习次数并非总是越多越好。

5. 反复阅读与试图回忆相结合

反复阅读是记忆的一种方法。但是,如果仅是机械的重复并不一定有效,最好是进行整合性的重复,即寻找意义和建立新知识与已有知识间的联系。[2]这就需要在反复阅读的同时试图回忆所识记的材料。试图回忆又称为尝试背诵法,简称试背法。这种复习方式的效果要远远好于单纯反复阅读的效果(见表6-5)。这是因为,读背交替是一种积极的心智活动,能加强学习者的注意力,有利于学习者主动性和积极性的发挥,有利于学习者发现学习材料的重点和难点,也有利于学习者及时改正学习中的错误。至于反复阅读与尝试回忆的时间和比例,则要因人、因学习材料的不同而有所不同。

表6-5 单纯重复与尝试回忆的记忆成绩比较

记忆方式	回忆成功的单位百分数(%)		
	1小时	1天	10天
单纯重复学习4次	52.5	20	25
2次学习2次回忆	75.5	72.5	57.5

6. 复习方法的多样化

复习不等于简单重复。单调机械的重复,会使人倍感枯燥乏味,容易使大脑皮层产生超限抑制,不利于知识联系的巩固。由于许多学生不具备优质高效的学习策略,因此即便是面对很普通的学业任务,他们也要花费大力气才能完成。甚至是在大学校园,我们都能发现一些学生仍然在依赖简单的记忆策略来

---

[1] 王言根. 学会学习:大学生学习引论[M]. 北京:教育科学出版社,2003:9.
[2] [美]库恩. 心理学导论:思想与行为的认识之路[M]. 郑钢,译. 北京:中国轻工业出版社,2004:374.

学习(Weinstein & Meyer,1991)。① 因此,要提高复习的效益,就要适当变换方法、形式。采取多种方式复习时容易使学生从不同的角度巩固旧有知识,会使他们感到新颖、有趣,因而容易激发他们智力活动的主动性和积极性,使所学知识更加巩固。

学习的结果即记忆,学习的唯一证据就是记忆,因此,我们存储信息时使用的通路越多,学习也就变得越巩固。② 在复习过程中,要尽量使多种感官参与,使复习过程成为有看、听、说、做的联合活动,这样就会使多种感觉通道的信息到达大脑皮层,留下"同一意义"的痕迹,并在视觉区、听觉区、言语区、动觉区等建立起广泛的神经联系,从而加强记忆的效果。由此,要相应地采取多样化的复习方法。心理学研究表明,在接受知识方面,看到的要比听到的印象深刻。如果单纯靠听觉,一般只能记住15%左右。如果靠视觉,能记住25%左右。如果将视听结合起来,则能记住65%左右。必须指出:复习形式是为复习的目标服务的,教师应根据教学目标、学生的知识掌握情况和他们原有知识水平、年龄特点来选择适宜的方式。其中,让学生在应用知识过程中来巩固记忆成果是最值得提倡的。例如,在学了某个公式或定理之后,就不应简单地去死记这个公式或定理,而应当尽可能地在解决问题的过程中运用这个公式或定理,进而加深对这个公式或定理的理解。

(三) 回忆策略

回忆有再认与再现两种方式。一般来说,再现的难度、所需的识记强度和回忆水平均高于再认。再现是学习者对识记材料主动搜索的过程。相对而言,再现的意义更大些。学生学过的知识能提取、再现出来加以应用是学习的最终目的。如果只有输入(识记),而不能输出(回忆),那么学习的效果就无法得到体现。促进知识的回忆(主要是再现),可采取以下策略。

1. 主动采取"过电影"的方式进行复述

有些学生在复习时,只满足于机械重复地读书、看笔记、看做过的题目。他们以为这样就能达到加强记忆的目的,其实这只是被动地将外部信息重复输入

---

① [美]温斯顿,休莫. 终身受用的学习策略:帮助学生找到有效的学习方法[M].伍新春,秦宪刚,译.北京:中国轻工业出版社,2003:104.
② [美]斯普伦格. 脑的学习与记忆[M].北京师范大学"认知神经科学与学习"国家重点实验室,脑科学与教育应用研究中心,译. 北京:中国轻工业出版社,2005:74.

脑中,并未激活头脑中已经储存的信息并使其能再现出来,容易产生"翻开书本什么都能想起来,合上书本就全忘光了"的现象。学生应采取主动复述的记忆策略,反复在头脑中以"过电影"的方式进行,在某些线索的提示下,努力再现所学知识。这样,一方面可以激活头脑中已经储存的信息并使其活化,而信息活化本身又是记忆痕迹加深的过程;另一方面又可以从总体上对知识的保持状态作出检验,起到查漏补缺的作用。学生所保持的知识只有在回忆时才能得以检验其掌握的程度,而复述策略正是一种科学有效的回忆策略。因此,学生要使所学材料长久保持并能在需要时清晰、快速地再现,必须经常复述。心理学研究表明,用40%左右的时间进行识记,用60%左右的时间进行尝试回忆(过电影),这样的时间组合效率最高。①

2. 向他人解释自己理解的知识,达到精制的目的

现代认知心理学理论认为,如果要使信息保持在记忆中,并与记忆中已有的信息相联系,学习者必须对材料进行某种形式的认知重组或精制。② 而精制的最有效的方式之一便是向他人解释所学材料。当过教师的人都有这样的体会,自己教过的东西比仅仅学过的东西回忆起来更加清晰,这是因为学习更多的是进行信息的输入,而较少有信息的输出。当学生不得不组织他们的思维以向同伴做出解释时,他们必须参与认知精制,从而大大地增进其自身的理解。③如果学生能脱离书本将所识记、保持过的知识信息用自己的话清晰地加以阐明,这表明他确实理解、扎实掌握了所学材料。相反,如果不能阐明,或阐明有误,或遗漏要点,这表明他们并没有真正地理解巩固,需要继续复习。很多学生都习惯于独自读书做题,而不习惯于向他人解释自己理解的知识,当然很多学生也不愿意做"听众"。因此,教师应向学生明确精制和解释是深刻理解和透彻巩固知识的有效策略,创设条件,引导学生把理解并记住的知识讲给他人听。

3. 主动应用所学知识解决问题,如自己提问、出题和一题多解

学生在学习之后需要完成一些习题,虽然这对他们再现有关知识有很大帮助的,在一定程度上能激活已有知识,加深记忆痕迹,但这还只是一种比较被

---

① 谭顶良. 高等教育心理学[M]. 南京:河海大学出版社,2006:112.
② 王坦. 合作学习:原理与策略[M]. 北京:学苑出版社,2001:70.
③ Slavin R E. Cooperative learning and the cooperative school[J]. Educational Leadership, 1987, 45 (3):9.

动、机械重复的回忆方式。教师可以启发学生从多种角度自我提问、自编问题并予以回答,或者鼓励学生不满足于一题一解,尝试一题多解。自己提问、出题的策略使已有知识能够时常得到激活并使知识网络、认知结构的联系得到加强,这有利于各种知识的激活巩固,还有利于对各种题型及其解法的总结归纳,能促进学习迁移。一题多解的策略可以使学生充分理解知识之间的各种联系,实现知识体系的融会贯通,还能使学生拓展视野和问题空间,培养创造性思维,达到既掌握知识又发展能力的目的。这种训练,可以使学生在用一种方法解答不了问题时,还能快速灵活地尝试运用其他方法予以解决,而不至于"钻进死胡同"。

4. 采取提取定位的策略,有效回忆所需知识

在需要提取知识解决问题时,学生一定要注意认真审题,搞清题目考核的知识点。在此基础上,再按图索骥,在已有知识体系中进行定位,而后才能有效提取知识信息。遗忘理论的提取失败说指出,遗忘是因为失去了提取线索,或者线索错误而导致保持在头脑里的知识信息提取失败。由此可见,线索在记忆过程中的重要性。因此,在识记时,学生要尽可能采取精加工策略和组织策略,对知识进行分析、综合,进行比较、分类、抽象、概括,使学科知识体系能够系统化、网络化。

5. 充分利用兴奋与抑制的规律,克服暂时性遗忘

在需要提取已有知识解决问题的过程中,学生有时会产生较强烈的情绪波动,特别是在进行重要考试时。这时,就会在大脑皮层上出现一个与之相应的优势兴奋中心。按照神经活动过程负诱导的规律,这个优势兴奋中心的存在,会使得学生储存解题所需知识信息的那部分大脑皮层出现抑制状态,导致暂时性遗忘,使得原本比较熟悉的知识也回忆不起来。而负诱导所引起的抑制,又会按照正诱导的规律反过来增强大脑皮层上与情绪波动相联系部分的兴奋,从而使学生的情绪波动更加激烈。如此恶性循环,最终可能导致学生的知识提取失败,难以回忆起所需知识进行解题。如果发生在考试过程中,就可能会出现"考试怯场"现象。

因此,在回忆时要注意大脑皮层的兴奋与抑制的拮抗作用。如果出现暂时性遗忘,学生可以闭目休息片刻,使自己暂时终止对自我的注意和对问题的思考。这将使他们的大脑皮层上相关区域的兴奋性降低,根据神经活动正诱导的规律,大脑皮层周边区域的兴奋性将提高。这样,所需知识就可能比较容易地

在大脑中重现,从而消除紧张情绪,使心理趋于平衡。此外,学生也可以做些与解题无关的活动,如看看窗外景色,回忆欣喜往事,这样会使大脑皮层产生一个新的优势兴奋中心,从而抑制原来由心理紧张引起的优势兴奋中心,这样也可以克服暂时性遗忘。

四、精加工策略的训练与培养

（一）比较策略

比较是对两种或两种以上易混淆的相关事物进行对比分析的一种常用方式。当新知识与原有知识存在某种联系而又有区别时,往往容易混淆不清,需要对二者进行比较,不仅能揭示新知识的关键特征,而且能更容易地掌握新知识的内涵。因此比较也是一种常用的精加工方法。比较的方法较多,下面介绍几种主要的方法(见表6-6):

表6-6 比较策略

分类	举例
对立比较	数学中的正数与负数、约数与倍数、质数与合数等 化学中的氧化剂和还原剂、结晶与溶解、化合与分解等 物理中的升华与凝华、气化与液化、熔解与凝固等
差异比较	心理学中的表象与想象
对照比较	《现代汉语》与《古代汉语》中的指示代词
类比	以"一桶核桃和一桶大豆倒在一起,还是两桶吗"的类比,学生就会豁然开朗,明了水与酒精混合体积缩小是由于分子之间有空隙

1. 对立比较

把相互对立的事物放在一起,形成鲜明对比,易留下深刻印象,而且记住一个就往往能顺带掌握另一个。例如物质失去电子的变化叫氧化,反之,物质得到电子的变化叫还原。其它如化学中的氧化剂和还原剂、结晶与溶解、化合与分解等,物理中的升华与凝华、气化与液化、熔解与凝固等,数学中的正数与负数、约数与倍数、质数与合数等。通过对立比较,就能"成双成对"地掌握知识,达到一箭双雕的效果。

2. 差异比较

对两种易混淆的事物进行分析,着重找出其差异,通过突出"个性"来区别。

例如初学心理学的人，表象与想象两个概念常常易混淆。表象与想象虽同是头脑中出现的形象，但前者是已感知过的事物的形象在头脑中的再现，想象则是在头脑中产生的新形象，它可能是感知过的事物的形象的组合，但绝不是现成的翻版。因此，区别易混事物，关键是要抓住各自的不同点，不同点找到了，两者的界限就自然清楚了。

3. 对照比较

把同一类别的若干材料同时并列，进行对应比较。例如，《现代汉语》与《古代汉语》的指示代词不同，但指代的事物一样，通过对应比较，不仅易掌握两者的差异，也易记住。

4. 类比

类比是一种比较，是根据两个（或两类）对象之间在某些属性上的相同或相似所作的一种类推，是一种重要的精加工策略。运用类比，抽象的内容可以具体化、形象化，新知识可以通过与已有知识的类比得以触类旁通，深奥的道理可以明白简单地揭示出来。例如，在学习分子运动论时，学生对一瓶水与一瓶酒精混合后装不满两瓶的实验难以理解。只要以"一桶核桃和一桶大豆倒在一起，还是两桶吗"作类比，学生就会豁然开朗，明了水与酒精混合体积缩小是由于分子之间有空隙。

运用类比时，首先要考虑可比性，即比较对象（被比方）与比较标准（比方）必须具有某种共性。其次，要考虑可接受性，所选的比方必须是学生熟悉、易懂的。所选的比方不能是生僻的，否则可能会使学生越听越糊涂。第三，比方是手段而不是目的，只能起过渡作用。不应再在比方做过多的描述，以免喧宾夺主。

（二）笔记制作策略

1. 课堂笔记的重要性

记课堂笔记是学生在课堂学习中必须做的事情。笔记具有非常重要的作用：(1) 记笔记的过程能够促进学生在学习时高度集中注意力，深入理解教师的讲课内容，从而保证课堂学习效率的提高。记笔记不但可以帮助你记忆，而且可以逼得你仔细，刺激你思考。① 与此同时，记笔记的过程也是一种智力活动的过程，而且是一种动觉方面的记忆，有助于提高记忆效果。(2) 课堂笔记往往是

---

① 朱光潜. 给青年的十二封信[M]. 合肥：安徽教育出版社，1996：7.

个性化的,记笔记时往往会筛除个人认为"无关"的和次要的内容,聚焦并优先考虑关键的信息。如果记笔记是以关键词方式记录的,复习将很容易,耗时少而记忆却更深刻、更全面。[①] 因此,笔记制作策略属于精加工的学习策略。(3) 学生在记笔记时往往是去粗取精,线条式地记录教学内容的纲要,使得笔记成为系统化、结构化、网络化的知识体系。这能够提高学生的逻辑组织能力。(4) 笔记可以用作解决问题、考前复习时的快速参考资料。

2. 增强笔记效果的策略

为了提高课堂笔记的效果,有人提出做课堂笔记的基本要诀:准确记录、详略得当、层次分明、提高速度、注意格式、认清风格、留有空白、提示线索、记下事例、注意结尾、比较思考、改进结构等。[②]

为了培养学生做笔记的良好学习习惯,教师应注意如下几点:(1) 讲课速度不宜过快。记笔记时学生短时记忆的容量大小、笔记速度决定着教师的语速和重复次数,决定着课堂教学的有效时间。(2) 重复比较复杂的材料。(3) 把重点写在黑板上。(4) 为学生提供一套完整和便于复习的笔记。(5) 为学生记笔记提供结构上的帮助,如列出大、小标题,表明知识的层次。[③]

通常,记笔记可采用以下三个步骤:(1) 留下笔记本每页右边的四分之一空白处;(2) 记笔记,即记下听课或阅读的内容;(3) 做笔记,即整理笔记,在留下的空白部分加边注、评语等。其实,第三步是非常重要的,学生通过做笔记,不仅可以促进学生的理解,还会为以后的回忆提供线索。

(三) 提问策略

提问策略有助于学生有选择地集中注意进行信息选择和深入加工。在学习过程中,学生要经常思考这样一些问题:新知识与学习材料中其它信息以及以前学过的知识有什么联系?能用什么例子予以说明?如何应用新知识?这些问题能有效促进学生对新知识的进一步理解。教师要有目的地训练学生在解数学题、单词拼写、写作文以及其他课题中学会自我提问或互相提问。提问时可以多关注"谁""在哪里""在何时""为什么""怎么办"等。

在学习过程中,学生之间需要相互帮助。当学生向同伴做出解释时,他们

---

① [英] 巴赞. 开动大脑[M].李水明,译.北京:作家出版社,1998:103.
② 谭顶良. 高等教育心理学[M].南京:河海大学出版社,2006:115.
③ 皮连生. 教育心理学[M].上海:上海教育出版社,2004:118.

就在参与认知精加工,从而大大增进其自身的理解。信息复述是记忆的一个必需过程,精加工可能比简单重复更能促进信息的长期保存。[1] 提问者可以有效提升选择性注意能力,关注并把握重点信息,通过重新组织、加工和建构材料进行讲解,使其知识得到更深的理解。被提问者通过回答问题,加深记忆并得到同伴的解释和帮助,提高认知水平。合作学习的研究已经表明,那些给予和受到精细解释的学生比那些仅仅给予和收到正确答案的学生学得更好。[2] 通过提问与回答,学生通常能将教师的语言转化为彼此间的语言,因为他们通常比教师更清楚同伴对什么内容不理解,更能关注到问题的有关特征,并给同伴容易理解的解释。给予同伴精心帮助可以鼓励辅导者改组和阐述学习内容,以便其填补理解的缺口,拓展新的观点,建构更为精细的知识(Wittrock,1990)。[3]

五、组织策略的训练与培养

(一)列提纲

列提纲就是用简要的词句写下材料中的主要观点、次要观点,以层级形式呈现材料的要点及各要点之间的关系,从而对材料进行整合。列提纲时,首先要对学习材料进行分析、归纳,只有理解了材料内容才能准确地提炼出主要观点、次要观点以及各种观点之间的关系,在此基础上进行凝练、综合。说明文《太阳》,如果按特点和作用关系可列提纲如图6-2。

在训练与培养学生掌握列提纲策略时,教师可先提供一个较好的提纲作为样例,引导学生对它进行分析,然后给学生提供一个不完整的提纲,引导学生对两个提纲进行对比,完善后一个提纲,最后,给学生提供一篇学习材料,引导学生根据策略要求列提纲。教师在训练学生列提纲策略时应注意:首先,要教给学生基本的提要策略与技巧,并做出明确、细致的解释。基本的提要技巧有:确

---

[1] Johnson D W, Johnson R T, Roy P, et al. Oral interaction in cooperative learning groups: Speaking, listening, and the nature of statements made by high-, medium-, and low-achieving students[J]. The Journal of Psychology, 1985, 119(4): 305.

[2] Stevens R J, Slavin R E. Effects of a cooperative learning approach in reading and writing on academically handicapped students[J]. Elementary School Journal, 1995, 95(3): 243.

[3] Gillies R M, Ashman A F. The effects of cooperative learning on students with learning difficulties in the lower elementary school[J]. The Journal of Special Education, 2000, 34(1): 19.

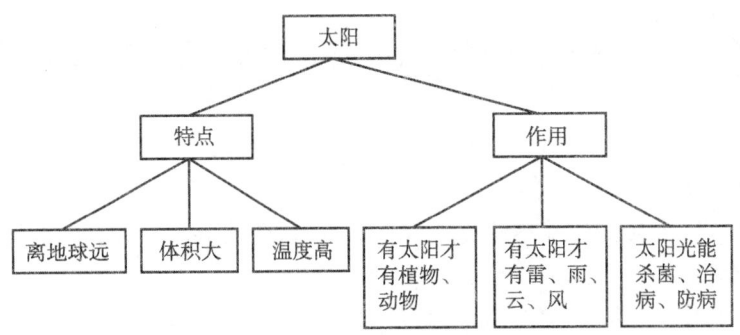

图 6-2 太阳特点和作用的网络关系图

定主要思想,如找出关键词、关键句,省略一般信息,删除多余信息,将主要信息、次要信息和支持性信息连接起来。其次,进行模仿练习。再次,正式练习与反馈。给学生提供大量练习机会,并向学生及时反馈练习情况。

(二)画图

1. 系统结构图

学完某一板块内容,需要对学习材料进行归类整理,形成一个系统结构图。复杂的信息一旦被整理成一个金字塔式的层次结构,就会非常容易理解和记忆。在金字塔结构里,较具体的概念要放在较抽象概念之下。如图 6-3 是一个矿物分类图,通过做这样一个系统结构图,学生不但对矿物方面的知识进行了整合,使知识系统化,也便于学生对知识进行记忆。

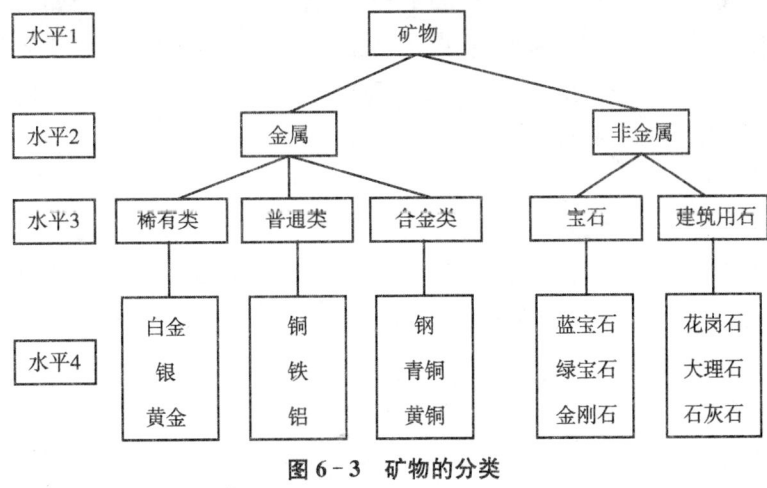

图 6-3 矿物的分类

2. 示意图

示意图是将所要记忆的材料进行图式化的处理。在绘制示意图的过程中，需要对学习材料进行分析、理解，这对记忆效果的提高是非常有利的。如在学习《政治经济学》的价值规律内容时，绘制价值规律示意图可以帮助记忆（图6-4）。图中很直观地标示了价值规律的内容：价格以价值为基础，上下波动不会太远，总的看来，价格与价值基本相符。供不应求时，价格高于价值；供过于求时，价格低于价值。

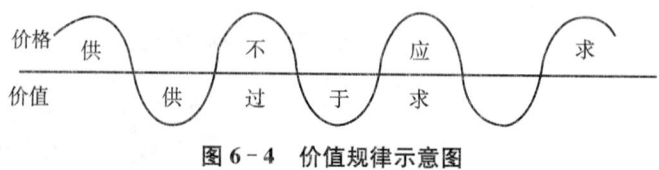

图6-4 价值规律示意图

3. 流程图与模式图

流程图可用来表现活动过程的步骤、阶段的顺序，一般是以时间或事件的先后为参照的。图5-4所描述的记忆信息的三级加工过程，便是一个典型的信息流程图，来自环境的刺激首先到达人的感受器（视觉、听觉等），人便开始对信息进行感觉登记，被登记的信息就会进入短时记忆，而短时记忆中被复述的信息就会进入长时记忆，由此信息就会长期保持。处于短时记忆或长时记忆中的信息根据需要被提取出来后，可以通过反应器作用于环境。

模式图是利用图解的方式来说明在某个过程中各要素之间是如何相互联系的。它不一定以时间为参照，重点在于说明在一个过程中各要素或环节之间的关系。图5-4具体说明了感觉记忆、短时记忆、长时记忆的联系，还说明了预期事项、执行控制与信息加工过程的关系。

4. 网络关系图

网络关系图可以表示事物或事件的多种关系，利用关系图可以图解事物或事件是如何相互联系的。网络关系可分为空间关系、时间关系、发展关系、因果关系、种属关系等。种属关系也是我们在学习中经常遇到的一种关系。做关系图时，首先找出学习材料的主要观点；然后找出次要观点或主要支撑材料；接着标出这些部分，并将次要观点和主要观点联系起来。在关系图中，主要观点一般位于图的正上方或中间，次要观点和主要支撑材料位于主要观点的下方或周围。图6-2、6-3均可以看作为一种网络关系图。

5.概念图

概念图(又称为思维导图)是将某一主题的有关概念置于圆圈或方框之中,然后用连线将相关的概念和命题连接,连线上标明两个概念之间的意义关系的图解。如果在某一节课中,学生遇到了许多新概念,这些概念间又存在着各种各样的关系,就可以利用概念图的方式对这些信息进行组织,来促进记忆和理解。

概念图不仅需要将概念归类,也需要将众多概念进行类比、比较。学生可以通过构图来扩展、引申自己对知识的理解、对问题的思考,思维的广度和深度都随之增加,扩展引申后的知识比原有知识具有更丰富的内涵与外延,更易与有关知识经验连接起来。很多研究者都认为概念图是一种先行组织者,即一种先于学习内容呈现的引导性材料,目的是把新知识纳入到已有知识结构中。学生在构图中使新旧知识之间建立联系,就可以通过用旧知识,迅速、容易地掌握新知识。

如图6-5所示,教师在对"生态系统"中的几个关键概念进行必要的分析说明的基础上,引导学生参照教学内容寻找各概念之间的联系,用最简单准确的词语总结出各概念间的关系,绘制成"生态系统概念图"。

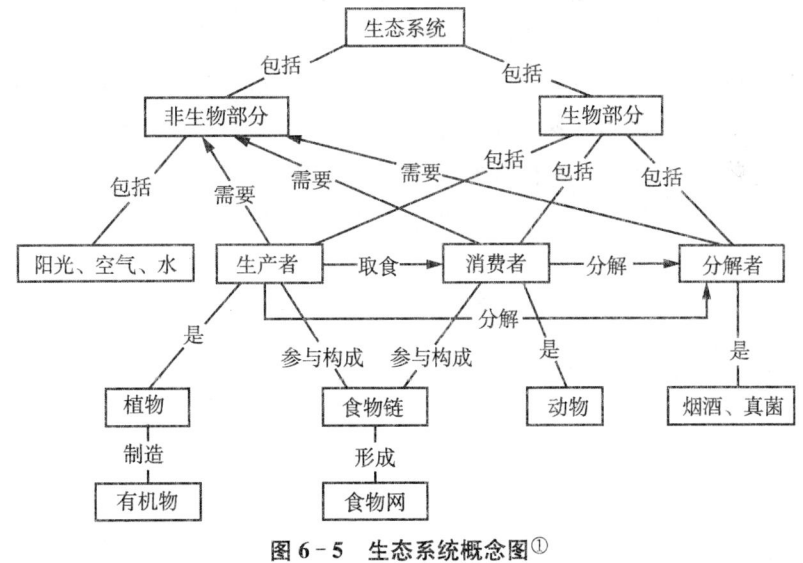

图6-5 生态系统概念图①

①王文丽.运用概念图策略组织生物课堂教学实践初探[J].课程·教材·教法,2007,(7):43.

（三）做表格

在学习过程中，通过设计各种表格来对学习内容进行组织，也是我们常用的方法。表格比较直观，便于比较、分析，有利于理解和记忆。在设计表格时，首先要对材料内容进行全面的综合分析，然后归纳、提炼出主要维度，根据不同维度抽取出关键信息，将这些信息全部陈列出来，力求反映材料的整体面貌。

六、元认知策略的训练与培养

（一）计划策略

元认知计划是指学生根据认知活动的特定目标，在认知活动之前计划各种活动，预计活动结果，选择适宜策略，构想解决问题的方法，并预计其有效性。给学习活动制订计划既可以是长期的，也可以针对具体学习任务。学习计划应该在对具体的学习任务进行综合分析的基础上制订。

元认知计划策略包括设置学习目标、浏览阅读学习材料、产生待回答的问题以及分析如何完成当前的学习任务。不论是完成作业，还是为了应付考试，学生在每一次学习中都应当有一个计划或"对策"。成功的学习者往往除了有计划或"对策"外，还会预测完成任务需要多长时间，在作业前获取相关的信息，在考试前进行必要的复习，因此，成功的学习者是一个积极的而不是被动的学习者。一个完整的认知计划策略大致包括预测学习结果、确立学习目标、决策分析、有效分配学习时间、评估学习的有效性、拟定学习程序和步骤等环节。计划策略在整个元认知策略，甚至在一切学习策略中，占据一个很重要的位置。因为计划无论大小，总是学习活动的开端，且涉及学习活动的全局。如果缺乏学习计划就没有检测学习效果的标准，也没有卓有成效的评价活动，更别提良好的调控策略了。

（二）监控策略

元认知监控是指学生在认知过程中，根据认知目标及时评价、检测、反馈认知活动的结果，正确估计自己达到认知目标的程度、水平，并根据有效性标准评价各种认知行动、策略的效果。元认知监控策略包括阅读时集中注意力、自我反思、自我提问、监控学习速度和时间、监测学习效果等策略。

在认知过程中，学生必须不断进行自我反思、检查和监控。教师要促使学生根据自己的现有水平和努力程度,对认知过程及结果进行合理反思、分析与调整,对现有认知结构加以改造,以发展学生的创新能力。"如果你对失败和成功进行分析,在某种程度上你会从失败中学到更多的东西。"①

自我提问也是一种行之有效的元认知策略。在元认知训练中,教师可以提供一系列供学生自我观察、自我监控和自我评价的问题单,促进学生自我反省,提高解决问题的能力。自我提问应该贯穿于整个学习过程之中。如在解决数学问题时,可给学生提供自我提问的问题(见表6-7)。这些问题,显然对于相近学科同样适用。通过训练主要是让学生学会自我提问,促进学生对学习过程的自我监控。

表6-7 解决数学问题时的自我提问问题

阶段	自我提问问题
理解问题阶段	该问题要求我们干什么?它涉及哪方面的知识?哪些信息是有用的、关键的?哪些是无关的?
拟定解题计划阶段	这种题见过吗?如果见过,该题可否以相同或相似方法解决?如果没有见过,能否从已知条件中找出有用的信息?如何充分利用该题所给条件?能否直接从已知条件求解?如果不能,能否确立一个容易达到的中间目标?
执行计划阶段	有必要修改或重新选择解题方法吗?解题步骤、数据计算有无问题?
回顾阶段	解题有无多余步骤和环节?结果正确吗?该题有无简便方法?还有其它解题方法吗?

(三)调节策略

元认知调节是根据对认知活动过程和结果的检查,及时修正、调整认知策略。元认知调节策略与监控策略有关。高效率学习的关键在于学习是否得法,在心理机制上主要就是认知策略的优化问题,正所谓"得法者事半功倍,不得法者事倍功半"。因此,为了提高学习的效率,教师应该引导学生学会科学、及时地调整学习的计划、目标,调整学习的方式、方法和策略,调整学习的时间和环境,调整学习的紧张度和心境等,这样才能更好地适应学习的发展需要。

1. 学习目标计划的调整

学生应该根据需要及时调整学习目标、改进学习计划。如果学习目标定得

---

① [美]布鲁克菲尔德. 批判反思型教师ABC[M]. 张伟,译. 北京:中国轻工业出版社,2002:205.

过高,需要适当降低;反之,学习目标则需要有所提高。因为学习计划不如情况变化,"有计划的行为并不是习惯的或固定不变的行为"①,因此,学生还应该调整学习计划。在此基础上,再对学习速度、进度、作息时间和学习环境等进行调整,这是一个需要逐渐适应的过程,不能突然打乱人体生物钟的节奏。

2. 学习方式方法和策略的调整

没有一种学习方式、方法与策略可以一直保持较高的效率。某种学习方式、方法与策略在某时可能是高效的,但在彼时可能就是低效的、无效的,甚至是负效的。因此,需要根据学习任务、学习材料的内容、性质、形式、学习时间、学习环境及主体身心状况等因素做出科学、及时的调整。学习有法,学无定法,贵在得法!学生不可机械模仿、照抄照搬,不能削足适履,适合自己的才是最好的!一定要选择、创造出适合自己的学习方式、方法和策略。

3. 学习心态的调整

教师要引导学生调整学习心境与控制学习虑焦。耶尔克斯-多德森定律告诉我们,适度的学习焦虑是必要的。心好,一切都好!良好的心境和适度的焦虑对学生的学习来说是非常重要的,有利于使学生保持良好的学习状态。适度的焦虑对学生是一种内在的驱动力量,如担忧失败的适度焦虑会激发争取好成绩的努力。教师的任务是造成适度的焦虑。② 为此,教师应该教给学生想象训练、呼吸调节、积极自我暗示的技术,以使他们能够进行自我的心理调节。学生在高度紧张地学习的同时,要学会放松,不能成为强弩之末。人类天生拥有放松的能力,只是在我们高度紧张的学习生活中,放松能力已逐渐丢失。因此,我们必须重新教会我们的身体掌握放松的本领。

4. 学习领域的调整

在学习过程中,教师要引导学生在加强书本知识学习的基础上,特别注意加强结构不良领域问题的练习。现行的教学内容多局限于结构良好领域问题,这对学生的创新能力的发展非常不利。但是,生活中的真正问题,通常缺乏这样良好的结构,只有解决结构不良问题才能使我们准备好面对生活中最常面对

---

① [加]戴斯. 认知过程的评估:智力的 Pass 理论[M].杨艳云,谭和平,译. 上海:华东师范大学出版社,1999:77.
② 乔建中. 课堂教学心理学[M]. 南京:江苏人民出版社,1998:136.

的挑战。① 建构主义认为,对学生进行结构不良领域问题的训练,有助于发展学生的创新思维能力和创新学习能力。结构不良问题的已知条件、求解过程和结果都具有不确定性,不能简单套用原有的解决方法,而要根据具体问题情境,在学生现有知识经验的基础上建构用于指导问题解决的图式。

七、学习资源管理策略

(一) 学习时间管理策略

1. 统筹安排学习时间

学习任务的完成需要时间来保证。正像布鲁姆所认为的,只要给予足够的学习时间和适当的教学,几乎所有的学生对所有的学习内容都可以达到掌握的程度。高效率学习需要较少的时间投入,因此对学习时间必须给予统筹管理。有效的时间管理可以促进学习,并增强自我效能感;而无效的时间利用则削弱信心、降低学习效率。② 有效的时间管理策略包括:确立有规律的学习时段;确立切合实际的目标;使用固定的学习区域;分清任务的轻重缓急;学会对分心事物说"不";自我奖励学习的成功。③

2. 高效利用最佳时间

在学习上,除了要保证学习时间的充足性,还要保证学习时间的有效性,提高单位时间的学习效率。在不同的时间里,人的智力、体力和情绪状态是不同的,且具有一定的规律性。不同学习风格的学生的高效率学习的时间段往往也不一致。有时学习者最需要的事情是自己偏好的学习方式得到确证。④ 因此,学生要根据自己的生物钟安排学习活动,首先要根据一天内学习效率的变化安排学习活动。其次,还要根据一周内学习效率的变化安排学习活动。总的来看,由于周末长时间的休息也会导致大脑皮层产生"始动调节",所以周一的学

---

① [美] 斯腾伯格,史渥林. 思维教学:培养聪明的学习者[M]. 赵海燕,译. 北京:中国轻工业出版社,2001:129.
② [美] 齐莫尔曼,邦纳,科瓦齐. 自我调节学习:实现自我效能的超越[M]. 姚梅林,徐守森,译. 北京:中国轻工业出版社,2001:37.
③ [美] 齐莫尔曼,邦纳,科瓦齐. 自我调节学习:实现自我效能的超越[M]. 姚梅林,徐守森,译. 北京:中国轻工业出版社,2001:47-48.
④ [美] 布鲁克菲尔德. 批判反思型教师 ABC[M]. 张伟,译. 北京:中国轻工业出版社,2002:74.

习能力并非最高,周二的学习能力开始升高,高峰值维持到周三或周四,以后开始下降,有时周五会因周末前的兴奋而稍有回升。此外,要根据遗忘曲线、练习曲线的规律以及自身生物节律安排学习活动。根据学习内容的性质、难度的不同,不同学科之间要做到交叉安排,合理搭配,间隔适当,负担平衡。

3. 灵活利用零碎时间

零碎时间主要指课余、饭前饭后、等人等车、乘车乘船等时间。这些时间除了可用于学习,还可用于一些有意义的娱乐、体育活动。首先,可用零碎时间处理一些杂事,如削铅笔、收拾用具、整理书包等。其次,可用零碎时间阅读课外书籍、查找学习资料、听新闻等。此外,可用零碎时间与他人进行交流。

(二)学习环境管理策略

首先,要注意调节学习的自然条件,如流通的空气、适宜的温度、柔和的光线、和谐的色彩、较低的噪音以及舒适的座位等。

其次,要设计好学习的空间,如空间范围、室内布置、灯光与学习用具摆放等因素。如果条件容许,应当有一个相对固定的学习场所,这样能增强学习状态的稳定性。经常变动学习场所,会浪费学习时间去适应它,而且,很多偶发事件都会影响学习,特别是给我们情绪带来的影响远远超过对学习本身的影响。学习时,尽量减少可能的干扰和分心的因素。

再次,要根据个人学习风格和习惯选择与安排学习环境。有的学生可能喜欢单独学习,在安静的环境学习能提高学习效率;有的学生喜欢在图书馆、教室学习,人多时能约束自己的行为;也有的学生觉得通过讨论交流更能提高学习的效率。

(三)学习工具利用策略

善于利用学习工具,既是一种资源管理策略,更是现代社会对每一个学生学习的要求。学习工具主要包括:(1)参考资料,选用时要注意宜精不宜杂,要有一定的权威性和较强的针对性,要有选择性地参考重要内容。(2)工具书,包括字典词典、百科全书等。选用时要注意科学性、时代性和权威性。(3)图书馆。教师要引导学生学会根据图书目录查阅所需要的书籍。(4)广播电视。要引导学生有选择地收看新闻述评、科技常识、军事天地、文艺欣赏、电脑世界以及英语讲座等节目,但要严格控制时间。(5)电脑网络。电脑辅助教学软件能帮助学生自学、预习、复习课堂知识;文字处理、电子表格、画笔以及某些高级编程语言等工具软件能帮助学生获取信息、解决问题;电子网络能帮助学生收集资料,查询文献,在线辅导与互动等,但更要特别注意控制上网时间,决不能网络成瘾。

(四)努力和心境管理策略

系统性的学习需要坚强的意志努力。为了使学生能持续维持自己的意志努力,调节自己的心境,需要不断地鼓励学生进行自我激励。努力与心境管理策略主要包括:帮助学生明确学习目标,激发学习的内在动机,选择挑战性的任务,调节个人成败的标准,正确进行成败归因,恰当的自我奖励等。

(五)利用他人支持策略

他人支持策略就是在学习中善于寻求老师、同学的帮助,或者通过小组中同学间的合作与讨论来促进自己的学习,加深对学习内容的理解、记忆。在课堂教学过程中,既注重激发竞争的"活力",又关注合作的"合力"。教师要努力实现课堂交往的发展轨迹由传统教学中师生之间的"单向"交往,发展为"双向"互动,再发展到师生互动基础上的生生互动,再到组组互动、生组互动、师组互动,使教师不再充当学生获取课堂知识的唯一信息源。多维的课堂交往,有助于提高学生知识的广度、理解的深度、推理的质量和记忆的精确性,有助于其认知方面的精加工能力、认知重组能力及元认知能力的提高,也有助于提高口头表达能力。课后,学生在预习和复习时,更要积极寻求老师、同学的帮助。

第四节 职业理论学习迁移

无论是知识的学习,还是技能的学习,都以学生原有的学习为基础,原有的学习可能会促进也可能会干扰后继的学习。那么,如何发挥这种积极的促进作用,而防止其消极的干扰呢?这正是本节所要研究的问题。

一、学习迁移的概念

(一)学习迁移的概念

学习迁移(简称迁移)是指在一种学习中获取的经验对另一种学习的影响。

"举一反三""闻一知十""熟能生巧"等指的都是学习迁移的问题。学习迁移的现象普遍存在于人们的各种学习、工作和生活之中。例如,学会骑自行车后就会有助于学习驾驶摩托车;学会了平面几何后会有利于学习立体几何;学生在生活中养成了爱整洁的习惯,会影响到他们在各科作业上也保持这种习惯。可以说,学习的迁移现象广泛存在,不仅存在于知识、技能的学习之中,而且也存在于态度与品德的学习中。

(二)学习迁移的作用

首先,学习迁移有利于培养学生问题解决的能力,发展他们的创造力。知识的学习是达到"应知"的目标,技能的学习是达到"应会"的目标,而学习的迁移则是要达到"应变"的目标。① 学生学习的目的不只是要将知识经验贮存于头脑之中,而最终要将所获得的知识经验应用于各种不同的实际情境中去,以解决现实世界的各种问题。但如何有效地应用这些知识经验,并能有效地解决问题,这都要通过迁移来实现。在应用知识经验解决问题,特别是结构不良的问题时,学生需要转换视角,重新组合知识经验,采用新的方式方法,创造性地加以解决,从而使得创造力得到较大发展。将学习迁移到创造性思维中并获得成果时,学生才能对学习有更多了解,才能在学习中得到更多的快乐。②

其次,学习迁移有助于教材的选择和编写、教学过程的组织、教学方法的适当运用等。学习具有一种积累性的效果,新的学习依赖于过去学习中所获取的知识经验。新的学习不能脱离已有的知识经验。因此,奠定扎实的知识基础,对于学生今后的学习和工作都很重要。

(三)学习迁移的分类

1. 按照迁移的性质或效果可分为正迁移与负迁移

正迁移也叫积极迁移,是指在一种学习中获得的经验对另一种学习起积极或促进作用。如毛笔字写得好的学生的钢笔字也会写得很好。通常,我们所说的迁移专指正迁移。在教育教学工作中所说的"为迁移而教",就是指正迁移在教学过程中的应用。负迁移也叫消极迁移,是指在一种学习中获得的经验对另一种学习起干扰或阻碍作用。如在学习英语的过程中,已经掌握的汉语拼音对

---

① 谭顶良. 高等教育心理学[M]. 南京:河海大学出版社,2006:119.
② [美]苏泽. 脑与学习[M]. 北京师范大学"认知神经科学与学习"国家重点实验室,脑科学与教育应用研究中心,译. 北京:中国轻工业出版社,2005:34.

学习国际音标的语音会起干扰作用,又如学会了骑自行车对学骑三轮车也会有干扰作用。在教育教学工作中,教师要积极利用正迁移的效应,同时避免和消除负迁移的影响。

2. 按照迁移的顺序可分为顺向迁移与逆向迁移

顺向迁移是指先前学习中习得的经验对后继学习的影响(见图6-6)。如在学习了物理概念"平衡"以后,就会对以后所学习的化学平衡、经济平衡、生态平衡等产生积极影响。逆向迁移是指后继学习对先前学习发生的影响,即后继学习引起先前学习中所形成的认知结构的变化。如学习了高等数学后有利于初等数学的进一步巩固。

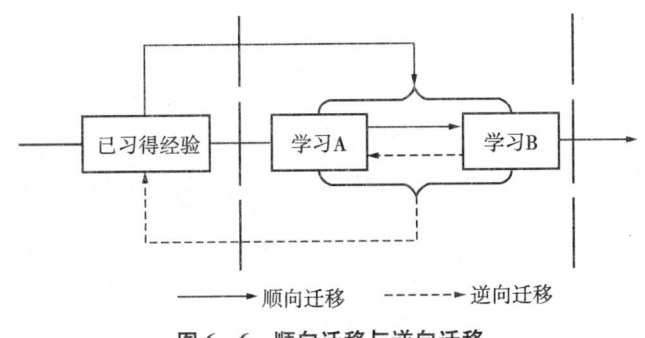

图6-6 顺向迁移与逆向迁移

3. 按照迁移的层次可分为横向迁移与纵向迁移

加涅(Gagne,R M)根据原有知识在新情境中应用的难度和结果,将迁移分为横向迁移与纵向迁移。横向迁移也叫水平迁移,是指处于同一抽象概括层次的学习间的相互影响,如学生学会根据拼音查汉语字典的方法可以迁移到根据英语字母顺序查英语字典。纵向迁移也叫垂直迁移,是指处于不同抽象概括层次的各种学习间的相互影响,如学生在数学学习过程中,运用习得的定理导出新的定理或推论的过程,就属于纵向迁移。

二、学习迁移的基本理论

学习迁移是如何发生的?怎样才能促进学习迁移的发生?针对这些问题,心理学家提出了不同的看法,从而形成了各种各样的学习迁移理论。

(一) 形式训练说

形式训练说认为,某些学科可能具有训练某些功能的价值。如学习数学可以使人善于运用自己的注意力,能加强思维推理的能力。形式训练说重视"形式",认为学习的内容并不重要,重要的是所学对象的难度及其训练价值。它还认为,学习要想取得最大的迁移效果,必须经历一个痛苦的过程。因此,学习历史的主要目的不在于记住具体的历史史实,而在于训练人的记忆能力。这种观点,对当今教育引导学生掌握知识的同时重视学生能力的培养,仍然有一定的启发意义。

(二) 相同要素说

教育心理学的创始人桑代克以刺激-反应的联结理论为基础,提出了学习迁移的相同要素说,又称共同成分说。相同要素说认为只有当两种学习活动具有共同的要素时,一种学习活动才会使另一种学习活动要容易些。也就是说,只有当学习情境与迁移情境具有共同成分时,一种学习才能对另一种学习产生迁移。当然,桑代克所谓的相同要素指的是共同的刺激与反应的联结。

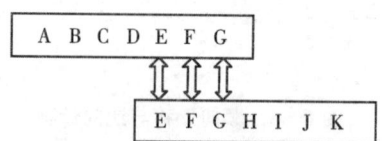

图6-7 学习迁移的共同要素说举例

如图6-7所示,在一种学习材料中包含有A、B、C、D、E、F、G七个刺激要素,学习者在掌握了这种材料的基础上再学习第二种材料,其中包含E、F、G、H、I、J、K七个刺激要素。两种学习材料之间存在着相同的刺激要素E、F和G。由于学习者对E、F和G这三个刺激要素已形成相应的反应,这种刺激-反应之间的联结就能成功地运用到第二种学习之中,导致迁移的发生,从而使得第二种学习更为快速有效。因此,两种学习之间存在的相同要素是产生迁移的根本。因此,教师在教学中,应引导学生发现各种学习材料之间的相同因素,以促进学生的学习迁移。

(三) 经验概括说

心理学家贾德(Judd, C H)认为,先前学习中所获得的经验之所以能迁移到后继学习中去,是因为在先前学习中获得了一般原理或对经验作出了概括,这种一般原理或经验可以部分或全部运用于后继学习之中。根据这一理论,两种学习活动之间存在的共同成分,只是产生迁移的必要前提,产生迁移的关键是学习者在两种学习活动中能概括出它们之间的共同原理,即在于主体所获得的经验的概括。

1908年,贾德曾用"水下击靶"实验来验证这一理论(实验基本过程见表6-8)。他把小学五、六年级的学生随机分成实验组和对照组。开始时,要求2组被试都练习投掷置于水中的靶子。靶子置于水下1.2吋处,两组被试成绩基本相同。随后,主试给实验组被试充分解释水的折光原理,对照组被试不学习此内容。接着改变实验条件,将水下1.2吋处的靶子移到了水下4吋处。这时,两组被试的成绩差异便明显表现出来:对照组被试表现出极大的混乱,他们投掷水下1.2吋靶时的练习,不能帮助改进投掷水下4吋靶时的练习,错误持续发生;而实验组被试能迅速适应了水下4吋的条件。贾德在解释实验结果时认为,理论曾把有关的全部经验(水面上的、深水的和浅水的经验)组成了一个完整的观念体系。学生在理论知识的背景下理解了实际情况后,就能利用概括了的经验,去迅速地解决需要按实际情况作分析、调整的新问题。

表6-8 水下击靶实验基本过程

	前测	实验干预	后测
实验组	靶子位于水下1.2吋时成绩	学习水的折光原理	靶子位于水下4吋时成绩
控制组	靶子位于水下1.2吋时成绩	—	靶子位于水下4吋时成绩

因此在教学过程中,教师必须将不同教学内容中所隐含的共同原理揭示出来,并使学生充分内化,这样才能促进学生更加灵活有效地进行学习。

(四)关系转换说

关系转换说是格式塔心理学家所提出的迁移观点。他们认为"顿悟"关系是决定学习迁移的重要因素。他们认为,迁移不是由两个学习情境具有共同成分、原理而自动产生的某种东西,而是学习者突然发现两种学习之间存在的关系的结果。学习者所迁移的是顿悟,即对两种学习之间存在的关系的理解。只有学习者发现两种学习情境中不同事物之间的关系,并将这种关系应用到新的学习之中,迁移才能产生。

支持关系转换说的经典实验是苛勒(Kohler,W)的小鸡(或幼儿)"觅食"实验。如图6-8所示,苛勒让小鸡在深(B)、浅(A)不同的两种灰色的纸下面寻找食物。通过条件反射学习,小鸡学会了只有从深灰色的纸下才能找到食物。然后,变换实验情境,保留原来的深灰色纸(B),用颜色更深的灰色纸(C)取代浅灰色纸(A)。如果小鸡仍然到深灰色纸下面寻找食物,那就证明迁移是由于相同要素的作用;如果小鸡是到两张纸中颜色更深的灰色纸下面寻找食物,那就证明迁移是对关系作出反应。实验表明,小鸡对新刺激(颜色更深的灰色纸)的反应为70%,对原来的深灰色纸的反应是30%;而幼儿在做同样的实验时则始终对新刺激作出反应。

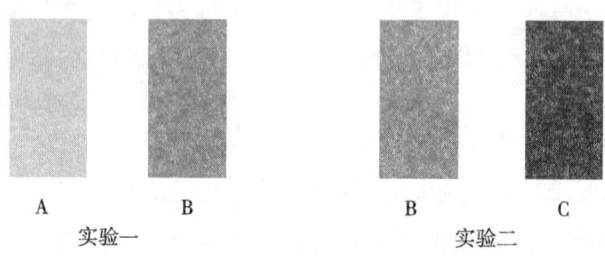

图6-8 小鸡觅食实验

关系转换说启示我们,教学不能仅仅满足于让学生掌握表面的知识,更重要的是要让学生透过表面的知识,理解隐含的深层次知识,以及新旧知识之间的关系,并能将其灵活地运用于其他的学习情境之中。

(五) 认知结构说

奥苏伯尔(Ausubel,D P)强调学生认知结构中原有知识对新学习的影响。所谓认知结构,就是学生头脑内的全部知识内容及其组织。每个人的认知结构都不一样,因此对学习会产生不同的影响。学生原有认知结构是实现学习迁移的最关键的因素。学生原有认知结构在内容和组织方面所表现出来的特征,称为认知结构变量。

奥苏伯尔认为,学生的认知结构有三个变量,对学习迁移会产生直接的影响。

一是认知结构的可利用性,指在新的学习前,学生原有认知结构中是否具有可利用的同化新知识的适当观念。根据有意义接受学习理论,原有知识与新学习的知识具有三种不同的关系,即上位、下位或并列的联系。奥苏伯尔认为,如果学生原有认知结构中有可以利用的上位、概括程度高、包容范围广的知识，则新的学习将以下位学习的形式出现。一般而言，下位学习比上位学习和并列学习容易进行。因此，学生良好的认知结构的第一个重要特征是他所掌握知识的概括程度和包容范围，概括程度越高、包容范围越广的知识，越有助于同化新的知识，也就越有助于迁移。

二是认知结构的可辨别性，指在新的学习前，学生对认知结构中的原有知识与要学习的新知识之间的异同能否清晰可辨。如果一个学生的原有知识是按一定结构、系统严密地组织好的，则他在进行新的学习时，不仅能迅速在原有的认知结构中找到新知识的固定点（即用来同化和固定新知识的原有知识点），而且也易于辨别新旧知识的异同。

三是认知结构的巩固性，指认知结构中原有知识的巩固程度。原有知识越巩固，越有助于新的学习；相反，原有知识本身不巩固，则不但不会产生积极的作用（正迁移），反而可能会出现干扰（负迁移）。

三、通过教学促进学习迁移

"为迁移而教"是教育教学的一个重要目标，希望学生能够"举一反三"，在不同情境都能够应用所学知识解决问题。新研究显示，将学习迁移到创造性思维中并获得成果时，学生才能对学习有更多了解，才能在学习中得到更多的快乐。[①] 要实现这一目标，教师就必须了解影响学习迁移的条件，也要以此为根据改进教育教学，促进学生的学习迁移。

（一）丰富知识经验储备

丰富的知识经验是学生学习迁移的前提，也是新知识的生长点。两种学习活动之间的某些共同点是学习迁移的必要条件。而各种知识、技能之间或多或少会有一些共同的要素，它们是促进学生学习迁移，帮助掌握新知识和形成新技能的非常重要的前提条件之一。因此，一般来说，学生所掌握的知识经验越丰富，在进行新的学习时，越容易产生学习迁移，越容易顺利地掌握所学的新知识。

---

① [美]苏泽.脑与学习[M].北京师范大学"认知神经科学与学习"国家重点实验室，脑科学与教育应用研究中心，译.北京：中国轻工业出版社，2005：34.

（二）积极进行心理准备

学生的心理状态，如自信心、决心和紧张程度等都会对学习迁移产生影响，它既可能促使正迁移的产生，也可能导致迁移障碍。如有的学生在应用知识解决问题时，比较自信，他们头脑清醒、思维清晰，能够灵活应用原有的知识经验、策略方法来解题，很容易产生良好的学习迁移；有的学生可能由于缺乏自信，明知不是解决该问题的方法，还是盲目地反复套用。又如有的学生在考试时，心理过于紧张，会造成对已有知识经验的提取障碍，从而影响学习迁移。

（三）科学选择教学内容

奥苏伯尔认为，学生的认知结构是从教材的知识结构转化而来的。因此，为了促进学习迁移，应把各门学科中具有广泛迁移价值的科学成果作为教材的主要内容。所谓具有广泛迁移价值的材料，就是学科的基本概念、基本原理、基本方法及其相互之间的关系。奥苏伯尔认为："不论我们选教什么学科，务必使学生理解该学科的基本结构"，"懂得基本原理就可以使学科更容易理解"，"领会基本的原理和概念，看来是通向适当'训练迁移'的大道"。因此，教材内容的选编除了保持学科基本概念、基本原理的相对稳定外，还必须用科学研究的新成果来代替陈旧的材料，不断更新教材内容。

（四）合理编排教学内容

在精选出教学内容之后，如何组织这些材料就显得非常重要。因为同样的内容，如果编排合理，迁移的作用就能得到充分的发挥，教学就能省时省力；如果编排得不合理，则迁移的效果就不够理想。那么，怎样才能合理地编排教学内容呢？基本标准就是要使教学内容结构化、整体化和网络化。结构化指教学内容的各构成要素应具有科学、合理的逻辑关系，能体现出事物的上下、并列、交叉等内在关系。整体化指教学内容的各构成要素应能整合成具有内在联系的整体。网络化指沟通教学内容各要素之间上下左右、纵横交叉的联系，突出各种知识之间的联系，这样不仅利于教学过程中充分发挥整合作用，而且便于教师与学生了解以往学习中的断裂带及断裂点和今后学习中的发展带及发展点。[①]

（五）改进教材呈现方式

认知心理学认为，人们在认识一个全新的知识和技能领域时，比较倾向于

[①] 伍新春. 高等教育心理学[M]. 北京：高等教育出版社，1999：153.

遵循从整体到部分、从一般到特殊这一逻辑顺序。人的认知结构是一个由上而下的有层次的结构,越在上层的知识,其包容性、概括性程度越高。根据人们认识事物的自然顺序和认知结构的组织特点,在呈现教学内容时,应遵循从一般到个别、从整体到部分的"不断分化"的原则。如机械专业的学生在刚接触"金属材料学"时,一般先学习金属材料的性能、结构、合成等,再学习具体的铸铁、合金等整体的一般性知识。与此同时,还应遵循"综合贯通"的原则,加强概念、原理、课题乃至章节之间的横向联系,使学生能发现相关知识之间的异同,揭示相互之间的关系,概括出其中所隐含的共同原理,从而对所学知识能够做到融会贯通。

(六)训练学生的学习策略

根据迁移的形式训练说,学生学习的主要目的不在于他们掌握学科的具体知识,而在于训练学习能力。学习能力能对后继学习产生一种比较广泛的一般性迁移。认知策略和学习策略的研究及其应用是当代教育心理学研究的一个热点领域。为了促进学习的迁移,教师必须重视对学生学习方法与学习策略的指导,把学习策略作为教学的一项重要目标和内容,使学生掌握学习策略,促进学习迁移,从而学会学习。

【本章思考与练习】

1. 职业理论学习的主要目标是什么?
2. 简述知识与能力的联系与区别。
3. 职校生需要做好哪些方面的学习准备?
4. 如何培养职校生的选择性注意策略。
5. 简述记忆编码的基本策略。
6. 简述职校生的复习策略与回忆策略。
7. 如何加强对职校生的精加工策略的训练?
8. 如何有效培养职校生的元认知策略?
9. 简述职校生学习资源管理的主要策略。
10. 简述如何通过教学有效促进职校生的学习迁移。

第七章　职校学生的职业技能学习

加强职业技能型人才的培养,是经济社会发展的迫切需要,也是职业学校人才培养的基本要求,更是职校学生素质发展的内心呼唤。作为一线技术工人摇篮的职业学校培养的人才不能仅仅定位为一般意义上的蓝领工人,更应该加强复合型、创新技能型人才的培养。为此,职业学校必须遵循产业升级规律,尊重技能型人才的职业成长规律,加大技能型人才的培养力度,积极推进教育教学改革,培养学生既要学习知识,还要形成并提升职业技能,逐步形成开拓进取的创新意识和创新能力。

第一节　职业技能概述

基本职业技能的形成对于职校生高效率地学习和掌握知识,对于发展智力、创造力,提高问题解决的能力,都是非常重要的。

一、职业技能的概念

职业技能是学习者运用已有职业知识经验来解决生产生活实际中问题时所需要的技术和能力,它是通过系统练习而逐渐形成的。例如,职校生通过学习与系统训练,形成了操控数控车床加工工件的职业技能。职业技能水平有初级技能、中级技能和高级技能之分。初级技能是指某项活动方式经过一定时间的练习之后能达到会做的水平。懂得一些计算机知识,刚刚学会操作计算机的人,可以说有了应用计算机的能力。当初级技能经过反复的练习和实践,达到了迅速、精确、自动化的阶段,则称为技巧,此时技能已经达到中级技能水平,比较得心应手,不需要分配更多的注意资源,达到了有意后注意的水平。中级技能再经过系统学习和训练,则能达到更高综合化、自动化、高效率的程度,即达到了高级技能的水平。当然,对于职校生的职业技能而言,可以通过相关职业技能鉴定机构来确定职业技能的等级和水平。

根据职业技能的性质和特点,可分为操作技能与心智技能两种。操作技能也称为动作技能、运动技能,是指由一系列外部动作以合理、完善的方式组成的操作活动的方式,如打字、骑车、使用生产工具等,主要是借助于骨骼肌肉运动来实现的一系列外部动作,当这些动作以完善的方式组织起来,并近于自动化时,就称为操作技能。心智技能又称为智力技能、认知技能,是借助于内部言语在头脑中进行的动作方式或智力活动方式,如阅读、构思、心算、解题等方面的技能。心智技能的心理成分包括感知、记忆、想象和思维,但以抽象思维为其主要成分。在认识特定事物、解决具体课题时,这些心理活动按一定的、合理的、完善的程序和方式自动地进行。

操作技能与心智技能并存于职校生职业实践活动中,二者既有联系又有区别,并可相互转化。外部动作是心智技能形成的最初依据,也是它的经常的体现者。感知、记忆、想象、思维等方面的心智技能又是外部动作的调节者和必要的组成部分。在完成比较复杂的工作任务时,人总是手脑并用的,既需要操作技能,也需要心智技能,如机床操作、电器修理、手工制图等。它们的区别是:首先,就动作对象而言,操作技能的活动的对象是物质性客体或肌肉,具有客观性;心智活动的对象是知识和信息,属于主观观念的范畴,具有观念性。其次,就动作执行而言,操作技能的执行是通过外部显现的肌体运动实现的,具有外显性;心智活动是对观念性对象进行的加工改造,借助于内部言语进行加工,具有内潜性。第三,就动作结构而言,操作活动的每个动作必须切实执行,不能合并、省略,在结构上具有展开性;心智动作是借助内部言语这一工具进行的,因而心智动作成分可以合并、省略及简化,从而具有简缩性。

二、职业技能的分类

(一)操作技能的分类
1. 连续性操作技能与离散性操作技能
连续性操作技能是人对刺激的结合作出连续的调节和校正,其中有些刺激是从肌肉中反馈的。它没有明确的开端和结尾,动作行为会一直持续下去,直到被人为打断为止,如游泳、跑步、打球等。离散性操作技能是对一个特殊的外部刺激作出一个特殊反映的活动。它有明显的开端和结尾,精确性程度较高,可以计数,如投篮、举重、投掷铅球、急刹车等。一般来说,离散性操作技能的动作持续时间较短,一般在5秒钟内完成,少数需要较长的时间才能完成。

2. 精细性操作技能与粗壮性操作技能

精细性与粗壮性是根据参与操作技能的有关肌肉的性质和数量划分的。精细性操作技能主要运用手腕关节和手指的运动,如绘画、演奏乐器、手工活动等。粗壮性操作技能主要指运用大肌肉的,并且经常是全身性的运动,如踢足球、游泳、搬运东西等。

3. 简单性操作技能与复杂性操作技能

从完成操作技能所包含的刺激量和反应数,或完成操作技能时加工的信息量来看,可将操作技能分为简单性操作技能和复杂性操作技能。简单性操作技能如走路、写字等,而复杂性操作技能如驾驶汽车、操作大型机器等。随着个体经验的积累和技能自动化的形成,复杂性操作技能可能会变得"简单",成为简单性操作技能。

4. 开放性操作技能与封闭性操作技能

根据操作技能执行过程中的环境是否可以预测,操作技能可以分为开放性操作技能和封闭性操作技能。开放性操作技能的环境一直处于变化发展之中,难以预测,因此,操作者不能事先对整个动作进行有效的计划和准备。相对而言,封闭性动作的环境是可以预测的。

(二)心智技能的分类

1. 执行技能与非执行技能

从心智技能的功能角度,可将心智技能分为执行技能与非执行技能。执行技能指用于实际执行任务操作的技能,如认知匹配、比较等技能。非执行技能指用于认知过程的计划、监控、修改策略的技能,如问题识别、监控解法、反馈敏感性等。

2. 宏观技能、中观技能与微观技能

从心智技能的层次角度,可将心智技能分为宏观技能、中观技能与微观技能。宏观技能是心智技能的最高层次,主要是与态度、动机等密切相关,它们的可迁移性最强,但可教性最差。中观技能与认知性的知识密切相关,高度概括化且随经验的增长而得到改善,它们的可教性和可迁移性均较好。微观技能则非常具体,适合于某一特定认知任务,它们的可教性强,但可迁移性较差。

第二节 职业技能学习的心理过程

职校生职业技能的学习包括操作技能学习和心智技能学习两个方面。不同专业对操作技能和心智技能的要求也有所不同。一般而言,在专业学习过程中,通常都会涉及这两种职业技能。

一、操作技能学习的心理过程

操作技能的形成是通过练习逐步掌握某种操作方式的过程。复杂操作技能的形成,一般经历四个主要阶段。

(一)认知阶段

操作技能形成的初期为认知阶段,这是操作技能形成的重要环节。认知阶段的主要目的在于学生通过观察他人的示范或接受指导,来了解和认识操作活动的基本结构与要求。学生对所学的操作技能有初步认识,就能在头脑中形成操作映像。具体来说,此阶段就是让学生通过观察、听讲、阅读等方式,对操作学习任务及其完成方法等形成初步的认识,了解"做什么"和"怎么做"。认知阶段的长短取决于操作技能的性质和复杂程度。在认知阶段,职校生在教师讲解、示范的基础上,或者自己根据活动目的任务,对所学操作技能的性质、要点和注意事项等进行分析和了解。处于认知阶段的操作不够稳定和协调,速度较慢。此时,学生的操作在意识控制下进行,能初步运用反应结果的反馈信息。

(二)操作分解阶段

在这个阶段,学生开始能将完整的操作技能分解为若干个局部的、个别的操作,然后理解每个分解操作的基本要求和特征,对各个分解操作逐个进行练习。在这个阶段,学生的操作显得紧张忙乱、顾此失彼、呆板而不协调,并可能会出现多余操作。他们难以觉察自己操作的全部情况,因此不易发现操作过程中的错误。

（三）操作联系阶段

操作联系阶段的主要特点是经过反复的练习或实践，使已掌握的局部的、个别的操作联系起来，形成比较连贯的整体操作，最终把知识由口头或书面的形式转化为操作性的技能。但是，各个操作之间的联系尚不紧密，从一个环节过渡到另一个环节，即实现操作转换时，常出现短暂的停顿现象。这时，动觉信息对于操作的联系和调节起着重要作用。动力定型开始形成，视觉控制作用逐渐减弱，操作相互干扰不断减少，紧张程度减弱，多余操作逐渐消失。由于技能接近形成，自己发现错误的能力和纠错能力也在不断增强。

（四）自动化阶段

在这个阶段，各个操作联合成为一个完整的自动化的操作系统。自动化阶段的主要特点是各个操作相互协调，操作能够按照准确的顺序以连锁反应的方式实现。在执行操作时，意识的调节作用大大降低，肌肉运动感觉的作用占主导地位，视觉控制进一步减弱。此阶段学生的操作已协调、完善，紧张状态也已经消失，注意范围扩大，并能根据情境的变化，自觉、适当地调整操作技能。

二、心智技能学习的心理过程

心智技能活动是职业技能实践活动的反映，因此心智技能的培养，首先必须确定心智技能的实践模式或操作活动程序，即确定心智技能的"原型"。心智技能的原型模拟就是指为了达到培养心智技能的目的，在职业实践中找到一个实际的操作活动作为练习心智技能的模型，通过对模型的培养，使原型得到锻炼。

苏联心理学家加里培林将心智技能形成过程分为五个阶段：一是动作的定向阶段，二是物质活动或物质化活动阶段，三是出声的外部言语动作阶段，四是不出声的外部言语动作阶段，五是内部言语动作阶段。我国心理学家冯忠良根据有关研究并结合教学实际，将上述五个阶段进行了优化和改进，提出了心智技能形成的三阶段说，即原型定向、原型操作和原型内化。

（一）原型定向阶段

此阶段是使学生掌握操作性知识的阶段。学生的主要学习任务可以归结为两方面,一方面是要确定所学智力技能的操作活动程序,另一方面要使这种活动程序在头脑中得到清晰的反映。教师通过此阶段的教学,努力使学生建立起关于活动的初步的自我调节机制,从而为进行实际操作提供内部控制条件。教师要通过言传身教,使学生了解智力活动的结构要素,了解智力活动的执行顺序和方式方法,采取有效措施创建良好的学习氛围,发挥学生学习的自觉性、主动性和独立性。教师的示范要正确,讲解要确切,动作指令要明确。教师可以用复述动作要领的方法来检查原型定向的学习成效。

（二）原型操作阶段

原型操作,可以使学生依据智力技能的实践模式,把自己在头脑中已经建立起来的操作活动程序计划,以外显的、展开的操作方式付诸实施,从而使学生不仅有了程序性知识,而且通过实际操作获得了比较完备的动觉映像,这就为随后的原型内化阶段奠定了良好的基础。为了使心智活动方式顺应内化,主体动作的执行应注意与语言相结合,一边进行实际操作,一边用言语来标志和组织动作的执行,同时注意活动的掌握程度,并适时向下一阶段转化。

（三）原型内化阶段

此阶段,智力技能的实践模式向头脑内部转化,由物质的、外显的、展开的形式向观念的、内潜的、简缩的形式转变。为使操作原型成功地内化成心智技能,在开始阶段,操作活动应在言语水平上完全展开,即用出声或不出声的外部言语完整地描述原型的操作过程。然后,再依据活动的掌握程度逐渐缩减,其中包括省略一些不必要的动作成分与合并有关的动作。在由出声到不出声、由展开到压缩的转化过程中,也要注意活动的掌握程度,不能过早转化,也不宜过迟。

第三节 职业技能练习的心理规律

练习是以掌握一定的操作方式为目标所进行的反复操作的学习过程,它是职业技能形成的基本条件和途径。职业技能是在练习过程中逐步形成和提高的。

一、职业技能的练习曲线

职业技能练习的结果可以用练习曲线来表示。练习曲线又称学习曲线,它是把多次练习的次数和练习成绩之间的关系用统计方法进行处理,然后绘制成曲线,用以描绘练习的进程。练习曲线通常用函数坐标图来表示。通过练习曲线,可以看到练习过程中速度、准确性、效率和灵活性等方面的变化和特点。练习曲线通常有四种形式(图 7-1)。

第一种形式是表示每次练习所需时间与练习次数之间关系的练习曲线(图 7-1 A)。这种练习曲线通常是下降的,因为随着练习次数增加,一般所需时间是逐渐减少的。从每次练习所需时间的长短,可以看出练习的速度。

第二种形式是表示每次练习的错误数与练习次数之间关系的练习曲线(图 7-1 B)。这种练习曲线常常是下降的,因为随着练习次数增多,练习中发生的错误会逐渐减少。从每次练习的错误数量,可以看出练习的准确性。

第三种形式是表示工作量与练习次数之间关系的练习曲线(图 7-1C)。这种练习曲线往往是上升的,因为工作量是随着练习次数的增加而增长的。从单位时间内所完成的工作量可以看出练习的效率。

第四种形式是表示正确率与练习次数之间关系的练习曲线(图 7-1D)。这种练习曲线通常是上升的,因为随着练习次数的增加,完成操作的正确率也在不断增加。

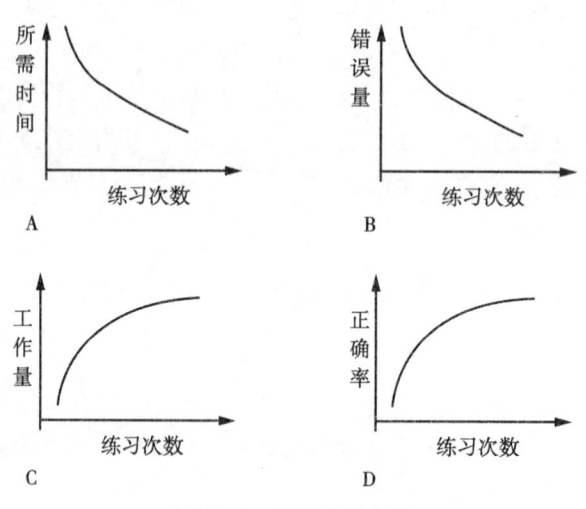

图 7-1 四种练习曲线

在职业技能的练习过程中,总的来说,练习成绩是逐步提高的,练习曲线也呈上升趋势。但是,学习不同职业技能时所获得的练习曲线是多样化的。甚至同一个人在完成相似的操作任务时也难以得到相同的练习曲线。从练习进程的总体趋势来看,有的表现为先快后慢;有的则表现为先慢后快;还有的表现得前后变化不大,比较一致。通常,职业技能的练习成绩是波浪式上升的,有时可能迅速进步,有时可能进步缓慢或没有进步,有时甚至可能退步。在一些较复杂的职业技能的形成过程中,练习的中后期常常会出现成绩暂时停顿的现象,这就是练习曲线上的"高原期"现象。

麦克唐纳(MacDonald,1959)综合了各种技能的学习和各种不同的学习条件下职业技能的形成进程,提出了职业技能学习的"六段学习曲线"(图7-2所示),即把职业技能学习的总过程分为六个阶段:A为无进步阶段;B为迅速进步阶段;C为学习速度逐渐减慢阶段;D为高原阶段;E为再次缓慢进步阶段;F为再次缓慢进步并临近极限阶段。

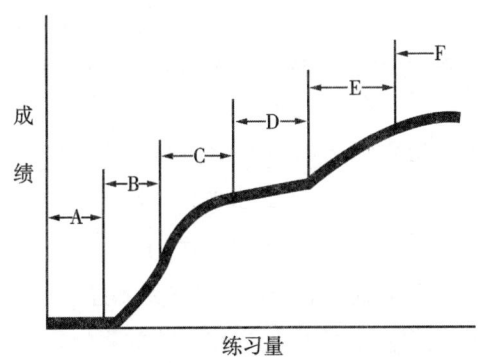

图7-2 操作技能的学习曲线

这个学习曲线并不是从哪一种具体的职业技能的学习进程中描述出来的,它只是说明职业技能学习进程具有上述六个阶段的可能性。这个综合模式对于判断练习阶段或者根据判断来考虑练习的指导方法,是有一定的参考价值的。

二、职业技能练习的心理规律

(一)操作技能练习的心理规律

心理学家将初学者和"专家"完成同一任务的操作过程加以比较,发现熟练的操作具有以下这些特征。

1. 操作的有意识控制程度减弱

在操作技能形成的初期阶段,内部语言起着重要的调节作用。这时,技能的各种操作都受意识控制。如果意识控制稍有减弱,操作就会出现错误或停顿,难以继续。随着技能的稳定发展,到了操作熟练阶段,整个操作系统已经是相对自动化了。学生的操作控制从有意识向无意识转化,操作的有意识控制程度逐渐减弱而由自动控制所取代。

2. 利用线索的减少

在操作技能形成初期,学生只能对那些很明显的线索发生反应,他不能觉察到自己操作的全部情况,难以发现自己的错误。但是,随着操作技能的形成,学生能觉察到自己操作的细小差别,能运用细微的线索,使操作逐渐完善。当技能非常熟练时,学生就能根据很少的线索完成操作。此时,学生头脑里已储存了与特定的一系列线索有关的信息,当某一线索出现后,学生便能预测出会发生怎样的操作。因而,随着操作技能的完善,利用的线索逐渐减少。

3. 动觉控制的加强

动觉控制与熟练操作技能的形成有密切联系。初学者主要依据外部反馈来调节自己的操作,而熟练者主要依据动觉反馈来协调自己的操作。在操作技能形成之后,学生借助于操作程序来控制操作的进行。此时,视觉、听觉等外部感觉系统反馈的作用降低了,但动觉控制的作用不断加强。在操作熟练阶段,动觉反馈是操作程序的控制器,它保证操作技能的稳定发展和完善。

4. 运动图式的形成

人脑类似于计算机,可以储存复杂的操作技能的程序,可以向肌肉发出一系列执行操作技能的正确指令。这些程序被称为运动图式,其内在机制可能是在人脑内储存了这种指导程序。运动图式是经过长期的练习而形成的有组织的系统性知识和程序性知识。在技能经过充分练习的情形下,在神经系统中的程序很少需要知觉系统的监视,可以自行连续运行。在长时间的练习过程中,运动图式随着练习而不断精炼,反应方式精确,操作流畅,好像完全自动化了。在活动之前这些运动图式构成了一种总的运动图式并在无反馈的情况下使活动进行下去。

5. 错误不断减少,在发生之前基本排除

在操作技能形成的早期阶段,由于对操作的要点和注意事项没有完全领会,在操作的规范性和操作之间的连接上会产生很多错误。任何领域新手在一开始行动时,都会在自己的领域产生各类错误观念,并遇到各种看似无法解决的困境。① 随着大量的练习,操作逐步达到高度熟练和自动化,此时错误不断减少。在连续的操作技能中,学生会不断进行尝试和校正。心理学家希金斯(Higgins,J R)等人研究发现,熟练的专家甚至尚未等到肌肉信号的到来,便能预料到他给自己的肌肉发出了不正确的指令,在错误发生之前,就能收回这个指令。②

6. 预见和应变能力的增强

在连续的操作技能中,学生可以根据丰富的操作经验、运动图式、细微的操作过程和周围环境的信息,对下一步操作进行充分的预测,表现出较强的预见性和应变能力。这样,可以将合理的操作继续执行下去,而将错误的操作排除在发生之前。在操作技能的熟练阶段,由于学习者有较强的应变能力,即便他们面对各种复杂的情况,也会做出合理的应对措施。熟练的学习者即使在不利条件下,也能保持正常的操作水平。表现出同样操作水平的人,其熟练程度可能有所不同。检验谁是最熟练的操作者的最好方法就是看他在条件变化时是否能继续保持正常的操作水平。

(二) 心智技能练习的心理规律

心智技能是借助内部言语在头脑中进行的活动方式,它是按照合理完善的程序组织起来的。心智技能的主要特征有:

1. 心智技能的对象脱离具体支持物

心智技能的活动对象不是具有一定物质形式的实际物体。在心智技能形成后期,其对象甚至也不是实际物体的模像,而只是这些物质活动或物质化活动在头脑中的主观映像。这些主观映像是客观事物的主观表征,是知识、信息。心智技能潜藏于人的内部,无法从外部直接观察到,因而难以通过直观演示的方法教给学生。

2. 心智技能的进程压缩化

心智技能的活动形式并非外显的行为活动,而是在头脑中借助内部言语默默地进行的,只能通过其作用对象的变化而判断其存在。它是一种非外显的内

---

① 吴庆麟. 教育心理学[M]. 上海:华东师范大学出版社,2003:4.
② 皮连生. 教育心理学[M]. 上海:上海教育出版社,2004:198.

在活动。心智技能的结构是压缩的、简约的,难以使人觉察其活动的全部过程。它是一种非扩展性的自动化的过程。

3. 心智技能应用的高效性

心智技能的结构是压缩的、简化的,所以不必将所有的动作或言语逐个表现出来,因此,心智技能活动能够根据一定的课题,自动化地提取课题所需要的知识信息,分析和解决问题,这样能够节约时间,提高智力活动的效率。

第四节 职业技能练习的基本策略

针对职校生操作技能和心智技能的练习过程,结合职业技能练习的基本规律,在指导其职业技能练习的过程中,需充分利用技能练习的基本策略。

一、职校生操作技能的心理辅导

(一)使职校生理解练习情境,明确操作技能练习的目的和任务

在职校生操作技能的形成过程中,教师要注意操作技能学习的目标任务的可行性和现实性。教师必须使职校生能够理解学习情境,明确操作技能学习的目的和任务。理解学习情境,这能使职校生从整体上把握和学习操作技能。

练习是一种有目的、有计划、有组织的学习过程,它不同于单纯的机械的重复,不能盲目地进行。因此,教师要指导职校生理解技能练习的目的和任务,在此基础上形成一定的作业期望,以使职校生对自己要掌握的操作技能有一个明确的期望和目标。一般说来,有明确的期望和目标的操作技能练习比无明确期望、无明确目的、任务模糊的练习更为有效。提高职校生练习的自觉性和主动性是顺利完成练习,形成操作技能的内部动因。目标和期望的提出既要考虑到任务的难易,也应熟悉职校生的实际情况。因此,教师要注意目标的可行性和期望的现实性。

(二)给职校生以正确的操作示范

在职校生操作技能的练习过程中,有时是"只可意会,难以言传"的,仅靠言语指导难以传递特有的节奏和动感。这时,要使职校生充分理解和把握技能,

就需要教师一边示范一边让职校生跟着教师反复练习,同时还应向职校生指出技能操作的要领。教师的操作示范对职校生的技能学习有重要影响,教师要使职校生注意观察并理解正确示范的操作技能。教师在进行操作示范的同时,要一边"身教",一边结合"言传",这是帮助学习者理解和形成操作技能的有效方法。

教师给职校生的操作示范主要有三种形式:(1) 整体示范法。它将全套操作按操作程序完整地做出示范。它常运用于操作技能练习的初期和后期,目的是帮助职校生了解操作技能的全过程以及各个局部操作之间的联系。(2) 分解示范法。对于较为复杂的操作,由于信息量过大容易影响学生练习,因此,需要把复杂的整体连续操作合理地分解为若干局部操作,然后逐一示范。分解示范法更适合于学生的模仿练习。(3) 对比示范法。为了强化学生的注意力,可以采用正确操作和典型错误操作之间的对比示范,以达到防止和纠正错误操作的目的。在运用对比示范法时,教师应先示范正确操作,再演示错误操作,切不可颠倒次序。

许多研究表明,在操作技能练习的初期阶段,要使示范有效,示范操作必须慢速、逐步分解进行。这是因为初学者在刚刚接触一项新的操作技能时,往往顾了手,顾不了脚,抬起腿却忘记了收手。他们很容易因为新的信息量过多而"超载"。当"超载"发生时,操作练习就非常困难,可能就会由此终止了。

(三) 指导职校生掌握正确的练习方法

练习是以掌握一定的操作技能为目标所进行的反复操作的学习过程。这里的练习是指有意练习,即练习者以改进和提高其操作水平为目的,而且这种练习并不一定是快乐有趣的,往往需要付出一定的意志努力。研究发现,练习的不同方法对操作技能的学习有重要影响。在科学的练习方法指导下,随着练习次数的增加,进行某种操作活动的速度加快,准确性提高,从而使得操作技能水平不断提高。因此,教师应根据操作技能的性质和难度以及职校生的技能水平、运动能力、年龄和体力等因素来指导职校生掌握正确的练习方法,有计划、有步骤地进行练习。

1. 身体练习与心理练习

利用身体进行活动的练习,称为身体练习。操作技能的练习通常是指身体练习。只在头脑中反复思考操作技能的过程和程序的练习,称为心理练习。心理练习有助于操作技能的改进,因此有必要将身体练习和心理练习相结合。对从未进行过身体练习的操作,不能做心理练习,即使进行心理练习也只能是凭空想象和错误练习。此外,心理练习的时间不能太长,否则容易产生厌烦情绪。

有人以中等职业学校机械专业71名学生作为实验对象,以表象训练的形式指导学生进行心理练习。经过40学时的教学实验,结果表明:表象训练与实际练习相结合的练习效果明显优于单纯的实际练习的效果;表象教学法与传统教学法相结合的教学方法明显优于单纯的传统教学法;表象训练应用于中等职业技能实训教学,有利于学生对职业技能的掌握。[①]

2. 集中练习与分散练习

集中练习是指将练习时段安排得很近,中间没有休息或只有短暂的休息。分散练习是指用较长的休息时段将练习时段分隔开。

3. 部分练习与整体练习

如果一项完整的操作技能是由若干局部技能构成,且各部分技能之间不存在相互协调的问题,那么先进行局部技能的部分练习,而后再进行整体练习,将这几个局部技能有机地结合起来,灵活运用。但是如果连续性操作技能的各部分要经常相互协调,如果不考虑这种协调,只是孤立地练习这些局部操作,将无助于整个技能的练习。

(四)给予及时合理的反馈

有人曾经做过这样一个实验:证明反馈对射击成绩的影响。在射击每一发子弹后,第一组告知被试射击的环数和偏向情况,如"9环、偏左下","8环、偏上"等;第二组只告知被试环数,如"9环""8环";第三组对被试不做任何反馈。结果发现,第一组被试的射击成绩最高,第二组略低一些,而第三组最差。每次练习之后,教师要让职校生知道自己的成绩和错误,知道自己哪些操作做对了,哪些操作做错了。然后,再通过练习把做对的操作巩固下来,把做错的操作舍弃掉,这样就可以使正确的操作得到巩固,错误的操作得到克服,从而有效地促进技能的形成。为此,教师要加强对职校生练习的指导,及时详细地告知职校生练习的正确的结果,同时帮助职校生分析错误的性质与数量及错误的原因,并找出改进方法,这会明显地提高练习效率。

[①] 武任恒,杨国柱. 中等职业学校学生机械操作技能表象训练的实验研究[J]. 职教论坛,2014,(27):79-84.

此外，教师还应引导职校生作合理的自我反馈。自我反馈就是职校生自己对照操作技能的练习目标和要求，进行自我评价后获得信息的反馈。有条件的职校生可以通过重放录音、录像的形式来进行自我观察。

二、职校生心智技能的心理辅导

（一）促进学生形成程序化知识

在解决具体课题时，智力技能的活动按一定的、合理的和完善的程序和方式自动地进行。因此，程序化知识的形成有助于学生发展智力技能。为了促进学生智力技能的形成，教师要利用讲解和示范，引导学生分析、综合、概括、抽象，并在此基础上，掌握解答各类课题的原则、方法、途径和步骤，克服盲目的尝试和猜测，促进学生形成一定的程序化知识。

（二）促进产生式知识的自动化

现代认知心理学认为，人经过学习，会在头脑中储存一系列的以"如果……则"形式表示的规则。这种规则称为产生式，相应的这一类知识称之为产生式知识。受意识控制的产生式知识是由一系列未达到自动激活程度的产生式构成的。自动化的产生式知识是由经过充分练习而能自动激活的产生式系统构成的，也可称之为经过充分练习而达到熟练的技能。

（三）加强学生的言语表达能力训练

由于智力技能是借助于内部言语而实现的，因此言语表达能力对学生的智力技能的发展具有非常重要的作用。教师要在学生熟悉操作的基础上，再提出言语要求，注重"言传"，以言语来标志所学操作，并组织操作的进行。在用言语来标志操作时，用词要恰当，要注意选择具有表现力又能为学生轻松接受的词语来描述操作。随着学生智力技能发展的深入，教师要引导学生不断改变言语形式，如由出声到不出声，由外部言语转向内部言语。

（四）指导学生科学练习

有效的练习是紧紧围绕基础理论，有重点、有目的、有步骤、有指导的活动，为提高练习的成效，必须注意以下几点。

1. 明确练习的目的要求

有了明确的学习目的和任务，就可以激发职校生强烈的学习动机和高涨的学习热情,提高智力技能学习的自觉性和积极性,使智力技能学习处于意识的控制之下,从而提高学习效果。因此,在智力技能形成过程中,若能依据学习进程,不断提出练习目标,积极鼓励职校生达到预期目标,就能加速智力技能的形成。

2. 掌握正确的练习方法

练习要努力做到精讲精练、形式多样、举一反三、适量适度,反对"题海战术"。这样可以避免盲目的尝试。正确的练习方法,一方面可以由教师通过讲解,使职校生在理解的基础上能够掌握,同时也可通过动作示范,让职校生最终掌握技能。

3. 充分利用练习中的反馈强化作用

在练习中,要及时让职校生知道自己的学习结果。职校生获得反馈的信息,一般有两个渠道:一是活动本身所显示的结果。职校生作为活动主体,自己可以知道。一是教师或同伴告知职校生成绩。及时了解学习结果是掌握技能的必要条件,这是因为它具有引导后继学习、加强努力的功效。

4. 练习要有计划有步骤地进行

首先,练习要循序渐进,先简单,后复杂。第二,要正确掌握练习的速度和质量要求。练习开始时速度可以慢些,但对活动的准确性则要严格要求。第三,正确安排练习时间。练习时间的分开或集中应以学习材料的性质为依据。

第五节 错误职业技能的矫正策略

在职业技能的形成过程中,常常会产生很多错误。错误的职业技能经常会阻止、延缓和妨碍正确的职业技能的获得,因此很有必要探索错误职业技能形成的原因,并积极寻求消除错误职业技能的心理技术。

一、错误职业技能的成因分析

错误职业技能的形成具有多方面的原因,如练习的目标任务不明确,练习的态度不够端正,缺乏正确的示范和指导,练习方式方法的不当,强化对象和强化方法不当,不同职业技能之间的相互干扰,缺乏及时有效的结果反馈等。以下,仅就其中的主要原因作简单分析。

(一) 练习的态度不够端正,方式方法不够确当

有的职校生在练习职业技能时,学习态度不够端正,导致注意力不够集中,没有认真听讲和观察指导教师的操作示范,没有用心领会操作要领,因而难以掌握正确的操作要领。结果在独立练习时,就很容易采取不正确的操作,形成错误的操作。还有的职校生在练习过程中害怕吃苦、偷工减料,有的不求甚解、自以为是。这都会造成操作产生错误。此外,在练习过程中,如果职校生的态度散漫、注意力不够集中,还可能会造成机器损伤和人身意外伤害。因此,在职业技能的练习过程中,职校生必须端正态度、保持警醒、高度集中注意力。

职业技能的形成需要系统、多次的练习。练习的方式方法不当,会造成练习的质量低下,使得操作产生较多错误,影响技能的形成。在练习过程中,有的职校生盲目进行练习,并不考虑练习的科学性和有效性;有的练习时间过于集中,造成过度疲劳,影响练习的效果;有的过于分散,造成操作程序、要领和注意事项的遗忘;有的忽略技能整体与部分的关系,造成操作衔接的错误等等。因此,在练习过程中,要注意心理练习与身体练习、集中练习与分散练习、整体练习与部分练习等的密切结合。

(二) 缺乏正确的操作示范和指导

在职业技能学习的初期,如果教师过于追求教学的进度或者高估职校生的学习能力,那么可能会忽视对职校生的操作示范,导致操作示范过快、过于笼统。这可能会导致职校生"顾头不顾脚",很容易因为信息量过多而"超载",从而可能产生较多错误。有的教师理论知识丰富,但实践技能不够熟练,特别是在他们面对新式设备与装置时,如果准备不够充分,可能会影响示范和演示操作。因此,职业学校特别需要加强"双师型"教师的培养,使他们不仅具有扎实的理论知识,还有丰富的实践操作经验。在指导学生实践操作时,操作要做到规范、细心和耐心。

(三) 缺乏及时有效的反馈

由于职业教育规模的不断扩大,职业学校的师资,特别是"双师型"教师比较紧缺。一名教师往往要指导十几名,甚至几十名职校生。在指导职校生进行职业技能练习时,很难及时、详细地告知每一位职校生练习的正确和错误情况,

很难帮助每一位职校生分析错误的性质与数量,以及错误的原因,并找出改进方法。有时仅仅在给职校生一些结果反馈的基础上,抓住多数人的典型错误操作进行讲解,而可能会忽略一些个别的特殊的错误问题。有时,在反馈的同时,教师会给职校生一些强化,以刺激他们进一步练习操作。如果强化对象不够精细、强化方法不当,可能会强化职校生的一些错误操作,并使之得到巩固,严重地影响正确职业技能的形成。

(四)不同职业技能之间的相互干扰

已经形成的职业技能可能会对新的职业技能产生干扰作用,阻碍或延缓新的技能的学习。如果两种技能在操作结构、程序和特征等方面具有较大相似性,而其中某些共同成分却要做相反的操作方式时,由于先前经验和操作习惯的定势,就会产生技能的干扰。如在学习英语的过程中,已经掌握的汉语拼音对学习国际音标的语音会起干扰作用;又如学会了骑自行车对学骑三轮车也会有干扰作用。

二、矫正错误职业技能的心理策略

(一)消退抑制技术

斯金纳提出的操作性条件反射是通过练习,将有意的操作和强化练习起来,从而引发特定的操作行为。操作行为的塑造是强化物多次强化的结果。与正确操作被强化相同,错误操作也可能因为被强化而被习得和保持。因此,在消除错误的职业技能时,要利用消退抑制的技术,使形成错误操作的条件反射不能得到强化而使其产生抑制,使得错误操作的条件反射得以减弱或消失。但是,此时错误技能的条件反射的消退只是一种抑制,并没有完全消失。在消退抑制后,经过一段时间的间歇,错误技能的条件反射可以不同程度地恢复。如果继续不被强化,那么很快会进一步消退,直到最后完全消失。错误技能消退的速度取决于其条件反射建立的牢固程度,当然与学习者的神经类型也有一定的关系。

使用消退抑制技术时,必须注意:(1)消退技术的关键在于发现与错误操作行为相联系的强化物并将其撤除;(2)由于错误职业技能有自发恢复的规律,在消除错误技能时,要注意常抓不懈。

（二）分化抑制技术

错误职业技能的产生可能与教师在强化职校生正确操作行为的同时,不经意间也强化其错误的操作行为,使得错误操作行为通过练习也会有很大的进步。分化抑制是指在建立条件反射时,只对正确的操作行为加以强化,对类似的错误操作行为和其他无关行为不予强化,从而使得错误的操作行为和其他无关行为引起的反应受到抑制。因此,在职校生职业技能的形成过程中,教师在强化职校生的操作行为时,必须注意区分正确的和错误的操作行为,选择性地强化正确的操作行为,而对其他行为不予理会,使得正确的操作行为因受到强化而得以保持,其他无关行为受到分化抑制而逐步消失。

使用分化抑制技术时,必须注意:(1)教师对职校生的指导和强化必须是个别化的,避免千人一面,过于笼统模糊;(2)在撤除对错误操作行为的任何强化的同时,更要加强对正确操作行为的强化。

（三）对抗性条件作用技术

在消除错误职业技能时,如果引进一种与错误操作不能同时并存的相对抗的操作,并对它进行多次练习并予以强化,可以达到消除错误职业技能的目的。这种技术称为对抗性条件作用技术,简称对抗技术。在职校生入学军训时,需要进行队列训练。在学习"齐步走"时,总有人错误地先迈出右脚。为了帮助他们纠正错误的动作,很多教官就在不自觉地运用对抗技术。如要求动作错误的职校生立正不动,当听到"齐步走"的口令后,抬起右手,因为人在走路时为了保持平衡和协调必须对侧手脚同时抬起或放下。这意味着如果抬起右手,为了保持平衡和协调,就会先出左脚。这样,经过反复练习,让他们记住在齐步走时先抬右手而不要去想先迈哪只脚,因此先迈右脚的错误动作就能得到纠正。在这里,"抬右手"与"迈右脚"便构成了一对对抗动作。

使用对抗技术时,必须注意:(1)所引进的操作必须包含于整个职业技能,且不能与错误操作并存;(2)对新的操作要适当进行过度练习。

（四）过矫正技术

过矫正技术就是在学习者做出错误职业技能时,要求其立即恢复正确操作,并进行更为严格的过度练习,从而消除错误职业技能,形成正确职业技能的心理技术。这种技术是对错误操作的"矫枉过正"。在练习职业技能时,如果发现某职校生的操作错误,教师可以在告知或示范正确操作的基础上,责令其模仿和加倍练习正确的操作。总之，运用过矫正练习，既要使职校生认识到错误操作的不良后果，又要使其操作通过练习而得到巩固，并达到熟练掌握的程度。

使用过矫正技术时，要注意：(1) 在职校生进行过矫正练习时，教师一定要给他们提供正确的操作示范，避免再次误入"歧途"；(2) 在职校生进行正确职业技能的过度练习时，还要注意"适度"的问题，不能造成"超限逆反心理"。

【本章思考与练习】

1. 简述职业技能的概念与分类。
2. 操作技能和心智技能学习的心理过程分别包括哪几个阶段？
3. 简述练习曲线与"高原期"现象。
4. 简述操作技能和心智技能学习的基本心理规律。
5. 如何做好职校生操作技能和心智技能的心理辅导？
6. 矫正错误职业技能的心理策略主要包括哪些方面？

第八章 职校学生的技能竞赛心理

技能竞赛是检验职校教育教学质量的重要平台,是衡量职校生职业技能水平的重要标尺,已成为职业教育人才培养模式改革的一道亮丽风景线。技能竞赛不仅是职校生技术的比拼,同时也是心理素质的考验与较量。在职校生技能竞赛中,熟练的动作因急躁的情绪而破坏,协调的技能因过度的紧张而僵硬,正确的方案因消极的思维而动摇,清醒的头脑因一念之差而紊乱,诸如此类由心理因素引发的问题现象并不鲜见。有句至理名言:好的心理是前进的助力器。要取得理想的技能竞赛成绩,就需要对职校生进行积极有效的心理辅导与训练。因此,探讨职校生技能形成的心理规律,有效调控心理过程,克服训练和竞赛中的心理问题,成为职业学校教育教学改革创新必须深入研究的重要课题。

第一节 职校学生技能竞赛常见的心理现象

职校生技能竞赛的全过程可以分为训练和比赛两个部分。技能训练的过程实质上就是技能形成的过程,而比赛过程则是技能展示的过程,且后者可分为集训期、临赛前、竞赛中以及竞赛后四个阶段。总体而言,在技能竞赛的集训与比赛过程的不同阶段,选手可能会出现不同的心理状态,需要针对性地进行相应心理辅导。在集训初期,要帮助选手明确竞赛的目的任务,制定科学的训练计划,端正训练的态度,适度增加训练的强度,帮助选手克服焦虑、急躁、恐慌、拖延等不良心理。在竞赛前夕,指导选手通过心理疏导、心理暗示、放松训练等减轻心理压力,帮助选手调整身心状态。在竞赛过程中,根据竞赛情况对选手进行针对性的指导。赛后还要对个别成绩不佳的选手进行相关的心理辅导,帮助他们走出失败阴影。

一、职校学生技能竞赛常见的心理现象

职校学生技能竞赛常见的心理现象主要包括集训期的心理错觉现象、临赛前的心理倦怠现象、比赛中的心理失常现象以及比赛后的心理无助现象等。

(一) 集训期的心理错觉现象

错觉是在特定条件下产生的对客观事物的歪曲知觉,会产生与实际不符的判断误差。职校生在集训期容易产生的心理错觉现象主要有以下三种。

1. 起伏现象

起伏现象是指练习效应曲线呈波动形式,表现为成绩上升、下降、停顿的交替出现。总的来说,如果练习效应曲线总体呈上升趋势,且波动范围较小,则属正常现象;如果训练成绩长期起伏不定,且波动范围超过了可以接受的限度,表现异常,则需要仔细分析原因,探寻应对策略。一般认为,异常的训练成绩起伏反映的是技能水平的稳定性问题,而这种看法显然趋于表面化了。在技能训练过程中,有些学生会因为一时的进步而欣喜若狂,过度自信;会因为一时的受挫而急躁紧张,自我贬低。而这种心理活动的大起大落,表现在训练成绩上就是练习效应的异常波动。

2. 高原现象

高原现象是指技能练习达到一定水平后,练习成绩出现暂时停顿的现象。主要表现为练习效应曲线在某个阶段保持一定的水平而不上升,甚至有些下降,出现了练习过程中所谓的"瓶颈期"。心理学研究认为,高原现象并非技能水平真正的"最高峰",而是一种"黎明前的黑暗"——更高水平的成绩往往都是在突破高原现象以后取得的。但在实际训练过程中,一些职校生常常会对这种练习效应上的高原现象产生误判,以为自己的技能水平已达到顶点而再无可能上升,以致自我怀疑否定,自我评价降低,练习热情下降,主动放弃努力,出现了心理意义上的所谓"高原现象"。

3. 饱和现象

所谓心理饱和,就是人已经处于一种非常厌烦的,不想再继续某项任务的心理状态,是指心理的承受力到了不能再承受的程度。在技能训练过程中,由

于长期处于应激状态,职校生心理的耐受力和忍受力达到"极限",从而出现心理严重衰竭。一旦出现自我感觉上的心理饱和,职校生容易产生厌倦、紧张、疲劳以及烦躁等消极情绪,贬低训练的作用或意义,降低训练和参赛的动机,对技能训练采取抵触或回避行为。

（二）临赛前的心理倦怠现象

临赛前特指专项技能训练基本完成到进入赛场正式比赛前的一段时间。该阶段的主要任务是技能的训练逐步让位于身心的调整,以获得最佳的比赛状态。技能竞赛前职校生常见的心理问题主要有两种。

1. 冷漠现象

一般而言,随着技能比赛时间的临近,参赛学生逐渐变得既紧张又兴奋。但部分学生出现相反的情绪状态,表现出一副事不关己的样子,缺失参加比赛的热情,不关心比赛的准备工作,这就是赛前冷漠现象。赛前冷漠往往会导致学生进入赛场后要么无法顺利进入比赛状态,要么情绪高度紧张,影响技能水平的正常发挥。

2. 退缩现象

退缩现象是指学生对即将到来的技能比赛感到害怕甚至恐惧,常带有明显的躯体化表征,表现为焦躁不安、尿意频繁、面红出汗等等,言谈中涉及"再也不想比赛了"等回避想法,极端者会以各种理由突然提出放弃比赛,临阵脱逃。

（三）竞赛中的心理失常现象

怯场或发挥失常是技能竞赛中常见的问题之一,表现为没有发挥应有的技能水平或是在领先情况下先赢后输,引起连锁的负性心理反应。怯场常伴有心跳加速、手腿发抖、掌心出汗、坐立不安等,主要表现为以下几种现象。

1. 克拉克现象

通常,人们将实力很强并有望夺冠的优秀选手在关键比赛中由于心理因素的影响未能发挥出正常水平称为"克拉克现象"。职校生技能竞赛中的克拉克现象也并不鲜见。有些学生在市级或省级比赛中成绩相当突出,甚至超过往年省级或国家级大赛的最好成绩,但是当人们普遍对其寄予厚望认为其志在必得时,他们却在更高级别大赛中发挥一般,令人大跌眼镜、倍感遗憾。

2. Choking 现象

Choking 现象是指竞技比赛时,在占据优势的情况下由于心理压力过大,技术动作变形,从而"反胜为败"输掉比赛的现象。在职校生技能竞赛中,"反胜为败"不仅影响最后的比赛成绩,同时对学生心理的负面影响尤为突出,容易引起较大的情绪波动,处理不当甚至会转化为学生成长过程中的"负性生活事件"。

3. 舌尖现象

舌尖现象又称为记忆空白现象,是一种"几乎就有了"的感受,意思是答案就在嘴边,却没有办法把它说出口或加以具体回忆、描述。舌尖现象比较常见,是由大脑对记忆内容的暂时抑制造成的。一些选手往往频繁地感觉到这一现象,但不会积极沉着应对,表现出惊慌失措、无所适从。通常换个环境适度放松或比赛结束之后,答案在不经意间又会自动出现在头脑里,而此时参赛学生往往又会懊恼不已。由于技能竞赛通常会涉及一定比例的理论测试,关注该现象具有重要的现实意义。

(四)竞赛后的心理无助现象

在技能训练过程中,职校对技能竞赛学生的心理支持与服务多是为了取得优异的比赛成绩,因而相对重视训练和赛前、赛中的心理辅导,往往容易忽视赛后学生出现的心理问题。一般来说,参赛的学生都是职业学校的佼佼者,比赛失利容易产生较大的心理落差,出现心理无助现象。心理无助是社会孤立感的一种,常常伴有沮丧、痛苦等情绪体验,如果不能得到外界及时有效的支持、谅解、关怀和鼓励,则容易产生失望、无望甚至绝望感,进而演变成为一种心理危机。

尽管职校生从技能训练到竞赛的过程中存在着这样那样的心理问题,但问题在昭示着不足与缺陷的同时,实际上也为职校有针对性地开展心理辅导工作明确了目标与方向。这就要求我们充分理解技能竞赛学生的心理状态,寻找问题现象产生的心理动因,探究问题行为背后的心理症结。

二、症结分析:职校生技能竞赛过程的心理解读

对职校生技能竞赛的过程进行心理解读,关键要从总体上把握技能形成的心理过程和特征,分析影响技能训练和比赛的心理因素,寻找技能竞赛中可能存在的心理误区。准确把握职校生技能竞赛心理过程的变化,对于预防心理问

题的发生,提高心理辅导与训练的针对性具有重要意义。

(一)影响职校生技能竞赛的心理因素

技能竞赛的基本特征是对抗性强、争夺激烈、依靠团队精神、比赛场面紧张刺激和扣人心弦,关键时刻一招定乾坤。因此,在比赛中除了较量选手的技术和体力外,他们的心理因素在决定比赛胜负中起到至关重要的作用。技能竞赛像体育竞技一样,能否在赛场上正常发挥或超常发挥,关键取决于心态是否平稳。技能竞赛成败取决于实力与心态。实力是硬件,就是选手掌握知识技能的水平;心态是软件,就是选手的心理状态状况。在硬件水平差不多的情况下,软件的发挥则起到决定性的作用。职校指导教师要充分认识到心理因素对技能竞赛制胜所起到的关键作用,并学会正确看待学生的心理状态变化,有效解决学生的心理问题。

从职校生入选参赛代表队、开始训练到最终完成比赛的过程中,随着不同阶段任务内容和要求的变化,学生的心理也发生着相应的变化,具有一些明显的特征,一般表现为:入选期的激动心态,训练期的心理波动,比赛期的紧张焦虑,以及比赛失利后的灰心丧气。刚刚入选集训时,由于经过层层选拔而获得这样难得的机会,职校生往往带有强烈的自豪感和荣誉感、高度的自我认同感,对即将到来的训练充满了好奇心,希望自己能够取得优异成绩。但随着训练内容的深入和拓展、技能难度的增加、训练时间的延长、训练强度的加大,训练的成绩开始起伏不定,职校生的心理也出现明显波动,时而自信、时而失望、时而苦恼、时而喜悦等,多种心态交织贯穿于训练的全过程。临近比赛时,学生既期盼比赛,又害怕比赛的到来,担心自己发挥不佳,不由自主地考虑比赛的成绩与结果,紧张与焦虑的消极情绪体验居多。而一旦比赛结束,那些发挥不理想的参赛学生一般情绪低落消沉,不免感到特别失望、极度沮丧,甚至严重自责。

影响技能竞赛的心理因素涉及多方面,贯穿于训练和比赛的全过程。结合职校生的心理发展特点以及技能竞赛的性质,我们认为,自信心和自控力是影响职校生技能训练和比赛最主要的两种心理因素。

1. 自信心不足

自信是一种成功的信念,是技能竞赛取胜的基石。作为个性心理特征特殊的青年群体,职校生普遍表现出不够自信,容易贬低自己高看对手,"我能行吗","我恐怕比不过他","我怎么可能拿第一"等等,都是一些不自信的职校生经常挂在嘴边的话。职校生不自信不是与生俱来的,而是长期的学业失败经历或负性生活事件在心中留下的印记。现行升学评价体系注重知识考核、应试取向,职校生在学业成长过程中经历了太多的挫折,会以"受害者"、"落水者"和"失败者"自居,容易自我怀疑和否定,自卑心结难解。

2. 自控力不强

自控力是个体监督和调节自己行为的能力,包括自立、自主、自制、自强、自律等要素。技能竞赛的训练较为单调、枯燥,且周期长、难题多,需要放弃大量的休息和娱乐时间,如果缺乏自控力,训练的效果无法得到保证。而比赛时赛场瞬息万变,由于裁判、记者、对手、气候、场地、工具等各种因素的干扰,再加上对荣誉、奖励的渴望,一旦缺乏定力、自控力不强,职校生就难以将注意力有效集中于技能操作,难以充分发挥正常水平。

(二)职校生技能竞赛的心理误区

职校生在技能竞赛中存在一些心理误区,导致技能竞赛过程中出现种种问题行为与现象,概括起来主要有以下几种。

1. 心理压力过大

适度的压力体验是职校生训练和比赛的不竭动力,但是心理压力过大就会成为一种阻力,对职校生参加技能竞赛具有破坏性的作用。心理学的研究表明,环境事件并不必然产生压力体验,认知因素在其中发挥着重要作用。职校生竞赛的心理压力过大,是压力源和认知因素共同作用的结果。如果职校生过分夸大技能竞赛的意义,或是对自己的能力过度怀疑,就容易体验到高水平的心理压力,继而影响训练和比赛的效果。从心理角度而言,外界刺激的增强导致较强的心理压力,并通过选手的比赛行为充分表现出来,如畏惧、过分紧张、竞赛动机不端正、目的不明确、信心不足、性格孤僻、情绪暴躁等,从而导致技术动作变形,战术完成不彻底,正常水平无法发挥。

2. 心理状态消极

技能的发挥不仅受技术水平本身的影响,同时与选手心理状态密切相关。心理专家在进行大量个案调查后,归纳了影响职校生技能竞赛正常发挥的"四个怎么办":一是如果我赛砸了怎么办?二是遇到了难题怎么办?三是竞赛中别人比我做得快怎么办?四是我赛不出理想的水平怎么办?如果缺乏针对性的应对策略,这"四个怎么办"无疑具有消极的心理暗示作用,会对职校生的心理状态产生不利影响。

3. 心理品质不良

心理品质是心理活动水平高低的度量,如记忆的持久性、准确性,思维的灵活性、深刻性等。一项关于职校生积极心理品质的研究表明:"中职学生与全国高中生在积极心理品质的六大维度上均存在显著差异……除求知力、思维与洞察力品质差异不显著外,中职学生与全国高中生在13项积极心理品质上均存在显著差异。"由此可见,职校生心理品质整体水平不容乐观,表现在技能竞赛中的不良心理品质主要有:过度紧张或是放松导致的"粗心大意",表现出注意的稳定性不够;由赛场突发事件,如裁判判罚、设备故障、对手完成情况等引起的遇惊就慌、遇变就乱、遇阻就急、遇难就怕,表明临场应变能力有待提高;由训练的时间较长以及技能的复杂性引起的怕苦、畏难、退缩等现象,反映了意志品质亟须完善。

4. 心理危机易发

当一个人面临困难情境,而他先前的处理危机的方式和惯常的支持系统不足以应对眼前的处境,即他必须面对的困难情境超过了他的能力时,这个人就会产生暂时的心理困扰,这种暂时性的失衡状态就是心理危机。竞赛后易出现心理危机的职校生,一般在训练中格外努力,对自己的要求较高,对比赛的结果有着较高的期望,往往过于看重比赛的意义,且性格通常较为内向。面对比赛失利,既无法回避,又无法用理性的方法来解决。总的来说,会表现出多方面的特征:情绪特别低落,有空虚感和丧失感,言谈中流露出自责、羞愧甚至罪恶感;在认知方面极化思维,作不合理的推论,如认为比赛失利自己的将来就一定没有前途、人生黯淡;在行为方面回避或排斥他人,拒绝别人的关心和帮助;在躯体方面食欲不振、严重失眠等。

第二节　职校学生技能竞赛与系统心理训练

心理训练是技能竞赛训练的重要组成部分,是职业学校心理教育的重要内容,也是积极职业教育需要重点关注的新课题。技能大赛既要展示高超的技能,也要展示职校生的思想品德与个性特征;既要展示先进的技术,又要展示职校生的心理能力与素养。因此,立足于当代职业教育改革创新发展的要求,通过系统科学的心理训练引导技能竞赛学生学会心理自助,探索将技能竞赛训练和比赛的经历转化为职校生心理成长、潜能实现的积极过程,为职校生综合素质的提升、全面发展和终身发展的实现提供心理动力和支撑,这是职业教育开展技能竞赛的重要使命。

一、职校生技能竞赛需要系统的心理训练

系统科学的心理训练,是职校生技能竞赛训练不可缺少的一部分,它影响、制约着参赛学生身体、技能水平的发挥,可促进技能竞赛心理过程的自主完善,使学生的心理状态适应训练和比赛的要求,为达到最佳比赛状态、创造优异成绩奠定坚实的心理基础。系统的心理训练包括训练方法、周期以及内容的系统性。

1. 训练方法的系统性

从训练的方法来看,根据心理训练理论基础的不同,可分为:行为主义理论与方法,如放松训练、生物反馈训练和系统脱敏训练等;认知理论与方法,如表象训练、认知训练等;体育心理训练专用的方法,如模拟训练等。根据心理训练的复杂程度,心理训练的方法又可以分为:单一的心理训练方法,如渐进放松训练法、生物反馈法;成套的心理训练方法,如系统脱敏训练、应激接种训练等。

2. 训练时间的系统性

从训练的时间周期来看,心理训练可以分为:长期心理训练,即在整个训练和比赛周期的每次训练中都要进行的心理训练;短期心理训练,也称赛期心理训练,即针对既定的竞赛任务进行的心理训练。

3. 训练内容的系统性

从内容看,心理训练包括一般心理技能训练与专项心理技能训练。一般心理技能,是指培养和发展竞赛中普遍需要的心理技能,如应激控制、唤醒水平控制、目标设置、集中注意力、表象技能、放松技能、情绪控制技能等。其中前五项最为重要,这五项心理技能的关系如图8-1所示[1]。专项心理技能,通常是指

---

[1] 张力为,任未多.体育运动心理学研究进展[M].北京:高等教育出版社,2000:286.

适合于某一专项竞赛所必须掌握的心理技能。

　　心理训练不是魔术,指望心理训练的方法一学就会、一会就用、一用就灵,取得立竿见影的神奇效果是不切实际的,寄希望于通过竞赛集训的一段时间大幅提高学生的心理技能水平是不现实的。心理训练遵循一般技能训练的规律,必须长期地、系统地进行。这里尤其要重视在日常心理教育和技能教学中融入心理训练的内容,通过反复练习,为潜在的技能竞赛选手奠定良好的心理基础,推动全体学生心理素质的提升。

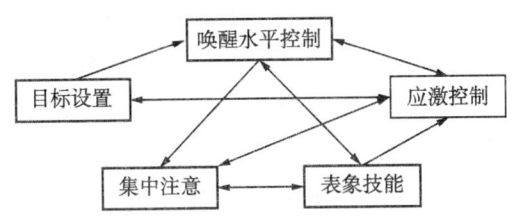

图 8-1　五种心理技能及相互关系

二、系统心理训练的心育功能

　　就技能竞赛的内容而言,技能竞赛重在考察职校生运用职业技能解决实际问题的能力,同时也对学生的心理素质提出了具体要求。心理训练可以有效消除技能竞赛中学生的各种心理障碍,改变学生的消极心理状态,获得高水平的心理能量储备,最终形成良好的个性心理品质。

　　1. 消除训练的心理问题

　　在技能训练中,由于对成绩的要求高、训练的强度大、训练环境相对封闭等因素的作用,学生容易产生各种心理问题,如紧张焦虑、厌倦烦躁、心理疲劳等,严重影响技能训练的效果。此时,若采用简单的身体素质训练和技术训练的方法很难奏效,而有针对性地采用放松练习、表象演练、默念暗示等心理训练手段,可以有效消除职校生在技能训练过程中的心理问题,提高操作技能掌握和完成的质量。

　　2. 转变竞赛的消极心态

　　职校生存在较重的"伤痕心理"和"挫折心理",普遍学习动力不强、学习兴趣不浓,克服困难掌握专业知识技能的信心不足,往往在训练和比赛中一遇逆境就容易产生抱怨、动摇、退缩、悲观、放弃等消极心态。心理训练,如认知调整训练,就是使学生学会控制和调节自己心理的方法,改变消极的思维,建立积极的自我暗示,改善心理背景,以更加积极的心态投入技能竞赛训练,从而获得良好的训练和比赛效果。

3. 积聚比赛的心理能量

有效的心理技能训练是恢复和调节已消耗的身体能量与心理能量的有效手段。心理能量是通过多次的心理训练形成有效控制的心理技能的总和,是以动机为基础,通过心理激活所起作用的能力。心理能量的有效控制与心理的应激、表象、注意及目标控制等心理技能有关。通过上千次的训练熟练掌握自我心理调控技能,有利于提高情绪调控能力,增强意志品质,掌握和改进动作技能,消除身心疲劳,加速恢复过程,从而最大限度地储备心理能量,以备高强度的训练和比赛所需。

4. 培养良好的心理品质

心理训练是对大脑的训练。长期有效的心理训练,可以通过大脑对思维过程进行调节,提高情绪的调节和控制能力,纠正和改变不良的身心行为,养成良好的心理习惯,进而形成较好的个性心理品质。这不仅有利于职校生更好地应对技能竞赛训练和比赛,同时对学生的心理成长、今后的学习生活都将产生积极的影响。

三、职校生技能竞赛心理训练的现实误区

在技能竞赛中,职校生熟练的动作因急躁的情绪而破坏,协调的技能因过度的紧张而僵硬,正确的方案因消极的思维而动摇,清醒的头脑因一念之差而紊乱,由此类心理问题引发的竞赛失利、导致所有努力都功亏一篑的现象并不鲜见。训练的质量决定了比赛的表现。学生在技能比赛中暴露出的心理问题恰恰反映了训练中存在的不足,主要表现为心理训练的缺位、偏位与失位。

1. 忽视专业化的心理训练

由于对专业的心理训练缺乏了解,一些技能教练认为心理辅导无非是做思想工作,跟学生谈谈心、聊聊天,没有什么复杂的技术,认为进行专门的心理训

练大可不必。他们坚信"艺高人胆大"这一"至理名言",认为竞赛要取得好成绩,就要苦练技能,更愿意把时间和精力投入到身体和技术的训练中。殊不知,"胆大艺更高",理想的比赛成绩不仅是"练"出来的,更是"比"出来的,比的是包括心理能力在内的综合实力,而学生的心理能力不经过专业的心理训练很难得以有效提升。

2. 心理训练的定位有偏差

部分职校过度追求竞赛的成绩,把夺取金牌放在首要位置,打着"以赛代学"的旗号,进行只抓实际操作技能训练的所谓的"小班教学""精英训练",使学生脱离了正常的班集体生活,脱离了学校的常规教育活动,沦为"竞赛机器人",导致学生厌学厌倦情绪蔓延、身心俱疲等一系列心理问题。在这样的情况下,职校不反思技能训练本身的偏差,寄希望于通过心理训练来改善学生的心理状态、激发训练动力,是对心理训练教育功能的误读,无异于"边污染边治理"、"治标不治本",其效果可想而知。而这种急功近利的应景式、补救式做法,在职校还比较普遍,值得警惕。

3. 心理训练不够系统科学

一是训练的时间不系统。一些职校虽然认识到心理训练的重要性,但是又不愿意投入时间和精力,仅是集中于比赛前的临时突击;而学生心理技能的形成、心理素质的提升是一个长期的过程,仅仅依靠竞赛集训的两三个月时间效果难以保证。二是训练形式的单一。一些职校认为,对问题严重的学生进行心理咨询,或是请专家做几场讲座,或者进行几次团体心理辅导,就是进行心理训练了。不能说这些方式就一定没有效果,但是缺乏系统性的单一训练方式即便有效,效果也很有限。三是心理训练与技能训练相脱节。心理教师对技能训练工作缺乏必要的了解,与实训教师缺乏有效的沟通与合作,心理训练的内容针对性不强,重点不突出,致使心理训练的效果不能在竞赛中充分地体现。

职校生技能竞赛心理训练工作尚处于起步阶段。结合当今职业教育发展的时代背景、职业技能训练的心理规律以及职校生的心理发展特点,探索技能竞赛心理训练的科学方法和积极策略,是现阶段职业教育技能竞赛训练的发展趋向和必经之路。

第三节　职校学生技能竞赛的心理训练策略

立足于职校生技能竞赛的根本宗旨，着眼于当代职校生心理发展的现实需要，职校必须明确理念，理清工作思路，做好系统规划，突出阶段重点，注重实践实效，建构职教特色，在积极的行动研究中推进技能竞赛心理训练的科学开展。

一、建构心理训练的现代理念

技能竞赛心理训练是职校教育情境下的一种专业活动。开展职校生技能竞赛心理训练，既要符合现代技能竞赛的价值取向，又要契合当代职校心理教育发展的基本理念，做到从"人"出发，因"人"而异，为"人"成长，助"人"发展。

1. 以人为本

以人为本就是要把职校生作为全部技能竞赛心理训练的根本出发点和落脚点，一切为了学生的发展，为了一切学生的发展。心理训练作为技能竞赛训练的重要组成部分，只有以人为本，才能契合开展技能竞赛的初衷，即以竞赛推动职业教育教学改革，全面提高人才培养的质量，促进学生综合能力、综合素质发展。心理训练作为职校心理教育的重要内容，只有以人为本，才能符合"一切从人出发，一切为了人，一切服务于人，一切着眼于人的全面发展，重视人的生命和生活，关怀人的价值和使命，关照人的精神和信仰"[1]这一心理教育的根本理念。

2. 助人自助

从心理训练的语义看，心理训练包括"训"和"练"两个部分。"训"就是借助于外部的力量对学生心理进行干预，对应广义的心理训练，其目的是"助人"；"练"就是学生通过练习获得心理技能以提高自主调节能力，对应狭义的心理训练，其目的即"自助"。心理训练即为"助人"与"自助"的有机融合。可以说，助人自助是职校生技能竞赛心理训练全部工作的本质概括，是技能竞赛心理训练

---

[1] 崔景贵. 心理教育范式论纲[M]. 北京：社会科学文献出版社，2006：88.

实践工作必须贯穿始终的重要理念和指导思想。

3. 育人至上

育人是一切教育活动的核心目标,以就业为导向或以技能为导向的职业教育也不例外。作为职校教育情境下的一项重要活动,心理训练应当秉持育人至上的理念,充分利用技能竞赛这一平台,锻炼学生接受挑战的心理能力,引导学生在竞赛活动中充分展示自己的能力和才华,使技能竞赛成为学生重塑发展信心和坚定职业远景的得力载体,实现培养"真正意义上的全面发展、健康文明的'社会人',富有实践力量和创新精神的'职业人',富有正义感和使命感的'道德人',心理健康、心理成熟与心理和谐的'心理人',人格高尚、人格健全与人格大写的'现代人'"[①]的职业教育目标。

二、坚持心理训练的基本原则

心理训练是有目的、有计划地对职校生心理施加影响的过程,必须坚持积极性、发展性、综合性等基本原则。

1. 积极性

坚持技能竞赛心理训练的积极性原则,就是要致力于培养职校生积极的心理品质,促进职校生心理潜能的充分开发,包括积极的心理状态、认知方式、情感体验、行为习惯、自我意识、学习能力、人际关系、人格特征等。在心理训练的过程中,要注重培养职校生自主调适的能力,使他们学会用积极的认知方式看待技能训练和比赛中的困难与挫折,学会用幽默、信念、意志等策略积极应对面临的难题与困境,鼓励他们在技能训练中勇于尝试、研究与创造,从而养成自信、乐观、希望、坚韧等积极心理品质,形成奋发向上、积极进取的健全人格。

2. 发展性

维护和促进职校生的心理健康和谐发展,是技能竞赛心理训练的基本职能。心理训练固然要解决训练和比赛中暴露出的种种心理问题,但更要致力于发展职校生的良好心理品质,这也是预防心理问题发生的最为有效的手段。要

---

① 崔景贵.职校问题学生心理与积极职业教育管理[J].中国职业技术教育,2012,(33):53-59.

将培养心理技能作为技能竞赛心理训练的重要目标,使全部的心理训练朝着有利于学生自主心理调节能力提升、个性品质完善的方向发展;要致力于创建和实现职校生的"最近发展区",使心理训练走在学生心理发展的前面,从而引领学生从现有的水平向着可能的和潜在的水平不断发展。

3. 综合性

这是强调心理训练在方法上必须多管齐下。人的心理是一个复杂的系统,各种心理因素交织在一起,往往互为因果,单一的训练方法有时很难奏效;个体具有不同的个性和习惯,面对相同的问题,对某个学生行之有效的方法不一定适合其他学生;再有就是各种心理调节技能之间本身就存在密切的关系,如放松技能是掌握应激控制、表象、注意集中等心理技能的基础。因此针对不同个体的心理特点,必须综合运用多种训练方法,采取灵活多样的方式以提高心理训练的实效性。如对紧张情绪的调节,教师可指导学生综合进行放松训练、自我暗示训练、转移注意力训练等。

三、制定心理训练的计划方案

技能竞赛心理训练计划是指在心理训练开始之前,为实现训练的任务和目标,依据心理训练理论以及特定竞赛情景,对心理训练的内容、步骤及其要求预先做出的理论设计和安排,而心理训练方案是依据心理技能训练计划所制定的具体实施方案。要获得理想的心理训练效果,全面、细致的训练计划与方案不可或缺。

1. 明确心理训练的进程与目标

实际上就是在集训期,将心理训练与技能训练在时间安排、内容设置上有机结合,并视心理技能水平为一个逐步提高的过程。围绕着整个技能竞赛的备战,心理技能训练的进程包括四个阶段:一般心理训练—结合技能的心理训练—应对竞赛情境的心理训练—赛后的心理训练。四个阶段相应的目标为:形成基本心理技能—保持积极的训练状态—做好比赛的心理准备—赛后和谐心理的调整。具体如图8-2所示。总的来说,心理训练应遵循循序渐进的原则,结合具体的参赛项目以及学生的特点,科学地、灵活地规划具体的进程与目标。

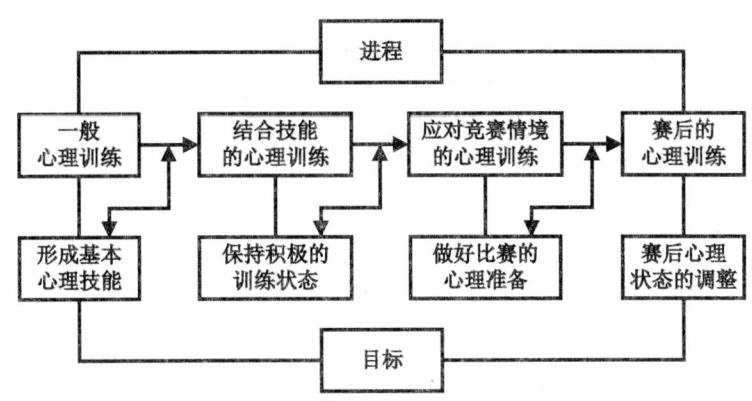

图 8-2 心理训练的进程与目标

2. 科学实施心理训练方案

心理技能训练的方案就是将实现心理技能训练计划目标的手段进一步具体化。这部分工作主要包括心理技能训练阶段的划分，训练任务和内容比重的制定，规划心理训练负荷，选择训练方法和手段，确定恢复的措施，确定检查和评定的内容、指标、时间、方法和手段等。需要强调的是，心理训练方案的设计应坚持"为了有效迁移而教"的理念，既能有助于提高学生应对技能竞赛具体情境中某个问题的心理调节能力，同时也能提高其他情境中问题解决的应对能力；不但使学生在技能竞赛中受益，而且对今后的学习生活也能产生积极的影响，最终使学生能够理智、从容地面对人生的各种困难。因此，要鼓励学生在不同的情境中对心理技能加以练习、运用，有意识地培养学生心理技能迁移的意识，提升学生心理技能迁移的能力。

四、把握心理训练的系统过程

明确的训练目标是技能竞赛心理训练有效开展的必要前提，而学生的心理需求则是制定训练目标的基础。从开展技能竞赛心理训练可利用的时间周期来看，心理训练包括集训前、集训期以及比赛后三个阶段；但是从心理训练重点目标的组成来看，也即从学生的现实心理需求来看，技能集训期的心理训练还应解决临赛前以及比赛中学生的心理调整问题。因此，基于心理训练目标的系统性,这里将完整的技能竞赛心理训练分为以下四个部分。

1. 集训前的心理训练——基本心理技能的习得

之所以在集训前就开展基本的心理训练,一方面是由于人的心理素质的提升是一个长期的过程,仅仅依靠集训期短时间的强化训练很难达到理想的效果;另一方面,从教育公平的角度来看,举办技能大赛的重要目的是要将技能竞赛的成果惠及每一位职校生,这就要求心理训练不应只针对参赛的部分学生,而应该作为学校心理教育的一部分让每一位职校生从中获益。集训前的心理训练是针对某一专业技能竞赛待选拔的全体职校生进行的心理训练,主要是结合日常的专业技能教学,在学校日常心理教育活动中渗透心理训练的内容,包括一般心理技能的知识与技术,如放松、表象、注意集中、积极暗示、自信心、目标设置等,以及与专业技能相关的专项心理技能的知识与技术。该阶段训练的主要目标是让学生了解心理技能的有关知识,熟悉各种心理技能的操作程序,鼓励学生通过日常学习生活中的自主练习、勤加运用以掌握基本的心理技能。实现该目标可以在提升全体学生心理素质的同时,为将来参赛学生的心理训练打下良好的基础。

2. 集训期的心理训练——积极训练状态的保持

集训期的时间跨度因专业项目、比赛级别的不同而异,一般为两至三个月的时间。该阶段是技能训练的强化期,是技能水平快速提高的关键期,其特点是时间紧、任务重、压力大,训练成绩与心理状态交互影响的作用明显。因此,心理训练的主要目标是帮助学生保持良好的训练状态,为技能水平快速有效的提高奠定良好的心理基础。心理教师和实训教师要密切关注学生的心理波动,做好心理咨询等疏导工作,预防焦虑、倦怠等心理问题的发生。在学生已掌握的心理技能的基础上,强化学生对各项心理技能的运用,指导学生进行有效的自主调节,如:通过合理的目标设置,增强学生对训练成绩的控制感以及自我效能感,激发学生的自信心;通过表象演练,促进学生建立和巩固专业技能的动作图式,提高训练效率,等等。

3. 临赛前的心理训练——最佳比赛状态的获得

临赛前,学生的技能水平基本定型,技能的训练逐步让位于身心的调整,心理训练的目的就是帮助职校生获得最佳的比赛状态。从心理角度来看,所谓最佳状态"应该是镇静的、有战斗性的、有信心的,相信自己的技术和能力,情绪状态应表现为神经过程兴奋性水平适中,有顽强的意志和坚定的取胜志向、良好的抗干扰能力与自我控制能力以及高度集中的注意力"[1]。在该阶段,要重视对学生参赛动机的调整,防止学生的动机水平过高、对比赛成绩的期望值过高、对自我的要求过严等所引起的过度紧张、焦虑甚至是对比赛的恐惧心理,避免造成学生赛前体能、精力的过度损耗。另外,还要指导学生做好应对比赛的心理准备,主要是模拟训练法的运用。一是针对竞赛中可能出现的意外情况或问题进行模拟实战的反复练习,指导学生自主准备有针对性的应对逆境的心理预案,如竞赛中紧张时采用呼吸调整法,设备出现故障采用积极的自我语言暗示法等等,使学生能镇定沉着、自信从容地面对技能竞赛。二是通过模拟实战强化学生以技术为导向的目标设置能力,使学生在比赛中能尽快地将注意力集中于技术的流畅性、精确性、规范性,尽可能排除荣誉、成功、失败、对手、环境、裁判等等因素的干扰,使学生在比赛中能迅速进入并保持良好的比赛状态,从而发挥最佳水平。

4. 竞赛后的心理训练——及时的心理平衡调整

赛后心理训练常被人们所忽视,认为该阶段的心理训练无关紧要,其实这是一种认识上的误区。赛后无论成功或失败,职校生都会产生特殊的情绪体验,这种体验会对今后的训练、比赛乃至生活产生深远的影响,而这与认知方式有着密切的联系。因此在赛后,心理教师、实训教师应和学生一起对比赛表现和比赛结果进行客观、科学的分析,使他们能正确对待自己的成功与失败,防止他们自我意象的骤然变化,避免过度自信或过度失落。尤其要关注比赛失利学生,防止心理无助、心理危机现象的发生。

五、注重心理训练的实用技术

职校生技能竞赛心理训练技术很多,但是比较实用的心理技术主要有以下几种。

1. 放松训练

放松训练是一种以暗示语集中注意,调节呼吸,使肌肉得到充分放松,从而

---

[1] 华欣欣.世界技能大赛新视角:心理技能训练成现代技能训练发展必然趋势[J].职业,2013,(11):16-17.

调节中枢神经系统兴奋性的方法,主要包括渐进放松、自身放松、三线放松、松弛反应等。各种放松技术的共同点是:注意力高度集中于自我暗示语或他人暗示语、深沉的腹式呼吸、全身肌肉完全放松。该方法不仅可以降低中枢神经系统的兴奋性,避免情绪紧张引起的心理能量的过度损耗,而且是开展其它心理训练的基础。因此在技能竞赛心理训练过程中,要格外重视该训练方法的运用。每种放松方法都有一套系统的训练程序,看上去比较复杂,实际上如果坚持练习并能运用自如,对学生心理的自主调整是比较有效的。

2. 自我谈话

自我谈话是心理技能训练的一种,恰当的自我谈话是与任务有关的、积极的和有针对性的。自我谈话具有认知功能和动机功能。认知功能有助于学生技能的学习和掌握;动机功能包括动机唤醒、掌控和驱动功能,有助于学生控制唤醒水平、放松、集中注意力、降低焦虑、保持信心等。自我谈话不受时间、环境的限制,在技能训练和比赛的全过程学生都可以使用自我谈话,以改善心理活动、提高行为效率。由于消极思维习惯的影响,一些学生在面临问题和困境时往往容易产生自动化的消极自我谈话。在训练的过程中,教师要反复强调"积极"二字的重要性,引导学生养成积极的思维习惯;要引导学生自主设计针对不同情境和问题的自我谈话的内容,通过不断提醒及学生的自我强化,使学生真正掌握并灵活运用。

3. 表象演练

表象演练是在放松的基础上,在暗示语的指导下,在头脑中反复想象某种动作或情境,从而提高操作技能和情绪控制能力的一种方法。表象演练有助于建立和巩固正确操作技能的动力定型,加深技能记忆,加快技能的熟练化;赛前对成功表象的体验还有助于提升自信心,形成良好的比赛状态。表象演练分为一般性的表象练习以及针对专项技能的表象练习。如在技能学习中,可以采用如下程序指导学生进行练习:先放松,在默念动作概念的同时,要求学生想象教师操作的过程,仔细回想动作的细节,然后开始操作练习。操作完成后,将自己的实践与先前的想象进行比较,并听取教师的指导,及时纠正错误。在短暂休息后,再次进行练习。

需要强调的是,要使学生牢固掌握并有效运用这几种方法技术,必须严格按照科学的训练程序指导学生反复练习。另外,要注意根据学生的特点、结合不同的职业技能进行方法的优化与组合,唯有如此,才能收到良好的效果。

六、彰显心理训练的职教特色

随着现代生产的日趋复杂化和技术基础整体水平的提升,职业岗位对劳动者的要求也日益提高。促进职校生职业能力的发展,使学生具备符合社会发展需要的职业素养,是职业教育开展职业技能竞赛的一项重要任务。心理训练在帮助学生克服各种心理障碍、提高心理素质水平、提高技能竞赛成绩的同时,也要为学生学会社会适应、担当社会责任做好充分准备。

1. 注重职业能力

技能竞赛是以促进学生的综合职业能力为培养目标的,即在真实工作情境中整体化地解决综合性专业问题的能力,其中包括专业能力(工作方式方法、工具认识及使用、材料的处理)和关键能力(获取和处理信息的方法、工作与学习的方法、交流与合作能力、组织与完成任务能力、独立性与责任心)。技能竞赛心理训练就是要将培养学生的心理技能与职业技能结合起来,在二者的有效互动中互补互促,推动学生整体职业能力的发展。

2. 专业优势互补

心理训练需要心理教师和技能实训教师在训练过程中展开密切的专业协作。心理教师应向实训教师了解某一专项职业技能的特点、学生的一般心理特征和训练中学生的心理状态等,并在制定训练计划和实施心理训练的过程中积极听取实训教师的意见和建议。实训教师不仅应主动向心理教师提供必要的帮助,而且要积极参与到学生的心理训练中去,认真学习心理训练的理论和操作方法,并科学运用于技能训练的过程中。只有双方密切联系,沟通交流,优势互补,才能将两方面的工作并轨形成合力,提高心理训练的针对性和实效性。

3. 倡导团队合作

技能训练是一个长期的、艰苦的过程,学生之间建立和谐融洽的关系,共同面对和解决困难,一起分享成功,相互鼓励与支持,对于增强学生训练的动力至关重要,而这就需要团队合作。团队合作是指个体为了实现共同的目标,相互协作、互补互助、努力奋斗的过程。技能竞赛心理训练,要增强学生团队合作意识,培养学生的团队合作能力,不仅使学生通过相互协作提高技能训练的效率,同时为将来的职场发展奠定良好的基础。如建立合作训练小组,鼓励学生创设团队的共同奋斗目标,使学生在互相学习与帮助中学会沟通、欣赏、宽容、理解、尊重等等,让学生体会合作训练带来的成就感,不断提高技能竞赛团队的凝聚力。

技能竞赛心理训练是一个专业的、复杂的系统工程,对职校教育教学改革来说是一个崭新的课题。这就要求职校教育工作者积极投身技能竞赛心理训练的实践,在积极的行动研究中,探索技能竞赛心理训练的科学规律,总结技能竞赛心理训练的成功经验,构建技能竞赛心理训练的实践模式。在研究内容上,重视心理训练内容与专业技能的有机融合;在研究方法上,重视心理训练的实验研究;在研究工具上,重视相关心理量表的研发。在求真务实的同时大胆创新,职校生技能竞赛心理训练的理论建构与实践操作才能获得更好、更快的发展。

【本章思考与练习】

1. 简述职校生技能竞赛常见的心理现象。
2. 职校生技能竞赛的心理误区主要包括哪些方面?
3. 简述职校生技能竞赛心理训练的现实误区。
4. 简述职校生技能竞赛心理训练的主要心育功能。
5. 简述职校生技能竞赛的心理训练策略。

第九章　职校学生的职业品德心理

随着社会的不断发展，人们越来越清晰地认识到职业道德建设对于社会的稳定和发展有着举足轻重的重要意义。职业学校学生职业品德的培养是根据职业教育目标——社会对职业教育的要求而提出的，同时也是学生身心健康发展和职业成长的需要。优秀的职业品德不会自发形成，需要遵循职业品德形成的心理规律进行精心培育和引导。

第一节　职业品德心理概述

职业品德是外在行为与内在心理的统一，是道德意识与道德行为的统一。人的职业道德品质是通过一定的教育熏陶、社会职业实践以及个人的自觉锻炼和修养，而逐渐形成和发展的。

一、品德的概念

品德即道德品质，它是一定社会或阶级的道德在个体身上的内化并在言行中表现出来的稳固的心理特征。

道德和品德是两个相互区别又相互联系的概念。两者的联系主要包括：首先，品德是道德在个体身上的内化，离开了道德也就无所谓品德，而道德只有在内化成个体的个性成分后，才能约束个体的行为，产生道德约束力；其次，道德和品德都受社会发展的制约，都随着社会的发展而发展。两者的区别主要包括：第一，道德是社会现象，它是客观存在的，而品德是个体现象，是个体个性的一个组成部分；第二，道德是伦理学与社会学研究的对象，品德则是心理学和教育学研究的对象。抽象的道德是不存在的，因此研究道德的内容时，必须阐释它的社会性和阶级性。作为个体现象的品德，其存在的形式及其形成、发展的规律都是人类的共性，因此，从心理学的角度去研究品德，如同从逻辑学研究思维形式一样，并不一定要采用阶级分析的方法。

品德是一种相对稳定的个体心理特征，稳定性是品德的一个基本特征。一个人偶然一次帮助别人，尚不能说他具有助人为乐的品德，只有当他认识到助人为乐是一种美德，并在一贯的言行中表现出来时，才能说他具有助人为乐的品德。正如黑格尔所说："一个人做了这样或那样一件合乎伦理的事，还不能说他是有德的；只有这种行为方式成为他性格中的固定要求时，才可以说他是有德的。"所以，品德是个性中具有道德评价意义的核心部分。

二、职业道德和职业品德

（一）职业道德

职业道德是社会一般道德的组成部分，它是指从事一定职业的人们在职业活动中所应遵循的道德准则和行为规范。如尊重学生、爱护学生是教师的基本职业道德，救死扶伤是医生的职业道德。随着社会的发展，人类出现了社会分工，且分工越来越细，人们在社会中从事不同的职业，为了协调职业生活中的人与人之间的关系，产生了职业道德。

在现实生活中，人们的职业是各种各样的，但就其职业道德而言，又有一些共同的特点，主要包括职业性、实践性、稳定性和发展性。

职业性是指不同的职业有不同的职业道德内容。它根据各行各业的职业特点、职业要求和职业的客观利益来对人们在职业活动中应该做什么，不应该做什么，都做了具体而明确的规定，因此，它有很强的职业性，为相关职业的从业人员所理解、接受、掌握和践行，发挥一定的约束作用。

实践性是指职业道德的产生和发展都离不开实践这一途径。职业道德的产生离不开人类的生产实践活动，离不开社会分工的出现和发展。而职业道德要为每一位从业人员所掌握并指导和约束他们的职业活动，除了理论的灌输之外，还须通过个体的社会实践才能真正实现。

稳定性是指在从事某一职业的人员中，由于有特定的活动对象，共同的劳动内容，大体一致的劳动方式，以及共同的职业教育训练等，形成了某种相对稳定的特殊的职业心理、职业习惯和品格。这种心理、习惯和品格世代相继，并不随着社会经济关系的变更而改变。

然而，职业道德的稳定性并非绝对的稳定，它还具有一定的发展性。随着社会经济、科技等的发展，总会有一些职业被淘汰，同时又会出现许多新兴的职业，从而提出相应的职业道德要求。如随着信息技术的飞速发展，出现了许多与之相关的职业岗位和大批的从业人员，这就需要相应的职业道德来规范和约束他们的职业行为，以维护社会的稳定和发展。

（二）职业品德

职业道德品质简称职业品德，是品德的一个组成部分，也是职业道德的个体化。它是一定社会的职业道德原则和职业道德规范在个体身上的内化，并在职业活动中表现出来的稳固的心理特征。

个人的职业品德是在社会道德和职业道德的影响下形成和发展的，离开社会道德和职业道德，就谈不上个人的职业品德。社会道德和职业道德必须表现为个人的职业品德，才能发挥其应有的作用。

三、职业品德的结构

研究职业品德的结构，对于进一步认识职业品德，有效地培养良好的职业品德，都具有重要的意义。职业品德与一般品德仅在内容上存在差异，而在心理结构上是一致的，因此这里通过介绍一般品德的结构，以探讨职业品德的结构。目前关于品德结构的学说很多，获得较一致公认的是四因素说，即认为品德由以下四因素构成：道德认识、道德情感、道德意志和道德行为。

（一）道德认识

道德认识即道德观念，指对道德行为准则及其执行意义的认识和掌握。道德认识是形成道德情感、道德意志以及道德行为的基础。俗话说，知之深、爱之切、行之坚。这就是说，个体只有具备了深刻的道德认识，才能产生强烈的道德情感，坚定的道德意志，并自觉做出道德行为。由此可见道德认识在个体品德形成中的重要性。

道德认识的发展导致个体道德价值观念的发展。道德价值观念即道德标准观念,包括是非观、善恶观和美丑观等。有了正确的道德价值观念,个体就会在是非、善恶和美丑之间做出正确的选择,自觉地促使自己的行为符合道德行为规范。

(二) 道德情感

道德情感是个体在对自己或他人的道德行为做出评价时所获得的内心体验。如集体主义感、爱国主义感和自尊感等。人非草木,孰能无情?在社会生活中,人们不会冷漠无情,总是会伴有情感色彩。如某位医生医德高尚,对病人关怀备至,病人都赞扬他,赞扬会使他感到很快乐,这种快乐的感受即为一种情绪。这种伴随着道德行为的情感体验即为道德情感。如果个体的行为不符合社会的道德要求,便会在内心获得内疚、可耻等否定的情绪体验。

仅仅有道德认识不一定会形成良好的品德,损人利己的人并非不知道这样做是不道德的,他们缺少的往往是道德情感。道德情感对个体品德形成的意义体现在以下三方面:(1) 道德情感和道德认识合在一起,成为道德动机,推动道德行为的产生;(2) 道德情感是道德意志形成的基础;(3) 道德情感是道德行为塑造的主要力量。人的行为具有趋利避害的特点,即趋向愉快,避免痛苦。当个体的行为符合社会道德要求时,便会获得公众的赞赏,赞赏会使个体获得愉快、高兴等肯定的情绪体验,肯定的情绪体验会增加下一次相同行为出现的可能性;当个体的行为与社会道德要求相悖时,便会获得公众的谴责,谴责会使个体获得否定的情绪体验,否定的情绪体验会减少下一次相同行为出现的可能性。多次强化后,外在的道德要求便会内化成个体内在的道德要求,使道德行为变成自觉的行为。

(三) 道德意志

道德意志是在道德生活中遇到困难时,顽强地达到社会道德要求的一种心理过程。

仅仅有了道德动机,不一定会有道德行为,还需要道德意志的调节。因为在道德生活中,道德动机具有多样性,这些动机构成动机冲突,只有当正确的动机战胜了错误的动机,个体才会做出道德行为。

(四) 道德行为

道德行为是由某种道德动机的驱使而做出的符合一定道德规范要求的行

动。它是道德认识的外在表现,表现在一定的道德情境中。

道德行为是品德结构中的核心成分。一方面,它是道德认识、道德情感、道德意志三者交互作用的产物,是德育的最终目的;另一方面,道德行为又具有反馈作用,能够提高个体的道德认识,加深道德情感,强化道德意志。

良好的品德由以上四个成分构成,缺一不可。这四个成分不是简单机械地叠加,而是相互促进,相互渗透,构成一个有机的整体。

第二节 制约职业品德形成的心理因素

从宏观上来说,职业学校学生职业品德的形成受社会的政治、经济、文化、科技和教育等因素的影响和制约,但这些都只是提供了外部条件,而制约职业品德形成的关键则在于职业学校学生的心理因素。因此,本节主要讲述制约职业品德形成的心理因素。

(一)认知因素

职业学校学生正处于青年初期,生理和心理上都已达到基本成熟,认知水平也有了很大程度的提高,他们迫切需要了解自我,了解社会和职业,也对自己的未来、对职业生涯充满了憧憬。而随着他们实践内容的逐渐丰富,社会交往的不断扩大,对社会了解的不断深入,不可避免地会产生理想与现实的矛盾冲突。而这一矛盾顺利解决,则有利于学生对自己、对社会和职业形成正确的认识、积极的态度和情绪。特别是在对待职业的认识上,随着实践的不断深入,认知的不断深刻,从而加深对道德行为准则的理解,最终转化为指导行为的信念,形成正确的职业观和职业态度,这是良好职业品德形成的认知基础。

(二)动机因素

道德情感和道德认知相结合,形成道德动机,道德动机是推动个体道德行为的内在动力。道德动机的性质和不同来源决定品德的性质和稳定性。例如,在社会主义市场经济体制下,今天的中国已经步入了一个以经济建设为中心的历史新时期,如何发展经济已成为时代的主题,人们的价值观念发生了转变,"君子罕言利"的传统观念已被抛弃,经济问题、经济利益已成为人们关注的焦点。隐藏在利益追逐背后的,可能存在着拜金主义的道德动机。在这一动机的推动下,出现了许多的权钱交易、坑蒙拐骗、巧取豪夺和贪污受贿等丑恶现象。这不仅严重干扰了社会主义市场经济的健康发展,还势必造成职业道德乃至整个社会道德的沦丧。因此,只有正确的道德动机才是形成高尚职业品德的基础,而错误的道德动机则必然给从业者本人、他人和社会造成恶劣影响。

(三)道德意志因素

学生的道德行为不仅受道德动机的影响,而且还取决于坚定的道德意志。有时,品德不良的职业学校的学生,对社会公认的道德准则、职业道德规范有着很清晰的道德认知,对于什么该做、什么不该做心里很清楚,但当他们面临种种诱惑,在某些物质或精神方面的不正当欲望超过了其道德认知的控制力时,由于道德意志薄弱、抗诱惑能力差,行为缺乏自律性,则很容易犯道德错误。道德行为是一种受内心舆论监督、道德意识控制的自觉行为。若一个人没有形成坚定的道德信念,没有形成一种良好的自我控制能力,遇到各种外部诱因时,就会经不住考验,做出违背道德规范的行为。尤其是从小因娇生惯养而形成不良行为习惯的人,对社会规范的接受存在着一定的行为障碍,又缺少艰苦的意志磨练的环境,在一定的诱惑面前往往容易出现违规行为。

(四)行为习惯因素

道德品质作为一种稳定的心理特征,总是和人相应的行为习惯相联系的。行为习惯是以某种行为方式满足个人的欲望,并且经过多次的重复而形成的。习惯形成以后,人们不需要意志努力,常常不自觉地采取类似的行为,并且产生愉快的情绪体验。当然,不良的行为习惯的形成也是如此。例如,当学生从小养成好吃懒做、贪图享受和不关心别人等坏习惯之后,随着年龄的增长,他们的坏习惯也会不断发展,而当他们走上职业岗位,工作中也可能会表现出作风懒散、不思进取、自私自利等不良的职业品德。当他们不正当的欲望不断膨胀而又得不到满足时,他们可能会不择手段以满足个人私欲。当然,习惯既可以形成,也可以改变,但是坏习惯形成的时间愈长愈牢固,改变起来也就愈难。因此,要防微杜渐,从小就应该改正坏习惯,长大以后也要尽量使他们避免重复不正当的行为。

(五)人际关系因素

每个人都有归属于某个集体或群体,并得到他人尊重与爱护的需要。当这种需要得到满足时,个体便会感到精神饱满、心情愉快,并积极乐观,为形成优良的品德奠定基础。而当这种需要长期得不到满足,从而逐步走向品德不良与违法犯罪的情况,也时有发生。这种情况有时发生在家庭,有时发生在学校。有些职业学校的学生,集体生活能力差,不会正确处理个人与他人、个人与集体的关系,或者是自我评价过高,而他人评价却较低,导致人际关系紧张。在他们心里,总觉得大家不了解他,看不起他,对他不公平,久而久之,便会自暴自弃、脱离集体,或与集体、学校的规章制度公然对抗,有的甚至走上犯罪的道路。

(六)精神追求因素

人人都有物质需求和精神需要。这两种需要能否得到平衡发展,是影响职业学校学生健康发展的重要因素。在一个物质越来越丰富的世界里,如果职校生没有适合而丰富的精神需要,没有远大的理想,那么他们可能着眼于追求更多的物质享受,甚至做出种种不道德的行为。

第三节　职校学生职业品德教育策略

品德形成的心理过程是一个由浅入深的过程,即从对某种道德价值观念的初步接触开始,逐步将道德价值观念内化,最后形成较为稳定的品德,包括道德认识、道德情感、道德意志以及道德行为的形成四个方面。

一、道德认识的形成与培养

道德认识的形成是个体品德形成的第一个方面,主要包括道德知识的掌握和道德信念的确立两个方面。

(一)道德知识的掌握

道德知识的掌握是道德认识形成的低级阶段。道德知识包括道德概念、行为规范以及行为规范的执行意义等。道德知识掌握的心理过程和知识学习的心理过程基本一致,包括感知、记忆、思维、想象等心理过程。因此,知识掌握的许多规律在道德知识掌握中同样适用,如具体与抽象相结合。在讲解道德知识时,不能只讲抽象的伦理规范,而要结合具体、鲜明的事例,让学生通过这些事例更好地理解行为规范。

个体对道德知识的掌握,是家庭、社会环境与学校教育交互作用的结果。主要有两条途径:一是个体在丰富的社会交往中通过不断地抽象、概括大量的道德现象来获得;二是通过对道德知识的直接学习来获得。职业学校教育主要通过第二条途径来让个体获得道德知识。

以往传授道德知识主要是通过各类德育课进行,形式非常单一,效果不佳。国外许多学者结合社会生活以及教育实际对这一方法进行了改进,如有的采取讨论的形式,在教学中,给学生一些道德困境的问题,通过对问题的讨论来让学生获得道德知识;有的在教学中设计一些道德情景,让学生承担不同的角色,通过模拟的形式给学生传授道德知识。许多职业学校也结合自身的实际情况对这一方法进行了改进,除开设职业品德课以外,还通过职业情境中道德行为的模拟等形式向学生传授相关职业情境中的职业道德。如许多职业学校的商业类专业要求学生在进行专业实习时,文明经商,做到礼貌待客、热情服务等;再如机械专业要求学生在工厂车间实习时,一方面努力练习专业技能,同时做到文明生产,严格按照生产设备的操作程序进行安全规范的操作,下班之前要把生产设备、工具等都擦洗干净、摆好整齐后才能离开岗位等。通过这一系列具有针对性的模拟训练,让学生在不知不觉中养成良好的职业品德。

这些方法在实施过程中取得了一定的成效,但同时也存在一些问题。许多学者发现,这些原则对学生的影响只是表面的,实际上很多学生并没有把在教学中获得的原则内化到他们的心灵中去。这说明品德的形成不仅仅是道德知识的掌握,还应该包括道德情感、道德意志以及道德行为等的形成与发展。

在职业学校德育工作中,学生对教师所提出的道德要求有时会产生对立的情绪,严重时甚至会拒绝教师所提出的道德要求,做出相反的行为。心理学称这一现象为"逆反心理"。逆反心理之所以产生,可能有不同的原因。如教师提出的道德要求的内容和水平过高,不符合学生原有的道德需求;学生因受生活经验的局限,对教师提出的道德要求不解或产生误解;教师不适当地采取了强制性的方式,伤害了学生的自尊心;或者学生感到教师对某些问题的处理不公正,没有起到表率作用等等。为了促使学生接受教师的道德要求,教师应注意以上情况的发生。一旦学生出现了"逆反心理",就应该针对具体情况采取相应的措施,尽量消除学生的对立情绪。

在学生的道德认识中,经常会出现一些相互矛盾的认识。如在商业活动中出现的产品的保质保量与欺骗顾客所获得的经济效益的矛盾心理。保证产品的高质量是良好的商业道德行为,但有时会降低自己的利润,带来所谓的经济损失;而以次充好的欺骗顾客的行为虽是不道德的商业行为,但有时可以使自己获得相当可观的利润。这样的社会现象对一些涉世不深的学生来说就会产生道德认识上的矛盾,不知如何是好。道德认识的矛盾是客观现实的矛盾在学生头脑中的反应。面对这些矛盾,教师要加以合理正确的引导,使学生走出矛盾,获得一个正确的道德认识。有时学生头脑中还会出现其他错误的道德认识,如有的学生信奉金钱至上,"前途前途,有钱就图",认为只要能挣钱,所谓的职业道德可以抛之脑后。对这些错误的观念,教育者可以采取讨论的方法,或者让学生直接体验行为的后果来帮助他们消除。

(二) 道德信念的确立

道德信念的确立是道德认识形成的高级阶段。道德信念就是坚持道德行为准则的正确性,并伴有一定的情感色彩和动力性的观念。道德信念使个体的行为表现出坚定性和一贯性,自觉地遵守这些准则。个体认识了道德准则及其执行的意义后,并不意味着就真正接受并自觉地遵守这些准则。只有当个体在道德实践中将这些道德准则进一步内化,直至确立了道德信念以后,个体才会自觉地遵守这些道德行为准则。因此,帮助学生确立正确的道德信念是每一位职业学校教师非常重要的问题。道德信念的确立,不仅仅有赖于对道德认识的深刻理解,更重要的是要通过道德实践,让个体真正认识到道德准则的正确性,并获得丰富的道德情感体验。因此,教师组织学生进行道德实践活动是十分必要的。另有研究表明,为了使学生确信道德准则的正确,教师要以身作则,言行一致,还要创立一个良好的班风,在班级形成正确的舆论导向,通过集体来教育学生个体。

道德评价能力的培养有助于个体道德信念的确立。道德评价就是个体运用已有的或正在形成的道德准则或道德价值观,对他人或自己道德行为的美丑、善恶、是非进行评判的过程。通过道德评价,谴责不道德的行为,赞扬道德的行为,可以加深个体对道德意义的理解,自觉使自己的行为符合道德要求,从而促进道德信念的确立。道德评价包括对他人的评价和对自己的评价,后者即自我评价。自我评价是自我调节机制的重要组成部分,它促使个体的行为保持协同性、稳定性和一贯性。

为了培养学生的道德评价能力,教师要经常引导学生对一些典型事例作出鲜明而正确的评价,同时还要充分利用学校教育的一些途径,如墙报、作文、班会等,有意识地逐步提高学生的道德评价能力,使他们的道德评价能力由表面到本质、由别人到自己、由片面到全面地得到发展。

二、道德情感的形成与培养

(一)道德情感的分类

1. 直觉的情感体验

直觉的情感体验是由对某种情景的感知而引起的,它的产生往往极其突然、迅速。如个体由于突然的不安之感制止了不道德的行为,突如其来的自尊心激起了大胆果断的行为。这种道德体验尽管看来不具有自觉的性质,但它仍然与人的道德实践经验有关,它是过去个体行动和周围舆论反应之间的关系的一种反映。它对指导个体在紧急情况下迅速做出正确的行为定向有重要的作用。

2. 与具体的道德形象相联系的情感体验

这种情感体验是通过个体对一些具体形象的想象而产生的。一些栩栩如生的人物形象以及他们高尚的情操和思想都会促使个体产生相应的情感体验。如孔繁森的形象和他的高尚情操,往往会激起个体情感上的共鸣,甚至可以叫人永生难忘,只要一想到这些形象,个体就会按照他们身上的某一种品质或行为来要求自己、激励自己。

3. 意识到道德理论的情感体验

这种情感体验是以清晰地意识到道德要求为中介的情感,具有较大的概括性。如教师对学生的热爱,它是教师在意识到自己对学生的热爱对学生身心健康成长的重要性的基础上发展起来的。这种情感体验是一种比较深挚的道德感,因而也是比较持久而富有强大动力作用的情感。

个体道德情感的发展从体验的内容和范围来看是越来越丰富,从产生的条件来看是一个从外部、被动、无意识到内部、主动、有意识的过程。其形成有赖于个体道德认识的提高,也有赖于个体一般情感的发展。

(二)道德情感的培养

在职校生道德情感培养的过程中,教师应注意到以下几点:第一,丰富学生的道德观念,并使这种道德观念与一定的情绪体验结合起来。这就要求教师在讲解道德知识时,情绪要积极、丰富,用自己的积极的情绪去感染学生,让学生在领会道德知识的同时,获得丰富的情绪体验。第二,教师还应当创造充分的条件,用班级舆论的力量来批评或表扬学生的行为,使他们及时获得道德上的满意或不满意的情绪体验。第三,充分发挥优秀文艺作品与具体、生动事例的感染作用,引起学生情感的共鸣,从而扩大他们道德实践的间接经验与情感内容。文艺作品能否起到感染学生的作用,既取决于文艺作品本身是否生动、具体而又富有思想性,还取决于它是否接近学生的生活,接近学生原有的道德需要。第四,教师要注意在道德情感的基础上阐明道德要求的概念,引导学生的情感体验不断概括,不断深化。有时候在个体身上会产生一些错误的道德感。如有的学生帮助朋友打了别人,他认为这是讲义气,不仅不感到内疚,反而会产生一种自豪感。错误的道德情感体验是以错误的道德认识为基础的,因此,要纠正个体身上错误的道德情感,要从纠正他们错误的道德认识入手。

三、道德意志的形成与培养

良好的道德意志品质是在道德认识的基础上和道德情感的激励下,通过道德实践活动逐步培养出来的。深刻的道德认识和强烈的道德情感有利于道德意志的形成。此外,一般意志的形成也和道德意志的培养密切联系。因此,道德意志的培养应通过提高道德认识、深化道德情感、锻炼一般意志来进行。另外,还应注意灵活运用以下手段。

(一) 采取适当的强化

学生个体道德品质的发展是一个由他律到自律的过程。因此,要培养学生良好的道德意志,给予适当的外部强化与惩罚是必需的。比如当个体表现出道德意志薄弱时,给予批评。

(二) 树立良好的榜样

个体可以通过模仿榜样来获得良好的道德意志品质,这一作用称为榜样作用。榜样作用在我们的日常生活中也是普遍存在的,在德育工作中,应充分发挥榜样的作用,通过树立道德意志坚强的榜样,来培养学生良好的道德意志。

值得一提的是,实际生活中存在两种榜样:一是教育者、政府部门以及社会团体出于教育的目的而树立的榜样,如雷锋、焦裕禄等榜样。这类榜样的特点是:作用对象为所有人或相当一部分人,作用面广、影响大,但由于这种榜样是外在的,有时不为个体所接受,因此对个体的影响有时不是很深刻。二是每个人心中的榜样。每个人心中都有自己敬佩的对象,其行为有意无意地在很大程度上受到这个榜样的影响。这类榜样有的与前面的榜样相一致,有的不相一致。其特点是作用面窄,局限于个人。但由于它是内在的,因此往往对个体的行为产生深刻的影响,是每位教育者所应重视的。儿童往往把父母、老师作为心中的榜样进行模仿,因此为了培养儿童良好的品德,父母、老师一定要加强自身的道德修养,起到表率作用。有的学生由于道德判断能力不够,把一些不良分子作为心中的榜样,盲目崇拜,甚至模仿,作出违法乱纪的行为。教育者遇到这种情况,应尽力消除不良分子在学生心目中的榜样作用。

(三) 参与各种实践活动

坚强的意志不是凭空产生的,而是在实践活动中逐渐发展起来的。教师要培养学生坚强的道德意志,就应当给学生创造道德实践的机会。意志同克服一定的困难联系着,在实践活动中发展学生的意志,应当有意识地为他们创造一些困难的道德情境,并提供若干克服困难的条件。为了保证学生练习的成功和激发不屈不挠的斗志,应该充分注意勉励、赞扬与批评、责备等强化措施的运用。

(四) 有效提升学生的意志力

良好的意志应具备自觉性、果断性、坚韧性和自制力等品质。意志不良的学生往往并非个人意志所有的品质都不良,而只是其中某些方面不良。教师应当针对不同学生的具体情况,采取不同的应对措施。对于容易受暗示或独断的学生,应着重培养他们道德意志的自觉性;对于优柔寡断、动摇不定或冒失而轻率的学生,要着重锻炼他们道德意志的果断性;对于见异思迁、虎头蛇尾的学生,要着重锻炼他们道德意志的坚韧性,培养他们善于坚持不懈地克服困难以完成艰巨任务的能力;对于任性,缺乏自制力的学生,则要着重培养他们善于自我调节和克制的能力,等等。

四、道德行为的形成与培养

道德行为的形成包括道德行为方式的培养与道德行为习惯的培养。

(一) 道德行为方式的培养

一般来说，有了道德动机，在道德意志的调节下，个体就会做出相应的道德行为。但是有时候，由于个体不知道怎样组织自己的行为，以至道德动机和行为效果不相一致，甚至相反。比如，教师热爱学生，原本是符合职业道德的，但有的教师就此出发，包庇学生的错误行为，产生相反的效果。因此，培养个体的道德行为方式也是必需的，它可以使个体获得实现道德动机的手段。道德行为方式的培养，应在教师讲解的基础上，通过道德实践活动来进行。

(二) 道德行为习惯的培养

道德行为习惯的养成，对于个体品德的形成具有特殊的意义。主要表现在以下几点：首先，它使人获得了易于实现道德动机的行为手段，而且还由于它的受阻会引起个体消极的情绪体验，从而成为进一步激励个体行动的内驱力。其次，日常生活中的简单道德行为都需要习惯化。我们总不能经过激烈的动机冲突后才决定该不该骂人。因此在德育中，应注意培养学生良好的道德行为习惯。

道德行为习惯的培养，应通过长期的行为练习与实践，进而使个体的道德行为达到高度的自动化。在培养中应注意以下几点：第一，激发学生形成良好道德行为习惯的意向；第二，提供道德行为练习与实践的榜样；第三，创设产生良好行为的情境，避免重复不良行为的机会；第四，在有意练习时要明确练习的目的、意义与阶段要求，要不间断地坚持练习，且使学生知道练习的成绩，体验到愉快；第五，注意克服学生的坏习惯。

品德的形成与培养包括以上四个方面，这四个方面相辅相成，缺一不可。在培养个体品德时，可从道德认识的培养开始，可从道德情感的培养开始，可从道德意志的培养开始，也可从道德行为的培养开始，还可让四种成分的培养同时进行。采取何种方法，应视具体情况而定。但不管采取何种方法，都应力争做到"晓之以理，动之以情，持之以恒，导之以行"。

职业品德是个体品德的组成部分，其形成与培养符合以上一般品德形成与培养的规律，但又有其特殊性。这种特殊性主要表现在以下两个方面：首先，目前我国职业教育的对象主要是青年和成人，他们具有较强的道德认识与理解能力。因此可通过深刻的说服方式，来帮助他们获得良好的职业品德。其次，个体的职业品德和他的事业成功是密切联系的。大多数人都想在事业上有所成就,为了取得事业成功,个体倾向于自觉遵守职业道德。作为教师,要在德育工作过程中充分利用学生的这一心理来实现提高学生职业品德的目的。

第四节 矫正不良职业品德的心理技术

俗话说,冰冻三尺,非一日之寒。学生不良职业品德不是一朝一夕形成的,而是心理、社会因素长期交互作用的结果。因此,在矫正职校生不良职业品德的过程中,应该充分利用各种有效的心理技术。

一、不良职业品德的转化过程

矫正不良职业品德不是一件轻而易举的事情。研究不良职业品德的转化过程,可以为不良职业品德的矫正提供心理学依据。不良品德的转化过程可划分为:醒悟阶段、转变阶段和自新阶段。

（一）醒悟阶段

醒悟阶段是指职业品德不良者开始认识到自己的错误,从而产生改正自新的愿望。这种愿望可能在两种条件下产生:一是教育者帮助职业品德不良者产生改过自新的愿望,如无微不至的关心和爱护,耐心的说服和教育;二是职业品德不良者耳闻目睹其错误造成的严重后果。对于出现醒悟的个体,教育者应耐心地关心和教育,从他们已有的职业道德水平出发,把其错误和其切身利益联系起来,逐步提高其职业道德认识。

（二）转变阶段

转变阶段是指职业品德不良者在醒悟的基础上开始有改正错误的行动表现。对于出现转化的个体,教育者应该趁热打铁,因势利导,进行耐心细致的启发疏导,对职业品德不良个体的每一个微小进步都要给予肯定、表扬和鼓励。出现转变是一个可喜的进步,但教育者必须清醒地认识到这仅仅是开始,在整个转变阶段还会出现反复。暂时的反复是转变阶段出现的正常现象,要求职业品德不良者一夜之间抛弃其所有的错误的道德观念与行为习惯是不可能的。对于出现的反复,一方面教育者应有足够的精神准备,另一方面不要气馁和放弃,要分析出现反复的原因,进行更细致的教育,促使其最终彻底改过自新。

(三)自新阶段

职业品德不良者经过长期的转变过程之后,如果不再出现反复,或者很少有反复就逐步进入了自新阶段。进入自新阶段的个体以崭新的面貌出现在学习、工作与生活中。对于已改过自新的个体要加倍关心和爱护,充分信任,任何歧视与翻旧账的言行都是极为有害的。

二、矫正不良职业品德的心理技术

职业学校学生还不是真正意义上的职业人,对职业情境涉入不深,所以他们的职业品德不良主要表现为对职业认识不足或错误、没有确立正确的职业观念以及职业情感消极等。因此对他们进行不良品德的心理矫正主要表现为调整认知的技术和帮助他们形成合理职业情感的技术。

(一)建立和谐的人际关系

教师和职业品德不良的学生之间首先要建立融洽、和谐的人际关系。因为学生只会对那些真诚、关心和体谅的态度和行为做出积极的反应。为建立良好的师生关系,教师必须达到以下一些要求:(1)尊重学生、理解学生。(2)加强自身修养,提高自身的教师人格魅力去感染学生。(3)对学生抱以积极的关注,对他们的潜力和改正不良品德的能力给以积极的肯定。同时,教师还要帮助他们消除疑惧心理和对立情绪,恢复正常的人际关系。职业品德不良者由于其不道德的行为常常受到公众的批评、谴责,甚至严厉的惩罚,他们往往不仅认识不到自己的错误并接受批评,还认为这是别人故意在压他们、整他们,因此对周围人充满了戒心与对立情绪。当他们出现醒悟时,会怀疑周围人愿不愿意重新接受他,对允许他改过自新、重新做人,充满了疑惧心理。不克服心理上的这一障碍,职业教育工作很难收到效果。

为了消除这种疑惧心理和对立情绪,教育者应以真诚的爱护、尊重和无微不至的关心与帮助,使他们体验到教师是真心爱护他们的;应以感人肺腑的事迹,启发他们,拨动他们的心弦。任何丝毫的轻蔑、歧视都可能使整个矫正工作失败。

(二)合理奖惩的心理技术

不良职业品德矫正工作中,应注意灵活运用奖励与惩罚等外部措施。在实际工作中,奖励与惩罚的作用是不相同的,到底哪种效果更好,许多心理学家进行了研究,一致认为,奖励的效果要优于惩罚。这是因为一方面真诚的奖励可以消除职业品德不良个体的对立情绪与疑惧心理,另一方面可帮助他们恢复自尊心和自信心。人都有被尊重的需要,职业品德不良个体由于他们的不道德行为,大都有较长的受压制、打击、处分和威吓的经历,缺乏自尊心和自信心,往往破罐子破摔。为了帮助他们改过自新,需要多表扬和鼓励,帮助他们恢复自尊心和自信心。

在运用奖励这一心理矫正技术时,须注意以下一些要求:(1)要多表扬、鼓励学生,合理而细微地挖掘学生的闪光点。(2)对良好行为做出正面评价,尽量忽略不良行为。这一做法必须在良好行为出现之后立刻进行,使其产生某种愉快的情感体验,从而增加理想行为,减少不良行为。(3)将表扬良好的道德行为与鄙视不良的道德行为有效结合。当然,这种做法并不是对任何人、在任何情境中都能立竿见影,但不管怎样,它仍是一种成功率很高并得到广泛运用的行为改变方法。(4)奖励的使用要能唤醒品德不良学生积极的自我看待。奖励不能就事论事,而是为了传递一种积极的情绪,从而提高学生的自信,使学生学会正确而合理的自我肯定,并从一些具体事件中体会到满足感和愉悦感。(5)奖励的使用还要能唤起学生改正不良品德的行为的意识。奖励并不是结束,而是一个开端,教师要帮助学生制订改正不良品德的方案或"契约",根据循序渐进和坚持性的原则逐步纠正不良的职业品德。

虽然一般说来表扬的效果比批评好,但从实际运用来看,这一效果还有赖于其它一些因素,诸如个体以往受批评与表扬的经历、师生关系等。特别是在不良职业品德的矫正过程中,对一些屡教不改、错误严重的,给予适当的惩罚是必需的。在运用惩罚时应注意:(1)职业品德不良个体与教育者的关系是否恢复正常;(2)必须充分考虑惩罚的教育效果;(3)运用惩罚必须公正,对初犯、屡犯,轻犯、重犯,无意或有意,应区别对待;(4)惩罚必须与说服教育相结合,让受罚者心甘情愿地受罚;(5)惩罚必须得到集体舆论的支持。若惩罚与集体舆论不一致,可能会起到相反的效果。

(三)利用范例的心理技术

一般而言,人们是不易发现自身的缺点和不足的,所以,给品德不良的学生示以范例,能帮助他们间接地发现自己的不足。

对范例应进行精心挑选。一般而言,范例必须来自真实的职业情境中,而且已经发生,案例一般源起于不良的职业品德且给社会和他人带来一定的危害,或者给自己也造成了无法弥补的损失。

利用范例的心理技术一般应包括以下步骤:(1)充分分析学生不良职业品德的心理成分;(2)将其不良品德分离出有效成分和无效成分,以便有针对性地进行指导;(3)选择主要的无效成分,帮助其明确问题的关键所在;(4)提供范例,进行范例的详细分析;(5)对范例及自我职业品德问题进行比照,提出自我改善的要求。

(四)角色扮演心理技术

角色扮演是一种使人暂时置身于他人的社会位置,并按这一位置所要求的方式和态度行事,以增进人们对他人社会角色及其自身原有角色的理解,从而学会更有效地履行自己角色的心理学技术。

角色扮演之所以能够在矫正不良职业品德方面发挥重要作用,主要是因为角色扮演能够使交往双方从以自我为中心的思维倾向走向将心比心的思维方式。心理学研究发现,当人们存在认知片面、角色冲突问题时,往往不易从自己的身上找原因,而是倾向于外归因,也就是不能站在他人的立场、角度来思考问题,这难免会对他人角色的认知与理解发生偏差,也不易体会到他人的情感和需要。角色扮演的一个重要的特征就是要求扮演者站在所扮演角色的角度上认识事物,思考问题,展开行动。这样,从扮演者来说,只有放弃自己原有的一些固有的观点,从所扮演角色的角度来认知、体验周围的世界,才能很好地完成角色扮演的任务。

角色扮演技术的方法有多种,如哑剧表演、镜像法、比较法、心理剧、"空椅子"法等,一般根据活动的目的及扮演者需要体验的情景而选择不同的方法。

在角色扮演和角色交换中,要求扮演者全身心地投入到他所扮演的角色中去,考虑可能出现的各种情绪、态度、言语和姿态等。角色扮演越真实,扮演者所获得的学习机会就越多,改变不良品德的可能性就越大。

(五)心理宣泄技术

当学生道德认识基本正确,但道德情感消极甚至影响道德认识时,教师需要运用心理宣泄技术帮助他们释放消极情绪。教师应积极担当起引导者和倾听者的角色,鼓励他们将自己的感情、想法说出来,丢掉心理负荷,减轻负罪感,促进自尊心回归,借以缓解心理压力。只有当学生释放了不良情绪,外在的说服教育和认知矫正才会发挥功效。

心理宣泄有很多方法,比如深呼吸法、倾诉法、睡眠法、音乐放松法、文体活动法、旅游法、改善饮食法、大喊大叫法、有限破坏法、适当哭泣法、写日记法、寻求外援(心理专家)法、注意转移法、温泉(水)浴法等。例如,有的学校设立心理宣泄室,让职校生宣泄压抑,释放心情,里面一般安置有沙袋、涂鸦板、绒布玩具、卡拉OK、咨询台等。在这里,学生们可以通过击打沙袋、涂鸦、唱歌、听音乐、畅谈等方式消除心理压力,发泄不良情绪。

矫正不良职业品德,要考虑到学生的年龄特点、认识水平、气质、性格特征,对不同的人采取不同的方法。具体问题具体分析,区别对待,切忌鲁莽、粗暴和一刀切。只有这样才能收到良好的教育效果。

【本章思考与练习】

1. 什么是职业品德?试述职业品德的心理结构及其相互关系。
2. 制约职业品德形成的心理因素有哪些?
3. 谈谈如何充分利用各方面积极因素培养职校生良好的职业品德。
4. 职校生不良品德的转化要经历哪几个阶段?每个阶段应注意哪些问题?
5. 如何合理运用心理技术矫正不良的职业品德?

第十章 职校学生的职业心理素养

当前不少职校毕业生在选择职业时出现强烈的矛盾心态,主要原因在于缺乏相应的职业心理素养。职业心理素养是个体拥有的、对职业活动起着重要影响的心理品质的质与量的有机统一。它是特定职业对其从业人员都要求具备的心理品质,不同的职业有不同的心理素养特点与要求,它排除了职业群体中每个从业人员的个性差异。

第一节 职校学生的职业心理素养概述

职业心理素养是心理素养的细化、具体化,是人的一般心理素养在职业活动中的表现。职校生在学习过程中,应积极关注职业心理素养的形成。

一、职业心理素养的内涵

职业心理素养是个体顺利完成其所从事的特定职业所必须具备的心理品质。不同的职业有不同的心理素养特点,它排除了职业群体中每个从业人员的个性差异。[1]

就目前来看,学术界对职业心理素养内涵的界定主要有两条途径:一是从心理学的角度,定义职业心理素养是人的心理素养的有机组成部分,是人的心理素养在职业岗位上的外显,是心理素养在特定职业领域的具体化。二是从职

---

[1] 黄中益. 职业指导概论[M]. 长沙:湖南教育出版社,1995:145.

业角度,认为职业心理素养是职业素养的有机组成成分,职业心理素养既是心理素养,又是完成特定职业所需的、具有一定水准的品质。不过,这两种定义途径都认为职业心理素养是与职业活动密切相关的心理素养。因此,有学者提出,职业心理素养是指从事职业活动所必备的心理因素的总和,它强调职业心理素养的结构与数量。综合如上两类观点,职业心理素养是个体拥有的、对职业活动起着重要影响的心理品质的质与量的有机统一。它是特定职业对其从业人员都要求具备的心理品质,不同的职业有不同的心理素养特点与要求。另外,职业心理素养是个体的一般心理素养在个体与职业相关的活动中的具体表现。①

职业心理素养具有稳定性、基础性、综合性和发展性。职业心理素养一旦形成,对相应的职业活动有着制约、调节、鉴别的独特作用和功能。

择业者在准备选择职业时,需要了解所选职业的心理素养要求,并需要考虑自己能否适应或基本适应这些要求,如果完全不能适应,则应放弃所选职业。李海萍等人(2006)认为,在进行职业选择时,可以从职业兴趣、职业气质、职业性格、职业能力四方面着手了解职业的心理素养要求,正确处理好职业心理素养与职业选择的关系。②

国外有关职业素养和教育目标的分类研究表明,职业技术学校的学生素养体系可从职业认知、职业情感和职业能力三个方面进行构建。③ 这一体系的突出特点是:强调学生对专业的了解;强调学生对职业智慧技能、职业认知策略的掌握;强调学生职业情感的培养;强调学生创新能力、社会交往能力的培养。我们认为,职校学生的职业心理素养,主要可以从职业兴趣、职业价值观、职业情感等方面来分析。

二、职校学生职业心理素养的内容

职校学生的职业心理素养主要包括职业兴趣、职业价值观、职业情感等。职业兴趣具有认知和情绪的双重特征,在人的个性特征中居于较表层的位置,

---

① 张大均,余林.职业心理素养及其培训[J].重庆职业技术学院学报(综合版),2003,(4):1-7.
② 李海萍,陈喜.论职业心理素养与职业选择[J].中国职业技术教育,2006,(15):22-24.
③ 邓宏宝.职业技术学校学生职业素养体系的构建[J].职业技术教育,2000,(13):8-9.

易于观察。职业价值观是人的个性特征中更为深层和更具概括性的观念系统,是个人用来衡量事物好坏的一杆无形的秤,对人的行为的影响更为深远而稳定。人的职业价值观往往难以直接观察,它更多的是以职业兴趣、职业爱好、职业态度等心理和行为倾向表现出来。职业情感是在对某种职业认知的前提下产生的,也是职业认知的一种具体表现形式。

(一)职业兴趣

职业兴趣是从业者对某种职业要求所具有的积极态度或意识倾向。它直接影响到人们对职业的选择及其相关活动,是一个人事业的起点和原动力。它使人对某种职业给予优先的注意,并且具有向往的情感。如有的人志在求异创新,欲使自己的劳动成果超凡脱俗,出人意料,那么他在选择职业时就会选择科技开发、产品设计、文学创作、艺术表演、美发美容等职业。

职业兴趣不是与生俱来的,而是在职业需要的基础上,在社会实践中逐渐形成与发展起来的,受社会历史条件的制约。不同时代的职业兴趣有很大的差异,即使是同一社会,由于作为职业主体的人所受的教育与实际生活不同,职业兴趣也往往很不一样。职业兴趣不同,从业者类型也不同。例如手工业工人、机械工人、司机、农民等从业者通常是务实的,善于使用工具进行操作性很强的工作;而作家、诗人、画家、书法家等从业者特别注重审美价值,形象思维能力强,富于想象力和创造力,在创新求异中得到满足。

对现代职业兴趣研究影响最大的是霍兰德(1958)的职业人格与工作环境理论。霍兰德认为,大多数人的职业兴趣可以划分为六种类型,即现实型(Realistic)、研究型(Investigative)、艺术型(Artistic)、社会型(Social)、企业型(Enterprising)和传统型(Conventional)。

1. 现实型

现实型又称为技术型。现实型的人喜欢从事户外的、操作机械的、体力的活动、业余爱好或职业;喜欢从事与事、物和动物打交道的工作,而不愿意从事与观点、想法和人有关的工作;侧重于机械的、运动的能力;喜欢建立、塑造、重构和修理东西;喜欢使用设备和机器,喜欢能看得见的结果;坚持不懈的、刻苦的建筑者,但很少具有创造性和独创性,常常优先使用熟悉的方法和已有的模式;思考问题彻底而不喜欢模棱两可,不喜欢处理抽象、理论和哲学的问题;现实的、传统的和保守的;人际交往能力和口头表达能力不强,当被人注意时会感觉不舒服;很难表达感情,常被看作是害羞的人。

2. 研究型

天生爱挑剔,有好奇心;要求理解、解释并预测周围发生的事情;是学者和科学家,对于非科学的、简单的或者超自然的解释持否定和批判态度;专注于手头的事情而忘记其他任何事情;独立,喜欢独自工作;不喜欢监督和被监督;理论性、分析性的,喜欢发现抽象、模糊的问题;具有创造性和独创性,很难接受传统的态度和观点;不喜欢受外部规则约束的高度结构化的情景,本身具有高度自律性、精确性和系统性;对自身的智力水平很自信,但在社会环境中却常感到有所欠缺;缺乏领导力和说服力;人际交往中常保持沉默或者不自在;不表达情绪,可能被认为是不友好的。

3. 艺术型

具有创造性,喜欢表达,有独创性、灵感,个人主义的;喜欢标新立异,努力使自己在人群中凸显出来;通过词、音乐、材料、行为、舞蹈等表达和创造不同的东西,以此来表达其个性;希望受到注意和得到表扬,对批评却很敏感;穿着、语言和行为方面都追求无拘无束、新异性;喜欢没有监督的工作;易于感情用事;很看重美和感官享受;喜欢抽象的任务和无结构化的情境;很难在高度规则化和系统化的情境中表现很好;从他人处寻求接受和认同,但是人际关系常常会让他们感到有压力而加以回避;喜欢反思。

4. 社会型

友好、热情、喜欢交往和合作;喜欢他人的陪伴;能深入理解他人的感受和问题;喜欢助人,如教师、仲裁人、顾问和咨询师;自我表达能力好,在人际关系中说服力强;喜欢成为群体中的关注点,并为他人所喜欢;理想主义的、敏感的,对于生命和其他事情都是尽责的;喜欢处理哲学问题,如生命的本质和目的、宗教和道德;不喜欢从事与机器和数字有关的工作,不喜欢高度组织化的、有规则的、重复性的任务;与人相处很好,并且认为表达情绪是很自然的事情;熟练处理人际关系,并且被认为是亲切的、具有同情心的人。

5. 企业型

企业型有时称为经营型。企业型的人对人友好,自信、有说服力,乐观;喜欢组织、指挥、管理和控制实现个人或团体目标的群体活动;有雄心,喜欢管理;很看重地位、权利、金钱和物质财富;喜欢控制并操控事情的进展;在发起和管理活动时精力充沛,有热情;喜欢聚会,喜欢召集有名的、有影响力的人;喜欢旅游和探险,常常从事令人兴奋的、花费昂贵的业余活动;认为自己是时尚的;不喜欢从事需要科学能力、需要系统性和理论性思考问题的活动;不喜欢需要注意细节和建立规则的活动。

6. 传统型

传统型也称为常规型。组织和实践能力强;喜欢从事文职和计算等程序性的事情;独立、有效率、尽责,喜欢属于某一集体或组织的安全感,并且会成为好的会员;希望有一定的地位,但并不渴望有很高的领导地位;当知道希望自己做什么的时候,会感觉很好;保守,传统;常遵照期望的标准做事情,而且会遵从有权威的、认同的人的想法去办事;喜欢在舒适的环境下从事户外的工作,很看重物质享受和财富;自我控制,并不愿意表达情感;不喜欢过于亲近的关系,而更接受有些距离的关系;在熟悉的人面前更感舒服;喜欢事情按预期的方式进展,不喜欢改变规则。

霍兰德把工作环境也分为相应的六种类型,并将兴趣类型(R、I、A、S、E、C)按顺时针的方向排列成六边形(见图10-1)。这六种兴趣类型的关系为:相邻的职业兴趣类型间的相关最大,相隔的职业兴趣间的相关次之,相对的职业兴趣类型间的相关最小。霍兰德认为职业选择是个体人格的一种表现方式,个体趋向于选择最能满足个人需要的职业环境。根据霍兰德理论,个体倾向于寻求环境与人格相契合的工作。如果契合度较好,那么个人在该职业领域将更容易取得成就、获得满足并实现自我。

个体也可能同时具备多方面的兴趣特征,不过会有一种类型占优势,其他类型相对较弱。如果个体兴趣偏向某一类型,则对相邻类型的兴趣大于与之相对类型的兴趣。

职业兴趣在职业选择中具有十分重要的意义。职校学生在进行职业选择时的需要和动机具有复杂性、多样化的特点,一种行为往往由多种需要和动机所推动,形成专业或职业兴趣。职业兴趣可以说是一种无形的力量,它有助于职校学生对未来的职业活动做好准备,对正在进行的专业学习活动起着推动的作用,对未来职业活动的创造性起着促进的作用。职校学生在进行职业选择时要充分考虑到职业兴趣的作用,因"业"制宜,以便激发自己学习和未来工作的积极性。职业与人生旅程是紧密地联系在一起的,它倾注着一个人的憧憬和寄托。适合个人志趣和特长的职业能刺激人忘我工作;而使一个人感到厌倦的职业会压抑人的情绪,窒息人的才华,甚至可能成为自暴自弃的"温床"。

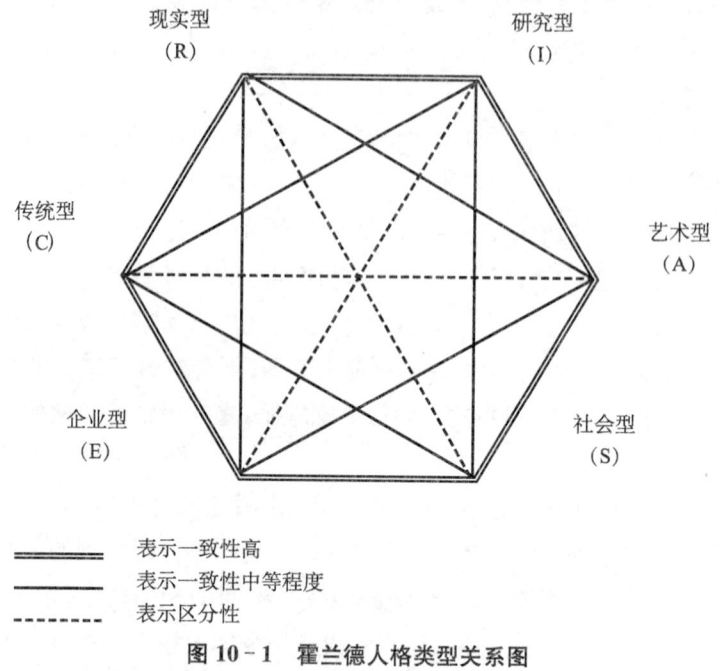

图 10-1 霍兰德人格类型关系图

（二）职业价值观

西方有关职业价值观的研究始于 20 世纪 60、70 年代,对工作价值观和职业价值观有一定的区分。工作价值观一般用于指已参加工作人员的价值观念,反映了个体在求职过程中的关注点,以及如何组织自己的行动来实现这一目标。而职业价值观也包括未参加工作的学生的价值观。我国相关研究的研究对象主要集中于在校学生,所以较多使用职业价值观这一概念。

我国关于职业价值观的研究从 20 世纪 80 年代末开始,近年来已成为职业心理学研究的热点问题之一。国内学者(黄希庭,1994;俞文钊,1996;凌文铨等,1998;宁维卫,1996 等)普遍认为,职业价值观是价值观在职业中的体现,是介于人的内在需要与工作目标之间的变量。

对于职校学生来说,毕业后的职业选择是个非常重要和关键的决定。影响学生职业选择的因素有很多,客观因素往往很难把控,但是可以变相地通过研究人的心理活动,控制人在选择职业时的主观心理因素,其中心理学家和职业心理指导人员关注的重点之一就是职业价值观。

职业价值观经常被作为职业心理素养的一部分,在人员招聘和管理中得到广泛的应用。对在校学生而言,持个人发展价值观的学生在就业绩效方面表现较好,更积极主动;而持过高成就价值的学生在就业绩效方面表现得并不尽如人意。

职业价值观并不能直接影响职业行为,只能起间接的动力作用;价值观在其中规定了行为的目标和标准,它只能诱发和指导行为,至于表现出什么样的行为还取决于个体的态度以及所处的情境等因素。

(三)职业情感

职业情感是指人们对所处的职业情境和所进行的职业活动是否满足其自身需要而产生的态度体验。简单地说,职业情感是个人对职业产生的各种感受。这种体验可能是愉悦的,也可能是痛苦的,更可能是交织在一起感觉矛盾却很微妙的。每个人都是自己职业情感的主人。

职业情感是在职业认知的基础上产生的,也是职业认知的一种具体表现形式。它是学生职业行为的巨大动力,也是个体对其行为进行自我调节的一种内部力量。一些最新研究成果表明,一个人的成功,只有20%归于智商的高低,而80%取决于情感等其他因素。职业情感是职业素养的重要组成部分。

第二节 职校学生的职业兴趣分析与培养

职业兴趣作为影响职业选择的因素之一,在个人择业与岗位择人的互动过程中起着重要作用。[1] 近年来,职业教育受到了国家和社会的广泛关注。由于职业兴趣受社会历史条件制约,对当代职校生职业兴趣进行分析研究,有助于职校生明确自己的职业意向,选择合适的专业,合理规划自己的职业生涯。

根据 Holland 的职业人格与工作环境理论,每一特定类型的人会对相应职业类型中的工作或学习感兴趣。我国这方面研究起步较晚,大部分研究集中在

---

[1] 吴俊华,张进辅.我国大学生职业兴趣的特点调查[J].西南大学学报(社会科学版),2008,34(2):6-11.

引进国外职业兴趣理论和修订相关测验,并在此基础上不断推进研究本土化。[1]国内学者先后对成人、中学生和大学生等群体的职业兴趣类型和特点进行了研究,胡维芳等(2013)对职校生的职业兴趣特点进行了调查研究。

一、职校学生的职业兴趣分析

胡维芳等(2013)对常州 197 名职校学生的职业兴趣特点进行了调查,其结果如下[2]。

(一)职校生职业兴趣类型偏向于研究型、艺术型、自然型和社会型

研究表明职校生对研究型、艺术型、自然型和社会型的职业表现出浓厚的兴趣,不喜欢技术性和常规型的工作。这主要是职校生对自身的定位不够清楚,或者自卑而不愿意承认和接受自己所学专业,进而不喜欢技术型和常规型职业所致。另一方面,也可能是因为职校生依然对自己的定位较高,不满足于现状,喜欢钻研,欣赏艺术,爱好自然,融入社会。只要学校积极地引导,职校生将会发挥出无穷的潜力。这也许是职校生两极分化的一个重要原因。

(二)不同性别职校生的职业兴趣有差异

在艺术型和常规型上,女生显著高于男生;在技术型上,男生显著高于女生。我们认为,在技术型方面,男生一般擅长于思维、推理,有更强的风险意识,所以愿意从事理论研究、工程技术类的职业。在常规型方面,女生可能具有顺从、细心、保守、稳重等人格特征,喜欢规范明确、秩序井然的工作环境,更倾向于成为秘书、办公室人员、打字员等,这与现实生活中的情形非常吻合。在艺术型方面,女生比男生更偏爱,这可能跟女生的形象思维占优势有关。

(三)非独生子女职校生比独生子女职校生更加偏向社会型

非独生子女比独生子女更喜欢从事社会型职业,这可能与他们在家里的地位和教育方式有关。非独生子女有兄弟姐妹一起成长,在生活中就要与他们打交道,这就增加了他们与人交往的机会,增强了他们的社会性。

(四)来自农村的职校生和来自城市的职校生职业偏好有差异

来自农村的职校生更喜欢常规型和研究型的职业。这是农村教育两极分

---

[1] 张厚粲,冯伯麟,袁坤.我国中学生职业兴趣的特点与测验编制[J].心理学报,2004,36(1):89-95.
[2] 胡维芳,颜晓彬.中职生职业兴趣现状的对策研究[J].中国职业技术教育,2013,(15):70-74.

化的表现。在技术型和社会型方面,农村学生比城市学生更偏爱,这是由于农村的学生希望学得一门扎实的技术、过硬的本领来生活。另一方面,他们的社会关系相对薄弱,所以他们需要不断交往、拼搏,以此增加自己成功的机会。

(五)不同年级的职校生在技术型、研究型、社会型、常规型和经营型上,均存在显著差异

一年级学生更偏爱经营型、社会型和常规型的职业;二年级学生对研究型和技术型的职业有一定的倾向性;三年级学生在几个维度上的得分都较低。这表明随着年龄和年级的增长,职校生职业意识越来越淡薄,对自己的生涯认识越来越模糊。其原因可能是对自己的职业兴趣认识更理性,中职生不再直接采用二分法来看待事物。随着职业意识的发展,他们越来越不喜欢从事技术类的职业,其原因可能是二年级时学校的正面教育和引导起到了较好的教育作用,但没有很好地保持下去,也可能是学生开始反感学校过度的或者不实的宣传,导致对技术类职业产生了消极的态度。这可能是现在职业技术人才缺乏的原因之一。高年级的学生已经掌握了大量的知识和能力,希望自己能在创新上有所突破,故而喜欢研究型的职业。在社会型上,随着年龄的增长和毕业的临近,中职学校学生竞争意识逐渐增强。低年级的学生刚进学校不久,对自己的专业、学校与前途的认识处于探索与形成阶段,所以不愿意采取一些冒险的行为,倾向常规型的职业。

(六)在艺术型和经营型上,文科职校生的得分显著高于理工科职校生;而在技术型上,理工科职校生得分显著高于文科职校生

参与调查的文科学生主要来自于商贸管理、财经管理类和动画艺术专业,他们对商业信息比较敏感,善于说服他人接受自己的观点;喜欢追求经济效益和个人成就。工作时喜欢冒险竞争,不喜欢讨论太抽象的问题。因此,这可能是文科学生比理工科学生更倾向经营型的职业的缘故。同样,文科学生,尤其是动画艺术专业的学生对艺术的追求较高,喜欢在宽松自由的环境中,借助于音乐、文字、形体、色彩等形式表达自己的感受,所以比理工科的学生更偏爱艺术型的职业。在技术型方面,参与调查的理工科学生包括自动化专业、机电专业和信息专业,在需要动手的环境中,通过使用各种工具、设备,按照一定的工作程序,制造出具有实用价值的产品,所以比文科的学生偏爱技术型职业。

二、职校学生职业兴趣的培养

俗话说:"兴趣是最好的老师。"职业兴趣与职业行为相互促进、互为因果。个人的职业兴趣与所从事的职业类型和职业环境相匹配可以促进人的潜能发挥,激发人的探索和创造欲望,增强人的职业适应性、稳定性和工作满意度。据研究,如果一个人对所从事的职业有兴趣,能发挥他全部工作才能的80%—90%,并且长时间保持高效率不感到疲劳;而对工作没兴趣的人,只能发挥全部才能的20%—30%,也容易感到精疲力竭。

针对职校学生的职业兴趣特点,可以从以下几个方面对他们的职业兴趣进行引导。

(一)加强对学生职业兴趣取向的引导

从已有研究来看,在学校中出现了较大比例职业兴趣与专业方向不一致的情况,比如一些理工科专业,出现大部分学生的职业兴趣倾向于社会型、管理型,对重视程序规范、重视技术熟练程度的常规型、现实型工作则没有多大兴趣。造成这种结果的原因,一方面是学校对学生专业技能培养力度不够,另一方面是学校对学生的职业兴趣缺乏引导,学生对自我的认识混沌模糊,对专业的了解也不够深入。为此,可以邀请本专业领域的专家、职业咨询师走进校园开设讲座,对学生提出的关于专业和自我认知的问题进行答疑解惑,并对学生的职业兴趣予以分析指导,给出合理化建议。还可以通过实践活动发掘学生的兴趣点,找到学生在此过程中暴露出的薄弱环节,查遗补漏,积极培养学生的学习兴趣,使之朝正确的方向发展。

(二)建立完善的就业指导机制

短短几年间,就业问题从社会问题上升到了国家战略的高度。学校对就业的重视是一个渐变的过程,我国多数学校的就业指导体系尚处于起步和摸索阶段。现阶段主要存在以下问题:一是就业指导部门职责划分不明确,教学和行政彼此牵扯,使得前者承担了许多与就业指导无关的工作。二是缺乏合格的师资队伍,很多就业指导课的教学由基础理论课教师临时兼任,这些教师未经过专业培训,没有资质证明,在信息占有和知识储备上均无法达到指导、咨询、测评等工作的要求。三是课程教学内容浅显,形式单一,只注重理论传授,不注重能力培养,很多教师没有对就业市场进行过调研,讲述内容多引用旁人的,在针对性和实效性上较为欠缺,对现实的指导意义不大。四是只重视书本知识的灌输,忽视学生的心理建设,尤其是缺乏职业生涯规划教育,无法给学生未来人生的建议。为此,首先应该明晰部门职能,将就业指导部门独立出行政体系,将就业指导当成一件大事来抓;其次,建立一支专业化、专门化、职业化的教学队伍,对教师组织专业培训,要求教师持证上岗,即必须具备职业咨询师资格,组织教师参加社会实践,深入用人单位考察,收集材料,总结经验,将第一手信息带到课堂;再次,做好就业服务工作,让就业指导走出课堂,从全方位做好就业服务工作,开展各种形式的就业咨询、创业讲座和心理辅导,将就业工作落到实处;最后,要搞好职业生涯规划教育,从学生职业兴趣取向出发,有针对性地进行指导教学,同时,在全校范围内开展职业生涯规划大赛,以赛带学,将职业生涯规划的理念灌输下去。

(三)转变教育模式,重视个性发展

对学生的职业兴趣类型测试结果显示,学生职业兴趣呈现多元化分布,说明学生在选择职业时除了专业因素、家庭背景外更多会参考自身的价值和兴趣取向,个性的发展潜移默化地决定了学生未来发展的路径。但目前学校的教育模式却没有针对学生个性设计相应的教学内容,普遍采取的是"一锅炖"的教学模式,虽然大幅度减少了就业指导教师的授课压力,但在指导效果上却大打折扣,因得不到及时指导而错过发展时机的案例比比皆是。学校就业指导工作应该做到以人为本,重视学生个性发展,关注学生生涯规划,在具体工作中应凸显人性化、个性化,从专业特点、个性特征和职业兴趣方面关注学生动向。具体措施有以下几点:(1)开展多种形式的问卷调查,从总体把握学生心理动向,了解学生职业兴趣指向,有针对性地予以辅导;(2)分期对在校生进行职业兴趣测试,以此为基础帮助学生做好职业生涯规划;(3)分析学生个性特征,课堂上有针对性地予以辅导,做到因材施教;(4)对不同年级、不同专业学生教授的内容也需改进,针对不同群体做出不同指导,做到"区别对待",从而教育学生树立正确的职业观和价值观。

总之,职业学校要搞好就业指导工作,就要从新生抓起,根据学生不同职业兴趣、不同年级、不同专业、不同社会环境来进行指导,做好学生的自我认识和探索工作,协调其专业和兴趣的矛盾,帮助其探索和细化所学专业取向,使之更好地与自己的兴趣取向统一起来。这种就业指导观念的转变,不仅真正体现了"以人为本",而且从长远考虑也符合学校整体利益,促进社会的和谐发展。

第三节　职校学生的职业情感类型与调适

一般而言,有强烈职业情感的人,能够从内心产生一种对自己所从事职业的需求意识和深刻理解,因而无限热爱自己的职业和岗位。

一、职业情感的内涵

职业情感(occupational emotion)是指人们对自己所从事的职业所具有的稳定的态度和体验。① 我们从以下三个方面对职业情感进行解析。

1. 职业情感是一种简单化的主观体验

从心理学的角度讲,职业情感就是从事某行职业的人对其工作的心理感应或者体验。这种体验带有明显的主观色彩,是个人对职业的独特感受。它既有强度上的差异,也有快感度上的区别,同时也遵循着由单纯到复杂的发展趋势。主观体验是原始的、来自内心的、人人都存在的心理现象,它是最基本的一种职业情感。

2. 职业情感是一种外在化的情绪表现

深藏于内心的、萌发一切创造动力的人的情感,往往会引起人的躯体等一系列生理反应。这种反应会引起人类丰富的情感"表演"。如一个人在讲话时的语音、语调、语速、停顿时间变化反映对某一事物的情感喜好,或者通过脸部肌肉活动、四肢动作和身体姿势反映个人情感喜好。从这个意义上讲,职业情感看得见、摸得着。这种现象就是职业情感的一种外在表现。

3. 职业情感是一种内省的心境

职业情感通过"先天所传"与"后天习得"共同作用下,是一个由低级到高级、由简单到复杂的发展过程,最终它潜伏于人的内心深处,表现出内隐、含蓄

---

① 尚勇.试论职业情感的科学界定[J].理论观察,2007,(1):153.

的特点,使个体较稳固地处于一种心理状态之中,影响个体行为方式,并使之习惯化,这就是心境。这种职业情感是更高层次的心理活动,它对支配个体行为向积极方向发展具有决定性意义。

职业情感可以分为三个层次。职业情感的产生是基于职业本身满足了从业者的某种需要。职业是媒介,人的需要才是动机。依据马斯洛的"需要层次论",可以把职业情感分为三种层次。

第一层次是职业认同感。马斯洛认为,职业情感是一种"生理需要、安全需要"。一种职业只有提供了最基本的工资待遇、生活福利等生存保障资源,才能被人们所接受,人们才会从情感上去认同它、接纳它。这是最基本的职业情感,它决定着更高层次职业情感的养成。

第二层次是职业荣誉感。马斯洛认为,"尊重需要是指个人为求得稳定的地位,个人能力成就得到社会的承认和尊重",这是个人满足了生存需要后的更高层次的社会性需要。一种职业只有被社会大众所称道,并形成良好的职业舆论与环境氛围,作为从事这种职业的个体才会感到无比的荣耀,才会从情感上产生对这种职业的归属感和荣誉感。这种职业荣誉感的形成,有赖于社会建立合理的价值观念和个体树立正确的职业价值取向。同时,这种职业情感是更持久、更深刻的情感,它是把人的内心思想化为实际行动的"催化剂","为荣誉而战"成为这种情感最集中的表达方式。

第三层次是职业敬业感。马斯洛认为,"自我实现需要包括个人成就和个人发展全部潜力的需要",这是人生追求的最高境界。所谓职业敬业感,是源自人性深处的一种渴望,本质上是对自己生活与生命的自重自爱。这是最高层次的职业情感,只有处于这种情感支配下的个体,才能时刻保持昂扬的精神状态,才能最大限度地发挥个体潜能,使自己的职业生涯更加完善。

二、职校学生的职业情感类型

(一)积极的职业情感

职校学生能够从自身所学专业和今后所从事的工作的社会意义和性质上去认识职业,不计较个人得失,怀有满腔的热忱,善于克服各种困难,表现出强烈的职业责任意识,并能以极大的精力付诸行动。积极的职业情感对职校学生今后履职尽责行为有重大的动力和强化功能,表现在外就是对职业的赞扬、热爱、尽力和完善等,"引诱"个体不断激发内心本能,激发个体潜能,以良好的心态、稳定的情绪和坚韧的意志,努力实现客体职业与主体生命的完美结合。这是职业学校管理者在实际工作当中,应着力培养学生的职业情感,它是符合时代要求和人类发展需要的积极的情感。

(二)消极的职业情感

职校学生把今后可能从事的工作仅仅当作谋生的手段,较多地考虑个人得失和物质待遇,流露出对现在所学专业的不满情绪,对将来从事的工作怀着消极的情感,缺乏强烈的职业责任感。消极的职业情感无疑对未来的职业行为产生负面影响,起着减力的作用。其集中表现为缺乏冲劲和拼劲,稍遇阻力便止步不前,半途中止,患得患失,"当一天和尚撞一天钟",得过且过。消极的职业情感使人与职业产生离心力,让人从感情上厌恶、抵触职业。

三、职校学生的职业情感调适

(一)强化职校学生的职业意识

职业意识是个体对不同职业的看法和认识。对于职校学生来说,只有具有明确的职业意识,才能培养他们的职业情感,毕业后才能迅速适应工作,具备不断发展的潜力和内在动机。

情感是认知的产物,培养职校学生的职业情感,需要加强学生对专业的认知和理解。只有对今后从事某种职业的性质、意义、作用、价值有深刻全面的认识,才能产生深厚的职业情感。对职校学生职业意识的培育目的主要在于提升他们的职业认同感。也就是说,情感因素是影响职校学生职业认同的重要因素之一。

但是,由于各方面的复杂原因,目前职校学生的职业认同感普遍不高。可以通过改革职业学校的培养模式、引入竞争机制、建立完善的专业实习模式等方面的探索,有效提升职校学生的职业认同感,进而增强职校学生的职业意识。例如,在学生入校后,采用邀请毕业生、用人单位前来开展讲座或组织职校学生到企业观摩等多种方式增加学生对就业单位、职业和专业的认识,拉近工作世界和学习世界的距离,在活动中逐渐加强学生的职业意识,增强学生的职业情感。

(二)丰富职校学生的实践经验

研究表明,实习基地的实习经验可以促进职校学生发展今后从事相应职业的动手能力,同时,在专业实践中有机会了解自己的职业兴趣和职业能力,了解未来从事职业的全部内容,以及实习的重要性和必要性,培养职业情感和职业认同感。

专业实践性课程是职校学生理论联系实际的重要途径,有利于培养他们的职业情感。职业学校一贯重视学生的理论知识学习,而职校学生对纯理论性的知识学习的兴趣不大,不能很好地把理论与实践联系起来。此外职校学生的课程的实践内容可能只限于观察他人的操作过程。这些流于形式的实践时间短,学生得不到充分的训练,其职业能力没有提高,也感受不到对未来从事工作的职业情感。

针对目前培养目标方面的职业情感的缺失,应该从思想上重视对职校生职业情感的培养。目前在职校学生的培养方面,职业情感的培养也日渐受到重视,有的学校在培养方案中明确规定要培养学生爱岗敬业,具有坚定的职业信念和良好的职业道德,并把职业信念教育与职业养成贯穿培养全过程。也就说,要丰富职校学生的职业情感,尽可能多的让学生参与学校开展的各种专业性的实践活动,利用课外或者假期,要求学生充分把握学以致用的机会去实习,向有经验的师傅请教,亲自体验其角色意识,培养职业情感与职业品质,强化职业认同感。

当然,对于职校学生职业情感的培养,还可以通过要求学生阅读励志类优秀书籍、观看专业类优秀影视作品、邀请本行业优秀专家优秀从业者代表作报告等系列活动,逐步培养职校学生对技术工作的热爱。另外,在教学中,教师还应注意创设良好的师生交流氛围,优化学生情感发展的环境。

第四节 职校学生的职业价值观与教育

职校学生正处于价值观形成和成熟的关键时期。价值观表现在职业抉择上就是职业价值观。所谓职业价值观,就是人们根据自身的需要对待职业、职业行为和工作结果的、比较稳定的、具有概括性和动力作用的一套信念系统。它是个体一般价值观在职业生活中的体现;它不但决定了人们的择业倾向而且决定了人们的工作态度;它是个体在长期的社会变化过程中所获得的关于职业经验和职业感受的结晶;它是属于个性倾向范畴的概念。[1] 职业价值观是个人追求成功,获得职业满足感的基础。它关系着一个人职业方向的确定、职业途径的选择、职业成果的评价等。很多人因为职业价值观存在问题而走了很多弯路。一个职业学校的毕业生如果没有明确而坚定的职业价值观就好像没有灵魂,充其量只能算作职业岗位上的又一架机器。因此,本节拟对如何构建职校生职业价值观的教育问题提出一些设想。

一、职校学生职业价值观的特点

（一）普遍具有强烈的成就感

职校学生普遍的、强烈的成就感反映在职业价值观上表现为对职业较高的期望,如追求很高的工资、奖金,对社会地位以及受到尊重的要求较高。这些要求也是个人发展的必然要求。但在当前就业形势严峻还将持续存在的情况下,职校生就业理想与就业现实存在的较大差距使他们不可避免地遭遇挫折和压力。

（二）过分追求和重视安全感,不能适应目前的就业形势

学习不仅是进入社会的准备,而且将是人的生活方式。同时,研究表明,目前在工业发达国家,一个人全部在业期间内平均更换 4—5 次工作岗位。这些说明经济与社会发展要求我们终身不断地学习新的知识和技能,适应新的变化和发展,"一步到位""以不变应万变"的观念已不适应社会需要,也不利于个人发展。[2]

（三）突出自我导向,淡化社会价值

职校学生的主体意识正在日渐增强,具体表现为渴求对自身的性格、兴趣、

---

[1] 余海波,张大均,张进辅.高师生职业价值观研究的初步构想[J].西南师范大学学报(人文社会科学版),2001,27(2):61—66.

[2] 陈生生.对大学生职业价值观的调查分析[J].西南民族学院学报(哲学社会科学版),2001,22(4):86-88.

能力、优势和不足有一个全面的认识和清晰的了解。在择业意向中,强调自我需要和兴趣的满足,主张通过自身的知识和能力主动参与竞争,实现自我价值和人生目标。注重实现自我价值的倾向,是当代学生职业价值观的最大特点。[①]

(四)自我的主观性与社会的客观性处于矛盾冲突中

职校生最常见的矛盾表现为职业理想与社会需求的矛盾:既希望发挥自身的主观能动性,进行自主择业,又不愿承担风险,希望政府或学校能保障就业;既想主动竞争谋取理想职业,又缺乏竞争的勇气,担心竞争失败,遭受挫折;既想发挥专业特长,又有放弃专业、准备改行的心理。[②]

(五)就业期望值偏高,职业价值目标功利化

当前,职校学生往往表现得比较急功近利,在目标追求方面,偏重实际利益的获取。在就业期望值方面,不少学生定位过高,表现在薪水和就业单位意向上,这种就业期望值也与实际社会需求存在较大的差距。

(六)职业价值实现的途径和方式多样化

目前,职校学生获取就业需求信息、实现就业的方法主要有:通过学校就业指导部门了解有关信息,参加学校组织的招聘洽谈会签订就业协议;参加社会上的人才交流活动;借助家长、亲朋好友、老师的推荐和自荐,主动上门到单位去寻找工作岗位;利用现代网络技术,在就业信息网站上进行网上择业;采取先学习深造而后就业的策略;自主创业等等。

对当代职校生职业价值观特点的分析表明,他们在择业过程中表现出很多积极因素,如积极进取的择业意识和主动择业的行为,这是他们主动适应社会主义市场经济和高等教育就业制度改革新形势的表现,是职校生职业价值观成熟的表现。但是当代职校生职业价值观中还有许多消极的因素,应引起重视,如功利主义、个人本位严重,考虑社会贡献的少,个人需要的多,社会责任在社会功利和个人功利目标之间,个人本位的价值观得到广泛认同,首先考虑个人利益,其次才是社会贡献等。

---

① 张存库.当代大学生职业价值观的特点及教育[J].高等工程教育研究,2000,(2):61-63.
② 姜尔岚,谢华.高校毕业生职业价值取向分析[J].教育与职业,2006,(9):40-42.

二、职校学生职业价值观的教育对策

当代职校学生,正处在职业价值观的形成时期,他们的职业价值观处于激烈的动荡之中,十分需要加以启迪和正确引导。与此同时,职校学生就业问题是关乎社会稳定与和谐发展的主要问题,而影响职校生就业的因素有很多,就个体因素而言,个人的职业价值观是较为深刻的影响因素。因此,对当代职校生进行职业价值观教育,对职校生树立起科学、健康的职业价值观,做好就业指导工作有着重要的现实意义。

(一)职业价值观教育的目标

1. 引导职校生先就业、后择业、再创业的职业价值观

在当前整个国家就业形势相对严峻的大背景下,要引导学生努力调整职业价值理想,充分认识到经济欠发达地区中等职业教育的发展前景。虽然欠发达地区现在的工作岗位不是很理想,但岗位并不是一岗定终身,可以一边工作一边选择自己喜欢的有利于自身发展的岗位再图发展。

2. 引导职校生确立合理的就业目标和正确的择业价值取向

合理的就业目标是指选择的职业既符合个人特点、个人能力,也符合社会需要,体现人职的合理匹配,能充分运用所学知识,发挥个人优势,在为社会服务中最大限度实现个人价值的就业目标。正确的择业价值取向应符合三个原则:一是有利于发挥自身的素养优势;二是符合社会的需要;三是促进职业学校的发展。职业学校应发挥思想教育的优势,把职业价值观教育纳入德育的主要内容,开展职业精神、职业价值观教育,同时利用党团组织积极开展校园文化活动,积极开展职校生青年志愿者行动和爱心回报社会行动,通过开展丰富多彩、形式多样的思想教育活动,提高职校生思想觉悟,培养职校生爱国爱民、无私奉献的高级情感,引导职校生正确处理自我与社会、奉献与索取的关系,自觉抵御享乐主义、个人主义思想的影响,树立正确的高尚的人生理想,增强职校生社会责任感和使命感。

(二)职业价值观教育的内容

由联合国教科文组织职业教育中心(UNEVOC)编写的《学会做事》(Learning to do)一书,阐述了职业价值观教育的宗旨,倡导"尊重人"和"尊重劳

动"两个基本价值,为职业学校职业价值观教育提供了一个重要的视角。根据《学会做事》一书中所述,个人的职业价值取向在职业活动中的直接作用可以通过尊重人、尊重职业、乐业敬业、忠诚态度、责任感、创新精神等方面获得体现。由此,对职校生进行职业价值观的教育应包含这样几个方面的内容。

1. "尊重人"的教育

我国在以往的职业价值观教育中往往重视"职业对人"的需求而容易忽略"人对职业"的需求。职业价值观教育必须从学生的个人潜能出发,必须从学生未来发展基本需求出发,将学生的职业定位与岗位需求有机结合起来,联系工作实际,明确发展方向。加德纳教授的多元智能理论提出尊重学生个别差异,对学生的性格、才能、志趣等加以了解,根据学生的特长进行培养和发展,发现其强势智能,强调有教无类,从而准确地、有目的地进行定位;孔子提出"因材施教";台湾提出"适性教育"。这些观点都体现了"尊重人"这一教育原则。

2. "尊重劳动"的教育

劳动是一个创造物质财富和精神财富的过程,是为社会做贡献。一个人,如果仅仅为了获得物质上的报酬而去劳动,他永远是工作的奴隶,因为他不明白自己工作的意义。职业价值观教育必须使学生明白,只有对劳动与工作发生兴趣,真正热爱自己的工作、热爱劳动、热爱职业的人,才会有所创造,并在这个过程中改变自己的命运,把命运掌握在自己的手中。

在一个人的职业生涯中,职业价值观决定着职业精神,而职业精神所表达出来的是一种态度,一种如何对待工作、对待社会的态度。从某种意义上讲,拥有良好的职业精神对一个职业人的未来发展甚至大过优秀的能力。

3. "服务"的教育

职业活动的价值评价标准是掌握在其所服务对象的手中,所以"服务"乃是职业活动内在的必然要求。这也使得"服务"具有了一定的道德要求,并表现出强大的现实力量。因此,"服务"对职业价值观教育是十分必要的。职业价值观教育应从细节上培养职校生对待他人的态度和感情,使之在服务中获得愉快的情绪体验,继而转化为内心的需要和信念。

4. "忠诚态度"的教育

忠诚是现代社会谋职的一个重要理念,每所学校都需要对学校忠诚的成员。如果个体对学校不忠诚,他可能就不按照学校的命令去进行行为选择,这不仅不利于学校目标的实现,更可能对学校造成伤害。因此,忠诚是现代职业道德的基本组成元素,是学校用人的基本标准。忠诚的目的是为了维护学校的伦理秩序,所以说忠诚是每个教师应有的本分。

5. "责任感"的教育

作为一个职校生,今后无论从事何种技术性职业,责任感的培养很重要。首先,要求学生认真履行各种义务,这是培养责任感的基本前提。其次,要求对自己负责,并养成守信用的习惯。一个没有责任感的人,工作起来就会被动。作为一名技术工作者,要全心全意、尽职尽责地对待工作。

6. "创新精神"的教育

"创新精神"的教育应该是职业价值观教育的一项重要内容,培养具有创新精神的人才是职业学校的目标。创新精神是学生创新能力的源泉。在信息爆炸的年代里,任何科学技术都难以保鲜,所以,以创新意识为特征的职业价值观才是最宝贵的竞争力。

(三)职业价值观教育的方法

1. 积极开展正面宣传

校园媒体对职校生职业价值观的形成具有较强的导向性和感染性。就当前职校生职业价值观教育来讲,主要是应积极创建正面社会舆论环境,旗帜鲜明地倡导正确的职业价值观,对符合社会主义、集体主义、爱国主义价值观的思想和行为应坚决支持,大力弘扬。此外,学校应该积极宣传和渲染毕业生就业、创业中的积极因素,表扬先进、树立典型,挖掘往届职校生在择业、就业、创业过程中蕴藏的各种积极因素,以潜移默化的方式影响职校生的思想和价值取向,使广大职业学校毕业生形成积极、健康的职业价值观。

2. 营造健康向上的文化氛围

文化具有教化、塑造、认同与整合、积累与遗传等功能。作为一种社会亚文化的职校生的职业价值观,必然要受到社会主流文化导向的影响和折射。因此,一个健康积极的主流社会价值导向对职校生形成正确的职业价值观具有十分重要的意义。当前,要在职校生中加强以爱国主义、社会主义、集体主义为核心内容的思想道德教育,开展职业道德、社会公德的教育,营造一种健康向上的文化氛围,引导职校生自觉地抵制庸俗实用主义、极端个人主义、拜金主义等腐朽思想的侵蚀,将自我价值和人生理想的实现建立在实现社会价值的基础上,真正达到个人和社会双赢。为此,要做到三个坚持:坚持个人与社会统一,以社会为本;坚持义与利统一,以义统利;坚持艰苦创业与物质需要满足相统一。

3. 充分利用学校教育的主阵地

首先,通过"两课"教育,加强思想道德建设。职业学校应始终注重引导学生加强自身理论修养,培养马克思主义世界观、人生观和价值观。通过"两课"教育,倡导爱国主义、社会主义、集体主义,培养艰苦奋斗、无私奉献的精神,引导学生树立科学的世界观、人生观、价值观和正确的职业价值观,使之既具有正确的职业理想,又有良好的职业道德和职业素养;既有积极的择业意识,又有合理的择业方式和择业行为;既追求个人自我价值的实现,又确保社会价值的实现。其次,结合专业课程,渗透职业价值观教育。职业学校应该突出专业教育、素养教育与职业教育相结合,引导学生在学习知识、掌握技能的同时提高自身的综合素养,形成科学合理的职业价值观。此外,职业学校还可以通过行业调查、专业实习、毕业实习等实践,帮助学生了解社会、了解职业,培养他们强烈的社会责任感和务实的工作作风,不断提高自己的实践能力、适应能力,主动适应社会发展的需要。

4. 提高就业指导服务的质量

职业学校要丰富就业指导服务的内容,帮助学生确立正确的职业价值观及健康的就业心态。为此,职业学校需要进一步加大就业指导的工作力度,强化服务功能,尽力为学生提供优质的就业服务,加强对学生进行就业形势与政策、择业方法与择业技巧的指导,帮助他们掌握正确的择业知识和择业技巧,正确对待就业过程中遇到的问题,调整就业期望值,走出择业误区,主动适应当前的就业形势,鼓励他们面对现实,务实择业。在此基础上,要积极开展就业心理指导,提供心理咨询服务,帮助他们缓解就业压力,解除心理上的困惑,引导他们正确对待就业挫折,保持健康的就业心态。

5. 启动职业生涯规划教育,开展个性化职业指导和咨询活动

职校生处于个体职业生涯规划的重要时期,职校生活也是走向职业生涯的重要环节,因此职业学校应该从学生入校起就开设职业生涯规划教育,为学生的学涯规划和职业生涯规划奠定良好的基础。帮助学生更好地了解自己、了解职业,形成正确的职业价值观,尽早做好自己的职业生涯设计。学校可以通过举办一系列职业生涯规划讲座、设立职业指导教研室、开设专门的职业生涯课

程、进行个性化指导咨询等形式,进行职业生涯规划能力培养。

6. 多种途径开展职业发展的教育工作

职校生职业发展教育不是几门课程、几十个学时、几次讲座所能完成的,它是一个复杂的系统工程。职校生职业发展教育,需要根据职校生不同年级的心理活动规律和实际需要,通过课程、讲座、测评、咨询、社会实践、网络互动等多种方式,进行不同内容的全程化、立体化教育。如可以引进"职业规划测评系统"网络版对学生进行素养测评;利用"就业指导卫星专网",组织讲座;通过"职校生职前教育学堂"网络视频课程体系,学生可以随时点击收看相关讲座;还可以充分利用网络平台对学生进行经常性的咨询。或者成立"职校生职业规划与发展协会",面向全校开展"职校生职业生涯设计大赛"和"模拟招聘"等。

7. 健全相应的激励机制,弘扬正确的职业价值取向

要使职校生树立正确的择业价值观,除了舆论宣传、文化熏陶、思想教育和职业指导外,还需要制定相应的激励措施。配合引导和鼓励面向经济欠发达地区、基层就业政策的实施,必须有一整套与之相适应的、能对职校生择业价值观的形成起积极引导作用的配套机制,从而从机制上给职校生职业价值观以正确的导向。

【本章思考与练习】

1. 简述职校生职业心理素养的基本内容。
2. 如何有效培养职校学生的职业兴趣?
3. 简述职业情感的内涵与层次。
4. 职校学生职业价值观有哪些基本特点?
5. 简述职业价值观教育的基本目标、主要内容与方法。

第十一章 职校学生的职业心理适应

随着中国经济进入新常态,互联网、人工智能科技的迅速发展以及产业结构调整升级,岗位所需的知识和技能更新周期加速,专业完全对口的岗位越来越少,职业变动的可能性越来越大,用人单位对人才选用的标准也从单纯注重专业变化到注重综合素质,要求职校学生不仅应有过硬的岗位技能和能力,还应有良好的职业素质和继续学习、发展的能力,这要求职校学生应由关注岗位技能训练转向注重职业适应能力的培养。职业适应主要是实现从学生角色到职业角色的过渡过程中,主动调节自己的行为以适应环境变化、满足新的角色期望,使自己逐渐达到所从事职业的要求,顺利完成职业活动,并能够利用环境、创造条件使自己达到较高的职业发展目标的综合能力。职业适应的培养和教育可以通过职业能力训练、实习心理干预和增强人际交往训练获得。职业适应决定职校学生个人的生存和发展,关系到职校学生的切身利益,是学生实现理想与自我价值的阶梯。本章针对职校学生职业适应的特点,提出职业适应培养的方法和策略。

第一节 职校学生的职业适应概述

当代职校学生从走上工作岗位那一天起就要积极主动地进行职业适应,这也是适应社会的第一步。一个人从走进职业生涯到完全适应职业生活,要经过对职业实践、职业规范、职业环境、职业文化等的观察、认知、领悟、模仿、认同、内化等一系列的学习和实践过程,才能达到对职业生活的能动适应。

一、职校学生职业适应的概念与特点

(一)职校学生职业适应的概念

职业适应是指个体在职业认知和职业实践的基础上不断调整和改善自己的观念、态度、习惯行为和智能结构,以适应职业生活的发展和变化。初入职业行列的当代职校学生,最易发生的是角色偏差或角色错位,甚至是角色混同或角色冲突,这是由于对职业角色的认知和理解不深。职校学生走上工作岗位以后只有熟悉和掌握职业角色的规范和行为模式,才能尽快地进入职业角色,并适应职业生活,为适应社会打下一个良好的基础。

(二)职校学生职业适应的特点

职校学生在就业初期,能否适应职业生活和职业环境,将直接影响工作的效率和个人的信心。因此,掌握职业适应期的一般规律有助于顺利开展工作,有助于个人的成长和成才,实现自己的理想。实践表明职校学生只有主动地学习探索遵循角色适应、心理适应、生理适应、人际适应、能力适应等规律才能够顺利地度过职业适应期。[①]

1. 角色适应

角色适应就是对工作岗位的适应,即对所从事职业的地位、性质、职责的适应。由于社会角色的改变,职校学生在就业初期都会遇到角色适应的问题,有的人不能及时转变思想观念,对自己和社会过于理想化,不能根据角色的变化和社会的实际情况及时调整自己的理想和目标,不善于用新的职业规范要求自己,甚至不会运用自己所掌握的知识开展工作,进而自己的能力也得不到很好的发挥。因此,尽快完成角色转换、实现角色适应是进一步实现职业适应的前提和基础。

2. 心理适应

心理适应是指大脑对新职业的各种信息引起的各种心理过程,如感觉、知觉、注意、情绪、意志、性格都有一个适应过程,其中情感上的适应尤为重要。情感是人对外界事物的心理反应,环境的变化促使当代职校学生必须调节自己的

---

① 郭平.当代青年的职业适应[J].中国青年研究.2013,(7):78-80.

情感与之相适应,如果对所从事的职业缺乏正确的认识和必要的情感,不仅不会热爱自己所从事的职业而且会产生失望心理。部分职校学生在就业初期不同程度地出现依附、从众、恋旧、畏怯、浮躁、空虚、迷茫、苦闷、失落等不良心理,如果不及时调整和矫正这些不良心理,必然会影响工作和个人的成才与发展。

3. 生理适应

生理适应是指对工作时间和节奏、劳动强度和紧张程度的适应。就业之后环境的变化,主要表现为时空概念和工作方式、生活方式的变化。当代职校学生就业初期最明显地表现出对工作节奏的不适应,感到时间紧,劳动强度大,生活紧张,可能会出现身体疲倦、头晕脑胀的感觉。在这种情况下应注意科学运筹时间,注意劳逸结合,适当加强身体锻炼,工作、生活要有规律,生理上的不适应会很快消失。

4. 人际适应

人际适应是指职校学生对新的工作群体的适应过程。职校学生在校期间的人际交往是以同学关系为基础建立起来的,相对来说比较单一,很少有利益上的冲突。进入职业岗位以后,人员交往发生了新的变化,也变得更加复杂,交往对象扩展到有各种经历、各种年龄、各种层次的人,同领导、同事的交往方式与大学时代的交往有很大的不同,并且会出现利益上的冲突,这就需要职校学生注意协调好各种人际关系,以尽快适应新的群体。

5. 能力适应

能力适应是指职校学生根据职业岗位所要求的知识和能力结构,来调整和改善自身所具有的知识和能力结构,使之适应职业岗位要求的过程。职校学生在校期间所构建的知识和能力结构能否与职业岗位相适应,必须经过工作实践的检验,还需要经过自己的主观努力。尤其在知识经济时代,知识更新的速度在不断加快,这就要求当代职校学生不断调整、改善自己的知识结构和能力结构,以适应科技发展和职业发展的需要。

二、职校学生职业适应的方式

(一)塑造良好的印象

第一印象是指某种客观事物首次作用于人的感官,在人的头脑中产生的对事物的整体反映,包括对事物的外观形状、行为特点、价值判断等。人际交往中的第一印象是指在初次接触时给别人留下的形象特征。人对客观事物包括对他人的认识,是一个以知觉为主体的认识过程,某种客观事物最初作用于人的感官,就会刺激人的大脑做出反应,在人的大脑中留下关于这个刺激物的痕迹。这些痕迹或信息只是优先的、表面的,但人的思维会把这些不完全的信息综合起来,从而将其作为一个统一的整体加以认识,形成一个关于此人的知识水平、文化素养、性格爱好、心理素质等的整体印象。

第一印象是深刻的,然而随着时间的推移,它的影响也会因人而异发生变化。而且第一印象毕竟是表面性的、非永久性的、可改变的。但是不管如何,第一印象对于一个初从业者在单位站稳脚跟,与单位领导、同事建立和谐的人际关系,并为今后的工作打下基础,依然具有重要意义。影响第一印象的因素是多方面的,既同刺激个体的行为过程有关,又与反映主体本身的价值观、知识经验以及需要程度密不可分。对刚刚走上工作岗位的职校学生而言,应当以自身良好的道德品质和文化素养作为树立良好第一印象的基础,但一些实用性技巧的作用也不可低估。建立良好的第一印象,有助于当代职校学生初到工作单位站稳脚跟,有助于与单位其他职员融为一体,有助于工作的进步与发展。

(二)善待首份工作

职校学生经过艰苦的努力找到第一份工作,这是走向职场的一个里程碑,万里长征迈出了第一步。

1. 学会适应环境。第一份工作可能是令人满意的,也可能与自己的理想相差甚远,但不应该因此而怨天尤人、变得消极。平凡的工作和艰苦的环境是成就事业的基石,战胜眼前的困难,努力改善工作环境,是取得事业成功的第一个实际步骤。

2. 找准自己的位置。每个职校学生都有自己对未来的美好憧憬,愿望也可能很高,但必须承认,每个职校学生刚踏入社会时都是一个新手,凡事还需从点滴做起。职校学生虽已具备了一定的专业技能,但在第一份工作中必须学会找准自己的位置,脚踏实地、勤奋工作,获得工作的成就感,这有助于建立自信心,为以后的工作和进步打下良好的基础。

3. 了解工作,掌握主动。作为一个职业岗位的新手,要想尽快地适应工作的要求,职校生除了要有投身实践的信心和勇气之外,还必须充分地了解和熟悉工作环境的情况,了解和熟悉工作对象的特点和规律,从而对新的工作有个比较全面的认识和把握。因此,在初到工作单位的一段时间,特别应该主动地关心和收集有关的信息,比如,本职业的传统和现状,本单位的历史和前景等。在工作之余,不要忙于休闲活动,职校生应当安排出一定的时间,找些单位的老同志和有关部门的同志聊聊,了解情况;也可在工作中随时做些工作资料的记录。有条件的话,可以在档案资料中或图书馆里做些资料的阅读和摘录。只有尽早注意积累,才能在适应职业角色上领先一步。

4. 学会经受挫折。人的一生不可能是一帆风顺的,经常会遭受事业和生活的挫折,尤其是刚走上工作岗位的职校学生,由于缺乏实际工作经验,以及理想与现实的巨大反差,不可避免地会遇到较多的挫折。但绝不可因挫折而止步不前,更不能自甘平庸。挫折也是一种财富,经历的挫折越多,就越能了解社会、适应社会。

(三) 善于学习,完善自我

随着科学技术的迅猛发展和社会的进步,知识的更新速度也日益加快,学生阶段的学习只是为日后的工作打下了一个基础,如果不进行终身教育和学习,就会很快地落后于时代的发展。通过不断的学习适应时代的变化,是现代社会对从业人员的基本要求。

1. 善于在实践中学习。职校学生已经具备了一定的理论知识,能力结构也已初步形成,但要适应职业生活,构建适应社会发展的能力结构,必须参加丰富多彩的实践活动,多方面、多角度地积累各种感性知识和实践经验,不断地把专业技能运用到实际工作中去。专业技能只有在实践中去灵活运用,才能得到验证和消化,并使之转化为自己的能力。在实践中积累和学习是获得知识和职业能力的重要途径。立志成才的职校学生,必须通过多种途径接触实际,深入社会生活,参加各种实践活动,尤其要注意密切结合工作实际,努力从实践中汲取营养以优化自己的能力结构。

2. 善于向他人学习。职校学生就业上岗之初往往比较缺乏实践经验,因此要特别注意向同行,特别是向老同志学习。他们由于工作时间较长,具备了丰富的实践经验。职校学生要牢记"三人行,必有我师"的古训,切不可自命清高,要善于发现别人的长处,虚心学习,"善学者,假人之长以补其短"。努力做到同行相尊,互相学习,互相帮助,共同进步,这也是不断完善自我、提高素质的一种有效方法。

3. 善于利用新的方式和方法学习。随着社会的进步和科技的发展,继续教育和终身学习越来越受到人们的重视。职校学生在就业后由于工作的压力和时间的限制,学习可能会受到一定的影响,但不可因为各种主观或客观的原因而放松学习。职校生可以利用各种方式、通过各种途径不断学习,提高自己,比如,充分利用计算机网络资源自主学习,或参加在线教育。这种教育方式对学习者没有任何限制,而且能永远提供崭新的知识,可满足社会职业人员不断更新知识的需要。职校学生就业以后,要适应职业工作和社会发展的需要,必须善于利用网络资源,通过网上学习、网上教育来获取信息,更新知识。其他诸如在职进修、参加各种培训班、攻读学位等,也是提高能力、发展自我的重要途径。

(四)敬业爱岗,乐于奉献

走上工作岗位是职校学生的一次重大转折。个人正是通过自己所从事的职业向社会贡献出自己的聪明才智,奉献自己的劳动成果,并获得社会的承认和回报。个人也只有在职业生活中敬业爱岗、乐于奉献才能实现自己的人生价值。

1. 热爱本职工作。热爱是最好的老师,对本职工作的热爱,是做好工作的内在情感基础,也是适应职业和成才的重要条件。职校学生就业后应当培养干一行、爱一行、钻一行的职业感情,有了这种感情,就能够达到任劳任怨、专心忘我的境界,也才能感受到职业生活给自己带来的愉悦。

2. 尽职尽责。热爱本职工作不能仅仅停留在精神层面上,必须转化为忠于职守,转化为对工作、社会高度负责的责任感。职校学生奔赴工作岗位后,应当从一开始就严格要求自己,树立高度的主人翁责任感,努力承担岗位责任,工作中要兢兢业业,一丝不苟,以高质量的工作和成果奉献社会。

3. 勤奋工作,乐于奉献。职校学生到工作单位以后,能否站稳脚跟,顺利地度过适应期,有多种因素在起作用,但工作表现是最重要的。是否具有勤奋积极的工作态度、扎扎实实的工作作风,以及实实在在的工作成绩,是领导和同事评价的重要标准。因此,职校学生上岗以后必须脚踏实地、积极主动、自觉地做好本职工作。

第二节 职校学生的职业能力训练

职业学校教育改革的焦点在于如何将教学的核心迁移到动手能力的培养。提高职业教育的质量必须从职业教育与生产一线接轨上下功夫。职业能力训练就是以就业为导向,以能力为本位,准确定位职业教育目标,立足于企业的需要、岗位的需要和就业的需要,将教学的核心对准动手能力的培养,突出职业性,使职校学生尽早适应未来的职业。

一、职业能力训练的类型

职业能力包括专业基本技能训练、单项职业技能训练和综合职业技能训练。[①]

(一)专业基本技能训练是职业技能训练的基本环节

训练包括两个主要内容:一是认识实践,即通过参观见习和参加专业实践活动,使学生对生产对象的形态结构、生产过程等有个基本的、感性的知识,为深入学习和理论探究打下基础,并触发学习的欲望。二是专业基本技能实践,例如实验仪器及生产工具的使用技能,农田基本操作技能,畜禽饲养和疫病诊治基本操作技能等。这类技能是职业能力训练的入门和基本功,必须注意其规范性、熟练性。为此应有专任的教师和规范的训练教程,要密切结合专业实践,避免"以干代学"。

(二)单项职业技能训练是职业技能训练的重心

单项职业技能训练是沟通理论教学与技能训练的基本渠道。建立单项职业技能训练序列,就要根据特定培养目标的要求,将本专业范畴内学生必须掌握的主要职业技能列出纲目,有机分解到各有关课程(特别是各主要专业课程)中,通过课堂训练、实验室、实训室训练,特别是课程实习(教学实习)逐一加以实施,并通过课外专业实践加以强化。单项职业技能训练主要由任课教师负

---

① 盛子强,张琳,张国祥.论农村职业学校学生职业能力训练体系建设[J].职教通讯,2012,(1):38-41.

责,由实习指导教师协作,并联合进行技能考核。单项职业技能训练既要遵循教学顺序,又要兼顾生产季节,坚持高标准、严规范,只有如此,才能在职业技能训练体系中发挥承上启下的枢纽作用。

(三) 综合职业技能训练是职业技能训练的任务

综合职业技能训练的主要内容:一是强化各单项技能训练,通过工作任务,把各单项技能组合起来,形成熟练的职业能力;二是综合运用各单项技能及有关经营管理知识,培养学生组织和调度专业生产的能力。综合职业技能应通过学生校内专业生产实践、校外实习基地和各种形式的专业社会实践,特别是毕业前的顶岗实习等多种渠道加以培养。这种综合职业技能训练应以校内实习指导教师和校外实习指导教师为主、任课教师为辅组成指导班子,充分发挥学生的参与和岗位责任意识,并按照学生的生产成果和对理论知识的运用进行成绩综合评定。

二、职业学校学生职业能力训练策略

(一) 找准职业能力训练目标

特定的培养目标,有特定的职业能力范畴;特定的职业能力范畴,决定特定的职业能力训练体系。因此在确定职业学校学生必须具备的职业能力时,必须认真研究职业学校各专业的培养目标,必须从这个特定的培养目标出发,确定职业能力训练的内容和项目。

(二) 打好职业能力训练基础

在特定的职业范畴内,具体的职业能力可能很多,但应该首先着眼于本专业内基础的技能或技巧,打好职业能力的基本功。基本功扎实、规范,方可驾轻就熟地进行创造,才能形成高超的技能和"绝活"。

(三) 保持职业能力训练先进性

职业学校学生掌握的职业技能及形成的职业能力应该是先进的。但这种先进并不一定是当前难以实现和普及的"高科技",而主要是正在或即将推广的,有别于那些传统的、常规的、已经普及的、为众人所掌握的技能。

(四) 提升职业能力训练系统性

任何一种专业技术都有其自身的系统和内在的逻辑关系,同时任何一项职业能力都是本专业完整的职业能力体系中的一个有机部分。因此在设计职业学校各专业的职业能力训练体系时，要注意从简单到复杂、从低级到高级、从单项到综合、从技能演练到技术开发，建成科学有序的完整系统。

（五）理论与实践相结合

职业学校的教学体系，包括理论教学和实践教学两条线索。理论教学应力避空泛的、学术性的论证和推导，强调理论的有效性和内容的应用性，以便为实践教学提供"脚本"；而实践教学应力避"以干代学"，要在有效理论的指导下，按照有效理论提供的"脚本"，排练出有声有色的职业能力训练的"话剧"。因此职业学校教学改革的根本，在于探求理论与实践结合的有效机制。

第三节　职校学生的专业实习心理

职校学生的教育实习是完成专业理论教学任务之后，学生将所学的专业理论与技能到社会进行应用、巩固、提高的过程。这个过程也是职校学生从学校到社会的一个重要过渡和衔接阶段，对职校学生的成长和未来至关重要。这一时期职校学生具有实习生与准员工的双重身份，并且物理环境、人际环境、心理环境等方方面面都发生了变化。对于阅历较浅、经验不足、心理发育不成熟的职校学生来说，他们难免会产生抵触、失望、焦虑、迷茫、倦怠等各种心理危机。面对心理危机，有的学生无法应对和正确处理，用逃避、放纵等退化的行为方式对待危机甚至失去控制，不能自拔。因此，有必要对职校学生实习中产生的心理危机进行有效干预，建立干预模型，从而保证职校学生以健康的心态步入社会，实现"无缝衔接"。

一、职校学生实习中心理危机干预模型构建的理论基础

心理学认为，人、情境、行为之间是相互作用的，即个体行为有跨越情境的一致性和跨时间的稳定性，行为的发生受控于人与情境的共同作用，人、情境、行为构成有机运转的系统。心理学确认了人、情境、行为之间存在的关系为构建职校学生实习心理危机干预模型提供了坚实的理论基础。根据心理危机等

理论研究成果,人格、应付方式、社会支持和应激源是职校学生实习中心理危机产生的重要影响因素。由此,研究建立职校学生的人格、应付方式、社会支持、应激源与实习中心理危机产生的理论模型,如图 11-1 所示。

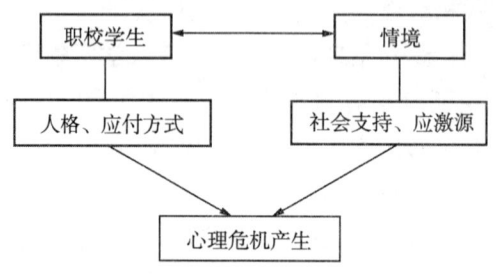

图 11-1 心理危机产生理论模型

在此模型当中,职校学生的人格和应付方式为个体影响因素,社会支持和应激源为情境影响因素,两类因素在动态模型的运转中,相互影响、共同作用,促发了心理危机。

(一) 人格

人格是个体心理特征的总和,反映个体心理特征的全貌,对一个人的行为有深层的导向性作用。容易陷入心理危机状态的个体在人格上有一定的特异性,表现为:看问题比较表面和消极,对自己面临的危机状态缺乏冷静的分析和理智的思考;在危机面前缺乏勇气和信心,回避危机和逃避困难;依赖性强,把希望寄托在他人身上。

职校学生作为一个特殊的群体,在其人生发展的特定和关键时期,有其独特的人格特征:有强烈的主体意识,但由于贫乏的生活经验、肤浅的社会阅历和较大的依赖性,在当今急剧变革、文化多元的社会冲击下,其人格发展表现出更多的迷茫和冲突,面对各种环境、身体和心理上的变化,他们还没做好充分的心理准备,常常心理失衡,产生严重的心理危机。

(二) 应付方式

大多数学者认为,应付是个体为了处理被自己评价为超出自己能力资源范围的特定内外环境要求,而做出的不断变化的认知和行为努力。任何预防、消除或减弱应激源的努力,无论是健康还是不健康的,有意识还是无意识的,以最小痛苦方式忍受应激影响的认知或行为努力都是应付。应付方式采取的是认知调节和行为努力的策略和方法。它是应激与心理健康的中介机制,对个体的身心健康起着重要的保护作用。每个研究者所采用的分类标准和所处立场的不同导致应付方式的分类差异。我国学者肖计划等参考国外一些人研究应付和防御时所用的问卷内容,并结合中国人的一些处事习惯,将应付方式分为解决问题、自责、求助、幻想、退避和合理化。

面对压力,若职校学生采用诸如问题解决、求助等积极应付方式,压力就容易被化解;若采用诸如幻想、逃避、发泄、忍耐等消极应付方式,负性生活事件得不到有效解决而使个体陷入不良情绪状态,导致心理危机的产生。

(三) 社会支持

社会支持是以个体(被支持者)为中心,个体及其周围与之有接触的人们(支持者)以及个体与这些人之间的交往活动(支持性的活动)所构成的系统。从功能上讲,社会支持是个体从其所拥有的社会关系中所获得的精神上和物质上的支持;从操作上讲,社会支持是个体所拥有的社会关系的量化表征。

人是社会关系的总和。人类的生存发展需要与他人的合作以及他人的协助。人类在遭遇生活事件时,需要资源以应对问题,其中包括个人的内在资源和外在资源。这是人们应付生活事件的社会心理支持资源。社会支持是影响一个人心理健康的重要因素,一个人所得到的社会支持对其人格发展和社会适应有显著的影响。一个良好的社会支持系统,在一定程度上缓和个人社会适应问题,为个体的成长和潜能的发挥提供一定的条件,也为改善个人的生活状态提供资源。在压力事件之下,社会支持网络可以缓冲压力所带来的负面影响。个体如果没有一个良好的社会支持网络,就难以获得社会认同、情绪支持、生活协助、新的社会接触等,从而容易导致心理危机并难以逾越。

职校学生的社会支持系统包括家庭、学校、社会等。但是有很多职校学生心理比较闭锁,社会倾向过分内倾,自信心过低,在实习过程中遇到生活上或专业上的问题时,瞻前顾后,总是想到最坏的结果,不愿意尝试解决问题,不愿意寻求指导教师、家庭、朋友的帮助,更不愿意求助专业的心理咨询人员。长此以往,一旦超越了个体的心理承受极限,必然会带来心理危机。

(四) 应激源

应激源是指环境对个体提出的各种要求,经个体认知评价后可以引起心理及生理反应的刺激,凡是可以造成心理应激并进而可能损害个体健康的生物性、心理性、社会性和文化性刺激,都可以称为应激源。很多学者将其称之为生活事件,并将其分为正性事件和负性事件。研究证明,负性生活事件与身心健康的相关性明显高于正性生活事件;不可控制或不可预知的事件对人的威胁最大;另外,生活事件的发生方式也会对个体的身心健康产生不同的影响。一般情况下,突然发生、始料未及的生活事件应激效应最大,而经常出现、个体事先已有所预知,或已做好应对事件的心理准备的生活事件,应激效应较小。

职校学生在实习期间,一方面要完成学校的学习任务或毕业论文的撰写,另一方面要尽快进入角色,发挥作用。在纷繁复杂的各项工作中,职校学生往往不知如何下手,而产生焦虑感。另外,职校学生还经常用在校期间的思维方式来对待工作,不能按照企业的规章制度和社会普遍的人际关系来对待工作和与人相处。因此,职校学生实习中心理危机应激源主要来自学习、工作压力和人际关系压力两方面。

二、职校学生实习中心理危机干预模型的构建

心理危机干预就是在发生严重突发事件或创伤性事件后采取的迅速、及时的心理干预。它能帮助个体化解危机,告知其如何运用合适的方法处理应激事件,并采取支持性治疗帮助个体度过危机,恢复正常的适应水平,防止或减轻未来心理创伤的影响。完整而系统的心理危机干预体系应包括危机发生前的预防和准备、危机发生后的心理危机处理以及心理危机干预的有效性评估等三个方面。根据心理危机产生的理论基础和心理危机干预体系可以建立如图 11-2 所示的心理危机干预模型。[1]

(一)危机发生前的预防和准备

1. 开展职校学生心理危机的教育工作,构建危机培训系统

(1) 加强自我教育

加强自我教育主要是指对职校学生进行自我意识完善的教育。职校学生正处于人生发展的黄金时期,是自我意识逐步走向成熟和稳定的关键期,与此同时,职校学生的自我意识也经历着不断的分化与整合。自我意识包括了自我

---

[1] 赵伟.高职生实习实训中心理危机干预模型的构建[J].职教论坛,2013,(12):28-30.

认识、自我体验和自我控制。职校学生的自我意识教育要使职校学生树立正确的认知观,把握自我意识相关知识,了解自我意识发展过程中常见的问题,加强自我实现意向的调控,从而促进职校学生理想自我的合理定位、自我同一性的确立以及自我意识的完善,使职校学生能够全面认识自我、积极悦纳自我、提升自我效能,实现理想自我与现实自我相统一,在一定程度上减少心理应激反应的产生。

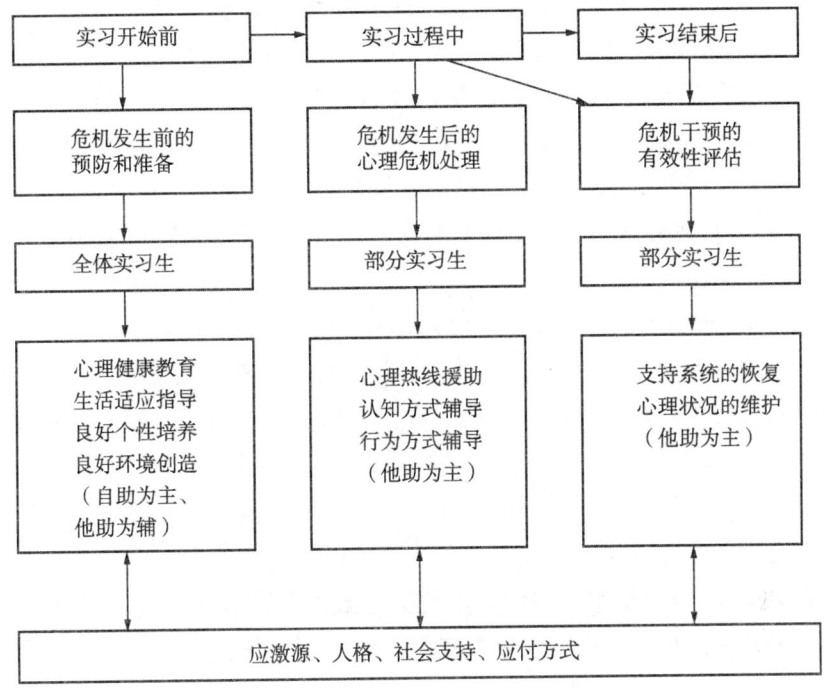

图 11-2　心理危机干预模型

(2) 适应力提高教育

职校学生的适应力是其在校园生活中及实习环境中为达到与所处环境的和谐统一状态而必须具备的一种综合能力。职业学校要在教学过程中有目的、有意识地培养职校学生的适应力,以便其在实习期间更好、更快地适应环境。社会适应力包括学习适应力、工作适应力、生活适应力和社会交往适应力等,这些能力的强弱直接关系到职校学生实习的效果。进行适应力提高教育,就是要使职校学生明确适应能力的重要性,在传授知识的同时,强化职校学生的心理品质,提高其适应力;帮助他们认识和分析实习中常见的适应不良现象及其负面影响,促使职校学生运用所学的知识和已具备的能力去分析问题解决问题,加速知识向能力的转变。

(3) 危机通识教育

职校学生如果掌握了相关的心理危机的知识,就可以及时发现问题及早干预。可以利用专题讲座、心理辅导网站、选修课等形式,对职校学生有针对性地开展危机通识教育,使其了解什么是心理危机,心理危机的反应、发展过程、表现形式、影响因素以及后果等基本常识,并让他们了解在不同的阶段和环境中的心理危机表现形式,最终让他们学会自助助人、学会求助。自助助人即要自觉提高自身的心理素质,抵御心理危机的侵扰,同时掌握一定的心理健康知识,对周围陷入心理危机的同学,及时给予支持和帮助,必要时诉诸专业机构;学会求助即在面对心理困扰时,有主动求助意识,及时向他人或专业心理机构求助,以及早解决问题。

(4) 岗前专题教育

实习前对职校学生进行各项岗前专题教育。进行实习目的教育、纪律教育、常规教育、安全教育、实习管理制度教育,使学生在实习前就做好充分的心理准备,为即将进入实习角色打下良好基础。

2. 加强职校学生实习中心理危机应激源的控制,强化职校学生合理选择心理危机应付方式的指导

上文提到,职校学生实习中心理危机应激源主要来自学习、工作压力和人际关系压力两方面。预防职校学生实习中的心理危机首先应该从这些方面对应激源进行控制。

首先,要从主观上训练职校学生的压力感知倾向,提高压力应对能力,从而减轻其压力感。生活事件之所以成为压力源,与主体对其感知是分不开的。只有主体将其感知为压力事件,才会对个体的生活形成压力,引起心理失衡;否则即使发生,也不会对主体造成影响。训练职校学生对压力的感知具体包括:引导他们了解应激源、分析应激源、正常对待应激源;使他们改变消极的认知态度,变换不同的角度去认识危机事件,将危机事件的解决看作是个体成长的机会;指导职校学生通过"问题解决"的应对方式,从根本上消除消极的应激源。

其次,要采取一定措施从客观上减少危机源的数量和强度。应激事件对个

体的影响往往具有累积性,而应激事件的强度则直接决定其对个体的心理冲击力的大小。对于职校学生实习中学习、工作和人际关系压力的控制,学校和企业可以联合开展形式多样的专题论坛,把职业道德培养与职业能力培养紧密结合起来,让学生认清"上学"与"上班"、"在校生"与"企业员工"之间的联系与转换,真正认识到从锻炼心态和态度开始才能成功,最终让学生调整心态,正确定位,合理确定期望值。

3. 建立全方位的职校学生社会支持网络体系

相关研究表明,社会支持与大学生危机脆弱性呈强负相关关系,即社会支持越多,个体的危机承受能力越强;反之则相反。因此,健全职校学生的社会支持网络体系,对于预防职校学生心理危机、帮助职校学生成功度过危机是非常重要的。要注意全方位建立和完善职校学生社会支持网络。不仅要有来自老师和同学的支持、来自父母及其他亲人的支持,还要有来自朋友和企业的支持。

(二)危机发生后的心理危机处理

心理危机处理是心理危机干预的关键,主要在于阻止和消除有严重心理危机的学生对自己、他人和社会的危害,帮助其平衡严重失调的心理状态。这个时期的焦点在于"化解危机"。

1. 成立心理危机处理工作领导小组。由主管学生工作的校领导担任组长,成员包括学生工作部门、宣传部门、保卫部门、医院、心理健康教育机构、后勤服务部门等有关部门负责人。全面部署和协调心理危机干预工作,为重大危机事件的处理做出决策,及时处理突发事件。

2. 成立心理危机处理专业队伍。要成立学生心理危机鉴定与处理专家组,负责对学生心理危机进行评估,迅速给相关部门提出建议,制定危机事件处理方案,为危机个体提供切实可行的帮助,确保危机个体安全,指导化解危机风险。

3. 建立全方位的危机干预支持系统。心理危机干预是和社会工作服务紧密结合在一起的。当严重心理危机事件发生时,应将危机个体立即送往医院进行救治或监护,并通知当事人的家长或亲属,迅速形成处理和化解危机事件的合力,确保干预达到最佳效果。

(三)危机干预的有效性评估

有效的危机干预不仅要致力于帮助当事人解决当前的问题,更要关注危机与未来生活的关系。对经历危机的个体进行危机干预之后,还应定期对干预的效果进行评估,确保干预的有效性,从而恢复危机个体的社会支持系统,并维护其心理健康。在评估的基础上,要对学校制定的危机干预计划进行完善,收集学校内部人员、企业、学生家长以及学生的反馈,明确什么地方做得好,什么地方需要进一步调整。

第四节　职校学生的职场人际交往

人际关系不仅直接影响职校学生的学习、生活,而且也直接影响心理健康。因为人类的适应,最主要的就是人际关系的适应,所以人类的心理障碍主要是由人际关系失调引发的。良好的人际关系使人获得安全感和归属感,得到支持与理解,给人精神上的愉悦和满足,促进身心健康;不良的人际关系使人感到压抑和紧张,承受孤独与寂寞,身心健康就会受到损害。职校学生初入职场,不能够正确地认识自己的位置,他们普遍有技术、有活力、有想法,却往往无法处理好自己工作生活圈子里的人际关系,有时候优点反而成了工作上的绊脚石,导致不良心理状态的产生,成为职场中的影响成长的障碍。

一、初入职场的职校学生人际交往应遵循的原则

日常生活中,人们在学习、工作中,无时无刻不在与他人发生联系,没有人际交往,人也就失去了他的社会属性。同时,人际交往总是呈现出双向的、相互的特点。所谓"来而不往非礼也",只有在相互交流中,人际关系才能健康地发展下去。而要健康地发展下去,人们在交往中,通常都要遵循一定的准则,这就是人际交往的原则。

（一）真诚原则

以诚待人是人际交往得以延续和深化的保证。在交往中,只有彼此抱着心诚意善的动机和态度,才能相互理解、接纳、信任、感情上引起共鸣,使交往关系巩固和发展。

（二）尊重原则

尊重包括自尊和尊重他人两个方面。自尊就是在各种场合自重自爱,维护

自己的人格。尊重他人就是重视他人的人格、习惯与价值，承认人际交往中交往双方的平等地位。尽管由于主、客观因素的影响，人与人在气质、性格、能力、知识等方面存在差异，但在人格上是平等的。只有尊重他人才能得到他人的尊重。因此，职校学生在人际交往过程中应与他人平等相处，以诚相待，坚守尊重原则，不损害他人利益，避免人际冲突。

（三）宽容原则

宽容表现在对非原则问题不斤斤计较，能够以德报怨。在人际交往中，由于经历、文化、修养等个别差异存在，因误会、不理解而产生矛盾不可避免。这就要求遵循宽容原则，宽以待人，求同存异。宽容有助于扩大交往空间，也有助于消除人际间的紧张和矛盾。

（四）互利原则

互利是指交往双方在满足对方需要的同时，又能得到对方的报答。如此，双方的交往关系才能继续发展。如果一方只索取不给予，交往就会中断。互利性越高，交往双方关系就越稳定、密切；互利性越低，交往的双方关系就越疏远。人际互利包括物质上的和精神上的。人际交往的互利原则主要指精神上的互利，如思想上的沟通交流，既满足了双方各自的友谊需要，又促进了相互间关系的发展。

心理健康的人在人际交往中乐于与人交往，既有稳定而广泛的人际联系，又有知心朋友，交往中始终保持独立而完整的人格，有自知之明、不卑不亢；能客观评价他人，宽以待人，乐于助人，交往中积极肯定的态度多于消极否定的态度。

二、职校学生人际关系的影响因素

社会生活中，处于同一个群体中的人与人之间的关系密切程度却各不相同。心理学家研究发现影响人际关系密切程度的因素有：

（一）距离的远近

人类学家爱德华·霍尔将日常生活中人与人的空间距离分为四类：亲密距离，个人距离，社交距离和公共距离。在职业场合中，尤其需要注意处理办公室恋情、工作关系与友谊等与距离有关的问题。

（二）交往的频率

心理学的研究发现，人们的交往频率与喜欢程度的关系呈倒 U 型曲线。过低与过高的交往频率都不会使彼此的喜欢程度提高，中等交往频率时，彼此喜欢程度最高。

（三）态度的类似

态度类似性是指交往双方在态度方面的相似程度。人与人之间在交往过程中，如果彼此在理想、信念、价值观、世界观等态度体系方面有更多的相似或相同之处，彼此便容易建立起良好的人际关系，反之便会影响人际关系的亲密水平。因此，态度的类似性也是建立人际关系的基本条件，物以类聚，人以群分就是这个道理。

（四）需要的互补

需要互补必能增加吸引力。在交往中，一方所具有的长处正是另一方所不具备的，而另一方同时也具备自己的优势，他们与对方的互相倾慕造成相互吸引，这是以需要补足为前提的。这一原理源自心理依赖性和自我完善的愿望，交往双方都具有异于对方的长处，才能产生对对方期待的心理，期待是被吸引的直接基础。

（五）兴趣爱好的一致

在一个组织中，如果群体具有相同的兴趣爱好，就会自发形成相对比较稳定的伙伴关系，如摄影、钓鱼、登山、棋牌等。很多企业正是利用开展各种兴趣活动的形式，改善员工之间的人际关系。

（六）仪表的吸引

容貌、体态、服饰、举止、风度等个人外在因素在人际情感中的作用也是很大的。尤其是在交往的初期，好的外貌容易给人一种良好的第一印象，人们往往会以貌取人。外貌美能产生光环效应，即人们倾向于认为外貌美的人也具有其他的优秀品质，虽然实际上未必如此。在人际关系建立的过程中，除上述因素外，一个人的能力、特长、职业、经济收入和社会背景，甚至年龄、性别、籍贯等也可能成为影响人际关系的因素。特别是在建立人际关系的初期，彼此不够了解的情况下更是如此。

总之，在人际关系建立和发展的过程中，双方有共同的理想、志向，类似的态度，一致的利益，相同的人生观、价值观等，这是人际关系建立与发展的最根本的条件。其次,双方在交往过程中都必须得到需要的满足,否则,人际关系也是无法维持和发展的。

三、职校学生职场人际交往的策略和技巧

(一) 要学会尊重同事

尊重同事就是重视他人的人格、习惯与价值,承认人际交往中交往双方的平等地位。尽管由于主、客观因素的影响,人与人在气质、性格、能力、知识等方面存在差异,但在人格上是平等的。只有尊重他人才能得到他人的尊重。因此,职校学生在人际交往过程中应与他人平等相处,以诚相待,坚守尊重原则,不损害他人利益,避免人际冲突。如果职校生要想尽快适应职场,在职场愉快工作,那么就要懂得尊重任何人,和任何人相处得融洽,从负责卫生的阿姨、接待,到各部门的同事领导。

(二) 要学会控制情绪

人在听到和自己观点不同的意见的时候,本能的反应就是抵抗。在这种情绪的带动下,就很难清醒地分析对方的观点,听不进对方的任何话。别人刚提出自己的观点,他就跳起来反驳,且言辞激烈。这样的人给旁观者的感觉是,这个人不善于控制情绪,固执己见,不善于听取别人的意见和建议,自负自大。这种人可能很聪明,很能干,但是会让人有惧怕接触的心理,久而久之就令身边的人敬而远之,再也不给你好的意见和建议了。

(三) 要学会换位思考

在很多方面,人们观察问题时都是习惯性地从自己的角度考虑,只顾及自己的利益、愿望和心情,处理事情想当然地考虑自己,而没能做到及时和别人沟通,因此,常常很难了解别人的想法。当与人发生冲突时,都只是各讲各的,极力做自我辩护。在这种情况下,很少有人能做到换位思考,为别人考虑。大到公司与公司之间、民族与民族之间都是如此。事实上,只要站在客观的角度就会发现,冲突双方几乎是完全不能理解对方,完全是互不体谅。想处理好自己和他人的人际关系,最重要的就是改变从自我出发的单向思维,结合对方的角度进行观察,替对方着想,别人也同样如此。如果双方都做到了换位思考,再怎样复杂的矛盾也会变得明朗。

（四）要学会乐于付出

天下没有免费的午餐，自己动手，丰衣足食。付出才有回报，个人的所得总是与付出成正比。工作中，对于自己的工作任务要在有效率的基础上认真完成，别人在休息的时候，你懂得抓紧时间把别人不想做的事做到，你就会是独放光彩的、最优秀的那一个。懂得付出，才能懂得对工作的珍惜，才会比别人获得更多的快乐。如果心中常有不劳而获的想法，就会常常令人萎缩、心灵低劣。长此以往，绝不会有好的收获。有的人整天嫉妒别人，而忘了自己也需要付出，这样的人也将被人看不起，他们的心理总是不平衡，从而少了奋斗之心，对待同事的态度可能也将会愈来愈差。处理人际关系，你懂得付出，领导和同事也会把你的认真态度放在心里，对你的态度自然就好，而你和领导同事之间的各种矛盾也就迎刃而解了。学会慷慨地对别人付出，在困难的时候，你也会得到许多真切的帮助。

（五）要学会真诚地赞美他人

中国人通常吝啬赞美，总觉得赞美的话肉麻，说不出口。究其原因，就是在心理上不能够接受别人的优点和长处，这是既不能客观地看待自己，也不能客观地看待别人的表现。职场中需要学会真诚地赞美他人。比如，看到女同事打扮得得体，就可以夸她今天看上去很精神。对待男同事，夸他幽默风趣，办事干练、效率高，他们也会用同样的赞美反馈给你。同事之间一起乐融融。如果发现办公室的同事或者领导换了个新发型，很漂亮，你告诉他，你这个新发型很好，他会很高兴别人发现了他的变化，会一天工作都很愉快。从另一个角度来说，你经常夸奖别人，也会给人以亲近感，对你的日常工作都是有帮助的，你办任何事情都会容易些。

【本章思考与练习】

1. 简述职校学生的职业适应的特点。
2. 结合实际，谈谈职业学校学生职业能力训练策略。
3. 根据心理危机干预模型，从个人和学校角度谈谈如何应对实习中的心理危机。
4. 结合职校学生人际交往特点，谈谈如何完善人际交往的策略和技巧。

第十二章 职校学生的职业心理发展

职校学生正处于职业生涯发展探索期,开始以职业的视角来审视自我,关注职业和未来的发展。所以,开展职业生涯规划教育,指导学生认识自我、认识职业并学会做生涯规划和决策是满足职校学生身心成长的需要,也是社会发展的要求。

第一节 职业生涯规划概述

职业生涯规划,是指个人在生涯发展历程中,对自身各种特质以及外界进行探索,以逐渐形成职业生涯决策,并建立职业生涯目标,拟定实现目标的工作、教育、培训计划和行动方案的过程。[①]

通过分析职业生涯规划的内涵,我们可以知道,成功的职业生涯规划必须建立在初步确定职业起点的基础上,同时需要发展目标的指引和合理的实施方案的保证。在此,我们结合职校学生的实际,从职业生涯规划的制定原则、步骤和要求等几个方面逐一进行阐述。

一、职业生涯规划的基本原则

职校学生在校期间需要及早进行职业生涯规划,以便在求学期间,有针对性地开展基本能力与素质的拓展与提升。在进行职业生涯规划的过程中,按照

---

① 顾雪英.职业生涯规划[M].北京:高等教育出版社,2011:12.

一些基本的原则来进行,有利于职校学生做到有的放矢,提升职业生涯规划的合理性与可行性。

(一)职业导向原则

职业生涯规划以初步确立的起点职业为对象,设计目标、路线和执行策略。做好这件事情必须对相关职业有一个初步认识。因此,在做具体规划之前,职校学生必须结合自己的专业或特长、兴趣等对相关的职业或岗位进行充分的调查和准备,包括对职业的宏观调查和微观调查,了解职业的行业性、区域性和岗位性等特点。在了解该职业的准入资格、基本素质以及关键能力要求的基础上,开展职业生涯规划。以职业的要求定位,来盘点个人已有的优点、条件和存在的不足,从而制定扬长补短的规划目标和相应的执行策略。

(二)自我导向原则

在规划职业生涯时,若能充分考虑个人的兴趣特长、能力倾向和风格特点,以此为出发点,进行生涯规划,则有利于未来获得职业的快乐和成功。自我导向原则主要表现为以下四个方面。

1. 择己所爱——选择自己喜欢的职业

在制订职业生涯规划时,首先要考虑自己的兴趣。一个人能从事自己喜欢的职业便会信心倍增,产生工作的满足感和成就感。而别人认为好的职业,并不一定是自己感兴趣的职业。"知之者不如好之者,好之者不如乐之者",可见兴趣对我们活动的重要价值。因此,在制订职业生涯规划时,必须考虑自己的特点,结合自己的兴趣,选择自己喜欢的职业。

2. 择己所长——选择自己能发挥优势的职业

任何职业都要求从业者掌握一定的技能,具备一定的条件。难以想象让一名卡车司机驾驶一架民航客机会出现什么样的后果。职业不同对技能的要求也不一样。任何一项技能都必须经过一定时间的训练才能掌握,而一个人一生中不能将所有技能都全部掌握。所以必须在职业选择时择己所长,从而有利于发挥自己的优势。运用比较优势原理充分分析自己的优势,尽量选择自我冲突较少的优势行业。

3. 择世所需——选择社会需要的职业

职业生涯规划要考虑社会有需求的职业。随着社会不断发展,许多职业不断消失,同时新的职业岗位不断出现,所以在设计职业生涯时,一定要分析社会需求的变化,择世所需。最重要的是,目光要长远,能够准确预测未来行业或者职业发展方向,再做出选择。

4. 择己所利——选择对自己有利的职业

职业是一种谋生的手段,在谋取个人幸福的同时,也创造社会财富,为社会做贡献。择业时,首先要考虑自己的预期收益,这种预期收益要求你实现收益的最大化。个人预期收益在于使自己由低到高的基本需求得到最大满足,而衡量其满足程度的指标,表现在收入、社会地位和职业生涯的稳定性与挑战性等方面的相对满足。

(三) 统合原则

一个人若能从事既是自己喜欢的、胜任的又是适合的职业,那是一件非常幸运的事。然而这样的现象并不多见。在职业选择中,人们常常会面临"想干的不一定是能干的,能干的不一定是适合干的,适合干的不一定是喜欢干的"这样的尴尬境地。职校学生需要在职业心理发生冲突时的两难选择中做出最后的抉择。

单独以任何一个心理特征为依据来选择职业,都是利弊并存的。例如,单独以兴趣为导向选择职业,给人带来的是兴奋和痴迷,但会伴随着艰苦的奋斗;单独以胜任特征为主导选择职业,给人带来轻松,但容易产生乏味和职业倦怠。所以在考虑自我的各个因素时,尽量能统合、协调各个方面,做出明智的抉择。

统合原则还表现在个人特点和社会需求的统一,个人若能以社会需求为导向,兼顾自己的特长和优势,培养相应的职业兴趣,则有利于个人价值的充分发挥。

(四) 可行性原则

对于职业生涯规划来说,可行性原则的基本要求是以实事求是的思想为指导,运用相关的技术手段,寻找能达成规划目标的一切方案,并分析这些方案的利弊,以便最后促成相关规划的实现。可行性分析是可行性原则的外在表现,是决策活动的重要环节。只有经过可行性分析论证后选定的职业生涯规划实施的决策方案,才是有较大把握实现的方案。职业生涯规划的可行性原则要求规划的设计应规定明确的内容、时间限制和达到的标准,生涯规划各阶段的路线划分与安排,必须具体可行,以便执行、检查和调整,从而使自己的规划能够更加完善。

（五）发展性原则

职业随着社会需求变化、宏观经济环境的变化而不断变化，因此，职业生涯规划也不应该是静止的、一成不变的。规划不同于计划，它是动态的、开放的，理应随着职业社会的变化和个人的不断成熟而不断地进行调整和修正。职校学生应该凭借自己已经掌握的生涯规划的基本原理和技巧，结合具体职业的动态变化，对自己生涯实际的发展过程进行监控、评估和调整，以适应发展需要。

此外，一份好的职业生涯规划，还必须考虑挑战性原则、一致性原则、激励性原则和全程性原则等。

二、职业生涯规划的基本步骤

由于个人的目标取向、自身特点和道路选择不同，所以每个人的职业生涯规划也各不相同，但在制定规划时所要考虑的要素基本相同，过程也一样，都要考虑自我评估、生涯机会评估、设定职业生涯目标和路线、执行和修正等过程。

（一）自我评估

自我评估主要是指内在条件评估。自我评估的目的是认识自己、了解自己。因为只有认识了自己，才能选定适合自己发展的职业生涯路线，并对自己的职业生涯目标作出最佳抉择。自我评估内容包括自己的兴趣、特长、性格、学识、技能、智商、情商、思维方式、组织协调能力、活动能力、道德水准以及社会中的自我等。这部分内容可以借助职业心理测评来实现，更多的是在实际生活中去体验。通过对自己的分析和鉴定，从而澄清对自己的认识，更好地选择适合的职业道路，更快地实现他们的职业目标。

（二）生涯机会评估

生涯机会评估主要是指外在条件或环境评估。职业生涯机会评估，主要是评估内外环境因素对自己职业生涯发展的影响。环境为每个人提供了活动空间、发展条件和成功的机遇。特别是近年来，社会快速变迁、科技高速发展以及市场竞争加剧，对个人发展产生了很大影响。在这种情况下，职校学生如果能很好地把握外部环境，就有助于职业成功。进行职业生涯规划，要分析环境特点、环境的发展变化、个人与环境的关系以及环境对个人的要求等因素。

环境评估还包括组织环境分析。组织环境分析主要是对组织发展战略、人力资源需求和晋升发展机会等因素的分析与探讨,弄清环境对职业发展的作用及影响,以便更好地进行职业目标的规划和职业路线的选择。

(三)确定职业生涯目标与路线

生涯目标的设定,是职业生涯规划的重要组成部分。研究表明,一个人事业的成败很大程度上取决于有无适当的目标。凡是成功人士都有明确的奋斗目标,其成就的大小与目标的清晰程度和执行力度有关,因为坚定的目标可以成为追求成功的驱动力。

目标的设定以自己的最佳才能、最适性格、最大兴趣、最有利的环境等信息为依据。通常目标分短期目标、中期目标和长期目标。短期目标又分日目标、周目标、月目标、年目标,中期目标一般为三至五年,长期目标一般为五至十年。职校学生通过一段时间的学习和工作,一旦确定了自己的生涯发展方向,未来职业生涯目标的设定也就自然而成了。在确定职业发展目标后,就面临着职业生涯路线的选择。发展路线不同,对职业发展的要求也不一样。在选择职业生涯路线时,通常要考虑想往哪条路线发展、能往哪条路线发展和哪条路线可以发展等三个问题。对这三个问题进行综合分析后,才能确定自己最佳的职业道路。

(四)制定行动方案并实施

在确定了职业生涯目标和路线后,行动便成了关键的环节。没有达成目标的行动,目标就难以实现,也就谈不上事业的成功。

职校学生制定行动方案主要应考虑以下问题:为达到自己选定的目标和路线,计划采取哪些措施提高学习效率?在专业素质方面,计划采取哪些措施提高业务能力?在潜能开发方面,如何在学习和实践中开发潜能?职业生涯行动方案要具体、明确,以利于执行和检查。

(五)评估与反馈

俗话说:计划赶不上变化。是的,影响职业生涯规划的因素很多。有的变化因素可以预测,而有的变化因素难以预料。在这种状况下,要使职业生涯规划行之有效,就必须不断地对职业生涯规划进行评估与修订。

关于职业生涯规划流程与步骤,不同的人有不同的方法,但不管流程如何,其本质均一样,即有计划地实现自己的职业或生涯发展目标。下面是职业生涯规划的基本流程图(见图12-1)。

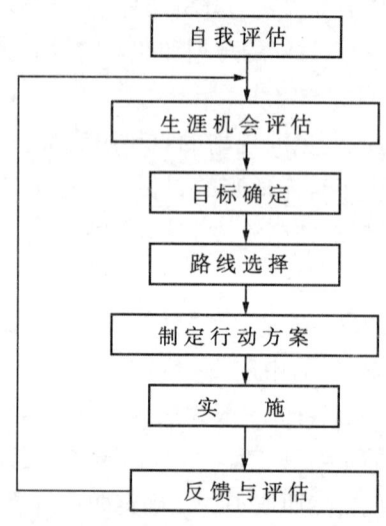

图 12-1 职业生涯规划流程图

三、职校学生职业生涯规划存在的问题

目前,各职业学校应社会发展和学生职业成长的需求,都积极开展职业心理辅导活动,不仅给职校学生提供丰富的就业训练,而且还指导学生进行职业生涯规划。但在实际操作过程中,职校学生职业生涯规划还存在着一些共性的问题。

(一)职业生涯规划的理念有待普及和深入

近年来,职业学校越来越重视职业生涯规划,纷纷从教学、管理和校园文化活动等方面开展如火如荼的规划教学和相关活动,职校学生也逐渐开始认识和接受生涯规划。但由于职业生涯规划的特殊性,它需要个人经验的支撑,需借助个人实践、体验和感悟等途径来形成并内化为职校学生个人理念、素养和技能。有些学生由于经验的缺乏不能消化生涯规划理论;有些学生仅仅把它看作为一门课程,对它的要求仅停留在知识的层面上;还有的学生认为在学习期间开展职业生涯规划为时过早,误以为那是走上工作岗位以后才应该做的事。所以,生涯规划的理念还有待真正深入人心。

（二）职业心理测评结果有待科学理解

目前，无论是在社会上，还是在学校里，有关职业生涯规划方面的心理测评工作已获得长足发展，测评的内容广泛涉及个人的能力、成就和人格，测评的形式也由纸笔测试扩展到了网络咨询，测评结果的解释也不仅仅停留在心理特征的描述上，而且与职业相挂钩，给出了测试者相应的职业发展建议。然而，由于职校学生心理测评专业知识的局限，所以对测试结果的认识在很多情况下都显得比较片面。比如有些学生通过测评看到自己适宜的职业是艺术家、计算机专家时就沾沾自喜，有的学生通过测评看到自己适宜的职业是木匠、机器操作工等职业时显得闷闷不乐，百思不得其解。其实，这两种态度都是对职业心理测评结果的曲解。职校学生应该根据自己的实际情况科学地对待职业心理测评，不能被测评的结果所束缚。

（三）职业生涯探索有待充分实践

职业生涯规划不是一蹴而就的事情，也不是就业和成才的灵丹妙药，它需要指导老师和学生身体力行去实践。而目前有些职业学校只给毕业班学生举办讲座或者开设职业生涯规划课程，有如把职业生涯规划当作学生就业的"特效药"。如果职业生涯规划成了应急之举，学生就缺失了系统的职业探索与实践，导致个人职业成长的缺失和落后，职业生涯规划也就形同虚设，根本不能对学生的就业和未来的职业发展产生积极的影响。

（四）职业生涯规划概念有待清晰澄清

职业生涯规划是一个周而复始的连续过程，其过程包括自我评估、生涯机会评估、职业选择、职业生涯路线选择、确定目标、制定行动计划、评估与反馈等七个步骤；而职业选择，单纯地讲就是找一份工作，实际上职业选择本身也是根据自身兴趣、爱好、能力等因素选择符合自己工作的一个过程。显然职业选择是职业生涯规划中的重要一环，而绝不是全部。我们应该立足于人生的整个历程，以系统而全面的眼光来看待职业生涯规划。

四、职校学生职业生涯规划辅导

职业生涯规划是一个系统工程，在开展自我分析，确定个人目标、行动方案、实践策略等过程中，应特别注意以下几个问题。

(一) 指导学生科学制定发展目标

制定目标时要将社会的需要和个人特点有机结合。考虑社会的需要有利于把握发展方向,考虑个人特点和优势,才能充分发挥自己的潜能。

职业生涯目标在时效上应长短结合。长期目标指明了发展的方向,可以鼓舞斗志,防止短视行为。短期目标是实现长期目标的保证,没有短期目标,长期目标也就成了空洞的口号。特别是在职业生涯发展过程中,通过短期目标的达成,能体验到成就感和乐趣,鼓舞自己为了取得更大的成就,而向更高的目标前进。

此外,还要注意职业目标要高远但不能好高骛远,目标幅度不宜过宽,以利于能量聚焦,获得成功。

(二) 指导学生挖掘自我潜能,获得充分发展

职业生涯规划可以帮助学生挖掘自我潜能,增强个人实力。一份行之有效的职业生涯规划能够引导学生正确认识自身的个性特质,现有与潜在的资源优势,帮助学生重新对自己的价值进行定位,能够引导学生对自己的优势与劣势进行对比分析;能够评估个人目标与现实之间的差距,树立明确的职业发展目标与职业理想;能够帮助学生学会运用科学的方法,采取可行的措施,不断增强职业竞争力,实现职业目标与理想。所以,职业生涯辅导的意义是能促进学生发挥潜能,并使之得到充分发展。

(三) 帮助学生树立规划意识

对职校学生开展职业规划辅导,其目的不单是使他们学会寻找一个合适的职业,而是通过这个过程,培养他们树立规划的意识和理念,从而以不变应万变,应对并驾驭瞬息万变的职业世界,引导学生结合职业生涯发展来关注人生、关注未来是职业生涯辅导的重点任务。

综上所述,职业生涯辅导实质是面向未来的教育,让学生对未来有明确的目标、浓厚的兴趣和良好的心理准备;让学生在立足现实的基础上,树立规划意识,为未来的职业生涯做好准备、打好基础。

第二节 职校学生的自我认知与辅导

自我认知与职业认知是生涯规划的两大基础。关于自我的认知与探索,不

仅是古往今来许多哲人和学者们探究的焦点,也是现实生活中,人们不断思考与实践的主题。所以,对职校学生开展自我认知辅导,主要是帮助他们澄清自我认识,从而不断完善自我、超越自我,获得成长。

一、自我认知概述

自我认知是对自我性向、情感、个性和社会角色等方面多层次、多角度的系统的认知过程。

从认知涉及的内容来看,自我认知包括对生理自我、社会自我和心理自我的认知。生理自我认知是指一个人对自己的身体机能、外貌和体能等方面的认知。个人要悦纳、包容生理自我,进而有意识地开发生理自我。心理自我认知是指一个人对自己的价值观、性格、兴趣、情感和能力等心理特征的认识。心理自我是自我的核心内容,它对一个人的职业选择和职业发展都起着至关重要的作用。社会自我认知是指一个人对自己所处的职业社会环境以及与自己职业选择和职业发展有关的社会资源的认识。

就认知的角度来看,自我认知又可以分为对现实自我、投射自我和理想自我的认知。现实自我认知是指个人从自己的立场出发对现实中的自我的认识;投射自我认知是指个人从他人的角度来想象、反映对自我的认识与评价;理想自我认知是指个人从自己的立场出发,对将来我的构想。三者互相作用,影响着一个人的思想、情绪和言行。

二、职校学生自我认知辅导

为便于理解,有人把自我放在直角坐标中加以分析。坐标的横轴正向表示别人知道,坐标横轴负向表示别人不知道;纵轴正向表示自己知道,负向表示自己不知道。这样就构成了显隐程度不一的四个"橱窗我"。坐标橱窗如图12-2所示。[①]

[①] 张再生.职业生涯规划[M].天津:天津大学出版社,2007:75.

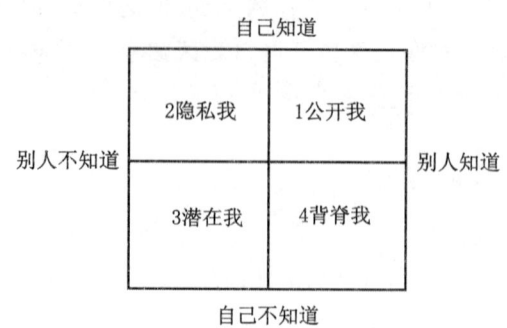

图 12-2 自我的橱窗分析

橱窗1：自己知道，别人知道的部分，称为"公开我"，属于个人展现在外，无所隐藏的部分。

橱窗2：自己知道，别人不知道的部分，称为"隐私我"，属于个人内在的私有秘密部分。

橱窗3：自己不知道，别人也不知道的部分，称为"潜在我"，是有待开发的部分。

橱窗4：自己不知道，别人知道的部分，称为"背脊我"，犹如一个人的背部，自己看不到，别人却看得很清楚。

相应的，对于别人知道的"我"，就采用他人评价的方法收集信息；对于自己知道的"我"，就多反省和体验；对于他人和自己都难以直接知道的"我"，就采用专业途径，如职业测评法等进行探索。总之，自我认知和探索的目的就是减少背脊我和潜在我在职业自我中所占的比例，扩大公开我或隐私我的比例。

（一）他人评价法

他人就像一面镜子，透过他人的评价可以清楚地了解别人眼中的自己。他人可以是同学、朋友、师长、父母，也可以是专业职业生涯辅导人员。

如果自己诚恳地、真心实意地征询他人的意见和看法，就不难了解"背脊我"。可以采取聊天、书信和团体辅导等交流的方式，可以借助录音、录像等设备，尽量做到开诚布公，胸怀开阔。正确对待他人的评价，有则改之，无则加勉，以期收集到他人最真实、最诚恳的意见和建议。

（二）自我体验法

自我体验法是指个体对自己过去活动的成果进行回顾与反省，对未来进行大胆构想,或积极参与活动,亲身体验并做出主观分析与评价的方法。

1. 自我反省——回顾过去,发现"优势我"

春秋时期,曾子就说道:"吾日三省吾身。"古希腊大哲学家苏格拉底更是说道:"未经反省的生活是无价值的生活。"自我反省是通过对自己的一些成长经历的回顾来省察自己的言行举止和个性特质,从而发现自己的职业兴趣、能力优势所在。主要运用的方法有个人传记和个人成就史分析。

个人传记主要是回忆曾经的理想和追求。这一练习重点不在于定性的评价,而是要尽量描述事情的本来面目,并写出自己的感受。主要内容包括:(1)我当时有什么雄心大志,最想做什么?(2)我会立下这种志向,最主要是受哪些事件、经验或人物的影响?(3)我当时最崇拜什么人?为什么?(4)我最后选择了什么?放弃了什么?(5)我原本希望朝哪个方面发展?为何不能如愿?(6)假如时光可以倒流,我要如何改写历史……

个人成就史分析主要是通过对自己曾近取得的主要成就进行分析,异中求同,概括出自己的某些能力、兴趣和特质。主要内容包括:(1)请至少写出五件在学习、工作或生活上的成就,写清楚时空背景(包括人物、地点、大略时间等)。(2)分析:发生了什么事?遇到哪些挑战?出现哪些机会?(3)我是怎样解决的?经过我的努力,取得了哪些成果?(4)找出这些经历彼此是否都有共通之处?(5)别忘了再搜索一些与专业相关的成就。

2. 自我实践——参与活动,发现"发展我"

班级、社团或其他一些活动是学生成长的第二课堂,而许多学生意识不到这点,他们往往会存在这样一些想法:"这事我不感兴趣","这事不适合我干"等。还没有尝试怎么就知道自己不感兴趣、不适合呢?参与进去,也许里面别有一番洞天,而且,在实践中获得的体验也是生涯中不可或缺、无可替代的成长。因此,平时我们应该多参加班级、社团或其他一些活动,从这些活动中了解自己的价值观、兴趣、性格和能力,并且在实践中锻炼自己做事的能力和人际交往能力。

3. 自我构想——展望未来,发现"理想我"

自我构想主要是对未来的我进行大胆的设计与勾画,促使个人思考并使自己理想的自我形象显影,清晰化。主要的方法有模拟退休欢送会和我的自画像。

模拟退休欢送会主要是通过情境幻想、描写和表演的形式对退休时的自己进行描述和总结。主要内容包括：想象你去参加自己的退休欢送会，你想对自己说些什么？有些什么人在场？报上有一篇关于你的文章，你希望它对你的职业生涯做怎样的总结？大致写下你一生故事的摘要，然后个人总结，每位成员把讨论结果和自己的心得写下来。

自画像主要是对自己未来职业成功的形象进行描绘。如"40岁的我"，"20年后我们再相会"，先静心思考，想象自己未来的模样，然后画出大概形象，可以用任何形式来画，抽象的、形象的、写实的或漫画形式等。可以配以未来的工作场景为背景，并给自己的作品写上标题。

模拟退休欢送会和自画像是自我体验的典型方法，主要是通过具体活动，显现自己的优势，构想自己发展倾向与发展结果，从而进一步显现"隐私我"。

（三）职业测评法

职业测评是心理测量技术在职业管理领域的应用，它以心理测量为基础，对人的素质进行科学、客观、标准的系统评价，从而为组织和个体两个层面的职业管理提供参考依据。这里所说的素质，指的是那些完成特定职业活动所需要或与之相关的感知、技能、能力、气质、性格、兴趣、动机等个人特征，它是以一定的质量和速度完成职业活动的必要基础。

职业测评中使用的各项心理测量工具，应该以严格的心理学和统计学方法为基础，通过测量学指标评价个体在特定素质上相对于特定群体所处的水平；测量工具需具有较高的效度和信度，并在实践中经受不断的验证。目前国内外比较常用的几种测试主要有人格测试、智力测试、能力测验和职业倾向测验等。

职业测评使用心理测验的基本原理是，通过一个人对问题情境的反应来推论他的心理特征，也就是从个体的外在行为模式来推知其内在心理特征。因而，心理测验的实质是间接地测量人的心理特征。通过职业测评可以深入地分析和评价自己不知道且别人也不知道的一面——潜在我。

为了最大限度发挥效用，职业测评应注意以下几点：首先，应该选用一个权威性比较高的心理测量工具；其次，在做测验的过程中，一定要按自己的真实想法填答，避免主观情绪；最后，要选择一个安静、没有外界干扰的环境。

职校生的自我认知辅导，无论是从自我还是他人的视角，无论是考察现实还是理想中的我，其最终目的都是要全面、深刻地挖掘自我，从而更好地发展、完善自我。

第三节 职校学生的职业认知与辅导

职业认知辅导,主要是通过理论与实践相结合的形式,增进学生对职业内涵、特征和分类等的认识,矫正错误认知,树立正确的职业观的教育。

一、职业认知概述

(一)职业内涵

从词义学的角度分析,"职业"这个词由"职"和"业"两字构成。"职"字包含着责任、工作中所担当的任务等意思,"业"字含有行业、业务和事物等意思。《现代汉语词典》将职业解释为个人在社会中所从事的作为主要生活来源的工作。

对于职业的学术定义,社会学家和经济学家从不同的立场和视角阐述了对"职业"的不同理解,可以概括出职业的三个最重要特征。

(1)经济特征。人们从事特定的职业,必然从中获得经济报酬,同时也为社会创造财富。

(2)社会特征。每一种职业都体现了社会的分工与合作。每个成员在一定的职业岗位上为社会做贡献,社会也以全体成员的劳动成果作为积累而获得发展和进步。

(3)技术特征。任何一个职业岗位,都有相应的职责要求,并对任职者的知识和技能作出规定。

综上所述,职业是指人们在社会生活中所从事的以获得物质报酬作为自己主要生活来源并能满足自己精神需求的、在社会分工中具有专门技能的工作。就个人而言,职业活动几乎贯穿人的一生,从早期的职业准备到退休后的职业回报,都依赖于人的职业活动。同时,职业也是社会与个人、组织与个体的结合点,通过这个结合点的动态相关形成了人类社会共同生活的基本结构。

(二)职业分类

早期,由于各国经济发展水平不同,历史和国情的差异,职业分类也各有不同。为使国际职业分类具有可比性,1958年,国际劳工组织制定了《国家标准职业分类》。其后又经过三次修订,形成目前最新的版本。在该分类法中,职业被分为10个大类、43个中类、125个小类和436个细类。

我国于1999年颁布、2015年修订的《中华人民共和国职业分类大典》,比照国际标准,把我国职业分为4个层次,包括8个大类,75个中类,434个小类,1841个职业,全面系统地反映了我国现阶段的职业分类情况。内容包括职业编码、职业名称、职业概述、职业定义、职业内容描述,以及归属于本职业工种的名称和编码。我国职业划分的8大类具体如下。

第一大类:党的机关、国家机关、群众团体和社会组织、企事业单位负责人,其中包括6个中类,15个小类,23个职业。

第二大类:专业技术人员,其中包括11个中类,120个小类,451个职业。

第三大类:办事人员和有关人员,其中包括3个中类,9个小类,25个职业。

第四大类:社会生产服务和生活服务人员,其中包括15个中类,93个小类,278个职业。

第五大类:农、林、牧、渔业生产及辅助人员,其中包括6个中类,24个小类,52个职业。

第六大类:生产制造及有关人员,其中包括32个中类,171个小类,650个职业。

第七大类:军人,其中包括1个中类,1个小类,1个职业。

第八大类:不便分类的其他从业人员,其中包括1个中类,1个小类,1个职业。

(三)职位要素

职位是职业的具体落脚点。找工作时考虑的是职业,寻找的是职位。同一个职业,即使在同一单位,由于其所承担的工作职责和任务的差异,职位也就不同。职位要素主要包括以下三个方面。

(1)入职要求。包括从业者自身的基本素质条件,教育程度要求,技能资格要求,从业者的性格、能力等心理素质的要求等。

(2)工作实况。即在某个职业职位中要求做什么、怎么做、怎么评估等。包括工作内容、工作强度、工作环境和工作控制等要素。其中工作内容包括工作的对象、任务、责任及过程,是职位探索的关键。

(3)工作回报。即通过工作可以获得的报酬及相应的心理感受。工作给人带来的不完全是物质收入,还有很多心理感受与情感体验。具体包括薪酬福利、个人发展、社会资源和工作满意度等。

职位探索可以帮助学生多角度、多方面分析职业,而且可以教会学生一种分析方法。这在以后的职业选择中也非常实用。

二、职校学生职业认知辅导的主要途径

职业学校开展职业认知辅导应多途径有机结合,各有侧重,并针对学生的身心特点,强调学生的积极参与,生动活泼地开展教育。

(一)课程教学

一般而言,职业心理辅导课程有三类:一是由专职教师组织的专门活动课程,二是由任课教师组织的学科渗透课程,三是由班主任组织的班组织活动。三类课程都要突出活动和实践的特色,以增进学生的体验和感悟,促进他们心灵的成长。主要的课程教学方法如下。

(1)讲授法。通过教师的讲解,传授有关职业的内涵、分类和要求等基础知识。可以借助职业名人故事给学生树立学习的榜样,也可以借助影视作品、艺术作品等增加学生的感性认识,陶冶情操。

(2)主题讨论法。教师针对学生所关心的、感到困惑的或者错误认识的主题,精心设计课堂活动,在学生积极讨论甚至辩论中,引导学生深入思考,帮助学生转变非理性的观念,澄清认识。

(3)角色扮演法。职业心理辅导中角色扮演主要是模拟某些职业形象,以其职业角色进行工作场景模拟、人际交往模拟或者是生活闲暇模拟等。通过角色扮演,能增加对某一职业的理解,体验职业的成就感,培养职业兴趣。

(二)咨询与辅导

职业心理辅导按人数可以分为个别辅导和团体辅导。个别辅导主要是针对有特殊需要的个体进行心理咨询或教育。团体辅导则是在团体领导者的带领下,团体成员围绕某一共同关心的问题,通过一定的活动形式与其他成员进行人际互动,相互启迪,经验分享,进而形成新的观念、态度或行为。职业认知心理的团体辅导的特色活动主要有绘制生命线、职业辨析、职业畅想、价值拍卖、人才招聘和职业明星分析会等。

(三)实践探索活动

(1) 职业主题的参观访问。目的在于使学生有机会去看、去听、去接触他们将来可能从事的职业与工作环境。要注意事先安排参观访问的程序,详拟访问提纲,规定学生参观访问时的注意事项等。

(2) 职业主题的讲座或座谈。可以邀请校外人士来校开座谈会、讲座,讲授职业故事,解答学生的困惑。座谈或讲座的优点是能直接与最新最原始的信息接触,使学生了解某些职业的情况、要求和条件,职业的意义与价值,就业的心理准备等。邀请的校外人士可以是厂商代表、人才招聘部门或专门的职业辅导机构工作人员、专家学者、毕业校友、青年创业的成功者等。

(3) 生涯人物访谈。为了获取职场信息,通过与一定数量的自己感兴趣职业的从业者会谈,了解相关职业、职位的实际情况。通过生涯人物访谈,学生可以更多地调查到职场人士对职业的内心感受,更真实地了解到职业对从业者的素质要求并受到鼓励。

开展一次成功的生涯人物访谈的辅导,须做好以下工作:指导学生遴选偏好职业,确认合适的访谈对象,指导学生礼貌约定访谈对象,和学生一起制定访谈提纲,做好访谈交流与总结工作。

在职业认知辅导中,学校教师是辅导的主力军,而校外专家、职业人士则是有力的补充。在辅导中要强调学生的主体性和积极性,学生是活动的教育对象,但更是活动主体。无论是穿越时空的角色扮演,还是真实职业中的人物访谈,都需要他们全身心地投入,充分发挥他们的聪明才智和丰富的想象,以期出色完成任务,获得成长。

第四节 职校学生的职业决策与辅导

职业决策是人生必经的门槛,是职校学生必须面对的抉择。拥有一个合适的职业,能够充分发挥自己的聪明才智,成就一番事业。所以,应该使职校学生掌握基本的职业决策方法,加强职校学生职业决策能力的培养。

一、职业决策概述

决策就是为了达到一定目标,采用一定的科学方法和手段,从两个以上的方案中选择一个满意方案的分析判断过程。它是建立在决策者自身和周边环境分析基础上,确定行动目标,并对实现目标的若干可行性方案进行比较和选择,最终确定一个最为优化合理的方案的逻辑判断与权衡的过程。

职业决策是一个复杂的认知过程,通过此过程,职校学生组织有关自我和职业环境的信息,仔细考虑各种可供选择职业的前景,最后做出职业行为的公开承诺。职业决策一般有以下三部分构成:明确目标,拟定备选方案,评价并选择最佳方案。

在职业生涯规划过程中,很多职校学生表现出缺乏对职业和自我的合理认识和定位,犹豫不决、不知所措,面对各种就业机会感到迷茫,对于职业决策和职业选择能力不足,无法做出明确的抉择,由此而引起一系列的反应,比如焦虑、挫折感,甚至不敢正视现实和面对未来。这其实是职业决策困难的典型表现。

二、职校学生职业决策方法

社会的瞬息万变给职业决策带来了不确定性和决策风险,导致学生犹豫不决,紧张焦虑。清晰的自我认知、学会对职业的探索和掌握职业决策方法是解除这种紧张和不适的三大法宝。在此我们主要介绍SWOT分析法和平衡单方法。前者主要应用于单一目标抉择,后者主要针对多目标抉择。

(一) SWOT分析法

SWOT分析法又称为态势分析法,它是由旧金山大学的管理学教授于20世纪80年代初提出的,其中S代表优势(Strength),W代表弱势(Weakness),O代表机会(Opportunity),T代表威胁(Threat)。S、W是内部因素,O、T是外部因素。运用这种方法,可以对研究对象所处的情景进行全面、系统、准确的研究,从而根据研究结果制定相应的发展战略、计划以及对策等。[①]

一般来说,在职业生涯规划中进行SWOT分析时,应遵循以下5个步骤。

1. SW分析:评估自己的长处和短处

每个人都有自己独特的技能、天赋和能力。在当今分工非常细的市场经济

---

① 张再生.职业生涯规划[M].天津:天津大学出版社,2007:76-77.

里,大多数人有可能在某一或某些领域游刃有余,而不可能样样精通。譬如说,有些人不喜欢整天坐在办公桌旁,而有些人则一想到不得不与陌生人打交道时,心里就发麻,惴惴不安。请做个表,列出你自己喜欢做的事情和你的长处所在。同样,通过列表,你可以找出自己不是很喜欢做的事情和你的弱势。在列出这些后,要将那些你认为对你很重要的强项和弱势标出来。找出你的短处与发现你的长处同等重要,因为你可以基于自己的长处和短处做两种选择:一是努力去改正你常犯的错误,提高你的技能;二是放弃那些对你不擅长的技能要求很高的职业。

2. OT 分析:找出你的职业机会和威胁

不同的行业或专业都面临不同的外部机会和威胁,所以,找出这些外界因素将帮助你成功地发现一份适合自己的工作,因为这些机会和威胁会影响你的第一份工作和今后的职业发展。如果某个公司处于一个常受到外界不利因素影响的行业里,那么,这个公司能提供的职业机会将很少,而且职业发展的空间也小。相反,充满了许多积极的外界因素的行业将为求职者提供广阔的职业前景。请列出你感兴趣的一两个行业或专业,然后认真地评估这些行业或专业所面临的机会和威胁。

3. 提纲式地列出未来 3—5 年的职业目标

仔细地对自己做一个 SWOT 分析评估,列出你未来 3—5 年内最想实现的四至五个职业目标。这些目标可以包括:大学毕业后你想从事哪一种职业?你将管理多少人?或者你希望自己拿到的薪水属哪一个级别。请时刻记住:你必须竭尽所能地发挥出自己的优势,使之与行业提供的工作机会相匹配。

4. 列出未来 3—5 年的职业行动计划方案

这一步主要涉及一些具体的内容。请你拟出一份实现上述第三步列出的每一个目标的行动计划,并且详细地说明为了实现每一个目标,你要做的每一件事,何时完成这些事。如果你觉得你需要一些外界帮助,请说明你需要何种帮助和你如何获取这种帮助。例如,为了实现你理想中的职业目标,你需要进修更多的课程,那么你的职业行动计划应说明你进修的具体课程名称,何时进修这些课程等。你拟订的详尽的行动计划将帮助你做决策,实现你的最终目标。

5. 寻求专业帮助

职校学生结合自己的实际情况分析出自己未来职业发展及行为习惯中的

缺点并不难,但要去以合适的方法改变它们却很难。在为未来职业进行规划的过程中,相信你的父母、老师、朋友、职业咨询专家都可以给你一定的帮助,特别是很多时候借助专业人士的力量会让你事半功倍。有外力的协助和监督也会让你更好地取得效果。

(二) 平衡单方法

当个体在面临两个以上目标职业或就业途径的选择,而备选方案都很重要时,一般采用平衡单方法,可以系统、综合考虑多种因素的相对重要程度,并作出理智的选择和决策。平衡单方法基本步骤如下。

1. 确定职业备选方案

职业备选方案可以用于职业路径、目标职业和岗位抉择等方面。如:关于职业路径的备选方案有就业、创业和国内国外深造等,不同单位的备选方案可以有企业、事业或是机关单位,关于职位的备选方案可以是从事技术工作、销售工作或是行政工作等等。

2. 建立平衡单细目表

(1) 个人物质方面的得失,包括收入、升迁机会、工作环境的安全性、休闲时间、对健康的影响、就业机会、足够的社会资源等。

(2) 个人精神方面的得失,包括兴趣的满足、能力的满足、价值观的满足、生活方式的改变、成就感、自我实现的程度和挑战性等。

(3) 他人(父母、师长等)物质方面的得失,包括家庭经济、家庭地位、与家人相处时间等。

(4) 他人(父母、师长等)精神方面的得失,包括成就感、自豪感、依赖及其他。

3. 平衡单的加权计分

(1) 每个因素的权重分析。在职业决策考虑要素中,根据对决策者个人的重要性和迫切性,赋予它权数,加权范围1—5倍,权数越大说明决策者越重视该要素。

(2) 每个因素的利弊分析。根据每个方案中的要素进行打分,优势为得分(+),缺点为减分(-),计分范围为1—10,数值的大小代表得失的程度。

(3) 计算总分。将每一项的得分和失分乘以权数,得到加权后的得分或失分,分别计算出总和,最后加权后的得分总和减去加权后的失分总和得出"得失差数",并以此分数来做出最后的决定,即比较三个选择方案的得失差数,得分越高,该职业方案越适合(见表12-1)。

表12-1 生涯决策平衡单样表

考虑因素	选择项目 加权分数	重要性的权数（1—5倍）	方案一 +	方案一 −	方案二 +	方案二 −	方案三 +	方案三 −
个人物质方面	1. 收入							
	2. 升迁的机会							
	3. 工作环境的安全							
	4. 休闲时间							
	5. 对健康的影响							
	6. 就业机会							
	7. 足够的社会资源							
	其他……							
他人物质方面	1. 家庭经济							
	2. 家庭地位							
	3. 与家人相处的时间							
	其他……							
个人精神方面	1. 兴趣的满足							
	2. 能力的满足							
	3. 价值观的满足							
	4. 自我实现的程度							
	5. 符合自己理想的生活形态							
	6. 挑战性							
	7. 未来有发展空间							
	其他……							

续 表

选择项目 / 考虑因素		重要性的权数（1—5倍）加权分数	方案一 +	方案一 −	方案二 +	方案二 −	方案三 +	方案三 −
他人精神方面	1. 带给家人声望							
	2. 利于择偶，满足父母期望							
	3. 依赖							
	其他……							
加权后合计								
总分								

决策平衡的过程可协助个人自我梳理和澄清，以作出最适合的职业决策。对于职校学生而言，职业决策主要用于主要目标和职业路径抉择。在决策中要树立理性的决策观念，掌握科学的决策方法和技能。

【本章思考与练习】

1. 简述职业生涯规划的基本原则。
2. 如何引导职校生做好职业生涯规划？
3. 简述职校生自我认知辅导的几种方法。
4. 职校生职业认知辅导通常有哪些途径？
5. 简述职校生职业决策的基本方法。

第十三章　职校教师的心理素养

职校教师任务的特殊性，决定了职校教师劳动的复杂性、艰巨性，这就要求职校教师必须具有良好的心理素养。教师心理素养是指教师在其职业活动中表现出的最一般的和最普遍的各种心理特征的总和。它不仅反映了教师在心理面貌上有别于从事其他活动的人，而且也是教师教育、教学活动所必需的心理条件。本章主要介绍职校教师的心理角色与心理素养、教师角色技能的获得及师生关系问题。

第一节　职校教师的专业角色

教师并不是一种单一的角色，而是各种不同角色的统一体。了解教师的角色构成有助于全面理解教师的地位和作用。要想成为合格的教师，必须充分理解教师角色，积极地扮演教师角色。

一、职校教师的角色分析

（一）角色的概念

角色，是一种对每个处在一定地位的人所期望的那种符合社会规范的行为模式。这种模式决定着一类人的共同轮廓。通俗地说，角色就是一个人的身份、地位、职务及其相应的行为模式。所以，角色既是社会期望与个体行为的统一，又是客观与主观的统一。

在现实生活中，当某个成员在特定的职业岗位上工作时，便充当着特定的职业角色。职业角色期待反映了社会对从事某一职业的人的行为要求,从事这一职业的人会逐步认识到自己的职业角色,产生相应的职业角色意识,形成从事某种职业的能力。教师职业角色意识的形成过程可以划分为三个阶段[①]:
(1) 角色认知阶段:指教师对教师角色行为规范的认识和了解,知道哪些行为是正确的,哪些行为是不合适的,了解教师角色所承担的社会职责,并能够将教师所充当的角色与社会上其他职业角色区别开来。(2) 角色认同阶段:指教师通过亲身实践、体验,接受教师角色所承担的社会职责,并用来支配和衡量自己的行为。角色的认同不仅对教师角色的行为规范有认识上的认同,而且有情感上体验的认同。(3) 角色信念阶段:指教师将社会对教师的角色期望与要求转化为个人的心理需要,坚信自己对教师职业的认识是正确的,并视其为自己行动的指南,形成教师职业特有的自尊心和荣誉感。

(二) 教师的社会角色

教师生活在错综复杂的社会中,拥有多种社会身份,并伴随有许多行为规范和行为模式。也就是说,每个教师都在不同层次、不同侧面的学校生活中,扮演不同的社会角色。

1. 知识的传授者和技能训练的指导者

教师的首要角色是知识技能的传授者和解决问题能力的培养者,为此职业学校教师本人首先应该成为某一学科的专家。教师应该热爱教育工作,对自己所教的学科充满热情,善于运用心理学和教育学的知识和原理,以某种恰当的方式传授知识,使职校生为其热情所感染,激励自己自觉地学习,准确地理解和掌握教师所传授的知识。职业学校是培养为社会服务的应用型人才,应注重对学生专业技能的培养。因此,传授、示范和指导学生学习技术技能是职业学校教师的任务之一。这就要求教师不但具有一定的专业知识和能力,还要熟练地掌握一定的专业技能。

2. 学生的楷模

职业学校教师像其他公民一样,有生活、思想和行动上的自由,他同时需要成为模范公民。这是因为社会性学习主要通过模仿来进行,对于职校生来说,一个成功的教师无疑是他们崇拜与模仿的对象。教师作为社会文化价值与道

---

① 张大均.教育心理学[M].北京:人民教育出版社,1999:319-320.

德准则的传递者,极易被学生看作代表有这些价值、准则的人。同时,职业学校教师对待自己所教学科的态度和自己对待学习的态度,也会影响职校生。一般说来,职业学校教师对自己所教学科的浓厚兴趣和热情,以及严谨的治学态度,有可能使职校生在这方面也采取同样的态度。相反,如果教师对所教学科马虎了事,毫无热情,学生便不太可能积极热情地学好这门学科。毫无疑问,教师应当成为学生的表率,他们展示给学生的应该是标准的社会行为模式。

3. 班级管理者

职校生在学校里相互交往,会形成各种正式或非正式的团体。班级是学校里最主要的正式团体,尽管教师常常把部分职责委托给学生干部或积极分子,但教师承担的领导功能仍然是无法避免的。当班集体形成后,学生追随教师,教师对学生进行教育性的指导。此外,学生中还存在许多文艺的、体育的和学科的非正式小团体,有高度责任感的教师常常自觉地充当这些团体的领导和顾问。

4. 纪律的执行者

职校教师必须根据教学目标设置学习情境,制定必要的规则和程序,判断职校生行为的正确与否,并施以奖励或惩罚。这样做的目的是为了形成良好的课堂秩序,使每个学生都能遵守学校制定的规章制度,最终能在班里形成自觉遵守纪律的氛围,即使教师不在场,学生也能控制和约束自己的行为。教师在课堂里要考虑的主要问题是如何教得更好,而不是千方百计地去维护课堂纪律。教师的安全感和胜任感会感染全班,师生配合默契,使教学取得显著的效果。不善于处理课堂纪律的老师则常为违纪问题批评学生,或者斥责学生,甚至体罚或变相体罚学生。如果教师扮演的纪律执行者的角色超过了学习指导者的角色,就会影响教学的效果。

5. 择业的指导者

随着社会主义市场经济体制的逐步建立,教育制度、劳动制度、就业制度改革的深化,人才流动的可能性大大增加,给职业学校学生选择职业创造了条件。但职校生在选择职业时往往具有盲目性,这就要求职业学校教师对他们进行职业指导。教师不仅要教好学科课程,还应指导学生了解所学课程与未来工作的关系,帮助他们了解职业世界,使他们对职业的性质、特点有所了解,同时对自己的心理品质特点也有清楚的认识,及早进行职业定向,接受相关的培训,为未来的职业选择奠定基础。

6. 学生的朋友

有效的教学是与有效的交往分不开的。有效的交往有赖于教师对学生的尊重和帮助。职业学校教师热爱自己的学生，对他们平等相待、坦诚相见、热情关怀，思想教育耐心细致、循循善诱，就有可能扮演朋友的角色。职校生非常愿意将自己的困难、忧虑、牢骚、过失和个人问题告诉给这样的老师。当然，职业学校教师在扮演学生的朋友这一角色时，应该认识到师生关系不能完全由个人情感所支配。职业学校教师更不能为了获得学生或学生干部的支持而无原则地迁就学生。也就是说，教师虽然是职校生的朋友，但不能忘记自己的教师身份。一个与学生建立表面友好而实际上低级、庸俗关系的教师，容易与扮演纪律执行者发生角色冲突。

7. 学生心理保健者

职业学校教育，既要给予学生一个健康的体魄，也要重视给予学生一个美好的心灵。市场经济带来的激烈竞争，使职校生的心理压力越来越大，心理问题越来越多，使人们对职业学校教师担当心理保健者角色的期待进一步加深。

作为一个心理保健者，教师重要的心理工作就是创造一个良好的课堂气氛，使学生能够在自我激励、自我约束的环境下充分地表现自我，使自己的能力得到充分的发挥。此外，教师还应承担起学生心理问题的疏导工作。教师要提供一个宽容的班级气氛，帮助学生减轻焦虑或紧张、满足心理需要，给学生以情感和心理方面的支持。

二、职校教师角色的转化

教师角色的特征是随着社会的变化而变化的。在历史上，教师这一社会角色的特征经历了从长者为师到有文化知识者为师，再到教师即文化科学知识传递者的演变历程。教师这一角色的特征正在发生着新的变化。比如说，当社会对教师职业价值的认定主要在社会功用上的时候，社会对他们的赞美，主要是他们那种默默无闻的奉献。从教师劳动的外在社会价值去对角色进行认定，在一个时期对教师起到了激励的作用，但它忽视了教师职业的内在尊严与创造性劳动的幸福，忽视了教师在劳动过程中生命本质和高级需要的满足，忽视了教师教育生命的成长与发展。当今在教师角色的重塑过程中,需要我们将时代的历史的内容重新整理,填补到教师角色的概念当中去。21世纪的教师对职业角色的认识是,要在每一节课得到生命创造的满足,发展与学生共同成长的欢愉。教师的职业不仅是付出,自己的生命价值和意义也在教育活动中得到体现和延伸。

职业教育改革对教师的角色提出新的要求。教师的职责是越来越少地传递知识,而越来越多地激励思考;教师必须集中更多的时间和精力从事那些有效果的和有创造性的活动。要适应这一转变,教师角色也要发生变化,由传授者转化为促进者,由实践者转化为研究者,由管理者转化为引导者。

(一)教师即促进者

当前,学生的学习方式正由传统的接受式学习向创造性学习转变,这就要求教师必须从传授知识的角色向教育促进者转变,教师要有更大的适应性和灵活性来面对他们的工作。

在信息网络时代,人们很容易从外部数据资源中获得信息和知识,教师的角色不再以信息的传播者、讲授者或组织良好的知识体系的呈现者为主,其主要职能是从知识的传授者转变成为知识的促进者。作为促进者,教师的角色行为表现是:帮助学生确定适当的学习目标,并确认和协调达到目标的最佳途径;指导学生形成良好的学习习惯、掌握学习策略和发展元认知能力;创设丰富的教学情境,激发学生的学习动机,培养学习兴趣,充分调动学生的学习积极性;为学生提供各种便利,为学生服务,要建立一个接纳的支持性的宽容的课堂气氛;作为学习的参与者,与学生分享他们的感情和想法;和学生一道寻找真理;能够承认自己的过失与错误。

(二)教师即引导者

真正实施素质教育,教师就需要将自己的角色定位在引导者上,因为学生素质的形成,是一个主体的建构过程,而不是在整齐划一的批量加工中完成的,教师要尊重差异性、尊重多样性、尊重创造性。作为引导者,教师要具有如下的一些角色行为:(1)教师要牢记自己的职责是教育所有的学生,因而要坚信每个学生都有学习的潜力。(2)教师要慎重地运用有关学生的介绍材料,对来自周围对某一学生的评价认真听取,对学生不能有先入为主的成见。(3)在课堂教学中,要尽量地给每位学生同等的参与讨论的机会。(4)要经常仔细地检查、反省自己是否在对待不同学生上有差别。要尽量公开地评价学生的学习过程和结果。(5)要经常了解学生的意见,了解他们是否察觉到教师在期望上的偏差,随时审视,随时修正。

(三)教师即研究者

未来的教育是一种个性化的教育,这给教师提出了多方面的挑战。教师只有把自己定位在研究者上,才能成为教学改革的积极参与者和主动适应者。成熟的教师应该是专家型的教师,不仅要有效的经验行为,还要有理性的思考,应能解释、反思自己的教学实践,完善教育实践,不断交流自己的见解。教师既不能依赖习惯和经验工作,又不能等待研究者提供新成果。每个课堂都是实验室,每名教师都是科学研究队伍中的成员。教师要成为批判的、系统的考察自己实践的研究者,从而更好地理解自己的教学和改善自己的实践。

事实证明,教师一旦以研究者的心态置于职业教育情境,以研究者的眼光审视已有的职业教育理论和教育实际问题,则对已有的职业教育理论更愿意思考,对于新的职业教育问题更加敏感。

第二节 职校教师的心理素质

相较于普高教师,职校教师的心理素质需求更加全面。他们不仅要具有积极的心理特征,还要有良好的教学能力、人际交往能力、信息处理能力、创造力和教育科研能力。

一、职校教师的心理特征与效能

(一)职校教师的性格与效能

教师的性格对教学效能的影响重要而深远。教师的性格在认知、态度和情感三个方面直接影响学生。理想的性格,可能帮助创造和维持一种舒适而有动力的学习气氛;教师和学生性格的相互作用将影响学生对教师、对教师所教的课程及对学校的态度。在情感方面,教师性格与教学密切相关。一般情况下,教师对待学生常以认知取向,而学生对待教师则往往以情感取向。学生喜欢某教师,学习积极性就高,反之则厌恶学习。

有效能的教师有如下特点:合作,民主,仁慈,体谅,能忍耐,兴趣广泛,和蔼可亲,公正,有幽默感,言行稳定一致,有兴趣研究学生问题,了解学生并给予鼓励,精通教学技能。

无效能的教师有如下特点:脾气坏,无耐心,不公平,偏爱,不愿帮助学生,狭隘,对学生要求不合理,不和善,讽刺、挖苦学生,言行横霸,骄矜自负,无幽默感。

(二)职校教师的认知风格与效能

认知风格是人进行知觉、整理与贮存信息方面的独特而稳定的方式。教师的认知风格直接影响其教学行为,因而影响教学效能。教师和学生的认知风格相互作用,若二者互相协调,教学效能会因此提高。

教师的认知风格一般包括以下类别:场依赖/场独立;冲动/审慎;认知复杂/认知简单;注意广度;反应模式;思维模式;学习速率;冒险/谨慎;记忆。每个教师基本上应具备各项认知风格,但各方面的强、弱或偏向因人而异。

许多研究表明,在智力与知识达到一定水平之后,教师的表达能力、组织能力、诊断学生学习困难的能力以及思维的条理性、系统性、合理性与教学效果有较高的相关。研究表明,学生的知识学习同教师表达的清晰度有显著的相关;教师讲解的含糊不清则与学生的不良学习成绩有负相关;教师思维的流畅性与教学效果有显著的相关。教师专业需要某些特殊能力,其中最重要的可能是思维的条理性、逻辑性以及口头表达能力和组织教学活动的能力。

(三)职校教师的价值观与效能

一个人的价值观影响其对事物的好恶、动机、抉择以及行为。教师要提高教学效能,需要有适当的价值观。只有当他认为教育工作有极重大的价值,能满足自己的需求、成就以及情感上的需要时,才会为教学工作尽己所能,求取进步。一位教师,即使有卓越的才能,若没有正确的价值观,如认为能赚大钱才是幸福,或认为教师是如寒冬的蜡烛,照亮了他人,燃烧了自己,因而轻视教育工作,就不可能安心工作,更谈不上有良好的教育效果和重大的成就。

一般认为,教师本身的价值观应当和当时社会的核心价值观相和谐。否则,不仅不能很好地完成教学任务,还可能产生矛盾冲突,影响整个教学工作的培养目标,把学生引向歧途。由于教师的价值观直接影响其对学生人格的塑造,所以许多国家的教育领导机构往往对教师提出一些核心价值要求,作为教师献身教育事业的保证。美国就曾对教师提出十项核心价值要求:(1)人类的个性;(2)道德责任;(3)社会公仆;(4)和谐共处;(5)追求真理;(6)尊重优秀者;(7)平等;(8)友爱;(9)追求快乐;(10)精神生活丰满。

二、职校教师的教学能力

职业学校教师的职业能力,除了要具有人的基本认识能力(包括观察力、注意力、记忆力、想象力和思维能力)之外,还应具有教师的教育能力。职业学校教学活动具有一系列特殊性,需要职业学校教师具有一些特殊的能力。

(一)全面掌握和善于运用教材的能力

教师要精通所教的专业知识,全面掌握教材,善于运用教育学、心理学、教学法的知识,根据学生的接受能力,分析教材的重点、难点并进行加工改组,使之系统化,便于学生深入理解,促进学生的发展。

这一切都要求教师具有适当的分析综合和概括的能力,化繁为简,深入浅出,善于用生动的形象例证,帮助学生接受抽象的理论。这是一种教学艺术,是教师教育能力的重要组成部分。

(二)简洁生动的言语表达能力

教师的语言,不仅要求语法正确,语音、语调也要有变化,不能平铺直叙,要抑扬顿挫,并伴随着适当的面部表情和手势。

要做到这一切,教师语言必须富于情感,只有富于情感的语言才能激起学生的情感体验。教师的语言能力有正式语言能力和非正式语言能力。正式语言能力即符号化的语言能力,包括口头语言能力和书面语言能力。前者表现为语言的组织能力,具有较强的连贯性、逻辑性,结构上的完整和严密,也表现在语言具体有形象性、情感性、准确性。教师的书面语言能力,主要表现在批改作业、课堂板书等活动中。教师的非正式语言能力即体态语言能力,包括面部表情和身体动作、仪表和装饰品等,是正式语言的补充。研究表明,非正式语言的作用在教育活动中是不容忽视的。教师在教育活动中必须注意正式语言的锤炼和非正式语言的妙用。

(三)多方面的组织能力

教师的组织能力首先表现在善于制订教育工作计划,编写和使用教材及组织课堂教学等方面。教师必须充分估计教学时间和教学内容,能够长计划和短安排,并具有一定的灵活性。

教师的组织能力也表现在善于组织良好的集体方面,如班集体、团队和学习小组等,包括从集体中选拔学生干部,培养积极分子,正确地分配班上的职务,形成积极分子的核心,发挥每个学生的积极性与能力,从而使学生在集体工作中养成善于合作和自觉遵守纪律的习惯。

职业学校必须同外界保持着密切的联系,因此职校教师除了要组织课堂教学以外,还要组织学生进行生产实习、技术开发、技术推广、生产经营、社会服务等环节的活动;同时,还要与家长、生产实习单位的技术员、工人等各种人员保持密切联系。要胜任这些工作,教师必须具有较强的组织管理能力和现场教学组织能力。

(四)机敏的处理偶发事件的能力

教师每天面对几十名性格、能力、成绩不同的学生,随时都可能发生各种意想不到的事情,有些学生会提出各种各样的问题。因此,教师要有随机应变的能力,对发生的事情要及时做出正确的判断,能够正确解决问题和有意识地去影响学生。对于固执的学生,或一时处于激情状态中的学生,教师要能灵活对待,耐心地稳定学生的情绪,避免僵局。教育方式不是固定不变的,只有掌握学生的特点和分寸,才能取得良好的效果。

(五)手脑并用,长于操作的能力

根据职业学校的特点和发展前景,职业学校要培养既懂理论,又能掌握基本技能,会实际操作的应用型人才。这就要求职业学校的教师全面发展,既能传授基本理论,又熟悉生产过程,特别是能实际操作,指导学生进行生产实习,成为"双师型"教师。

三、职校教师的人际交往能力

教师的劳动方式是个体的,但劳动成果——学生德智体诸方面的综合发展,却不仅是教师集体智慧的结晶,也是全体教职员工、家长、社会各方面共同努力的结果。这就需要教师不但对此有清醒的认识,而且要能自觉处理好与其他人之间的关系,形成团结、互助、友爱、和谐的人际环境和共育良才的合力。

(一) 正确处理与领导及行政工作者的关系

在与领导和行政工作者的合作中,教师应做到以下几点:(1) 能配合直接行政领导工作,特别是教研室主任(组长)的工作。(2) 与高一级的行政者讨论事情,而不过分越级。(3) 支持教务处主任工作,不难为教务干事。(4) 避免公开批评、顶撞教育行政人员。(5) 不挑剔行政人员布置的工作。(6) 对组织任务有义务感,不借故使用否决权。(7) 对教学会议持支持态度。(8) 接受教学评价,有心理承受力。

(二) 正确处理教师之间的关系

在教师间的关系中,教师应有以下表现:(1) 承认同事的成就,并从内心表示赞赏;(2) 避免嫉妒和互相伤害;(3) 不责备以前教师的工作基础;(4) 避免同事之间的非原则是非;(5) 不盲目否定评价同事;(6) 不介入其他教师与学生间的事情,除非被邀请提供帮助;(7) 与同教学班其他任课教师工作配合默契,追求集体成果。

(三) 正确处理师生之间的关系

在师生关系中,教师应有以下表现:(1) 对教育对象的熟悉了解,能正确地对待学生;(2) 对个别学生的教育教学有足够的能力;(3) 能全面分析学生的素质和能力;(4) 能有效地组织学生进行教学活动;(5) 能创造学生集体的友善和互助气氛;(6) 能接收学生的行为影响,调整和改善自己的方法;(7) 学生教学反馈满意率高;(8) 不能让学生敬而远之;(9) 不以成见对待学生。

(四) 正确处理与家长之间的关系

在与家长的关系中,教师应注意以下问题:(1) 教师应设法与家长取得联系,赢得家长的信赖与合作;(2) 要尊重家长,尊重他们的感情与人格,切忌摆出一副教育权威的架子;(3) 要注意家长会的有效性,把学生积极的信息传达给家长,而不是向家长"告状";(4) 建议家长学习家庭教育的方法,帮助家长提高教育素养;(5) 避免与家长交往的功利性。

四、职校教师的信息处理能力

教师的信息处理能力,通俗地讲就是教师利用信息的能力。这种能力表现为:

(一) 对各种有用信息具有高度的敏感性,能够广泛地接受各种信息源,其中包括来自学生、教育行政部门、新闻机构、学术刊物和著作、日常交往等方面的信息,能够辨别它们对职业学校教育教学的有用程度。

(二)对接收到的各种有用信息具有简化、归类、存档和联系发挥的能力,能够及时地或适时地把这些信息转化为自己的资源,与自己已有的知识融为一体,并且把这种经过加工的信息连同自己的知识、评价运用到教学实践中。

(三)熟悉现代化信息工具,如计算机、录像机、复印机、微信等的操作方法,特别是会利用网络技术来检索和提取自己需要的信息。

五、职校教师的创造力与教育科研能力

职业教育对象的多变性与差异性,决定了教师工作本身应是一种创造性劳动。但是,现实生活中,相当数量的教师,常常是按照某种常规或模式周而复始地从事自己的教育教学工作,没有进行创造性的工作,因而工作平平,无所建树。21世纪需要培养具有开拓、创造精神的一代新人。学生的创造品格、创造才能需要教师的创造性教学来培养。教师需要在教育科研中来提高自己的教学水平,因此职业学校教师的创造能力与教育科研能力就成了教师诸能力中最具根本意义的能力。

(一)创造能力

教师的教学创造能力,集中体现在能充分发挥自身的创造精神,勇于标新立异,能够进行创造性教学。

有创造精神的人具有这样一些特点和表现:勇于向假设提出挑战,开拓新的思路;设计新的模式;建立新的联系;建立新的网络;敢冒风险;把握时机;有强烈的求知欲望;富于想象和创见、灵活的发散思维;能够深入探索;能够进行改革和创新。

教师的创造能力包括:能更新教学内容,能创造新的教学方法,能优化教学过程,善于寻找有助于提高创造性的场景;发现尚未解决及有多种答案的问题;设计并向自己和学生提出调查性学习的作业;提出跨学科问题独立研究或用于课堂讨论;具有综合能力和应用系统分析技术的能力;提出探索性问题,激发求知欲等等。

(二)教育科研能力

教师的教育科研能力,是指教师在职业教育教学过程中,从事与教育教学

有关的各种课题的实验、研究与发明创造的能力。它包括教学研究和教学研究之外的其他方面的教育课题研究。

在教师职业所需要的诸种能力中，教师的教育研究能力的潜力和作用不可低估。教师的研究能力提高了，对待教育教学问题能以科学的态度去审视，能用科学的方法去解决，就会大大提高工作效率和教育教学质量。"向教育科研要质量"，教师应由工艺型、经验型教师向科研型、创造型教师转变。

教育研究，包括实证性研究和思辨性研究两类。前者是指目的明确、条件完善、操作规范的各项教育教学实验；后者是指从新的角度，用新的思维方式和方法，研究已有资料，从而得出新结论的研究。这两类研究，由于思维和操作方式的不同，所需能力各有侧重，各具特点。教师教育研究能力主要包括以下几个方面。

1. 选题能力

选题能力，是指教师根据教学实践及其发展的需要，选定研究课题、实验项目或确定教育科研论著名称的能力。衡量选题能力大小的依据是选题的质量。

2. 教改实验能力

教改实验能力，是指教师根据研究课题的设想，在周密计划和专门设置的特定条件下，进行教育教学改革实践的能力。

教改实验，有单项、综合和整体之分，课题可大可小，时间可长可短，方式灵活多样。教材的组合、结构的调整、课型的变化、教法的探讨、学生能力的培养、测试方法的运用等，都可作为改革实验的选题。教改实验的目的必须十分明确：或者是检验预告的设想是否能够成立；或者是探索所要研究的教育现象发生、发展和变化的原因及条件；或是鉴定教育教学的某种方式方法的效果等。

3. 收集整理教育研究资料的能力

收集整理研究资料的能力，是指教师根据研究范围和课题的需要，有目的、有计划地查寻及归纳整理有关资料的能力。

第三节 职校教师的角色技能

教师的职业技能是后天获得的，因为教师扮演的所有角色都包含了以前社会化经验所获得的内容。下面从教师威信、教育态度及教学反思来讨论教师角色技能的获得。

一、职校教师威信的形成与维护

(一) 教师威信概述

威信是指教师所具有的一种使学生感到尊严时信服的精神感召力量。它与神圣不可侵犯的威严不同,威信使学生敬而信之、亲而近之,威严则使学生疏而远之。

威信是教师成功地扮演角色的一个重要条件。首先,职业学校教师的威信是职校生接受教诲的基础和前提。古人云:"亲其师,信其道。"深得学生敬重和爱戴的教师,学生将确信其教导的正确性和真实性。对于他们所授的课,认真学习;对于他们的教导,乐于接受。其次,有威信的教师能唤起学生积极的情感体验,他们的表扬能引起学生的愉快感和自豪感,激发其进一步努力的愿望。他们的批评能引起学生的悔悟、自责和内疚的心情,自觉地改正缺点和错误。最后,有威信的职业学校教师能被职校生视为理想的榜样和行为的楷模,产生向教师模仿的意向,使教师的示范起到更大的教育作用。总之,教师的威信越高,他的教育效果一般就会越好。

(二) 影响教师威信形成的因素

教师的威信是通过教师的人格、能力、学识及教育艺术在学生心理上所引起的信服产生的。职业学校教师威信的形成取决于许多因素。这些因素是:社会对职业学校教师的态度;教育行政机关、校长对职业学校教师的态度;学生家长对职业学校教师的态度;学生对职业学校教师的态度等。但职业学校教师本身的条件对教师威信的形成是最根本的决定性因素。

1. 教师崇高的思想品质、优秀的心理品质和业务能力

教师在教育工作中具体表现为:(1) 热爱党,热爱社会主义,忠诚于党和国家的教育事业,有强烈的自豪感,不计名利,甘为人梯,出色地完成教育和教学工作;(2) 对学生有深厚的情感,有坚强的意志和适应教师工作的良好性格和高尚的兴趣爱好,还有丰富的想象力和灵活机智的心理品质;(3) 努力钻研业务,有深厚广博的专业知识和熟练的教育艺术,能创造性地完成教育、教学任务。

教师如果不扎扎实实地深入钻研,教学质量不能提高,想以华而不实的动作、言语博得学生听课的兴趣,不久就会被学生厌恶。教师可以使用生动幽默的语言,但决不能使用那些无聊的低级趣味的语言。

2. 教师给学生的第一印象

教师与学生初次见面给学生留下的印象十分深刻,因为学生对新教师总怀有新奇感,十分注意教师的一言一行。第一印象好,学生对教师以后的言行常常往好的方面解释;第一印象不好,学生往往会大失所望,常常从不好的方面解释教师的言行,教师威信就难以形成。所以教师必须高度重视与学生第一次见面,力求在第一次讲话或上头几堂课时就给学生留下深刻的印象,树立初步的威信。

3. 教师的仪表、生活作风和习惯

许多研究表明,教师仪表大方,衣着整洁朴素,也会引起学生尊重和好感;生活作风懒散、不讲卫生和做怪动作等不良习惯,不仅会影响学生的情绪和注意力,而且会损害教师威信。

4. 克服对教师威信形成的错误观点

有人主张严教可以树立威信,即从保持教师威信的意愿出发对学生提出主观要求,如果学生不能满足教师提出的要求,就进行体罚或变相体罚,其结果只能让学生感到被压服,绝不能使学生心悦诚服。教师这样的行为可能使学生养成当面一套,背后一套,阳奉阴违的行为表现。有的教师不尊重学生,甚至辱骂和斥责学生,如辱骂学生"笨蛋""不可救药"等,其结果,不但不能树立自己的威信,反而会降低威信。

(三) 教师威信的维护

教师的威信不是一成不变的,它可能继续保持,不断发展,也可能逐渐下降。所以,教师不仅要注意在学生中形成威信,而且还要注意维持已经形成的威信。维护教师威信的首要条件是使自己的道德和心理品质以及业务能力始终处于积极的发展状态。如果不严格要求自己,对于艰苦的教育工作的兴趣和热情逐渐淡漠,业务上不求上进,备课不认真,教学质量下降,就难以维持原有的威信。教师要维持自己的威信,应时时处处意识到自己的教师身份。在各种场合都不要忘记自己是教师,不应出现有失教师身份的言行。

二、职校教师教育态度的培养

教师的教育态度是指教师对教育工作的认识、情感和行为特征方面的比较持久的倾向。教育态度既影响学生的知识学习,也影响学生的人格发展。它是教师获得角色技能的必要条件。

(一) 树立正确的学生观

教师的学生观是指教师对自己的教育对象的基本看法。不管教师是否自觉,他们的学生观会影响教师的教育态度和教育方式,支配教师的言行,制约教师角色技能的获得。一般认为,教师中存在两种不同的学生观。

1. 评价性的"学生观"

有些教师,由于受世俗的社会观念影响或某些其他原因,往往会先入为主或感情用事,过多地强调职业学校学生不足的一面,认为学生中调皮捣蛋的多、不听话的多、愚笨的多,因而批评、贬斥多于肯定和表扬,造成师生关系紧张。他们体会不到尊师爱生的乐趣,导致对教育失去信心。有的教师因此胆怯,不敢管教学生,怕学生"捉弄教师";有的教师采取"放任政策",睁一只眼闭一只眼,听其自流;有的则生硬粗暴,采取"高压政策",致使师生对立。

2. 移情性的"学生观"

教师的移情性"学生观"产生于积极的移情作用。移情,是指站在学生的角度考虑问题,进入学生的内心世界,体验学生的所思、所想,通常讲的"将心比心""设身处地"就有这种移情的因素。

持移情性的"学生观"的教师认为,职业学校的学生也是可爱的,是可以教育出人才的。他们能深入了解学生,在考察学生时,不带主观预想的框框,能设身处地地体验学生所作所为,耐心细致地观察、分析、了解学生的内心世界,不论是聪明的、笨拙的、听话的或顽皮的学生,都能以同情、真诚、热爱、关怀的态度对待。他们坚信,没有教育不好的学生,只有不会教育的教师。因而,他们以满腔的热情,坚强的意志,不断提高教育艺术,努力把每一个学生教育好。教师通过对学生移情的理解,设身处地地体察学生的思想感情,了解学生对某些问题的看法和态度,逐渐与学生有了共同的语言,在思想和感情上更加融洽。

移情作用不仅教师有,学生也有。教师以上种种情感在教育教学过程中感染学生,使学生思想感情上产生共鸣,从而逐渐对教师产生一种亲切感、安全感、自信感和责任感,他们虚心地接受教师的教导,从而努力学习。

(二) 形成良好的教学风格

教学风格是教师执教时所表现出来的独特技能、手段和方法。例如,有些教师的教学充满热情,有些则比较平淡;有些教师讲课条理清楚,有些则比较凌乱;有些教师的课富有激情,有些教师则呆板被动;有些教师的课只满足于将课程信息提供给学生,有些教师则鼓励学生通过自己的研究作出结论。总之,教师在使用奖惩的方式、对制定的教学目标所承担的责任以及如何实现这些目标的方式上的差异都属于教学风格。

教师的教学风格与其本人的许多特征有关。某个教师能以某种教学风格取得满意的教学效果,但对另一位教师来说,则未必如此。因此,教师的教学风格应当同自己的知识结构、认知水平以及人格特征等方面的优点和弱点相适应,也应当学习必要的教学技巧。同时,良好的教学风格总是同某一时期力求达到的教育目标相关。这个目标可能是有效地传授已确定的知识,探索有争议的知识领域,形成或改变态度,提高解决问题的能力等等。针对不同的教育目标,教师有必要调节自己的教学风格。

由于学生在不断地变化,他们的需要各异,身体、认知反应方式、智力、焦虑水平和学科兴趣相距甚远,这就要求教师经常研究学生的需要和特征,有必要根据学生的具体情况而适当改变自己的教学风格,以特定的反应方式满足学生的要求,促进他们的发展。

三、职校教师的教学反思

教师成长与发展的基本途径主要有两个方面,一方面是通过教师教育培养新教师作为教师队伍的补充,另一方面是通过实践训练和教学反思提高在职教师的水平,促使教师专业发展。(参阅第一章第二节)

要想促进自己的成长,新教师可以参加专门的训练。有人曾将某些"有效的教学策略"教给教师,其中关键程序有:(1) 每天进行回顾;(2) 有意义地呈现新材料;(3) 有效地指导课堂作业;(4) 布置家庭作业;(5) 每周、每月都进行回顾。

对教学经验的反思,又称反思性实践或反思性教学,这是一种思考教育问题的方式,要求教师具有作出理性选择并对这些选择承担责任的能力。波斯纳提出了一个教师成长公式:经验＋反思＝成长。他还指出,没有反思的经验是狭隘的经验,至多只能形成肤浅的知识。如果说教师仅仅满足于获得经验而不对经验进行深入思考,那么他的发展将大受限制。

科顿等人1993年提出了一个教师反思框架,描述了反思的过程:(1)教师选择特定问题加以关注,并从可能的领域,包括课程方面、学生方面等,收集关于这一问题的资料。(2)教师开始分析收集来的资料,形成对问题的表征,以理解这一问题。他们可以利用自我提问来帮助理解。提出问题后,教师会在已有的知识中搜寻与当前问题相似或相关的信息。如果搜寻不到,教师就会去请教其他教师和阅读专业书籍来获取这些信息。这种调查研究的结果,有助于教师形成新的、有创造性的解决方法。(3)一旦对问题情境形成了明确的表征,教师就开始建立假设以解释情境和指导行动,并且还在内心对行动的短期和长期效果加以考虑。(4)考虑过每种行动的效果后,教师就开始实施行动计划。当这种行动再被观察和分析时,就开始了新一轮循环。

第四节 职校师生关系的心理分析

师生关系是学校环境中最普通、最基本的人际关系。教学过程是师生两方面在理性和情绪上的动态的人际关系过程。学校一切有效学习活动的进行,都是建立在良好的师生关系之中。苏联教育家苏霍姆林斯基所言:"我坚信,常常以教育上的巨大不幸和失败而告终的学校内的许许多多冲突,其根源在于教师不善于与学生交往。"美国心理学家珀金斯(Perkins,H V)的研究表明,师生关系的性质是班集体的主要决定因素,在课堂中最早建立起来的感情和关系决定着班级风气,又影响着以后的课堂教学。

一、职校师生关系的作用

(一) 良好的师生关系具有调节教师行为与学生行为的功能

良好的师生关系可以激发教师对教育工作的热情,使教师更乐于接受学生,亲近学生,缩短与学生的心理距离,同时,良好的师生关系有助于教师能随时了解学生的需要,并尊重学生的人格尊严,帮助学生获得知识与人格的健全发展。

职业学校学生往往有自卑感,他们常常担心教师瞧不起他们,他们希望教师能够尊重他们,关心他们,获得与教师交往的满足。心理学研究证明,凡是喜欢与教师接近的学生,其学习态度和成绩一般较好,学生尊重教师并乐于接近教师,在他们有学习困难或个人生活上遇到问题时,就容易向教师请教,使他们在学习和生活上进步很大。

(二)良好的师生关系有助于学生正确的自我意识的形成

健全的人格是心理健康的一个重要标志,也是心理健康教育的最终目的。自我意识是人格的核心,是人格健全的心理基础,自我意识的发展完善过程也是人格健全的过程。自我意识是经由个人与他人的互动,从周围人们尤其是重要他人的期待与评价过程中,由主观体验发展起来的。因此,学生与重要他人教师的交往,是学生认识自己的重要途径,学生可以从教师的态度和评价中了解自己的优点和不足。在良好的师生关系中,教师一般会给予学生更多的积极评价和期待。这易于学生形成健康的自我意识,获得自信和自尊。

(三)良好的师生关系有助于学生社会化的发展

个体的心理健康不仅表现为内部协调,也表现为外部适应。个体的外部适应反映了其社会化的程度,而人际交往是个体社会化的起点。在良好的师生关系中,作为社会代表者的教师与学生的和谐交往,不仅为学生提供了一种交往的范例,锻炼其交往技能,而且也能使学生由此透视社会上人与人之间的关系,学习社会生活所必需的知识、技能、态度、伦理道德规范等,从而推动学生的社会化进程。

二、影响师生关系的因素分析

(一)教师方面的因素

在师生关系中,教师占主导地位。教师不仅要指导学生之间的人际交往,对师生关系的建立也起主导作用。学生的交往技能靠教师来培养,师生人际关系的发展主要靠教师来导向,师生人际关系的矛盾主要靠教师来协调。师生关系的好坏,责任主要在教师。因此,当师生关系紧张时,教师应先反省自己,而不应把责任推给学生。此外,教师对待教育事业、对待学生的态度,教师的言语技术,教师的交际技术,是影响师生交往的重要因素。

(二) 学生群体因素

影响师生交往的学生因素主要有学生的年龄因素、群体的氛围因素、群体的认知因素等。学生群体的年龄因素是影响师生交往的重要因素。一般说来,年龄越小,其向师性就越强。职业学校学生正处于"心理断乳期",他们的独立性日益增强,向师性有所减弱。群体的氛围因素主要是指一个学生群体的集体化程度。一般说来,集体化程度越高的群体,其成熟性也越高,越有利于师生交往。所以教师构建良好的班集体,同时掌握与集体交往的技巧是发挥集体促进因素的重要手段。群体认知水平也是影响师生交往的因素之一。如果群体认知水平过低,特别是群体认知水平的参差度过高、类型差异太大,都不利于师生交往的有效开展。

(三) 环境因素

影响师生交往的环境因素,从外及内依次可分为社会氛围、社区规范、家庭环境、学校文化及班级文化,其中重要的环境因素是校风与班风。一个学校的校风好坏在很大程度上左右着教师的价值取向,制约着师生间的交往。一个班级的班风好坏也影响师生关系。所以,教师在对学生进行教育教学时,应注重环境育人、管理育人、服务育人,创造和谐的班级文化氛围,减少不良因素。

三、建立良好师生关系的心理策略

教师职业因素是制度本身赋予教师的权力性影响力,它还不足以让学生完全接受教师,更谈不上信服,所以单纯依靠职业权威的教师建立起的威信,在很大程度上是"虚假的权威"。教师更应该注重人格魅力等非权力性影响力在师生交往中的作用,教师应采取必要的策略来建立良好师生关系或改善师生关系。

(一) 克服人际偏见,形成对学生的正确认知

在人际关系中,人际知觉,即人对人的知觉,具有调节作用,直接影响人际

交往中的情感流露和行为表现，从而影响人际关系的深度和融洽度。而人际知觉是一个主观色彩较浓的过程，在人际交往中，由于受主客观条件的限制，易形成各种人际偏见，如第一印象、晕轮效应、自我投射等。因而，为建立良好的师生关系，教师就必须正确地认识和理解学生，克服对学生的偏见和误解。在实践中，教师可以通过移情体验、移情理解等方式，设身处地地理解学生的感情与行为；可以通过自我扩展教育等方式，听取学生表达内在的情感和思想；可以通过师生共同活动等方式，多角度、全面地了解学生。教师只有在正确认知学生的基础上，才会对学生采取正确的教育方式和态度，并产生相应的情感，才能建立良好的师生关系。

（二）加强个性修养，增进对学生的人际吸引

人际吸引是人与人之间彼此喜欢、相互悦纳的现象。教师是否具有人际吸引力，直接影响着师生关系。有很多因素影响到人际吸引，包括学识、修养、能力、仪表、个性品质等。因而，为建立良好的师生关系，教师应充分运用这些因素来增强自己对学生的吸引力，其中，尤其要加强个性品质的修养。优秀教师的个性品质主要有：渊博的知识、卓越的才能、待人诚实热情、温和等。为此，教师不仅要加强业务知识与技能的进修，以自己的才识确立在学生心目中的地位，而且要诚实、热情地对待学生，关注、关怀每一个学生，养成与学生积极交谈的习惯，主动促进良好师生关系的建立。

（三）采取民主型的领导方式，促进与学生的心理相容

教师的地位和角色决定了师生关系是一种特殊的人际关系。在师生关系中，教师扮演着领导者的角色。教师采取的领导方式，直接影响师生双方的心理相容性，从而影响师生关系的状况。心理学的相关研究（勒温等，1939）证实：教师采取民主型的领导方式，在学生的学习效率、道德发展等方面，明显优于专制强硬型、专制仁慈型、放任型的领导方式。所以，从优化师生关系的角度来考虑，应倡导教师采取民主型的领导方式，尊重学生，在人格上把学生摆在与自己平等的位置，让学生有更多的讨论、选择、合作和创造的机会，发展合作型、对话型的师生关系。在这种人格平等的合作与对话过程中，师生的心灵才能有交流、碰撞和融合，师生间的心理才能相容，良好的师生关系也才能建立起来。

【本章思考与练习】

1. 职校教师的角色主要有哪些?
2. 职校教师的教学能力主要有哪些?
3. 职校教师的创造能力及教育科研能力要求是什么?
4. 影响职业学校教师威信形成的主要因素有哪些?
5. 职校师生交往的心理策略有哪些?

第十四章　职校教师的职业心理成长

心理成长是指人在达到正常心智水平之后,经过一系列积极正面的心理变化,心理不断发展成熟的过程。心理成长可通过社会经历(或学习)和心理训练两种方式获得。它有助于心理能量的加强、人际关系的改善和心理素质的提高。

第一节　职校教师的职业成长

职校教师专业化发展的一个重要指标就是职业成长。职业成长的过程需要教师及时进行身份转变,形成积极的职业期待并通过持续的努力,从而不断提升自己的职业能力。

一、职校教师的身份转变

新时代的职业教育,对职校教师提出了新的更高的要求。如何才能成为一名符合社会期待的职校教师?一般应实现以下四个转变。

(一) 从"师道尊严"维护者转变为"民主教学"倡导者

长期以来,我国各级各类学校中教师和学生的地位都是不平等的。教师高高在上,神圣不可侵犯。教师要求学生俯首帖耳,唯命是从。正因如此,一些有较强个性和自主意识的学生就会形成强烈的逆反心理,对学校教育产生抵触情绪。

就其本质而言,教育是一种维持个体生存、促进个体发展的活动。这种活动有两种基本形式——他育和自育。他育过程主要由教师、学生、教学内容、教学媒体和教学环境五大要素构成。我国现行的学校教育是一种典型的他育形式。但是随着学生自我意识的成长和加强，他们将逐渐从盲从走向怀疑，从被动走向主动，产生"拒绝被动"和"渴求自主"的强烈愿望。这样，就自然地过渡到另一种教育形式——自育。自育是个体根据自身兴趣、爱好、追求而选择相应的内容，采取适当方式进行自我教育的过程，一般由学生、教学内容、教学媒体和教学环境四个要素构成。通俗地说，自育过程就是自我认知、自我设计、自我选择、自我调节、自我发展、自我实现的过程。这就给教师提出了一个严肃的问题：如何把自主权交还给学生？

职校生的年龄大多在15—18周岁之间，在身体不断发育、心理逐渐成熟的同时，个性特征和自主意识也日趋明显。他们追求独立，向往自由，不愿接受太多的说教。他们希望是"独立的人""主体的人""创造的人""完全人格的人"。职校教师在教学过程中，必须依据学生的个性心理特征，实行民主教学，从"师道尊严"维护者向"民主教学"倡导者转变。在人格上，教师与学生是完全平等的，教师必须尊重学生，而不是去塑造学生，因为塑造本身就意味着对学生的不尊重。在教与学的矛盾中，学生是中心，教师是教学的组织者，是学生学习的指导者，是学生发展的向导和顾问。

（二）从"只教不研"的施教者转变为"教研并重"的实践者

传统观念认为教师的任务是"传道、授业、解惑"，在应试教育盛行的初高中阶段尤其如此，因为各个学校把考试分数和升学率作为对教师考核、评价的主要依据。对每一位教师来说，他们只关心考试结果，很少进行研究。应当说，职业教师需要研究的内容比中小学教师还要多，有些职校教师在这方面的确做得很不错，但总的来说还不够。随着现代教育教学理论、实践和方法不断向前发展，对于职校教师来说，单纯的教学观念肯定是行不通的，必须进行研究，做到"教研并重"。职校教师研究什么？一般而言是以下四个方面。

1. 研究社会

中国已成为世界重要的制造业大国，职业教育在这一大环境下有很大的发展空间。职校教师应积极贯彻"职业教育要主动适应市场经济和现代化建设的需要，要主动为企业生产服务"的方针，借鉴国内外职业教育的有益做法，结合教育实践，参与教育的宏观研究，深化教学改革，创新教学模式，培养技能型人才。

2. 研究行业

职业教育培养的人才直接面向生产一线,教学必须坚持以服务为宗旨、以就业为导向,面向社会,面向市场,教师必须研究企业实际,了解企业所需,寻求所授课程同企业实际的结合点,从而达到教而知其用的目的。

3. 研究学生

职校生有其特殊性,他们正处在身心发展转折期,学习生活及发展方向正处在大调整阶段,他们将直接面对社会和职业的选择,面临日趋激烈的职业竞争和日益加大的就业压力。毋庸讳言,职校生的文化基础相对薄弱,学习自觉性相对较差,教师必须关心爱护学生,采取有效措施,有针对性地使每一位职校生都能有所进步、获得发展。

4. 研究自己

教师素质决定学生素质。职校教师是集理论、技能、师范于一身的复合型人才,应认清自己必须是教师和工程师的复合体,既能教授理论课,又能进行实训指导。这在德国等职业教育发达国家早已成为基本要求。目前我国职业学校大部分专业课教师是从高等院校毕业后直接到职业学校任教的,尤其是青年教师对生产一线情况缺乏了解,从而阻碍了自身的职业实践能力,影响了教学的有效实施,因此职校教师应着眼于自己是"双师型"来研究自己,以满足新形势下职业教育发展对自身的要求。

综上,职校教师从"只教不研"的施教者向"教研并重"的实践者转变,不仅是职业教育改革的客观要求,同时也是职校教师自身不断发展和提高的需要。职校教师不仅要乐于教、善于教,而且要敢于研、勤于研。唯有如此,方能真正成为一名符合社会期望的职校教师。

(三)从"书本理论"阐述者转变为"实践技能"操作者

我国职业教育的目标是培养适应社会需要的应用型技术人才。娴熟的实践操作技能是职校生毕业后能否适应社会需要的关键。事实上,我国目前的职业学校,特别是文科类学校,培养出来的学生的动手能力尚不尽人意。学会计专业的不会做报表,甚至不会登录原始凭证;学市场营销专业的不会搞市场调查,不会建立市场营销网络;学文秘专业的不会做会议记录,不会写计划、总结、报告。这些情况表明,职校教师必须从"书本理论"阐述者向"实践技能"操作者转变。不可否认,某些职校教师特别是新教师,更要注重提高实践操作水平。职校领导要高度重视教师的轮岗培训。职校教师自己也要提高认识,充分利用寒暑假和周末休息时间,深入基层,到生产第一线参加劳动,向工人、农民和科技工作者虚心学习,耐心请教,不断熟练操作技能,丰富生产知识,积累生产经验,将自己在生产一线学到的技能运用于教学工作,提升自己的教学质量和水平。

(四)从"文化知识"传授者转变为"全面发展"促进者

随着教育改革不断深入,教师地位、职能和作用已经发生了显著变化。职校教师所扮演的不仅是"知识传授者"角色,更重要的是担负着"教育人"和"培养人"的社会责任。这是因为:其一,纯粹的"知识传授者"与职业教育培养目标不相符,更与职业教育改革和发展实践相违背;其二,由于知识更新越来越快,教师自身的知识要不断更新换代,教师传授给学生的知识肯定不能保证学生终身受用;其三,现在信息越来越发达,学生获取知识的渠道越来越多,教师作为唯一知识传授者的地位早已动摇。因此,教师从"文化知识"传授者向"全面发展"促进者转变已势在必行。

由于科技进步,生产力水平不断提高,世界范围的市场结构和管理体制已经发生了很大变化。表现在劳动力市场需求上,现代企业需要的不再是掌握现成知识和单一技能的操作者,而是需要具有超前意识、创新能力、合作精神、综合职业技能全面发展的高素质劳动技术型人才。所以,职校教师在教育教学工作中努力促进学生全面发展,是当今社会政治、经济和科技发展的客观要求。

总之,职校教师应该是民主教学的倡导者、教研并重的实践者、实践技能的操作者、学生全面发展的促进者,惟其如此,方能成为一名符合社会期待的合格职校教师。

二、职校教师的职业期待

随着社会文化的发展和变化,教师要依据社会的期望、职业活动的要求以及特定的教育情境,随时调整自己的心理与行为。社会对教师的实际期待与教师的实际地位不符。具体来说就是社会对教师的期待较高而教师对自身社会地位感受较低,教师对职业角色带有明显受挫感。教师对自身职业角色现状的感受与教师角色的实际表现具有比较突出的矛盾。具体表现在教师对自己角色的自我感觉较好,但其角色的表现则较差。这种矛盾的形成,一是来源于较差的工作环境,二是来源于实现角色扮演中的疲惫。

面对新形势与新挑战,教师要想更好地发展,主要应从以下几个社会期待方面来强化自身的角色意识,并力图去解决问题。

(一)素质期待

素质期待,是完成社会期待的基础和前提,是社会对教师个体思想品德、个性特点、文化素质、能力素质、身体条件等方面做出预期的要求。这主要靠教师在职前准备阶段完成。如果入职时储备不足,还有待入职后的进一步完善。

(二)形象期待

形象期待,是社会对教师角色的外部特征,如风格、气质、言行习惯,乃至长相衣着方面的预期要求。尽管没有量化的指标,社会对教师职业的形象期待还是比较高的,尤其突出强调整洁朴素的外表、可敬可亲的面容、严谨的作风和学者风度。

(三)义务期待

义务期待,即社会要求教师所要承担的社会责任与社会服务。角色义务既是角色的中心要素,也是社会期望于角色的最重要内容。社会衡量角色,最终是以其是否履行义务为准绳。它可以弥补教师素质和形象上的某些不足。义务期待不足,素质和形象上的优势也会被忽略或低估。教师义务期待就是要完整有效地履行教师多种角色的职责。

第二节 职校教师的职业倦怠

随着工作年限的增加,在很多职校教师身上会产生职业倦怠的现象。职业倦怠不仅影响教育教学工作,还会影响个人身心健康。因此,应该正视职业倦怠现象,采取有效措施,不断提升个人的心理素质。

一、职业倦怠的概念

职业倦怠(vocation burnout)一译"工作倦怠"或"职业枯竭"。"倦怠"一词从 20 世纪 60 年代初期起开始成为美国社会的大众词汇。据克雷博和恩兹曼统计,仅 1974—1989 年间就有 2500 多篇关于职业倦怠方面的研究报告发表。[①] 1974 年美国精神分析学家弗洛登伯格首创"职业倦怠"一词。他用该词来描述那些服务于"助人行业"的人因工作时间过长、工作量过大、工作强度过强所产生的一种疲惫不堪状态。[②] 1981 年马斯拉奇和杰克逊将职业倦怠研究推向深入。[③] 黄希庭教授编撰的《简明心理学辞典》认为职业倦怠是"一种情绪衰竭、人格解体、个人成就感降低的综合征"。总之,职业倦怠是个体过分努力去达到一些不切实际的期望的结果。

与职业倦怠密切相关的另一个概念是工作压力(job stress)。不过,两者既有联系又有区别。首先,职业倦怠不是个体对某一特定事件的即时反应,而是在较长一段时间里,因工作压力而在情绪上产生的一种低强度的递进反应过程;工作压力则是个体对某一特定事件的即时反应,会引起生理、心理等方面的变化,如紧张、焦虑等。其次,职业倦怠对个体的影响是负面的、有害的;而工作压力除了给个体造成负面影响外,还有积极意义,如能激发潜力,激发个体的成就动机。第三,职业倦怠因工作压力引起,又反作用于工作,它直接影响工作准备状态,导致工作状态恶化;而职业倦怠则是一种恶性循环的、对工作具有极强破坏力的因素。

教师是职业倦怠的高发人群。职业倦怠不仅影响教师的身心健康,而且影响教育质量和学生的未来发展。美国教育协会(NEA)对教师职业倦怠的状况进行调查,结果显示,自 20 世纪 80 年代以来,教师职业倦怠逐渐成为影响教师生涯发展最严重的心理障碍之一。[④] 教师职业倦怠容易导致健康不良、心理不适应、自信削弱及自我效能降低,甚至影响婚姻、家庭及人际交往。当职业倦怠严重到个人无法忍受时,可能会有旷工、离职甚至提早退休等现象。

---

① Kleiber D, Enzmann D. Burnout:15years of research:An international bibliograaphy[M]. Gotting:Hogrefe, 1990.
② Freudenberger H J. Staff burnout[J]. Journal of Social Issues, 1975,(30):159-165.
③ Maslach C, Jackson S E. The measurement of experienced burnout[J]. Journal of Occupational Behaviour, 1981, 2(2):99-113.
④ Farber B A..Crisis in education:Stress and burnoutin the American teacher[M]. Jossey Bass, San Francisco, California, 1991.

二、职校教师职业倦怠的表现形式

结合马斯拉奇和杰克逊(1986)的定义以及《简明心理学辞典》的定义,职业倦怠有三种表现形式:情绪衰竭、去人格化和低个人成就感。情绪衰竭(emotional exhaustion)表现为没有活力,没有工作热情,感到自己处于极度疲劳状态。这是个体对所从事的工作进行评估的结果。去人格化(depersonalization)表现为刻意使自己与工作对象之间保持距离,以消极否定、麻木不仁的态度对待工作对象。这是个体对自己的工作对象(即他人)进行评估的结果。低个人成就感(reduced personal accomplishment)表现为消极地评价自己,并伴有工作能力体验和成就体验下降的现象,认为工作不但不能发挥自身才能,而且是枯燥无味的繁琐事情。这是个体对自己的身心状态进行评估的结果。

职校教师的职业倦怠有以下四种表现形式,且每一种表现形式都有其深层次的原因。

(一) 要求过高与能力欠缺,导致职校教师有工作压力,从而产生职业恐惧感

教学既是科学也是艺术。教学既然是科学,意味着职校教师要掌握职业教育教学理论,懂得职业教育教学规律。教学既然是艺术,意味着职校教师既要具备专业技能,又要研究职校生的心理特点,并创造性地进行教学。相对于高校教师和中小学教师而言,职校教师是特殊的职业。这就要求职校教师既要能够遵循职业教育教学规律来完成教育教学任务,又要能够对职校生的生产、实习进行讲解与示范。职校教师还是要求奉献的职业。职校教师不但要为职校生提供相应的教育教学服务,还要为职校生提供足够的价值示范与情感支持。社会对职校教师提出了如此多、如此高的要求,导致职校教师在工作时间上的无限延长,在情感上的无限投入。职校教师个人的能力与精力往往是有限的。要求过多过高与能力精力有限的矛盾,使得部分职校教师难以应付岗位要求,这是职校教师产生工作压力的主要原因。工作压力长期存在,容易使他们对职业教育这个特殊职业产生职业恐惧感。

(二) 能力高估与职业低估,导致职校教师失去工作兴趣,从而产生职业失落感

有的职校教师往往高估自己的能力,认为把自己的能力仅仅用于职业教育

教学，用于与职校生打交道，多少是一种浪费。这种思想的存在，导致职校教师对工作、对自己的认知都产生了某些负面影响。一方面，他们会对职校教师这一职业的重要性予以低估，认为职校教师并不像人们所说的那么重要，职校教师所产生的社会影响也没有人们想象的那么广泛。另一方面，他们对自己往往过于自信，高估自己的能力，认为从事职业教育教学多少有些屈才。能力高估与职业重要性低估两者之间的落差，导致职校教师对工作、对工作对象失去兴趣，从而产生职业失落感。

（三）追求个性化与管理规范化，导致职校教师发展无望，从而产生职业厌倦感

职校教师是高度专业化的职业，也是富有专业追求的职业。对职校教师个人来说，追求职业能力专业化，追求教育教学个性化，是提升职业能力的有效途径。职校教师追求职业能力专业化，追求教育教学个性化，往往与职校对教师管理规范化、教学规范统一化产生冲突。学校行政管理与教学管理往往倾向于认为对教师的规范胜于个性发展，对教学规范的统一胜于个性发挥。这种管理思想的存在，使得职校教师在追求教育教学工作的专业价值时，在教育教学工作中展现自我价值时，往往受到学校规章制度的约束。长期的约束导致职校教师对自己的职业发展不再抱有希望，从而产生职业厌倦感。

（四）负面情绪与不公平感，导致职校教师自我效能降低，从而产生低个人成就感

在精神层面上，教师是"蜡烛"，是"园丁"，是"人类灵魂工程师"，是"太阳底下最光辉的职业"。教师职业可谓享尽了人间美誉。由于职校生与普高学生相比有着太多的不同，我们不能不承认一个事实：在同龄人中，从学习成绩来看，职校生群体相对不够优秀。他们中有的学习习惯不好，有的自律性较差，有的还沾染了一些不良习气，更多的职校生表现为方向不明、动力不足、浑浑噩噩、无所用心。职校教师并不是生活在真空中，他们总是拿自己跟别人进行比较。不要说跟其他职业比较，即便是跟中小学教师、高校教师相比较，其福利也是捉襟见肘，这就难免产生不公平感。不公平感不仅约束了他们的职业回报，而且使他们普遍觉得自己"入错了行"。负面情绪与不公平感交互作用，导致某些职校教师工作态度消极，自我效能降低，从而产生低个人成就感。

三、职校教师职业倦怠的消减措施

(一)社会消减措施

1. 提高职校教师的社会地位

一份职业的社会地位,既取决于它的经济地位和职业声望,也决定于职业的吸引力。目前,社会上对职校教师的看法或评价普遍较低,认为只有三流教师才会从事职业教育,因此很容易使他们产生强烈的失落感、自卑感、挫折感。有鉴于此,我国首先应通过政策倾斜、舆论导向等多种途径,让全社会理解职业教育的重要性,理解职校教师的艰辛,营造支持职校教师的社会环境,让职校教师对自己的职业产生自豪感。

2. 树立职校教师的职业威望

近年来,职校教师的工作条件、经济待遇都有了明显改善,但从整体看,尚有较大差距。各级政府对职业教育应继续加大投入,不断改善办学条件,提高职校教师的待遇,真正使职校教师成为令人羡慕的职业,成为有威望的职业。

(二)学校消减措施

1. 改善管理方式,为职校教师创造和谐的工作氛围。

学校的管理机制和工作氛围对教师的职业心理具有重要影响。研究表明,组织公平会影响工作倦怠。[①] 一方面,职校要重视分配公平和程序公平。前者指职校教师所获得的各种回报的公平性,后者指给职校教师创造各种机会。同时,职校还应重视投诉机制的建设,比如现场办公、设立意见箱等,让教师能及时发表意见,对学校发展提出建设性建议。另一方面,管理者应加强专业素养。我国职校管理者中,有些来自政府机关,有些来自普通中学,掌握的是一套行政管理模式和普通中学的管理模式,而职校由于其教育对象的特殊性,所需专业知识与教育方式又与行政机关、普通中学不同。作为管理者,只有学习相应的专业知识,才能真切理解职校教师在教育教学中遇到的困难,才能给予教师切实有效的支持,从而不断激发教师的工作动机。

[①] 李超平,时勘. 优势分析在组织行为学研究中的应用——组织公平与工作倦怠关系的实证研究[J]. 数理统计与管理,2005,(6):44-49.

2. 加强专业化培训,使职校教师获得成就感。

教育学生是一个漫长而辛苦的过程,其成效在短期内并不明显,致使职校教师很难在工作中获得满足感和成就感。我国职教师资"半路出家"的现象较为普遍,必然导致教师缺乏系统的职业教育理论,缺乏相应的专业技能,不仅会影响职业教育质量,更易导致教师缺乏成就感,诱发职业倦怠。教室里的成功又取决于教师教学效能感的获得。高教学效能感可以起到缓解工作压力的作用。[1] 高教学效能感的获得与专业化水平高低密不可分。研究表明,教龄在5—10年的职校教师的职业倦怠程度最高。[2] 因此,职校应加强教师的专业化培训。通过专业化培训,他们能结合教学实际,努力提升教学能力,运用有效的教学策略和教学行为,增强其教学效能感,获得成就感,减少职业倦怠感。

3. 搭建合作与交流平台,使职校教师获得专业帮助与情感支持。

同事之间的合作有利于改善职业倦怠状况。同事或同行之间的合作与交流对减轻工作压力、缓解职业倦怠具有重要作用。由于职业教育工作的复杂性与困难性,有许多工作需要与同事合作才能更好地实施。合作成功,产生成就感,减轻职业倦怠感;合作遇到困难,可以相互探讨,相互鼓励,获得情感支撑。合作与交流还是扩大职校教师交往范围、改善人际关系的重要途径,有助于减轻职业压力。

(三) 个人消减措施[3]

1. 时间管理训练

沉重的工作负担是教师职业固有的,但教师可以从时间管理技能的指导中受益(Starnaman & Miller,1992)。每个教师都拥有相同数量的时间,可是很多教师完成了数量可观的工作任务却没有被压力击垮。他们的秘诀是有效利用时间。时间管理的步骤包括时间分析、目标设定、按优先顺序排列目标、授权和行动。

2. 身心保健训练

适当的饮食和休息对保持身心健康是必不可少的。忙碌的教师常常不注意营养,他们感到没有时间来保证充足的睡眠。如果掌握有关营养和休息方面的知识,对一些教师也许会有所帮助。

---

[1] 刘晓明. 职业压力、教学效能感与中小学教师职业倦怠的关系[J]. 心理发展与教育,2004,(2):56-61.
[2] 陈衍. 对高职教师职业倦怠与应对方式关系的调查[J]. 职教论坛,2011,(23):87-89.
[3] 刘晓明. 新课程与教师心理素质[M]. 长春:东北师范大学出版社,2004.

3. 社交技能训练

很多教师因学生纪律问题和家长问题产生职业倦怠感。教师要能够容易地和学生、家长建立起良好的关系并赢得他们的支持,关键在于具有有效的社交技能。其中一个最简单的人际交往技能是倾听,学生和家长们有想法、有感受需要被分享。如果教师没有给予他们倾听的机会,他们就会觉得自己的想法和感受是没有价值的。那些善于倾听学生和家长意见的教师可以很大程度上避免产生职业倦怠感。

4. 班级管理训练

那些继续使用惩戒手段解决问题的教师是职业倦怠的高危人群。尽管许多教师具有有效的人际交往技能,但仍有一些教师还是在激励学生方面遇到了困难。给那些被学生问题长期困扰的教师提供班级管理技能方面的帮助是必要的(Starnaman & Miller,1992)。

5. 精神恢复训练

要想使教师内心平静、意志坚强,精神上的恢复非常关键。有方向感、意志坚强且内心平静的教师有能力经受住工作压力(Covey,1992)。精神恢复的形式包括阅读、听音乐、享受大自然的美丽与平静。典型做法是:开始时讲述相关内容启发教师,给予他们灵感;接着给他们时间讨论;最后给他们一段安静的时间让他们独自反省。精神恢复是消减职业倦怠感最重要最有效的方法。

第三节 职校教师的心理健康

教师是学校教育的关键所在。教师的心理健康状况直接或间接地影响着学生及其他教师的心理与行为,对于教师个人工作的成败也有极其重大的作用。对待教师出现的各种心理问题要有正确的态度,维护和促进教师的心理健康需要个人、学校和社会共同努力。

一、职校教师心理健康的意义

(一)心理健康的教师才能培养出心理健康的学生

教师对学生的影响,可以通过实际的教育、教学过程和学生管理工作来实现,教师自身的心理特点对学生产生的潜移默化的作用也是不容忽视的。例如,教师若缺乏健全的人格,赏罚无度,喜怒无常,就容易引起学生的情绪困扰,适应不良,甚至引起心理问题,尤其是处于人格形成关键期的职业学校学生更是如此。反之,教师人格健全,适应良好,能与学生建立良好关系,能根据心理卫生的要求组织教学和日常教育活动,那么对促进学生心理健康发展会有积极的影响。教师与其它职业不同,其它职业的心理不健康者所造成的损失是局部的、个人的,教师心理不健康所造成的影响是总体的、社会的、长远的。所以,教师人格和心理健康状况,比教师的专业学科知识和教学方法更为重要,教师不仅在对学生传授知识,更是在塑造人格。

我国职校教师的心理健康状况令人担忧。国家中小学心理健康课题组研究发现:54.03%的职校教师存在心理问题,其中44.23%的教师有轻度心理问题,8.27%的教师有中度心理障碍,1.53%的教师有重度心理疾病。[1]吴真和周明星用SCL-90对天津、湖北共9所中职校459名教师进行测试,结果表明:中职校教师心理健康状况水平低于全国成人常模,高于普通中学教师;59.56%的教师存在心理问题,其中52.94%的教师为轻度心理问题,5.15%的教师为中度心理障碍,1.47%的教师为重度心理疾病。[2]

(二)心理健康是教师自身发展的需要

教师也是人,同样有生存和发展的问题,同时难免或多或少地有某种程度的适应问题,如果这些问题不能及时有效地解决,就会形成心理问题。教师在开始工作时,都是热情与奉献的,他们感到自己的工作是具有社会意义的,并产生个人满足感。由于教学中不可避免的困难,个人问题及个人性格脆弱性,加上社会压力与价值观的影响,产生了挫折,促发其对工作的可能性进行重新评价。教师如果有心理问题,无论先天有多少潜能,也无法发挥潜能。这不仅使教师不能从事社会工作,同时也阻碍教师个人的成长与发展。

---

[1] 转引自:张静君,章雅青.职校教师心理健康研究的现状与展望[J].现代教育技术,2009,(13):67-69.
[2] 吴真,周明星.中等职业学校"双师型"教师心理健康状况调查研究[J].职业教育研究,2005,(2):25-27.

二、影响职校教师心理健康的因素

影响职校教师心理健康的因素很多,大致可归结为三个方面。

(一)职业因素

劳动强度大,社会回报低,经常加班工作,报酬却不能与社会上其他职业相挂钩;付出后结果难以预期,如为学生付出太多,学生却不懂得"感恩";文人相轻,同事之间竞争压力大;出现了压力却找不到宣泄渠道等。

(二)社会因素

职校教师除了扮演民主教学的倡导者、教研并重的实践者、实践技能的操作者、学生全面发展的促进者等角色外,还承担着家长、朋友、发泄对象等角色。面对社会期望、家庭角色、社会地位、教育体制变革,教师如果不能及时调整心态,便会影响教育教学工作。不少职校正处于转型期,无论学校是转、并、升或停,对于教师个人而言都是强烈的心理压力,考验着教师的心理承受能力。

(三)人格因素

俄国教育家乌申斯基说过:"在教育工作中,一切都应以教师的人格为依据,因为教育力量只能从人格的活的源泉中产生出来。任何规章制度,任何人为的机关,无论设想得如何巧妙,都不能代替教师人格的作用。"一位教师的人格与他能教出什么样的学生有着密切关系。人格品质是心理健康的重要标志,而心理健康又反过来促进健全的人格品质。要想成为心理健康的职校教师,就必须努力成为具有优秀人格品质的职校教师。

三、职校教师心理健康的维护措施

(一)建立对教师角色的合理期望

教师产生心理压力的重要原因之一是自己在本职工作中的角色出现了问题,不能顺利进行角色转换,或面对多种角色期待不能有效地调节,出现角色冲突或角色混淆。教师是一种集多种角色于一身的职业。因此,教师自己对教师职业应建立合理的角色期望。首先,教师自身要对其职业角色有正确的认识。尽管教师担当历史的重任,教师应是合格的教育者,但教师也应明白自己是平凡的人,会有七情六欲,喜怒哀乐。教师应了解自己的优缺点,做一个真实的人。其次,教师应了解所从事职业的艰巨性及各种问题出现的可能性,做好心理准备,提高自己的耐挫力。

(二)教师应做好应激的心理准备

教师遇到的应激事件是教师产生心理压力的重要前提条件。因此,教师要理清自己所遇到的应激源。但是,现实生活中大多数应激是无法预测的,这就要求教师要做好迎战挫折的心理准备。教师应进行如下自我检查,初步判断自己的心理是否正常:(1)与大多数人相比,自己的心理与行为是否有差异?(2)自己的主观体验是消极的还是积极的?(3)自己的主观体验是否影响到生理和心理的变化?是否影响到工作和生活?

(三)积极寻求职业反馈和交流

职业反馈是指来自不同人之间的与工作有关的信息。每个人都需要反馈信息,通过别人的反馈来调整自己的行为。教师应清楚组织的期望、工作的要求及职业中的责任与义务等,这样通过别人对自己行为结果的评价,树立职业意识、价值、目标及成就感。人际交流是人成长与发展所必需的。工作环境中的人际交流可以提供更多的社会支持,增加工作满意度。教师如果缺乏职业反馈与交流,就可能导致目标的混乱、责任心的降低和成就感的下降,出现职业倦怠。教师通过人际交流,可以疏导负性情绪,缓解现实的压力。

(四)提高班级管理能力

许多研究表明,教师对班级管理的效果如何直接影响对自身的评价。学生的纪律问题是造成教师倦怠的重要原因。随着社会变化,学生的问题行为也更加突出,它严重地影响到教师的教学,甚至成为教师重大的工作压力。因此,教师需要加强处理学生问题能力的训练,让教学在安静、有序的情境下进行,这样就可以减少教师的挫折感,增加教师的自信心。

(五)积极寻求心理专家的帮助

教师的心理问题,有些问题个人能解决,有些问题个人不能解决,于是积极寻求专家的帮助是很好的方法。一般来说,心理专家是在一定的理论指导下,严格按照心理咨询和心理治疗的程序,对咨询者进行训练,如认识疗法、行为疗法等等。教师往往不喜欢求助别人,特别是寻求心理专家的帮助。因此,教师要纠正偏见,树立正确的观念,寻求积极的帮助,使自己不断地健康发展。

(六) 寻求社会支持系统

大量研究表明,在压力情境下,那些来自伴侣、朋友或家庭成员较多心理支持或物质支持的人身心更健康。当教师受到压力威胁时,不妨与家人或朋友同事一起讨论目前的压力情境,在他们的帮助下确立更现实的目标,对压力的情境重新审视。此外,教师可以从家人朋友那里获得感情的支持,缓解压力与紧张情绪。

(七) 学会放松

放松是指身体或精神由紧张状态朝向松弛状态的过程。当压力事件不断出现时,持续数分钟的放松,往往比一小时睡眠的效果还好。除了日常的游泳、做操、散步、洗热水澡、听音乐等松弛方法外,教师还可以学习放松训练的应付压力技术。这是通过机体的主动放松来增强自我控制能力的方法。在一个安静的环境中按一定的要求完成某种特定的动作程序,通过反复的练习学会有意识地控制自身的心理生理活动,可以降低机体唤醒水平,增强适应能力,调节由紧张反应造成紊乱的心理生理功能。

(八) 坚持体育锻炼

体育锻炼可以帮助教师明显地减轻压力与倦怠。一方面因为体育锻炼使身体健壮,精力充沛,应付能力增强;另一方面,由于锻炼的进行减少了暴露于压力情境的时间,某些锻炼如散步、慢跑等也提供了一个难得的"空闲"机会,可以对问题加以反思,寻找解决问题的策略。体育锻炼的关键是有规律和持之以恒。应以适量和娱乐性为原则,过量或竞争性过强的运动不但不会减轻压力,其本身也是压力的潜在来源。

(九) 学会休闲

教师面对繁琐的工作与单调的工作环境,除了工作环境的调节外,还应具有适当的休闲生活,使其身心得到调节,以便提高生活质量与工作效率。在休闲活动中,教师可以发泄负向情绪,减缓现实的压力。教师可以选择自己专长的休闲活动,以满足教学以外的个人价值。教师的社交圈狭窄,人际互动非常有限,可通过休闲活动,增加与他人互动的机会。教师的工作范围常限于学校和班级,平时很少接触社会的其他层面,因此,教师可以借助休闲活动,深入社会,了解社会现象。教师与家人一起参加休闲活动,有助于与家人关系的和谐。

【本章思考与练习】

1. 简述新时代职校教师应完成的身份转变。
2. 简述职校教师职业倦怠的表现形式。
3. 职校教师如何有效消减职业倦怠?
4. 影响职校教师心理健康的因素主要有哪些?
5. 如何有效维护职校教师的心理健康?

第十五章 职校教育教学过程的心理管理

教育教学是职业学校工作的重点,教学质量是学校的生命线,有效的管理是提升教学质量的重要保障。本章对职校教育教学过程中的班集体建设、课堂氛围管理、师生关系调适等,从心理学角度提出相应的建议。

第一节 职校班集体的心理建设

班集体作为职校生成长过程中的一个重要场所,不仅直接关系到职校生的学习,还会影响职校生的个性、社会性及各项素质能力的发展。班集体不仅是教育的对象,更是教育的强大力量。苏联教育家马卡连柯曾说:"教育了集体,团结了集体,加强了集体,以后,集体自身就能成为很大的教育力量了。"因此,促进班集体的建设显得至关重要。

一、班集体的建设

(一)班集体概述

1. 班集体的概念

一般而言,班集体是由整个班级所组成,以完成学校教育基本任务为共同目标,有一定组织机构、规章制度的学生共同体。班集体不同于班级。班级是学校行政部门依据一定的编班原则把一些年龄和学龄相当、知识程度相近、心理发展水平大致趋同的学生编成的正式群体。班集体与班级属于两个不同层次范畴的概念。班级是一个组织名称,而班集体是一种复杂的关系构成,是一种价值判断;班级是班集体形成的组织基础,班集体是在班级这种形式的基础上逐步建立起来的,是班级发展到一定阶段的高级形式。

2. 班集体的发展阶段

一个优秀班集体的形成,一般要经过四个过程。

(1) 组建阶段。此阶段同学之间、师生之间都很陌生,班集体共同的价值目标和行为规范尚未形成,自我管理机制尚未建立,班集体依靠教师组织指挥,学生自身无自律性的要求。

(2) 形成阶段。班级成员之间开始互相了解,在班主任的引导下出现积极分子并组建起班干部系统。虽初步形成了班级核心,但班集体的行为规范、奋斗目标尚未成为全班同学的共同需要、共同追求。

(3) 发展阶段。学校教育要求已转化为集体成员的自觉需要,无需外在监督。班集体有共同的奋斗目标、良好的班风,有组织性和纪律性,有良好的人际交往环境,有较强的集体荣誉感。

(4) 成熟阶段。这一阶段是班集体趋向成熟的时期,集体的特征得到充分的体现,并为集体成员所内化,全班已成为一个组织制度健全的有机整体,整个班集体洋溢着一种平等、和谐、上进、合作的心理氛围,学生积极参与班级活动,并使自己的个性特长得到发展。

(二) 班集体建设的原则

班集体建设是一个循序渐进的过程,是将班级这一学校基层组织,逐渐培养成结构有序的,以完成教育教学任务,发展学生个性为目的的活动主体的过程。简单来讲,班集体建设是让班级转化为班集体的过程,它是班主任的中心工作,是学校教育教学和管理工作的基础。

1. 统一性原则

揭示了班集体建设和学生素质发展的关系。从根本上说,建设优秀班集体不是目的而是一种手段,班集体建设的最终目的是全面发展学生的素质,素质发展的重要条件是良好的班集体,而素质的发展又为优秀班集体的建设创造着有利条件。在班集体建设中,班主任必须处理好班集体建设和学生素质发展的关系。

2. 方向性原则

班集体建设必须培养集体主义精神,这是班集体建设的方向,也是现代班集体建设的灵魂。班主任在工作中要用集体的目标、利益和力量等集体观念教育影响学生，积极引导学生处理好个体与集体的关系，牢固树立集体利益至上的思想。

3. 主体性原则

班集体和班集体建设的主体是学生和学生组织，班主任要将学生看作积极主动的个体，引导学生围绕班集体建设目标，主动地、创造性地开展工作。

4. 针对性原则

班集体建设要针对学校当前的中心工作和主要任务，要针对本班学生的年龄特征、专业特征和个别特征，要针对本班当前存在的主要问题、不足和矛盾。

5. 一致性原则

班集体建设受到学校、家庭和社会等各个因素直接或间接的影响，班主任要及时、真实、全面了解教育影响，对教育影响进行科学分析和正确处理，发扬积极因素的促进作用，尽力消除或有效控制不利教育因素的干扰，协调各种教育影响，找出各种教育影响中的主要影响，做好重点工作。

二、班集体的特征分析及心理功能

（一）班集体的特征

班集体，既是一个学生组织集体，又是一个社会心理集体，具有组织行为和社会心理的特征。班集体的组织行为特征有正确的政治方向、共同的奋斗目标、明确的育人目的、坚强的领导核心、有序的组织机构、统一的行为规范、和谐的人际关系和健康的集体舆论；班集体的社会心理特征是主体性、内聚性、自制性、指令性、调节性和创新性。这些特征是班集体建设的理想标准，也是衡量班级发展水平的主要指标。

（二）班集体的心理功能

良好的班集体有自身独特的心理功能，对学生具有较强的教育影响力。

1. 心理感染功能

良好的班集体，是一种无形的感染力量，无声的行动指令，它能使班集体成员自觉与不自觉地约束自我的思想言行，从而采取符合教育要求的从众行为方式。

2. 行为导向功能

良好的班集体能产生导向功能，使全体学生的行为朝着班集体规定的要求去发展。

3. 内聚和激励功能

良好的班集体能凝聚师生的人心、增强集体意识和凝聚力；能满足学生精神需求、发挥才能、激发成就动机、满足学生的归属需要，学生相互关心、互相信任，增强自信和力量；能使人在思想上、情绪上、行动上得到统一，对个人的行为产生强大的激励和推动作用。

4. 调整自身目标或行为的功能

在班集体中，个体发展的不平衡或差异会产生比较和借鉴的社会心理，从差距中更好地调整自己的目标或行为，从而增强培养自我教育、自我调整的自觉性，完善自我人格。

三、班集体中的社会心理效应

社会心理效应是社会生活当中较常见的心理现象和规律，是某个人或事物的行为或作用引起其他人或事物产生相应变化的因果反应或连锁反应。正确认识、了解、掌握并利用社会心理效应，在班集体建设中具有非常重要的作用和意义。

（一）从众

从众是指个人的观念与行为由于群体的引导或压力，而向与大多数人相一致的方向变化的现象。从众是一种常见的心理现象，从众性是与独立性相对立的一种心理特性。

社会心理学家认为从众行为的基本动因有三种：渴望获得正确的信息、为了被喜欢和被接受、为减缓群体压力。影响从众的因素有：情景是否模糊不清，是否处于危急时刻，对方是否为权威人士，个体在群体中的地位，群体凝聚力和群体规模。

从众行为既有积极方面，又有消极方面。研究学生的从众现象，对于优化群体结构，利用从众行为的积极影响，防止其消极作用，对于班集体建设具有重要的意义。

（二）模仿

模仿是没有外在压力条件下，个体受他人的影响仿照他人，使自己的行为与他人相同或相似的现象。模仿是人们相互影响的一种重要方式。模仿的社会刺激是非控制性的，榜样是模仿的条件，但模仿是自愿产生的，有时可能是无意识的。模仿是学习的基础，具有社会适应作用，可以促进群体形成。

根据塔尔德的模仿律，模仿具有以下三个特征：下降率（社会下层人士具有模仿上层人士的倾向）、几何律（模仿一旦开始便以几何级数的速度增长）和先内后外律（个体对本土文化及其行为方式的模仿与选择，总是优于外域文化及其行为方式）。在班集体的建设过程中，可根据塔尔德的模仿律发挥模仿的积极影响，加快及优化班集体建设。

（三）舆论

社会心理学的研究表明，舆论是群体中占优势并从心理上产生共鸣的言论与意见。舆论是一种巨大的无形的精神力量，对集体的发展既是动力也是压力。舆论对事物具有评价、指导和鼓动的作用，制约着个体的行为，正确、健康的舆论能够使班集体团结一致，阻挡不当的言论和行为的发生。在班集体中，要时刻关心班集体内部舆论的倾向，以便确保班集体建设的进行。

（四）凝聚力

凝聚力是指群体成员之间为实现群体活动目标而实施团结协作的程度，是衡量群体发展水平的重要指标。凝聚力表现在成员的心理感受方面，即认同感、归属感和力量感。凝聚力的大小受集体领导方式、信息沟通、外部压力、群体奖励方式、目标结构等多方面因素的影响。在班集体建设中，要善于积极引导，将班集体成员引导到正确的方向上，增强班集体的凝聚力。

四、职校班集体的心理建设

（一）制定符合班集体心理建设的目标

共同的奋斗目标是班集体形成的条件和前进的动力，在班集体的建设过程中起着导向、推动、激励和标准的作用。班集体建设目标的设计，既要坚持从社会需要出发，又要用心研究集体成员的个性培养计划。

班集体建设目标的制定要讲究针对性、时效性、激励性。在抓好班级管理常规的条件下,针对班级的具体情况,提出不同的建设目标;要讲究目标的长短结合,阶段性重点要突出,长远目标分阶段实施,逐步达成;目标要求讲究适当并有一定的超越性,对职校生起到激励作用,使目标成为学生的认识、情感和行为的共同指向方向;目标要渗透现代意识,每个学生的成长离不开时代的精神营养,如今学生为适应这种新的变化,必须具备时代要求的精神品质。

(二)了解学生是班集体建设的基础

在了解和研究学生情况的过程中,要做到全面、系统、真实、可靠,要有发展的观点,要持正确的态度,把了解和研究的过程变成与学生交流和对其进行教育的过程。在了解和研究学生的情况后,班集体建设的工作重心在于为每个成员的兴趣、爱好、特长的形成和发展开辟广阔的天地,让每个人都能够充分显示其天资、才能与个性。按照学生身心发展的年龄特征及规律组织各种活动,使学生不断发现自己的兴趣爱好,促进其发展,形成一定的特长;为有特长的学生提供表现和发展聪明才智的机会,促进他们健康发展;尊重学生的个性差异,为发展每个学生的独特个性提供适宜的空间;通过集体活动培养学生良好的个性品质,从而促进个性的发展。

(三)创造良好的心理气氛保障班集体建设

班集体心理气氛,是班集体共有的心理反映,班集体共有的行为方式是这种共同的心理反应的外在表现。班集体的心理氛围有形或无形地影响着班集体的建设和学生的成长。健康融洽的班集体心理氛围使班集体成员强烈体会到在集体中的归属感、安全感、满足感和责任感,并容易接受集体的目标、态度和价值观,保持积极进取的乐观情绪,激发学习的动机;而涣散、冷漠和缺乏关怀的班级心理氛围会使师生之间或同学之间产生误解或隔阂,有时甚至会出现消极或敌视的行为,引发厌学或反集体的情绪等。因此,良好的心理气氛对班集体建设具有重要意义。

创设培养良好班集体心理气氛的环境。教师要尊重每一位学生,以平等、期待的眼光看待学生,充分信任学生,相信学生拥有的能力和潜能,认真发掘学生自身具有的优势,在平等相处中建立互信和双向交流,消除学生的对立与恐惧心理,缩短心理距离,建立融洽、和谐、互助、理解的班集体心理气氛。

调节不利因素培养良好的班集体心理氛围。要积极改善班级内不良人际关系,通过开展角色扮演、心理疏通等活动,创建情景,营造良好的沟通氛围,增强学生的相互交往能力,使学生的思想和情绪得以表达,消除不满情绪;正确对待班中小团体,避免集体内部的破坏性冲突。对于积极型小团体采取支持和保护的态度,对于消极型小团体注意引导和教育管理,对于破坏性冲突,应采取有力、有效的措施以免破坏人际关系,妨碍班集体目标的实现。

(四)善用社会心理效应开展班集体建设

在班集体建设中可以充分利用社会心理效应积极的一面,引导班集体朝着健康、积极的方向发展。班集体可以通过对积极从众的学生给予奖励,对违反集体行为规范的学生给予批评或惩罚,从而影响个体的价值体系朝向有利于班集体建设的方向改变;善于设计和组织学生开展各类健康有益的集体活动,并有意识地在活动中培育和引导正确的积极的集体舆论;通过激发学生的班集体荣誉感,培养凝聚力。凝聚力与良好班集体的形成是相辅相成,互相促进的。

第二节 职校课堂氛围的心理调控

课堂氛围贯穿于教学过程的始终,被师生双方直接所感知,对课堂教学具有直接的影响。美国心理学家罗杰斯认为,成功的教学依赖于一种和谐民主的课堂气氛。因此,在教学实践中,教师必须重视课堂氛围的优化。

一、课堂氛围概述

(一)课堂氛围的概念

氛围,通常是指人所处的环境气氛和情调,它是在某一种环境中,人们相互影响过程中所造成的某种心理情绪和环境气氛。关于氛围的作用,古人有"近朱者赤,近墨者黑","蓬生麻中,不扶而直;白沙在涅,与之俱黑"之说,孟母三迁的故事,这些都说明环境或者氛围对于个体的重要影响。

关于课堂氛围的定义,国内外研究者从不同的角度做出了解释,有"情感态度说""气氛情绪说""优势状态说""心理环境说""情绪情感状态说"等,并形成了有关课堂氛围、课堂气氛、课堂教学气氛等概念。一般来说,课堂氛围可以定义为班集体在课堂上所表现出来的心理气氛,通常是指课堂里某些占优势的态度与情感的综合状态。具体而言,是指课堂活动中师生相互交往所表现出来的相对稳定的知觉、注意、情感、意志和思维等心理状态。

(二)课堂氛围的类型

由于划分依据的不同,课堂氛围的类别也有所不同。在国外,勒温、里皮特和怀特从心理学的角度,根据教师的领导方式将课堂氛围分为专制型、放任型和民主型。在这三种不同的课堂氛围中,教师和学生有不同的心理活动和行为表现。随后,里皮特又进一步把专制型分为强硬专断型和仁慈专断型,课堂氛围就被分为强硬专断型、仁慈专断型、放任型和民主型四类。从社会学角度看,日本学者片冈德雄将课堂氛围划分为防御型和支持型两种类型:在防御型的课堂氛围中,课堂活动沉闷无趣,师生关系紧张,学生被动地接受学习;在支持型的课堂氛围中,课堂教学生动活泼,师生关系和谐,学生积极主动地去探究学习。

根据心理状态的不同表现,可以将课堂氛围分为积极的课堂氛围、消极的课堂氛围和对抗的课堂氛围三种类型。积极的课堂氛围主要表现为:师生双方饱含热情,教学目标明确,教学内容符合学生的心理发展特点或认知需求;课堂秩序有条不紊;学生思维活跃、注意力集中,有较强的求知欲;师生双方关系和谐,情感交流充分,整个课堂洋溢着积极向上的氛围。这种类型的课堂氛围是一种理想状态,可以促进学生的智力发展,激发学生的创造性思维,有利于教师主导作用和学生主体作用的发挥。消极的课堂氛围主要表现在:课堂气氛过于枯燥,教学主要是以教师为主,学生参与较少,对教学任务的理解一般;学生情绪低落,注意力不够集中,对讲课内容反应不强烈,师生之间交流较少;教学效果一般,基本能达到教学目标的要求。对抗的课堂氛围主要表现在:教学内容未考虑学生的心理发展特点;学生的注意力分散或处于半集中的状态,经常开小差,甚至完全不集中,对老师的提问不耐烦;课堂秩序混乱;师生关系或学生之间的关系不和谐,甚至有的学生故意捣乱;教学活动不能够正常进行,从而很难完成教学任务,达不到预期的教学目标。

二、良好课堂氛围的重要性

课堂氛围是伴随着课堂教学过程而产生、发展起来的,是教学活动顺利进行的心理基础,也是进行创造性教学的必要条件。

(一) 利于教师主体性的发挥

首先,课堂氛围会影响教师的情绪,进而影响教师的思维及其发挥水平。在积极的课堂氛围中,教师精神饱满,思维活跃,教学内容丰富多彩;反之,课堂中学生无精打采,注意力不集中,对教学活动不配合,教师就可能提不起精神,影响其主导性的发挥。其次,课堂氛围影响教师的行为。克莱因的研究发现,当学生表现的行为多是积极的,如微笑、注意、点头,教师则会表现出正面行为;当学生表现的行为多是消极的,如不专心、不注意、表情冷漠,教师则会更多地表现出不恰当的行为。在一个积极的课堂氛围中,学生注意力集中,积极与教师互动,教师就会表现出关爱学生的言语或行为,甚至还会反思以往的行为方式,从而进行调整。

(二) 利于改善学生的接受心理

课堂教学中,教师是传授主体,学生是接受主体。学生对教学内容的接受程度不仅受教师的影响,也受课堂中的接受情境影响。接受情境是课堂气氛精神结构的重要方面。要创设良好的接受情境,就必须营造积极的课堂氛围。课堂氛围的好坏直接影响着学生的接受心理,积极的课堂氛围可以激发学生的创造性思维。人的心理状态和行为表现不仅受自身知识水平和能力的影响,而且受外界环境的影响。当处于轻松、和谐的课堂氛围中,学生可以大胆地发表自己的看法,不会因为担心回答错误而压抑自己的想法,在这种情况下学生的思维比较活跃,会迸发出创造性思维的火花;如若处于紧张、惧怕、压抑的课堂氛围中,学生会觉得不知所措,思维活动受到抑制,即使自己有确定的答案也不敢表达出来甚至产生怀疑,不利于学生的发展。因此积极的课堂氛围有利于改善学生的接受心理。

(三) 利于优化教学效果

苏联教育学家巴班斯基说:"教师是否善于在课堂上创设良好的精神心理环境,起着重大的作用。有了良好的心理环境,学生的学习活动可以进行的特别富有成效,可以发挥他们学习可能性的最高水平。"实践证明,良好的课堂氛围能激发学生的灵感,诱发学习兴趣,开发思维潜能,从而促使学生接受新知识,很多创造性问题解决方式都是在良好的课堂氛围中产生的。在良好的课堂氛围中,师生关系和谐,教师尊重学生,学生对老师也有一种依赖感,双方心情愉悦,思维活跃,教师的教和学生的学都处于最佳心理状态,各自的潜能都能够得到最大限度的发挥,从而较高质量地完成教学目标或任务。

(四)利于学生健康发展

积极的课堂氛围可以通过自身一些独特的育人机制,如陶冶、感化、暗示、启发等,潜移默化中对学生的身心健康产生深刻的影响。在积极的课堂气氛中,教师注重与学生之间的互动、引导与合作,调动了学生的学习积极性,激发了学习兴趣;师生关系融洽,互相尊重,教师注重每位学生的发展,让全体学生都积极参与到教学活动中来,使每个学生都得到关怀和重视。

教师作为课堂教学的领导者和组织者,不仅要传授知识,也要创设和营造良好的课堂氛围,从而使学生产生积极的心理状态和学习行为,提高课堂教学效益和教学质量。

三、职校课堂氛围的心理调控

课堂是学生学习的主阵地,也是师生教学相长的重要场所。课堂氛围的好坏直接影响着教学效果,是教学活动赖以进行的心理背景。捷克教育家夸美纽斯指出,课堂"应当是快乐的场所"。因此,在课堂教学中,教师应该重视课堂氛围的构建,创设轻松愉快的氛围,以达到最佳的教学效果。

(一)建立良好的师生关系

美国人本主义心理学家罗杰斯指出:"创造良好的教学气氛,是保证有效进行教学的主要条件,而这种良好教学气氛的创设又是以良好的人际关系为基础或前提的。"在良好的人际关系中,师生融洽关系带来的积极情感,互相支持、彼此合作的态度和良好的情绪气氛,都会促进课堂效果的提高。

良好的师生关系可以从课堂教学入手,教学过程不仅是信息的交流过程,也是情感的交流过程,是师生之间情感交融的过程。苏霍姆林斯基认为,心理意义上的教学是人和人心灵的最微妙的相互接触。在课堂教学中,只有师生之间不断地进行情感交流,才能相互了解彼此的心理需求,为良好师生关系的建立打下基础。教师要有正确的学生观,设身处地地从学生的角度出发,考虑学生的心理特点和需求,这样才能理解学生的行为,才能做到关心学生、尊重学生。教学管理要民主,只有在民主、平等、和谐的氛围中,师生才会彼此尊重、教学相长。教师要以平等的身份和学生进行对话,允许学生提出不同的观点,这样才能营造民主的氛围。教师要主动与学生进行沟通,关心学生,了解学生的学习生活,了解学生的心理发展规律。师生之间的交流是促使师生关系融洽的有效方法。

（二）善用情感共鸣感染学生

教育心理学的研究表明,人在不同的情境中会产生不同的情感体验,师生之间的情感共鸣是影响课堂氛围的重要因素。教学过程不仅是传授知识的过程,也是师生情感、意志、行为、价值观等非智力因素的互动过程。学生是否乐于接受教师所传授的信息,关键在于信息能否引起学生的注意、满足学生的需要,从而使学生产生情感共鸣。课堂教学要使师生双方的意图、观点和情感联结起来,使教师传授的知识、提供的信息能让学生产生强烈的求知欲望、积极的思维活动和强烈的内心体验,就需要教师增加情感投入,给知识、信息附加情感色彩,实施情感性教学,以教师自身的情感体验营造良好和谐的课堂氛围。这就要求教师倾注积极的情感,用情感感染和打动学生,让他们伴随着丰富而愉悦的情感体验参与教学过程;重视与学生的情感交流,深入学生,了解关爱学生,体验学生的真情实感,缩短与学生间的心理距离,增强与学生在心理上的合作,让学生能够"亲其师,信其道"。

（三）激发学生良好心理状态

心理状态是个体在一定时间内心理活动相对稳定的状况与水平。学生在课堂学习中的心理状态是直接影响其学习效率和课堂氛围的重要条件。因此,在课堂教学中,教师要善于观察了解学生的心理状态,自觉激发学生的良好心理状态,有意识消除不良心理状态。首先,教师应从学生的非言语行为中了解学生的心理状态,即从学生在课堂学习时的表情、目光、动作、姿势等方面,观察了解其心理状态。针对学生的状态,及时做出积极反应,使学生的心态始终是积极向上的。其次,教师应满腔热情地激发学生产生和保持良好的心理状态。教师的鼓励性话语和表情,都可能引起学生的积极关注,使学生产生积极的心理状态。再次,教师在课堂教学中要充分挖掘教材中的情感因素,利用教学环境中的资源条件,创设积极的课堂教学情境,引发学生积极的学习心理状态,促进学生心理健康发展。

（四）树立教师的教育威信

教师威信就是教师在学生中的威望及学生对教师的依赖。教师是课堂教学的组织者和领导者,教师的人格和威信,是一种巨大的精神力量,具有很强的教育作用,是影响学生情感体验,制约课堂氛围的重要因素。教师有威信有利于良好课堂氛围的形成,主要原因在于:学生相信教师讲授和指示的正确性,会提高学习和接受知识的主动性;教师的要求能够有效转化为学生的需要,可以提高学生学习的积极性;教师的表扬或批评能够唤起学生相应的情感体验,有威信教师的表扬,会让学生感到愉快和自豪,并激起更加积极学习的心理愿望,对于批评也能够以正确的态度接受并改正。因此,教师在课堂活动中,不应把自己看成是发指令、要求者、监督者,而应看作是教学活动中平等的一员,师生双方在人格上、心理上处于平等的地位。在学生成长过程中,教师要做到逐渐放松对学生的权力控制,以平等的态度对待学生,以民主的方式指导和组织教学,以适应学生日益增强的成人感和独立性的需要,促进学生自我定向和自律能力的发展。教师在课堂活动中要处处严格要求自己,以身作则,为人师表,用自己的良好威信影响学生,给学生以积极的情绪体验,用以创造良好的课堂氛围。

(五)形成合理的教育期望

"皮格马利翁效应"在教育中主要体现在教师对学生的期望。教师的期望是在师生互动过程中产生的教师对学生未来发展潜力的心理定位。教师在课堂教学中往往是通过一些特定的行为来向学生传达他们的期望信息。现有研究表明,教师期望是通过四种途径影响课堂心理氛围:一是接受,教师通过接受学生意见的程度,为高期望的学生创造亲切的心理气氛,为低期望的学生制造紧张的心理气氛;二是反馈,教师通过提供不同程度的反馈,使不同期望的学生产生不同的心理气氛;三是输入,教师通过提供难度不同、数量不等的学习材料使不同期望的学生产生不同的心理气氛;四是输出,教师通过允许提问和回答问题以及对学生的耐心程度的差异使不同的学生产生不同的心理气氛。教师在传达期望信息时,只有采取恰当的方式,准确把握、合理评价每位学生,形成适度的高期望,才可能形成良好的课堂氛围。教师对学生的期待,首先要心中有学生,全面了解学生,相信学生发展的潜力,并努力去发现学生身上的闪光点;其次要向学生传递信赖与期待,特别是对学生探索创新的学习给予支持,这样才能使学生在学习中充满信心,并从中体验到自我接纳的愉悦和认同感。因此,在课堂教学中,教师要关注的是学生自主创新学习活动的有效性,而不仅是所教知识的多少；关注学生整个学习过程的质量，而不仅是获得了哪些知识；不仅关注学生求知的需要，还要关注学生情感、个性发展的需要。

第三节 职校师生关系的心理调适

教师和学生，是教育教学过程中两个最基本的组成要素，是教育教学活动的主体。师生关系贯穿于教育过程的始末，对教学质量和学生成长有重要影响，在教育系统中占有重要地位。同时，师生关系作为学校中最重要的人际关系之一，对学生的未来、教师的职业发展以及教育教学都有着重要影响。

一、师生关系概述

（一）师生关系的概念

师生关系是教师和学生在教育、教学过程中结成的相互关系，包括彼此所处的地位、作用和相互对待的态度等。它是一种特殊的社会关系和人际关系，是教师和学生为实现教育目标，以各自独特的身份和地位通过教与学的直接交流活动而形成的多质性、多层次的关系体系。学校中的教育活动，是师生双方共同的活动，是在一定的师生关系维系下进行的。

师生关系是影响教学质量的最直接、最具体、最经常、最活跃也是最重要的因素。良好的师生关系能使教师和学生的交往需求得到满足、建立亲密关系、体验愉快情绪、建立信任和了解的关系，进而提高学校教育质量。

（二）师生关系的类型

师生关系是多性质、多层次的关系体系，根据研究考察的方面和参照系的不同，分为不同的类型。

1. 根据内容层面的分类

根据内容层面，可分为：(1) 教学关系：即以教学内容为媒介的"教"与"学"的工作关系。教师通过教学，传授文化、训练技能、发展智力、培养品质，学生从教师传递的信息当中，学会学习的方法。(2) 道德伦理关系：即教师与学生应遵守一定的行为准则和道德规范，履行一定的责任和道德义务，师爱生、生尊师，各尽其责,学习道德经验,实现教学相长。(3)心理关系:心理关系是师生为完成共同的教学任务而产生的心理交往和情感交流,这种关系能把师生双方联结在一定的情感氛围和体验中,实现情感信息的传递和交流。(4)人际关系:即以心理交往为基础的,包括通过情感的交往交流而形成的师生之间的心理关系,教师和学生个体之间由于情趣相投而形成的非正式个人关系。

2. 根据师生心理距离的分类

根据师生心理距离,可分为:(1)亲密型:学生与教师情感联系比较多,与教师是相互信任、相互接纳、相处融洽舒服的关系。(2)平淡型:学生平时除了学习上的问题请教老师外,与教师感情平淡,联系不多,维持一般师生关系。(3)冷漠型:师生关系具有冷漠反应的特点,学生疏远老师,与老师缺乏交流,没有亲密和谐的情感联系。(4)冲突型:师生关系具有一定的情感联系,但主要是与教师的冲突性较强,学生容易与教师发生冲突。

3. 根据师生关系性质特点的分类

根据师生关系,可分为:(1)专制型:教师专制,学生对教师惟命是从,处于被动地位,师生关系紧张,师生间缺乏情感因素。(2)管理型:教师有较强的责任心和义务感,对学生规范管理,严格要求,学生服从管理,但教师在学生心目中可敬不可亲。(3)放任型:教师对学生的学习和发展任其自然,不加指导控制,学生对教师持怀疑态度,师生关系冷漠。(4)挚爱型:教师尊重学生意愿、注重感情投入、关心爱护学生,学生能与教师感情交流,但过强的依赖性对学生独立性发展不利。(5)民主型:教师能力强、威信高、善于与学生交流,学生学习积极性高、兴趣广泛、独立思考、与教师配合默契。

二、新型师生关系

(一)新型师生关系的内容

新型师生关系应该是教师和学生在人格上是平等的、在活动中是民主的、在相处的氛围上是和谐的。它的核心是师生心理相容,心灵的互相接纳,形成师生之间真挚的情感关系。它的宗旨是本着学生自主性精神,使他们的人格得到充分发展。它应该体现在:一方面,学生在与教师相互尊重、合作、信任中全面发展自己,获得成就感与生命价值的体验,获得人际关系的积极实践,逐步完成自由个性和健康人格的确立;另一方面,教师通过教育教学活动,让每个学生都能感受到自主的尊严,感受到心灵成长的愉悦。

(二) 新型师生关系的特点

民主、平等:民主、平等是和谐师生关系的核心和前提。教师和学生在人格上是完全平等的,每个学生都是具有独立人格的个体和教育的主体,教师尊重、理解学生,学生也尊敬老师,双方在平等人格的基础上进行平等对话、沟通和交流。

1. 尊重与理解

师生之间相互尊重、相互理解,是和谐师生关系的情感基础。尊师爱生是师生关系的主脉,强调的是双方彼此坦诚相待、尊重和理解。教师要尊重学生身心发展的规律、尊重学生的人格、尊重学生的个性发展,学生也要尊重教师,学生乐于积极接受教师传授的知识、引导和建议,愿意主动地和教师交流,真正达到和谐状态。

2. 沟通与信任

沟通能缩小师生之间的心理距离,消除师生之间的误会,减少师生冲突,优化师生关系,进而建立良好的师生关系;教师相信学生,相信每个学生的尊严和价值,信任学生的学习自觉性和活动能力,相信学生能够通过自己的努力实现自己的奋斗目标。学生从教师的信任和期待中变得更为自信、自尊、自强。

3. 心理状态和谐一致

教师与学生在心理上彼此互相认可、接纳、理解、尊重,达到一种和谐一致的心理状态,这是教师爱学生、学生尊重教师的一种最佳表现。师生之间彼此心理上的相容能使师生之间形成融洽的气氛,是维系正常师生关系的凝聚力和向心力。

三、职校师生关系的心理调适

教育教学既是传递知识的过程,又是师生心理情感交流的过程,师生间情感的互相感染和影响起着重要的作用。职校教育中,师生间和谐、融洽的心理情感对师生关系起着重要的作用,因此,可从以下几方面调适职校师生关系。

(一) 提高认识水平,培养教师的职业情感

教师的职业情感是教师做好教学工作的心理动力,对学生有直接的感染作

用。崇高的职业情感能创设良好的教育心理气氛,产生独特的教育效果,同时对学生的学习具有导向作用并影响学生的认知活动。美国学者傅雷曼等认为:"教师的人格特质是影响学生学习的最主要因素,它比教师使用的教学方法、技术设备等都重要。"热爱学生是教师职业的本质要求,是教师的人格趋向和职业情感的本质体现。教师在培养职业情感时,应把热爱学生的情感放在突出的位置。教师应该以关爱之心,尊重、理解、信任和包容学生,积极主动地与学生进行沟通,了解学生的想法,从学生的切实利益出发,对学生充满信心、爱心、耐心和恒心,真心、用心地关爱学生,才能有效地促进学生的成长,同时也能促使自身的发展。

(二)科学定位角色,促进学生的人格养成

师生关系中的教与学,两者缺一不可,构建良好的师生关系,既要教师发挥良好的带头作用,还应充分发挥学生的作用。学生首先要树立正确的师生观,要尊重、理解和信任老师,在思想上认识到教师的工作是传播知识、传播思想、传播真理的工作,是塑造灵魂、塑造生命、塑造人的工作,从人类和社会发展的作用贡献角度上来看,教师理应受到全社会的尊敬。作为学生,应懂得尊师重教,要怀着一颗感恩的心去尊重教师的劳动和学识,做到客观公正地评价教师的工作,在日常学习生活中形成爱师重教的氛围并积极地传播尊师重教的文化。尊重教师,是学生道德素养和个性成熟水平的综合体现,也是角色和义务的基本要求。其次,树立正确的学习观。学习是学生的本分,是学生的使命。要发挥主体能动性,树立乐学、主动参与的观念,端正学习态度,明确学习目的,全身心投入学习。积极主动,勤奋努力,坚持学习,全面发展。学习不仅是为了个人的发展,更要提升自己对于社会的责任感,加强自身修养,做到言行一致,实现自己的个人价值和社会价值。

(三)关爱尊重学生,营造和谐的心理氛围

职校生具有自身特有的心理特性,如情感心理不成熟、自卑心理严重但又存在着强烈的自尊心和自我保护意识、自我意识不成熟等,同时职校生存在着厌学心理,这就需要教师关爱尊重职校生,尊重职校生的人格,保护职校生的自尊心,尊重职校生的不同见解,尊重职校生的态度和情感,尊重职校生的知识差异和个性特点,用自己的热心、诚心、真心唤起职校生内心的积极情绪,为职校生营造宽松、和谐、温暖的心理氛围,使职校生体验到轻松愉悦,感到自己被接纳、被尊重、被关怀、被认可,从而对自己更有自信、更加肯定自己。教师的关爱、鼓励能够拉近与学生之间的心理距离,引起学生对教师相应的情感回应;学生尊重教师,乐于接受教师传授的知识、建议和引导,愿意和教师交流,在这样的心理氛围中,达到师生和谐的状态。

(四)加强情感交流,增进师生间沟通了解

师生间和谐的心理情感关系要求师生以情感交流为纽带增进沟通与了解。在亲密的交往空间和时间里,师生的交往频率增加,师生关系得以和谐与发展。因此,职校教师应该努力缩小与职校生之间的距离与空间,增加与学生交往的频率,努力创设与学生相处的机会。同时,在关心职校生的日常学习、生活时,加强与职校生的情感交流,做职校生的引路人,注重情感交流,做学生潜能的挖掘者。教师在和学生的接触中,以情感交流带动师生互动,以情感交流增强师生间的沟通,通过情感交流促使职校生产生积极的情绪情感体验,增进对教学活动的兴趣、热情,在情感交流的同时师生之间也能加强彼此间的了解。通过双方间的情感交流,教师不仅是情感的表达者、给予者,也是情感的收获者,职校生不仅是情感的接受者,也是情感的再创者,师生双方在情感交流中达到和谐的师生关系。

【本章思考与练习】

1. 班集体的发展主要包括哪几个阶段?
2. 如何有效加强职校班集体的心理建设?
3. 简述加强职校课堂氛围心理调控的基本策略。
4. 新型师生关系有何特点?
5. 如何对职校师生关系进行心理调适?

第十六章 职业教育教学系统的心理设计

为了保证教学活动的有效性,教学活动在实施之前一般都要对教学活动背景(如教学目标、教学内容、教学方法、教学评价等)进行精心的规划和计划,这种对教学活动的事先规划和组织,就是教学设计。教学设计是多学科研究的对象,教学论、教学技术、心理学等学科都研究教学设计,但不同学科研究的侧重点不同。职业教育心理学则主要研究职业教育活动中关于教学设计的心理学问题。本章主要从教学目标、教学内容、教学方法和教学评价四个方面具体阐述职业教育教学系统的心理设计。

第一节 职业教育教学目标的心理设计

教学目标并不像许多教师误认为的那样就是教学内容,它是预期学生通过教学活动获得的学习结果,即学生会做什么或会说什么。只有分析界定好了教学目标,才能根据教学目标选择适当的教学策略,才能使教学结果的评价具有客观、有效的标准,也才能使学生对所教内容引起注意,产生预期,从而使整个教学活动做到有的放矢,重点突出,避免劳而无功。

鉴于教学目标对教学活动的重要意义,不同学科从不同角度对教学目标作了大量的研究,其中教育心理学家们提出的教学目标分类理论和技术,成为教学目标设计的心理学理论基础。

一、职业教育教学目标设计的理论基础

职业学校的教学科目与任务比普通高中的要复杂得多,因而教学目标的设

计也复杂而多样。在众多的教学目标分类理论中,最具代表性的理论是布卢姆的教育目标分类学理论和加涅的学习结果分类的目标理论。

(一) 布卢姆的教育目标分类学理论

根据布卢姆的教育目标分类学理论,将教学目标分为认知、情感和动作技能三大类型,教学目标除了有类型之分,每一类型还有水平高低之分。

1. 认知目标

根据学生掌握的知识和技能的深度,布卢姆等人将认知领域的教学目标分为由低到高六个层次。

(1) 知识,是指对所学材料的记忆,包括对具体事实、方法、过程、概念和原理的回忆。这是最低水平的认知学习结果。例如:复述专业术语的定义;列举工具的种类。

(2) 领会,是指把握所学材料的意义,即把语言信息转换成自己的语言、图式等形式。这一层次超越了单纯的记忆,代表最低水平的理解。

(3) 应用,是指能将所学的知识和技能应用到新的具体情境,包括概念、规则、方法、规律和理论的运用。这一层次代表较高水平的理解。

(4) 分析,是指分辨事物的组成部分及其相互关系。例如:分析文章段落;诊断机器故障。

(5) 综合,是指将所学的零碎知识整合为知识系统。这一层次强调的是创造能力,需要产生新的模式或结构。例如:发表一篇内容独特的文章;拟定一项新方法。

(6) 评价,是指对所学材料(论点的陈述、小说、研究报告等)作价值判断的能力。这一层次是最高水平的认知学习结果,因为它要求超越原先的学习内容,并需要基于明确标准的价值判断。例如:文章评论、操作评价。

此外,有人为了简便起见,进一步把上述六个层次合并为了解、理解、运用、高级智力运算(即问题解决与创造)四个层次。[1]

2. 情感目标

根据价值观内化的程度,布卢姆等人将情感领域的教学目标分为由低到高五个等级。这里的情感,除了道德情感,还包括理智情感和审美情感。

---

[1] [美] 安德森,索斯尼克. 布卢姆教育目标分类学40年的回顾[M]. 谭晓玉,等,译. 上海:华东师范大学出版社,1998:197-198.

(1) 接受,是指学生愿意注意特殊的现象或刺激(如意识到职业道德的意义;体谅到别人的情感等)。包括三个水平:觉察到有关刺激的存在;有主动接受的意愿;有选择地注意。

(2) 反应,是指学生主动参与学习活动并从中得到满足。这类目标与教师通常所说的"兴趣"类似,强调对活动的选择与满足。例如:愿意小组合作;乐于学习。

(3) 价值化,是指对特定活动表现出一贯倾向,并对此坚持一定的价值标准。包括三个水平:接受价值(如愿意改变以往不良的操作顺序)、偏爱价值(批评和制止别人的不良的操作顺序)和信奉价值(为正确的操作顺序与别人据理力争)。这类目标与教师通常所说的"态度"和"欣赏"类似。

(4) 组织,是指将新的价值标准有机地纳入自己已有的价值体系中。它包括两个水平:价值概念化(如在与他人交往中,注重换位思考)和价值的体系化(如宽容待人)。

(5) 价值体系个性化,是指所学到的知识观念经过前面四个阶段的内化之后,已成为自己的价值观,融入性格结构之中。它包括两个水平:泛化,即对同类情境表现出同样的态度;性格化,即心理与行为内外一致,持久不变。

3. 动作技能目标

目前对动作技能领域的教育目标分类尚无公认的最好分类,这里主要介绍辛普森(Simpson, D J)等1972年的分类。该分类将动作技能教育目标分为七级。

(1) 知觉,是指运用感官获得信息以指导动作。如:辨别机器的声音是否正常。

(2) 定向,指为稳定的活动做好身体、心理以及情绪上的准备。如摆好运动姿势、精神饱满地为活动做好准备。

(3) 有指导的反应,是指通过模仿别人或自我判断,尝试性地做出动作。例如:根据示范做出技术动作。

(4) 机械动作,是指形成动作习惯化,因完成动作习惯而自信。

(5) 复杂的外显行为,是指动作操作的极其熟练,完成动作迅速、精确和轻松。

(6) 适应,是指修正动作模式以适应情境的变化,如技能竞赛。

(7) 创新,是指创造新的动作模式以适合具体情境,如服装设计、创造发明。

在实际生活中,认知、情感和动作技能这三方面的行为几乎是同时发生的。例如:学生在学习开车时(动作技能),也正在回忆老师所教的内容(认知),同时,会对这个任务产生某种情绪反应(情感)。因此,在教学中,教师往往需要同时设置这三个方面的目标。

(二) 加涅的学习结果分类的目标理论

指导教学目标设计和陈述的另一种分类系统是加涅(R.M.Gagne)的学习结果分类的目标理论。由于教学目标是预期的学生的学习结果,所以教学目标与学习结果是指同一件事。加涅的学习结果分类包括认知、动作技能和态度三方面,认知和态度领域又各有分类。加涅将认知结果细分为三个方面。

1. 言语信息

加涅所指的既是知识也是能力。这里的知识是回答世界是什么的知识。它对学生的能力要求主要是记忆。

2. 智力技能

这指的是运用符号办事的能力。这里的知识是回答怎么办的知识,它对学生能力的要求主要是理解和运用概念、规则的能力,进行逻辑分析的能力。智力技能又分为辨别(说明符号的用处,如区别印刷体 m 和 n)、概念(为概念下定义,如为心理咨询下定义)、规则(如在英语教学中,说明一个句子内主语与动词的单复数一致)、高级规则(如已知光源和镜片的凹度,求预测印象大小的规则)四类,由简单到复杂构成一个层级关系。

3. 认知策略

这是一种对内调控,学会如何学习的能力,是个体对认知过程进行调节与控制的能力,包括学习者控制自己的注意、选择性知觉、调节编码方式、提高记忆质量等能力。

加涅没有对动作技能领域进行分解,而态度领域则分为情感因素、认知因素和行为后果三类。加涅认为学习的结果就是形成学生的智力技能、认知策略、言语信息、动作技能和态度五种能力。

综上所述,加涅的认知领域与布卢姆的认知领域在用词上和所涉及的范围上完全一致,布卢姆讲的情感即加涅讲的态度,布卢姆的动作也就是加涅讲的动作技能。布卢姆的动作前加"心因"两字,意指此处所说的动作是学习的结果,非天生的反应形式。加涅在动作之后加"技能"两字也是意指此处的技能是后天的学习结果。所不同的是认知领域内容各亚类的划分标准和目的不同(见表16-1)。从对教学的指导意义来看,布卢姆目标分类可用来指导测量,但由于在其分类系统中并没有阐明知识和智慧技能是怎样习得的,所以用它来导学和导教是困难的;而加涅的学习结果分类由于阐明了每类学习结果得以出现的过程和评价,以及其检测的行为指标,不仅有助于学习结果的测量和评价,而且有助于导学和导教,日益受到人们的重视。

表16-1 布卢姆的教学目标分类与加涅的学习结果分类比较

布卢姆的教学目标分类		加涅的学习结果分类	
(一)认知	1. 知识	(一)认知	1. 言语信息
	2. 领会		2. 智慧技能
	3. 运用		辨别
	4. 分析		概念
	5. 综合		规则
	6. 评价		高级规则
			3. 认知策略
(二)情感		(二)态度	
(三)动作技能		(三)动作技能	

二、职业教育教学目标设计的方法技术

在表述教学目标时,最关键的是使目标表述清晰具体而不模糊。为了使教学目标表达更易于导学导教,下面介绍两种克服教学目标含糊性的理论与陈述技术。

(一)克服教学目标含糊性的理论与方法

1. 行为目标

这一理论与技术是马杰(R.E.Mager)于1962年根据行为主义心理学提出来的。行为目标是指用可观察和可测量的行为陈述的教学目标。教学目标的

行为化是教学目标具体化的有效方法,已经得到了广泛应用。行为目标的陈述包括三个要求:(1) 行为,即学生做出什么行为才算达到了目标。目标陈述时要用行为动词描述出学生达标的具体行为,如"写出""解答"等。(2) 条件,即学生应在什么条件下做出这种行为。(3) 标准,即学生的这种行为应达到怎样的水平。

例如,市场营销专业的一年级学生在教师指导下(行为的条件)能够写出一份市场调研问卷(行为),其合格率不低于95%(行为的标准)。

2. 心理与行为相结合的目标

根据认知学习理论,教学活动中学生学习的实质是内在的心理变化,但内在的心理变化无法直接观察到。因此,有人提出了心理与行为相结合的目标陈述方法。用这种方法陈述的教学目标由两部分构成:第一部分是笼统的教学目标,用一个动词大概描述学生通过教学所产生的内部变化,如记忆、理解、知觉等;第二部分是具体的教学目标,列出具体行为样例,即学生通过教学所产生的能反映内在心理变化的具体的外显行为。

例如,理解设计一份市场调查问卷的注意事项。(内在心理变化)

  用自己的话说出市场调查问卷的注意事项。(具体的外显行为1)

  找出所给的问卷中不正确的地方。(具体的外显行为2)

(二) 教学目标陈述的基本原则

上面提供了两种使教学目标具体化的理论和方法,如果把它们运用到我们教学目标的设计中,则会大大减少教学活动的盲目性,提高教学的效率和效果。下面进一步谈谈教学目标表述中应注意的问题。

1. 表述学生的行为,而不是教师的活动

教学目标陈述的是通过教学后学生会做什么或会说什么,即学生的行为,而不是教师做什么。例如,在心理咨询课中"心理咨询的对象、技法和原则"这一节的教学目标:

错误:教给学生心理咨询的对象是谁;给学生强调心理咨询的基本原则;向学生重点讲解心理咨询的一些技法。

正确:学生说出心理咨询的对象;分析心理咨询的基本原则;列举心理咨询的一些技法。

2. 表述学生的学习结果,而不是学生的学习过程

表述学生的学习结果的行为动词如了解、理解、掌握、运用等,而像讨论、观

察、参与等动词所描述的行为虽然也是可观察的,但它们本身只是说明学生的学习过程中所发生的行为,因此并不能用于教学目标的表述。它们只有辅助那些表示行为结果的动词,才能使目标更明确,比如"观察……并分析……""讨论……并列举……"等。或者把这些动词转化成学生学习的最终结果。例如英语课中"过去完成式"一节的教学目标:

学生要学习过去完成式这一时态的意思;进行这一时态与现在完成式的比较练习。

这些目标只是说明这节课上学生的活动,表述的是学生的学习过程,应当把它转换成表述学生学习结果的动词,如我们把上面的教学目标修改成:

学生应能说出过去完成式这一时态的意思;能分析这一时态与现在完成式的异同。

3. 表述明确具体且易观测,而不是含糊不清、模棱两可

教学目标的陈述应可观察和测量,尽量避免使用模糊的语言或不确定的动词来陈述目标。

不可测的动词:知道、了解、理解、掌握、学会、承认、精通、记住、体会……

可测的动词:找出、说出、分析、比较、列举、判断、解释、选择、排序……

对一些复杂的、高级的目标可"采用心理与行为相结合的目标"这一理论和技术,先陈述一个表述比较笼统的总目标,再细分几个比较具体的行为目标。例如,语文的一个教学目标可这样表述:

理解议论文中的"类比法"。(总目标)

用自己的话解释运用类比的条件。(具体目标1)

在课文中找出运用类比法阐述论点的句子。(具体目标2)

能造出运用类比法的句子。(具体目标3)

4. 表述应具有层次性,而不是齐头并重

教学目标的陈述应反映学习结果的层次性,而不是所有的子目标都在一个层次上,从而才能使这节课重点突出,详略得当。认知领域的教学目标一般应反映记忆、理解与运用三个层次。在态度领域的目标应尽可能反映接受、反应和评价三个层次。比如计算机课"输入法"这一节的教学目标:

错误:说出输入法的类型;说出每一输入法中键符组合的方式;记住每一键代表的字符或功能。

正确:说出输入法的类型;比较每一键代表的字符或功能;运用每一输入法中键符组合的方式。

5. 表述要切合实际,而不能盲目拔高

表述的目标要符合学生的实际情况,要落实在学生原有知识结构的基础上。若目标太高,学生达不到,设计再好的目标也没有多大的意义;若目标过低,不能激发学生的求知欲,不利于学生潜能的开发和能力的培养,从而不能取得好的教学成效。比如,"营销班一年级学生独立设计一份完善的市场调查报告"这个目标就有点太高;"汽修专业的毕业生一毕业就能适应新技术、新设备、新工艺"这种要求未免有点苛刻。总之,在设计教学目标时,要先了解学生,了解学生目前的知识储备,设立切合实际的教学目标,使教学目标能够得到圆满的实现。

第二节 职业教育教学内容的心理设计

具体清晰的教学目标,只有和实际的教学内容联系起来,才能发挥指导作用。同样的教学目标,不同的教学内容设计,教学效果就大相径庭。所谓教学内容的设计,是指教师为实现教学目标对教材内容的取舍与安排。对于具体的某一个教学内容,哪些该讲,哪些不该讲,哪些该详讲,哪些该略讲,具体应该怎样讲才能让学生学好,这其中颇具设计的艺术性。简略一句话,教学内容的设计就是讲什么和怎样讲的问题,它包括教学内容的分析、教学内容的组织等环节。

一、职业教育教学内容设计的心理学要求

(一)适切性

适切性是指所选择的教学内容应与教学目标、学习者的心理发展水平相适应,这是选择教学内容必须遵循的基本要求。[1]

1. 教学内容应有利于教学目标的实现。凡是和教学目标不相干或者关系不大的内容,即使内容非常精彩,也应放弃。这是教学内容选择时的一个基本

---

[1] 张承芬.教育心理学[M].山东教育出版社,2000:339-340.

原则。在职业学校的教学活动中,教师面对内容复杂多样的教材,就应遵循这一原则,对教材进行选择和取舍。

2. 教学内容应与学生的心理发展水平相适应。对这方面的要求,要注意以下两点:一是教学内容的难度要适宜,既要有利于发展学生的"潜在水平",又要与学生的"现有水平"相衔接。按照苏联心理学家维果斯基的观点,教学内容的难度应定位在学生现有发展水平的"最近发展区"上,即学生"跳一跳"就能达到的位置。二是教学容量要合适。既要避免容量过大,超出了学生能承受的负荷,又要避免容量少,学生"吃不饱""开小差"。

（二）三序合一——知识序、认知序和教学序相结合

所谓知识序是指科学知识本身内在的逻辑体系。任何知识都是由事实、概念、法则、原理等连接起来的具有逻辑体系的统一体。认知序是指学生学习活动内在的认知规律。这种认知规律不仅体现在教学活动应建立在学生原先的认知结构的基础上,还体现在学生认知的发展也有内在的程序性,如从已知到未知、从感知到理解、从具体到抽象、从巩固到应用等。而教学序是指教学的组织方式、教学顺序。

可见,在教学中,不仅要考虑到知识序,用循序渐进的方式逐步地、系统地把学科知识传授给学生,还要了解到学生的认知序,按照认知发展的程序把学科知识点纳入学生原有的认知结构中。只有知识序、认知序和教学序三序合一才能使教学达到预期的效果。

二、职业教育教学内容设计的心理学技术

教学内容设计的方法很多,主要包括加涅的层次性任务分析法、奥苏伯尔的认知同化组织法和布鲁纳的螺旋式组织法等。

（一）层次性任务分析法

层次性任务分析是一种教学设计技术,任务分析就是对教学内容的分析,实际上就是教师在仔细研读教材或其它教学文件的基础上,把教学目标作为起点,对整个教学内容进行一层层的分解,直到找到可以直接把握的教学内容单位。它主要包括以下几个步骤。

1. 教学目标的学习结果分类

加涅认为,学生的学习结果有五种类型,这五种类型是:言语信息、智慧技

能(包括辨别、概念和规则)、认知策略、动作技能和态度。教师只要将教学目标中明确陈述的学生的样例归入上述类别,就完成了教学目标的学习结果分类。例如,若教学目标是"陈述职业品德的结构",则学习类型是言语信息;若教学目标是"举例说明道德意志对道德动机的调节功能",则学习类型是智慧技能。表16-2列举了教学任务的典型例子以及所代表的学习类型。职校生学习中,五种学习类型都兼有,智慧技能和动作技能这两种学习类型尤为重要。

表 16-2 学习任务举例以及所代表的学习类型

学习任务	学习类型
1. 列举计算机输入法的类型	言语信息:陈述事实,提供具体信息等
2. 诊断机器故障	智慧技能:将规则应用到具体情境
3. 运用现有的材料进行服装设计	认知策略:创造一种处理问题的新方法
4. 用活动扳手拧紧螺帽	动作技能:执行一项连贯的操作
5. 意识到职业道德的意义	态度:个体在一类事件中所表现出的一贯的行为倾向

2. 分析学习的条件

加涅把学习条件分为必要条件和支持性条件。必要条件是学习中不可缺少的条件,缺少了必要条件,相应的学习便不能发生。而缺少支持性条件,学习不一定不能发生,只是学习的效率不高、效果不好。不同类型的学习的必要条件和支持性条件是不一样的。

(1) 智慧技能学习的条件

智慧技能包括辨别、概念和规则三个由低到高的层次,低一级的层次是高一级层次的必要条件。例如,如果教学目标是规则学习,教师在进行讲解时必须先让学生掌握该规则的有关概念。否则,规则学习这一目标便不可能实现。智慧技能学习除了具有必要条件之外,还要分析其支持性条件。现举具体实例来说明。

教学目标:能正确造出具有过去完成式时态的英语句子。

该教学目标的学习类型是智慧技能中的规则学习,学习的必要条件是:过去完成式的概念。支持性条件是:推理策略。由于过去完成式这一时态与现在完成式这一时态相对应,前面学过现在完成式这一时态的造句,所以可借助推理策略将要学习的新知识转化成已知的旧知识,从而来完成这一教学目标。

(2) 其他各类学习的学习条件分析

与智慧技能相比,其他几类学习的学习条件有所不同。如学习言语信息的必要条件是言语技能(如句法规则),其支持性条件是有关的背景知识和有意义学习的态度。表16-3概括了五种学习的必要条件和支持性条件,可供教师在学习条件分析时作为参考。

表16-3 五种学习结果的必要条件和支持性条件

学习结果分类	必要条件	支持性条件
智慧技能	较简单的智慧技能的构成成分（规则、概念、辨别）	态度、认知策略、言语信息
言语信息	有意义组织的信息	言语技能、态度、认知策略
认知策略	某些基本心理能力和认知发展水平	智慧技能、态度、言语信息
态度	某些智慧技能和言语信息	其他态度、言语信息
动作技能	部分动作技能、某些操作规则	态度

资料来源:皮连生.学与教的心理学(第三版)[M].上海:华东师范大学出版社,2003:274.

3. 确定教学任务的序列

前阶段对学习条件的分析得出了许多内部条件,这些条件都是教学的子目标,教师必须对这些子目标排序,先讲什么,后讲什么,具体化为井然有序的教学任务安排。例如:一篇英语课文中的学习包括单词、短语、句型、语法、段落等知识学习和策略学习。在这样的条件下,怎样安排讲解的次序就非常重要。安排教学任务的序列主要根据学生的起点能力由浅到深、循序渐进地达到教学目标。

4. 分析学生的起点能力

这一步是教学任务分析的终点,也是教学任务分析中最关键的一步。奥苏伯尔(D.P.Ausubel)在其《教育心理学——认知观点》一书的扉页上说:"假如让我把全部教育心理学仅仅归结为一条原理的话,那么我将一言以蔽之曰:影响学习的唯一最重要因素,就是学生已经知道了什么。要探明这一点并据此进行教学。"[1]这也就是我们常说的,上课之前有"两备",一是备教材,二是备学生。

---

[1] 皮连生.学与教的心理学(第三版)[M].上海:华东师范大学出版社,2009:269.

只有把教学目标落实在学生的学习基础与需要上,才能取得教学成效。那么,了解学生已有的知识背景与学习动机的方法主要有哪些呢?我们主要给出以下几点建议。

(1)利用学生已有的行为信息,了解学生的学习动机

包括参阅学生的学习档案,查找学生以往的作业、班主任或其他代课老师的介绍、同学之间的评价以及自我评价等方法,来了解学生的学习动机和知识背景情况。

(2)通过专门的座谈、问卷、观察等方式,来了解信息

如果通过上述的第一种方式,并没有得到你想要了解的信息,可以通过随机抽取班上的数名同学就有关问题进行座谈,或者设计问卷方式来收集信息。

(3)重视第一堂课,建立良好的第一印象

每一科目的第一节课上,教师不仅要介绍这一门课,提出建议和期望,还要了解学生相关知识、经验以及他们的需要与建议。上好这节课,不仅可以调动学生学习这门课的学习动机,而且可以了解学生相关的知识背景,为以后上课奠定基础。

(二)认知同化组织法

这种方法是美国心理学家奥苏伯尔(D.P.Ausubel)提出的。他认为,教师在教学中扮演着主导者、组织者的角色,在教学内容组织中可以采取以下一些教学的基本策略。

1.渐进分化策略

渐进分化,就是指教师在教学中要根据人们认识新事物的自然顺序和认知结构的组织顺序,对知识进行由上位到下位、由一般到个别的纵向组织,类似于循序渐进。渐进分化的策略,就是要求教师在呈现教学材料时,应首先介绍具有较高概括和包摄性的知识,然后再安排那些概括程度逐渐薄弱的知识,因为个人的某一学科领域的知识在其头脑中的组织是由分层次的结构构成的,包摄最广的观念处于这一结构的顶端并逐渐容纳范围较小的高度分化的命题、概念。通过渐进分化的策略来呈现材料,学生学起来快,而且利于保持与迁移。

2. 综合贯通策略

综合贯通,就是从横的方面加强教材中概念、原理、课题乃至章节之间的联系,消除已有知识之间的矛盾与混乱,以促使学生的学习融会贯通。综合贯通

的策略,就是要求教师帮助学生牢固掌握知识间的区别和联系,指出它们的异同,将前后出现的连贯观念表面上或实质上不一致的地方融会贯通,使之成为完整的知识体系。若教师在讲授教材时,不注重知识的综合贯通,结果会使学生不能区分表示相同意义的不同术语或者表示不同意义的相同术语间的区别和联系,造成认识上的混淆,学生难以理解许多有联系的内容之间的共同特征,先前学习所掌握的知识不能为后继学习提供基础,直接导致了知识的生吞活剥,食而不化。

可利用"先行组织者"的编排技术贯彻渐进分化和综合贯通的组织原则。先行组织者是先于学习材料呈现之前呈现的一个引导性材料,它在概括与包容水平上高于要学习的材料但以学生易懂的通俗语言呈现,它是新旧知识发生联系的桥梁。

先行组织者可以是一段概括性的说明文字,一条定律,也可以是一个概念,或者是具体形象化的图片、模型等。现在应用比较多的是符号标志(列出小标题1、2、3…)[①]、在材料前或材料后设计附加问题等手段。

奥苏伯尔根据学生对"学习新知识的熟悉程度",将"先行组织者"分为两类。第一类,学生对新知识完全陌生,教师可设计采用"陈述性的组织者"策略。这种"组织者"中包含的较高抽象和概括的观念是学生所熟悉的,而其中涉及的概括化的新知识,虽然抽象性高于正式学习材料的内容,但不低于学生熟悉的上位概念。学生事先学习了这个"组织者"之后,能将这些高度抽象概括化的观念渗入认知结构中,当学习具体的新材料时,认知结构中就有了可利用的"固定观念"。第二类,如果学生对新知识不完全陌生,新知识能与认知结构中的适当观念联系,但由于有具体或特殊的联系性,新旧知识间的差别就有可能被相似性所掩盖,使得学生在正式学习前,可能把新旧知识混淆起来。这时教师可采用"比较性的组织者"策略,它能帮助学生事先分清新旧知识间的异同,以增强新旧知识间的可辨别性,从而将概括性观念渗入学生认知结构中,有利于正式材料的学习。

(三)螺旋式组织法

布鲁纳认为,教学的最终目的是促进学生对学科基本结构的理解。因此,

[①] 所谓符号标志,是指在学习材料中加入未增加实际内容的标志或词语,以突出材料的结构和组织,使人一目了然。可参阅:皮连生. 学与教的心理学[M]. 华东师范大学出版社,2003:310-313.

将学科的基本结构放在设计课程内容和编写教材的中心地位,这样才有助于学生的学习迁移。让学生尽早有机会不同程度上接触和掌握某门学科的基本结构,教材内容呈现方式由具体直观程度高、抽象程度低逐步过渡到具体直观程度逐渐降低、抽象程度不断提高,体现了教材内容"螺旋"式上升的特点,遵循动机原则、结构原则、程序原则和强化原则等四条基本的教学原则,使学生逐步掌握教学的内容。

布鲁纳主张发现学习。发现学习的一般步骤包括:教师首先提出和明确使学生感兴趣的问题,然后提供解决问题的各种假设,并协助学生搜集和组织可用作结论的资料,组织学生整理资料得出结论,最后引导学生验证结论,问题从而得到解决。当然,布鲁纳也指出,如果缺乏结构化的教材内容或学生缺乏相关的知识结构,发现学习很难发生。因此,让学生发现学习之前,教师应宏观驾驭教材内容,分析教学内容的编排意图和特点,提出落在学生"最近发展区"的最佳问题。

第三节 职业教育教学方法的心理设计

具体清晰的教学目标,只有和实际的教学内容联系起来,采用适当的教学方法,才能使其发挥指导作用。教学方法是课堂教学中连接教师和学生的桥梁,教师通过它将教学内容传授给学生,学生通过它从教师处学到知识。显然,一旦缺少这座桥梁,或桥梁定位不准,课堂教学活动就难以达到理想的效果。因此,针对职业教育教学方法的研究有十分重要的意义。由于职业教育作为普通教育平行的体系,肩负着培养面向生产、建设、服务和管理第一线需要的高素质的技术技能人才的使命,职业教育这种培养目标使程序性知识尤为重要。这使职业教育教学所采用的教学方法与普通教育有所不同。

一、职业教育教学方法设计的心理设计原则

(一)职业教育教学方法设计应坚持建构主义理论

建构主义学习理论认为:人类的知识不是纯客观的,不是他人传授而是学

习者自己构建的;不是独立形成的,而是在与外部环境的交互过程中形成的。因此,建构主义强调以学生为中心,不仅要求学生由外部刺激的被动接受者和知识的灌输对象转变为信息加工的主体,知识的主动建构者,且要求教师由知识的传授者、灌输者变为学生主动建构知识的帮助者、促进者、引导者。这些观点正好与职业教育的教学目标不谋而合,体现了学习者的自我发展和创新的要求,教师在教学活动中所扮角色的转变,如组织者、指导者、帮助者等。该理论成为职教领域进行教学方法设计的理论基础。

职业技术教育不仅使学生获得必备的知识能力,更使学生获得一定专业技能。在建构主义理论指导下让学生在被动学习知识技能的同时,主动把这些知识信息重新加工、创新,从而形成自己的专业技能,是职业技术教育的核心。它强调在教者和学者的关系中,学习者应处于中心地位。学习者须是在一定的环境中,主动去把握知识和技能,并让这些知识技能重新构造,外化成自己独特的实际操作技能。

(二)职业教育教学方法设计应以学为主线

以学生为中心的教育,实质上就是要求教育者转变观念,从学生的角度出发思考问题,充分考虑学生的兴趣、爱好、需要等去设计教学过程,变"指挥者"为"引导者",教师职能由"授"变"导"。引导学生积极主动地参与到学习过程中,进行自主的学习活动。要善于创设各种情景,引导学生学会自我探究、自主评价、自我调控、自我激励。学生应由被动学变为主动学习、积极建构。学生在教师创设的真实的情境中,以工作者的身份接受学习任务,积极主动地参与咨询、计划、决策、检查、实施、评估等各个环节。学生始终是学习过程的中心,教师则处于辅助地位。

以学生为中心的教学过程是师生角色不断交换,师生、生生交往互动过程,是师生不断交流、阐释、理解知识和技能的过程。为此,教师应积极开展形式多样的教学方法,激发学生学习兴趣,让学生有多种机会在不同的情境下应用他们所学的知识,使他们的知识能够外化;能让学生根据自身行动的反馈信息,形成对客观事物的认识,并获得解决实际问题的方案。

(三)职业教育教学方法设计趋向以职业活动为中心

职业教育的培养目标是技术、技能型人才,就是实际"做事"的人才。职业性学习就是在一定的情境下,通过个体的亲身体验,把一定的概念原理用行动表现出来[①]。在这个过程中,获得陈述性知识固然重要,但最主要的是掌握程序性知识。然后通过大量活动练习,使程序性知识外现出来,使操作程序的准确性和速度均得到不断提高,直到成为高度灵活纯熟的技能。因此,在职教教学方法设计中,通过工学结合,以职业活动为导向,项目为载体,让学生在活动为中心的学习中,发挥他们的动觉型和互动型占优势的学习风格。

教学的活动中心趋势主要体现以下几方面:第一,活动类型多样化并保持彼此间的持续互动。如,问题—解决式、课题—研讨式、社区—服务式、技能—操作式、劳动—体验式、任务—合作式等。但是教学的活动中心化并不是刻意追求活动类型的多样性,只重形式忽视目标,最后舍本逐末,重要的是多样化活动要彼此联结互动,共同有利于职业能力的发展,提高活动的有效性。第二,重视校内外资源的整合。加强校内外实验实训设施环境或仿真的职业环境建设,为教学活动提供必要的物质环境。

二、职业教育教学中主要的教学方法

"教学有法、教无定法、贵在得法",是教师运用教学方法的宗旨和灵魂。有什么样的教学内容应使用什么样的教学方法。既需要传统的教学方法,也需要现代教学方法。在职业教育教学中,教学的过程应具有明显的职业性、应用性,以职业能力的培养为核心。

(一) 主要的行动导向教学法

目前职业学校比较推崇的教学模式是行动导向模式。行动导向教学模式的理论基础是建构主义学习理论,简单地说就是"在做中学"。"行动导向教学法"是统称,基于行动导向的具体教学方法有很多(见表16-4)。下面主要介绍模拟教学法、项目教学法、案例教学法和思潮冲击法。

1. 模拟教学法

模拟教学法是在一种人造情境或环境里学习某职业所需的知识、技能和能力。它在一定程度上弥补了客观条件的不足,为学生提供近似真实的训练环境,提高学生的职业能力。常与角色扮演法结合使用。角色扮演法是学生通过

[①] 于萍,徐国庆.当前职业教育教学方法发展趋势研究[J].职教论坛,2011,(33):16-19.

表 16-4 职业教育的主要教学方法

名称	基本概念、步骤及适用范围
模拟教学法	让学生在模拟环境中操作学习,一般与角色扮演法配合使用,适合不允许不熟悉业务人员上岗的岗位和工种,如变电站、电话局的机房,火车、飞机、轮船的驾驶,财务、金融等业务过程的模拟,以及一些高、精、尖的精密仪器的使用。模拟教学法分为模拟设备和模拟情景两种情况,前者如模拟汽车驾驶、模拟控制操作等,后者如模拟银行柜台、物流港口仓库,模拟公司等。
角色扮演法	让学生在假设环境中按某一角色身份进行活动,借以达到教学目标。分为提出问题、挑选角色扮演者、观察与角色扮演、记录、讨论等阶段。多适用于旅游、商业、管理等文科专业。
项目教学法	师生通过共同实施一个具体的、具有实际应用价值的完整"项目"工作而进行的教学行动,如小产品的制作、某产品广告设计、应用软件开发等。基本教学过程为:确定项目任务、制订计划、实施计划、检查评估、归档或结果应用。主要用于综合能力的培养,多与其他教学方法如引导文法等配合使用。
案例教学法	通过一个具体教育情境的描述,引导学生对这些特殊情境进行讨论的一种教学方法。主要教学过程为:阅读分析案例、小组讨论、全班讨论、总结评述。多适合于管理、教育、法律、医学等部分学科,特别是已掌握一定专业理论知识和有一定知识积累的高年级学生,不适合低年级学生的学习。
引导文教学法	借助引导文等教学文件,引导学生独立学习和工作的教学方法,具体内容包括任务描述、引导问题、学习目的描述、学习质量监控单、工作计划、工具与材料需求表、专业信息、辅导性说明等,教学中分为获取信息、制订计划、做出决定、实施计划、检查、评定等六个阶段,可配合讲授法、谈话法、讨论法、演示法、四阶段教学法、项目教学法等使用。
四阶段教学法	将教学过程分为讲解、示范、模仿和练习四个阶段进行的程序化的技能培训教学方法。主要用于专业技能的实践教学。以"示范-模仿"为核心的教学方法还可分三阶段和六阶段教学法等。
思潮冲击法	教师引导学生就某一课题自由发表意见,教师不对其正确性进行任何评价的方法。教学过程一般为:教师解释运用方法,学生即兴表达想法与建议,师生共同总结评价。适合于解决没有固定答案的或没有参考答案的问题,以及根据现有法规政策不能完全解决的实际问题,如市场营销中的买卖纠纷、广告设计等。该法能够在最短的时间里获得最多的思想观点,可插入到任何一个教学单元或工作过程中。

续 表

名称	基本概念、步骤及适用范围
张贴板教学法	在张贴板上钉上由学生或教师填写、有关讨论或教学内容的卡通纸片,通过添加、移动、拿掉或更换纸片而展开讨论,提出结论的研讨班教学方法。主要用来收集和界定问题、征询意见、制订工作计划、收集解决问题的建议以及做出决定。教学过程一般为:教师准备、开题、收集意见箱、加工整理、总结。
现场教学法	在生产现场直接进行教学的教学方法,让学生在实习现场或工厂车间,教、学、练、做、训相结合,缩短理论课堂教学与实际生产应用的距离。
模块教学法	把学生掌握的知识或技能,根据具体工种、任务和技能的要求,严格按照工作规范,划分成若干独立单元(即模块)进行教学的方法。教学过程为:划分教学模块,实施模块教学,改进教学方案。
要素作业法	通过对手工生产劳动过程的分析,从中抽出操作要素编成单元作业,然后在与生产现场相脱离的场合按一系列要素作业进行教学的方法。
个别工序复合作业法	教师先让学生分别学习和掌握本工种最简单的几个要素工序,然后将这几个要素工序复合起来加以运用,进行简单作业。以后再学习几个新的要素工序,再进行包括以前学过的要素工序及新学的要素工序在内的更复杂的作业。
主题教学法	20世纪80年代在澳洲发展出的一种以主题内容为基础的教学方法。

资料来源:何文明. 我国职业教育教学方法研究述评[J]. 职业技术教育,2011,(11):41-46.

不同角色的扮演,既能体验自身角色的内涵活动,又能体验对方角色的心理,从而充分展现出现实社会中各种角色的"为"和"位"。如技术类职业通常在模拟工厂中进行,经济类职业通常在模拟办公室或模拟公司中进行。模拟训练给人一种身临其境的感觉,更重要的是提供了许多重复的机会和随时进行过程评价的可能性,且成本较低。模拟教学方法几乎可以在所有的专业中应用。

实施模拟教学并在实施过程中改进模拟教学中存在的一些问题,可从搜集资料、处理教材、创设情境等方面入手。

(1)搜集相关资料,做好知识准备。这里所说的准备,包括教师的知识准备,也包括学生的知识准备。为学生提供大量的课外阅读内容,要求学生预习课本知识、阅读分析模拟资料和学习相关理论,为模拟情景提供相应的知识储备。

(2)创设情境,吸引学生主动参与。创设的情景,既要符合学生的身心发展规律,让学生乐于其中,又要落实课堂目标,使二者有机结合在一起。这需要教师课前充分准备,既要充分领悟教学内容,又要多方面了解授课对象,包括知识储备、兴趣爱好等。如对旅游专业学生,模拟全陪导游的工作程序中设置四大情境:"接团"→"入住饭店"→"带团旅行"→"送团"。这些情境既同导游实际操作相符合,又贴近学生生活,容易激发学生的兴趣,从而使学生积极主动地投入到学习和训练中,顺利地实现课程目标。当然,模拟情景教学方法实施的教学质量高低主要依赖于创立的情景成功与否,可以根据以往教学经验,组织资深的专业教师和行业专家多方面、多层次、多角度地收集和编审情景案例,提高情景案例的权威性和质量水平。

(3) 促进学生的合作与竞争。对于大班额教学,要使每个学生主动参与到学习活动中,在实行模拟教学时,可用合作学习的方式,教师示范后分小组模拟操作,教师巡回指导。把竞争引进课堂,既能活跃课堂气氛,提高学生的学习兴趣和课堂效率,又能培养学生的竞争意识,使他们更好地适应当今竞争日趋激烈的社会。通过小组学习的方式,也能增强学生的合作精神。

2. 项目教学法

项目教学法是学生在教师指导下,对于一个相对独立的项目,从信息的收集、方案的设计、项目实施到最终评价,综合运用所学的知识技能,独立完成带有职业性质的专题任务的方法。学生通过该项目的进行,了解并把握整个过程及每一环节中的基本要求。基本教学过程为:确定项目任务、制订计划、实施计划、检查评估、归档或结果应用。以模具设计与制造课程教学为例,可以通过一定的项目让学生完成模具设计、加工生产、产品质量检验等生产流程,从中学习和掌握机械原理、材料处理、制造工艺以及各种机床的使用与操作。还可以进一步组织不同专业与工种,甚至不同职业领域的学生参加项目教学小组,通过实际操作,训练其在实际工作中与不同专业、不同部门的同事协调、合作的能力。

项目教学法最显著的特点是"以项目为主线、教师为引导、学生为主体",改变了以往"教师讲,学生听"的被动的教学模式,强调学生的自主学习,主动参与,从尝试入手,从练习开始,从"做中学",从而调动了学生学习的主动性、创造性、积极性等,有利于加强对学生自学能力、创新能力的培养。项目教学法中,教师由原先的"主角"转化为"配角"身份,但在整个项目完成过程中,应充分发挥其问题答疑、监督及反馈等作用。

3. 案例教学法

案例教学法是一种以案例为基础的教学法，是在教学过程中，以各类实际案例为内容，通过讲解、评析和学生讨论，来加强学生对理论知识的理解，提高学生解决实际问题能力的教学方法。教师在教学中扮演着设计者和激励者的角色，鼓励学生积极参与分析讨论。学生在分析过程中，自己提出问题，并自己找出解决问题的途径和手段，从而培养学生独立分析问题的能力和独立处理问题的能力。

案例教学法强调案例的质量，所选案例应具有可信性、客观生动性、多样性、相关性以及典型性等特点。案例强调真实可信，让学生有身临其境之感，这要求教师亲身经历，深入实践，采集真实案例。优秀的案例固然以真实为前提，但并非是一堆枯燥的事例、数据的罗列，还需要调动文学手法，加重气氛，提示细节，旨在激发学生的讨论兴趣。另外，案例分析的目的是使学生加深对所学理论知识的理解并运用理论知识解决实际问题，因此所选案例必须是与课程内容有关。而且案例的结果越复杂，越多样性，越有价值，越能激发学生主动参与，激烈讨论。若案例的结果一眼便可望穿，或只有一好一坏两种结局，这样的案例就不会引起争论，学生会失去讨论兴趣。

4. 思潮冲击法

思潮冲击法是由奥斯本于1957年提出来的，又叫头脑风暴法，主要培养学生的创造思维能力。其基本原则是，在集体解决问题的情景中，通过暂缓做出评价，以便让学生踊跃发言，从而引出多种多样的解答方案。为此，发言者要遵守以下规则：

（1）禁止提出批评性意见；

（2）鼓励提出各种改进意见或补充意见；

（3）鼓励各种想法；

（4）追求与众不同的，关系不密切的，甚至离题的观念。

这种教学方法在培养职业学校学生的创造能力和解决实际问题上扮演重要的角色。例如：汽修专业的学生在实习中，面对无法解决的问题时，可集思广益，寻求比较好的解决方案；市场营销专业遇到棘手的案例时，也可采用。

（二）选择教学方法的影响因素

影响教师对教学方法选择的因素很多，主要体现在以下几方面。

1. 教学目标

不同的教学目标采用的教学方法不同，教学方法的选择要与特定的教学目标相适应。例如，操作技能的培养，就更适合采用示范、练习等教学方法。

2. 教学内容特点

教学方法的选择要考虑到不同学科以及同一学科的不同阶段对学生的知识掌握、技能训练、能力要求的不同。如运用讲授法对于知识的传授是比较有效、经济的；而运用实验法、练习法对于形成技能技巧比较适宜。在新授课时，多用讲解示范，而在复习阶段常用练习法、现场教学法等。

3. 学生特征

教学方法的选择要与学生现有的知识水平、智力发展水平、学习风格等因素相适应。对学习能力强的学生应多选择自学成分多的方法，对学习能力较弱的学生应多选择指导成分多的方法。

4. 教学环境

选择教学方法时，综合考虑学校教学设备和教学空间条件。再好的教学方法，若没有相应的教学条件，也无法有效使用。例如：职业学校教学中的现场教学法，能很好地将所学知识与实际操作有机结合在一起，这需要学校建立实践基地，为教学提供必要条件。

5. 教师自身素质

教学方法的选择必须考虑到教师自身的表达能力、教学技能、教学风格特征、组织能力以及教学控制能力。有好的教学方法，但教师缺乏必要的条件，驾驭不了教学，也难以产生好的效果。因此，提高教师自身的素质和能力是有效使用教学方法的重要条件。

当然，各种教学方法都有各自的优缺点，也有各自的适用性，针对职业教育教学，我们应遵循"有教无类"的原则。教师在丰富专业知识、提高实践能力的前提下，从教学目的出发，结合课程性质、内容特点，坚持教学多元化原则，利用智慧教室，综合运用各种教学方法，选择最适合学生学习特点的教学方法开展教学工作。

第四节　职业教育教学评价的心理设计

在职业教学过程中,如何衡量教师教学的质量和学习者学习的效果呢?这就涉及教学评价设计环节。

一、教学评价概述

(一)教学评价的概念及功能

1. 教学评价的概念

教学评价指的是以教学目标为依据,制定科学的标准,通过有效的技术手段对教学活动过程及其结果进行测评和评判。教学评价是研究教师的教和学生的学的价值的过程。教学评价的两个核心环节包括对教师教学工作(教学设计、组织、实施等)的评价和对学生学习效果的评价。

2. 教学评价的功能

(1)诊断作用。对教学效果进行评价,可以了解教学各方面的情况,从而判断它的质量和水平、成效和缺陷。全面客观的评价工作不仅能估计学生的成绩在多大程度上实现了教学目标,而且能解释成绩不良的原因,并找出主要原因。

(2)激励作用。评价对教师和学生具有监督和强化作用。评价反映出教师的教学效果和学生的学习成绩。

(3)调节作用。评价发出的信息可以使师生知道教和学的情况,教师可以根据反馈信息修订计划,调整教与学的行为,从而有效地工作,以达到所规定的目标,这就是评价所发挥的调节作用。

(4)教学作用。评价本身也是一种教学活动。在这个活动中,学生的知识、技能将获得长进,智力和品德也能有所进展。

(二)教学评价的主要类型

依照不同的分类标准,教学评价可以分为不同的类型(见表16-5)。

表 16-5 教学评价的类型

按评价标准的参照系分	绝对评价	绝对评价标准的参照系,来源于评价对象之外,是根据一定的价值目标设立的客观标准。
	相对评价	相对评价标准的参照系,来源于评价对象团体内部,以评价对象团队评价结果的平均成绩为参照,强调评价结果服从正态分布。
	自我评价	自我评价标准的参照系,来源于评价对象自身。
按评价的功能分	诊断性评价	也称教学前评或前置评价,一般是在单元、学期、学年开始时,正常的教学活动尚未纳入轨道之前,对学生的知识和技能、智力与体力以及情感等状况进行"摸底"。其目的是设计可以满足不同起点水平和不同学习风格的学生的教学方案和教学程序。
	形成性评价	在某项教学活动过程中,为使活动效果最好而不断进行的评价,它能及时了解阶段教学的结果和学生学习的进展情况、存在问题等,以便及时反馈,及时调整和改进教学工作。
	总结性评价	又称事后评价,一般在教学活动告一段落时,为把握活动线索最终效果而进行的评价。总结性评价注重的是教和学的结果,借以对被评价者所取得的较大成果作出全面鉴定、区分等级和对整个教学方案的有效性作出评定。
按评价分析方法分	定性评价	是运用分析和综合、比较与分类、归纳与演绎等逻辑分析的方法,对评价所获取的数据资料进行思维加工。分析的结果是一种描述性材料。
	定量评价	是从量的角度运用统计分析、多元分析等数学方法,从复杂纷乱的评价数据中总结出规律性的结论。

二、职业教育教学评价原则

职业学校由于教学内容是以职业为导向,以培养学生职业胜任力为核心,因此与培养通识的选拔性人才的普通学校相比存在很多特殊之处。这些特点规定了职业学校教学评价的原则。

(一)评价主体的多元性

"工学结合""校企合作"的职业教育人才培养模式,要求以就业为导向,以培养学生的专业技术能力为核心。这就要求职业教育教学中心要由传统的课堂教学向实践教学转变,由原来的仅仅考察学生的记忆和理解,且忽视学生的知识应用能力和职业技能传统的评价方式,转变为建立以学校-教师-学生-企业四元结合的评价体系。评价不但进行学生自评、小组互评和教师评价相结合的方法来实现对教学效果尤其是学生综合素质的全面评价,而且引进企业对学生的评价体系。该评价体系融合了学校传统的教学评价体系和企业对员工的考核奖惩理念,侧重考核学生的知识应用和职业技能,注重操作过程评价,使评价主体不仅局限于教师、学生,而是多方共同协商制订评价目标和评价计划,对教学效果进行评定和反思,不断修正,适时调整目标,从而促进教师专业发展以及学生符合社会要求的职业胜任力的提高。

(二) 评价内容的多层化

在教学评价中,不仅考虑对教师教学工作的评价,包括教学目标的达成、教学方法的适宜、教学内容的选择等方面,还包括对学生学习效果的评价。学习效果的评价是核心,因为教师教学质量的高低是通过学生学习效果的好坏来体现的。

目前职业教育教学重视教学内容与岗位任务的对接,突破了传统论下课堂教学与实训基地的物理环境边界,打破了学科体系课程的桎梏,将理论知识与实践知识在项目情境中实现一体化,并将知识与技能、过程与方法、情感态度价值观三个层次的教学目标统摄于评价内容中,最终通过具体主题任务的实施与达成来实现评价内容的多层化。

在对学生学习效果的评价中,注重评价学习过程中学生的综合职业能力发展水平,而不仅仅是知识的掌握程度;不仅评价产品或服务的质量,还应评价学生的合作能力、态度表现、项目过程中的贡献;不仅评价最终的学习成果,还应评价学习过程中的阶段性成果。

(三) 评价方式的多样化

由于评价内容的多元化,以及项目小组学习、个人独立作业等教学组织形式的运用,以往一人一卷一成绩的学业评价方式已不合时宜,教学评价的方法和手段应以活动为中介,需要采用多样化的评价方式,如小组奖励分、小组成果共享、日常行为评估等方式,并采用学生自评、互评、师评以及企业评价等策略开展学生学业评价,评价结果不仅仅是分数,还可以是等级或评语。

根据加德纳的多元智能理论和费尔德曼的"认知发展的非普遍性理论",每个人都具有自己的优势智能,教师在教学过程中,应充分为学生提供各种平台来发展自己。评价过程就是学生学习的过程。而要使评价有意义、有价值,首先要在真实的活动情景中进行评价。在具体的评价方法的运用上,通过译介国外和吸收我国普通教育评价中较为先进的评价方式,职业教育课程与教学评价方式更为丰富,例如演示性评价、档案袋评价、发展性教学评价等。

(四)评价机制的过程化

职业学校课程多以实践课程为主,少量的理论课程也是为实践课程打下坚实的知识基础。实践教学多是以项目、模块化教学或者情境教学完成的。所以过程评价就显得尤为重要。即在教学实践过程中评价,而不是等到这门课程结束后再回顾、评价,目的是及时发现问题,及时修订教学设计,改革教学实践。在学生完成作业任务过程中评价行为动作是否熟练,是否符合标准,是否做到安全生产、质量控制,是否每个步骤都有对应的生产记录,是否具有合作精神等等。这个过程往往是实践教学的主要内容,所以过程评价必须在学生成绩中有所体现。结果评价主要看学生完成作业任务的情况如何,例如产品是否合格、推销产品是否成功、程序编制是否合理等等。学生完成工作任务的结果都以操作过程为基础,所以过程评价要和结果评价相结合,才能反映出学生的知识应用能力和职业技能水平。

随着人们对职业教育课程与教学评价研究关注度的提升和研究视角的逐渐开阔,在宏观上,我国从初始的较为注重总结性评价的研究,走向了总结性评价与过程性评价相结合的复合评价模式[1]。

三、职业教育教学评价方法

目前国内外职业教育教学评价的方法有很多。职业教育的特点,决定了仅仅甄别学生对知识掌握的水平与选拔优秀学生为导向的传统评价方式的不合时宜,强调现代教学评价方式,因为现代教学评价方式重视在学习过程中完成动态评价,注重定性评价与定量评价的结合使用。于是,一些新的评价手段如档案袋、概念图、学习契约、范例展示等在教学评价中得到广泛应用。下面主要

---

[1] 秦澎,朱德全. 新时期职业教育课程与教学评价研究的现状与走向[J].职教论坛,2011,(15):62-65.

介绍职业教育过程中常有的几种评价方式。

(一) 任务驱动教学评价方法

1. 任务驱动教学评价的概念

任务驱动的教学评价方法是以典型工作任务为导向的评价体系,强调学习情境、岗位工作、学习中协作能力的培养,着意于学生程序性知识与陈述性知识的意义建构。通过对职业任务完成情况的评价与考核,界定教学目标的达成情况,加强师生对学习内容的选取与序化,明确哪些知识和技能更有实用价值,促使学生在反思性实践中自我构建程序性知识。

2. 任务驱动教学评价特点

(1) 评价内容的多样化。职业任务驱动评价模式在考核内容与方式上做到"理论知识和实践能力的考核相结合,以实践能力考核评价为主"。不仅考核学生的学习行为策略、操作技能、数据收集和处理等智力活动,也考核学生的自我管理、合作共事、交往表达、信息收集与运用等职业能力。

(2) 连续考核,促进发展。评价的主要功能之一就是反馈。仅仅一门课程结束后进行总结性评价,评价的功能并没有彰显出来。应用职业任务驱动教学评价方式,通过设计几个典型职业任务将各单元的知识与技能渗透其中,每个单元学习完毕都要进行综合性评价。不但给出等级,而且要求师生共同写出反思性评语。这样的考核评价能对上一单元的学习进行反馈,为下一单元学习指导方向,制定明确的目标。

(3) 考核方式以实践为主,有利于学生主动参与。"职业任务驱动"的考核评价就是让学生完成典型工作任务,检验任务完成过程及效果,在活动中真正展现学生的实践能力和创新精神。

3. 任务驱动教学评价操作步骤

(1) 设计典型任务,制定学习目标。根据课程要求,师生、企业共同制定学习目标和设计本单元的典型任务。

(2) 进行诊断性评价。在正式开始教学前进行诊断性评价,确定学生是否具备下一步学习的技能,并确定学生是否已达到已学内容的目标。如果测试结果显示完成此次学习目标有困难,则要采取恰当的补救措施。

(3) 多次进行形成性评价。在组织教学过程中及时对学生进行形成性评价,找到学生的问题根源并选择性地进行矫正学习,引导不同层次的学生选择不同的学习活动。

（4）通过实践完成工作任务后进行总结性评价,检验本单元学习目标的达成情况,并以此为依据制定下一单元任务的学习目标。

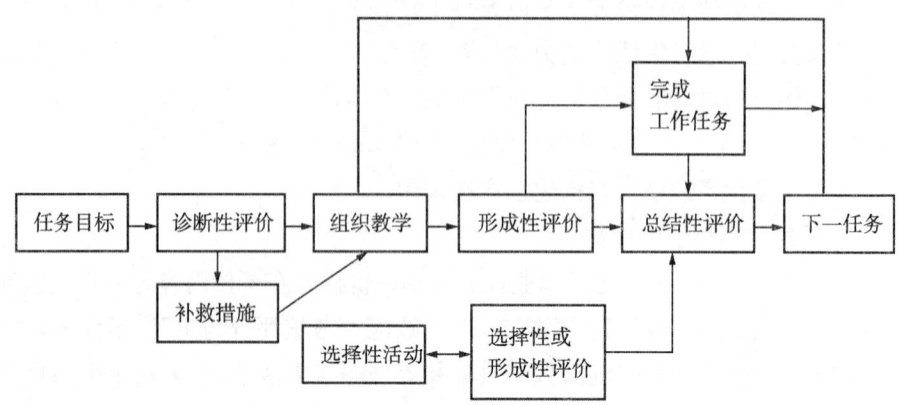

图 16-1 职业任务驱动的教学评价方式

资料来源:彭婀娜.基于职业任务驱动的教学评价模式初探[J].职业技术研究,2013,(3):15-17.

（二）演示性评价方法

1. 演示性评价方法的概念

这种方法于1996年美国职业教育评价改革时被提出,是设计好的一种演示性测试,它让学生通过运用所学知识,采用某种方式去"演示"能用学到的知识做什么,如完成一个项目、实验、解释、陈述等。具体来说,演示性评价就是给学生提供机会展示他们所学到的知识,是一种完全在各种有序或无序的状态下,学生运用知识、技能和思维习惯的过程。这种评价往往要持续一段时间,最终产生可见性作品。

2. 演示性评价方法的特点

（1）演示性评价是基于课程的,重视教师的主导作用。在让学生准备演示任务活动时,教师须对演示活动的各个因素及评价标准进行认真仔细的描述,要求学生去组织一个主题概念或项目时,积极构建自己对问题概念的理解。

（2）演示性评价强调学生的主体作用。它要求学生必须积极地展示他们所掌握的知识,对学习者知识应用和能力的评价发挥更有效的导向作用。同时,演示性评价能够改善教学,使学生加深对知识的理解。学生在演示活动的过程中，在教师的鼓励下，能够运用各种方法发现更多的信息，利用一切可能的机会展示和应用一系列与课程相关的知识和技能。

3. 演示性评价的具体形式

（1）项目、实验。这些项目和实验常常在小组中完成。在教师的指导下，小组成员对问题进行分析、研究，选择性提出解决问题的方法，最后演示自己的任务项目或实验结果。

（2）演示。要求学生对问题、任务或活动进行演示。演示包括陈述和展示两方面内容。学生通过对问题的讨论、探究，形成各自解决问题的方法，现场陈述或书面陈述，必要时进行能力展示。演示的方式多种多样，如声乐演唱、表演、诗歌朗诵、模型制作、设计、素描、摄影、艺术作品、问题报告、文稿收集、设计发明等。

（三）档案袋评价方法

1. 档案袋评价方法的概念

档案袋评价，又称为成长记录袋评价。20世纪90年代美国教育家们开始利用档案袋评价学生，向家长汇报学生的学习进展情况。档案袋评价是质性评价的典范之一，是由学生自己、教师及同伴收集并做出评论的相关材料，以此来评价学生在能力发展上的进步情况。

2. 档案袋评价方法的特点

（1）促进评价与教学相结合。档案袋里的作品是一些精选的作品，是课堂学习的成果，与课堂教学活动密不可分。

（2）注重过程评价，具有动态性和开放性。学生可在时间限制的情况下，利用各种资源和参考资料，与他人合作完成高质量的工作，从而展示学生的多种技能，如写作、口头表达、图形表达、社会技能和文化意识等。运用这一方法可对学生的学习、情感、态度等进行多方位连续评价。

3. 档案袋评价方法的操作步骤

（1）明确教学目标。教师与学生一起制定教学目标。教师也可列出一张目标清单，让学生对其中的目标进行排序。

（2）让学生了解档案袋评价。可通过讲解或展示档案袋样例的方式让学生了解档案袋评价的特点。

（3）明确档案袋的内容。档案袋里的材料是多种多样的，既有书面材料，也有成型作品；既包括最好的作品，也包括有问题的作品；既包括最后定稿的作品，也包括修改版本；每个作品应写明日期，以提供成长过程的证据；还要对每一个作品进行反思。

（4）对档案袋进行评价。按照预先设定的目标，采用自我评价、同伴评价和教师评价等方式对档案袋进行评价，并提出进一步改进的建议。

（5）总结和展示。教师与学生个别交谈，谈论学生制作档案袋的过程，并设定下一步学习目标。

基于"学生中心""成果导向"（OBE）的教学理念，教学评价越来越强调过程性评价方式。不管采用何种评价方式，都是为了达成教学目标，完善学习机制，提升学生学习效果。

【本章思考与练习】

1. 布鲁姆教育目标分类学理论主要包括哪些认知目标？
2. 教学目标陈述应遵循哪些基本原则？
3. 简述层次性任务分析法的主要步骤。
4. 简述影响教学方法选择的主要因素。
5. 任务驱动教学评价主要有哪些基本环节？
6. 简述档案袋评价方法的基本操作步骤。

第十七章 职教行动导向教学范式的心理建构

行动导向教学是20世纪80年代德国职业教育改革的重要成果,在德国已经被普遍接受和推广,是职业教育教学的一种新范式。职业教育被认为是德国二战后创造经济奇迹的"秘密武器",而行动导向教学范式被誉为德国职业教育的"锐利工具"。正因为行动导向教学对于培养人的全面素质和综合能力有着重要的作用,世界各国职业教育界与劳动界的多学科专家对这一范式日益推崇并进行了深入研究。本章从心理学视野对职教行动导向教学范式的基本问题进行解读,以进一步汲取其思想精华和理论精髓,科学建构行动导向的现代职教教学范式。

第一节 职教行动导向教学范式的心理基础与目标

所谓行动导向教学(又有实践导向、活动导向、职业活动引导等说法),是一个包括获取信息、制定计划、做出决定、实施工作计划、控制质量、评定工作成绩等教学环节的完整的行动过程。简而言之,即为了行动而教学,在行动中教学。行动导向教学是对传统的教育理念的根本变革,是职业教育教学论汲取融合现代心理学思想精华而形成的一种新思潮。

一、职教行动导向教学范式的心理基础

从行动导向教学范式的基本内涵,追溯其心理学的理论基础,可以清晰地

看到认知心理学的建构主义学习理论是其形成的主要依据,而发展心理学的多元智能理论和人本主义心理学的非指导性教学理论等对行动导向教学也有重要影响。

(一) 建构主义心理学理论

建构主义学习理论认为,学习过程并不是简单的信息输入、存储和提取,而是新旧经验之间的双向的相互作用过程。知识不是通过教师传授得到,而是学习者在一定的情境即社会文化背景下,借助他人(包括教师和学习伙伴)的帮助,利用必要的学习资料,通过意义建构的方式而自我获得。学习是个体自我建构知识的过程,这意味着学习是主动的,学习者不是被动刺激接受者,要对外部信息做主动的选择和加工。建构主义学习理论提倡教师指导下的以学生为中心的学,突出了意义建构中学习过程的主体性。德国职业教育界认为,行动导向教学范式与建构主义学习理论的基本思想在本质上是相同的。

(二) 多元智能理论

美国心理学家加德纳提出的多元智能理论认为,人类智能是多元的,每个人都不同程度地拥有相对独立的八种智能,包括语言智能、逻辑数理智能、空间智能、身体动觉智能、音乐智能、自然智能、人际智能和自省智能等,而且每种智能有其独特的认知发展过程和符号系统。因此,教学方法和手段就应该根据教学对象和教学内容而灵活多样,因材施教。多元智能理论提供了一种积极乐观的学生观,即每个学生都有闪光点和可取之处,教师应从多方面去了解学生的特长,并相应地采取适合其特点的有效方法,使其特长得到充分的发挥。按照加德纳的观点,学校教育的宗旨应该是开发多种智能并帮助学生发现适合其智能特点的职业和业余爱好。如果能充分挖掘个体的各种潜在能力,教育教学和学生发展就能取得成功。行动导向教学强调挖掘个体自身的潜在智能与独特优势,注重培养职业行动能力。

(三) 人本主义心理学理论

人本主义心理学家主张以学习者为中心,认为学习就是学习者获得知识、技能和发展智力,探究自己的情感,学会与教师及集体成员的交往,阐明自己的价值观和态度,实现自己的潜能,达到最佳的境界。人本主义学习论者认为必须尊重学习者,把学习者视为学习活动的主体;必须重视学习者的意愿、情感、需要和价值观;相信正常的学习者都能自己指导自己,具有"自我实现"的潜能。

教师对学习者应当无条件积极关注、真诚和移情。人本主义心理学理论在教学中的应用,最成功且影响最大的则首推美国心理学家罗杰斯以"学生为中心"的非指导性教学理论。其基本思想是将教学的重心完全置于学生身上,积极彻底地强调学生的"心理自由"。因为在学习上给予学生自行决定或参与决定的机会越大,则学生的动机水平越高。行动导向教学正是以人本主义心理学理论为基础,基本原则与人本主义的非指导性教学理念异曲同工。

此外,德国劳动心理学的行动调节理论、范畴教育的教学论等也是其重要的理论依据。行动导向教学范式正是在对这些理论的借鉴、发展和融合的基础上,经过多年的实验实践和总结提升才建构起来的。

二、职教行动导向教学范式的心理目标

职业教育的进一步发展,对职业教育培养目标提出了更高的要求。现代职业教育目标注重学生的社会适应能力和创新实践能力的培养,即全面职业能力的培养。行动导向教学过程遵循目标指向原则,目标要尽可能具体和可以被感知,学生和教师都要明确计划和行动的目标。行动导向教学以职业行动能力为目标,引导学生主动学习,联系实际问题学习,尊重学生的价值和情感需求,张扬个性,提升精神,能真正提高学生的综合素质。

(一)职业能力目标

从根本上讲,德国职教行动导向教学就是一种以"实践为导向"、以"能力为本位"的教学法思想,注重实践性教学环节,突出职业能力的综合培养。更确切地说,行动导向教学所追求的目标是以学生行动过程为导向,强调理论与实践的统一,强调培养学生的职业行动能力。作为行动导向教学的培养目标,职业行动能力结构可以从不同维度进行分析,从能力的性质上可分为基本职业能力和关键能力,从能力的内容上可分为专业能力、个性能力和社会能力。[①] 职业学校教育不应仅仅局限于学生职业行动能力的培养,人际交往交流能力、终身学

---

① 职业行动能力概念一般也简称职业能力,在德国是一个比较复杂的历史性概念。德国学者对职业行动能力有着自己的特殊理解。1999年德国各州文教部长联席会议通过制定的《职业相关性课程的框架教学计划制定指南》,将职业行动能力划分为专业能力、社会能力、个性能力。本章沿用这种说法。而国内职业教育界一般认为职业行动能力包括方法能力、专业能力、社会能力。

习能力、方法能力等也是不容忽视的。

（二）学习领域目标①

行动导向教学立足于引导学生，启发学生，调动学生的学习积极性，使学生在学习过程中由过去教师讲学生听的被动学习变为主动探索行动的学习。行动导向教学实施的基础＝用心＋用手＋用脑，要求学生在学习中不只用脑，而且是脑、心、手共同参与学习，寻求学习的最佳效果，其目标是培养学生的学习能力，让学生在活动中培养兴趣，积极主动地学习，让学生学会学习。与传统的讲授式教学法相比，行动导向教学最大的特点是让学生学会了学习，掌握了方法，提高了行动能力。

（三）综合素质目标

在整个行动导向教学中学生始终占据主体地位，教学质量的高低最终通过学生的综合素质得到反映和体现。行动导向教学不仅仅是让学生"学知识"，而且要学会学习，还要学会做事，学会生存与发展，学会与他人交往合作。行动导向教学通过情境模拟、案例研究、角色扮演、项目教学、实验教学等，来塑造学生认知、社会、情感和精神等方面的积极人格特征，包括学生的思维品质和批判精神，文明习惯与生活态度，需求调节与团队合作，责任感与自我意识等方面。采用行动导向教学，学生在获取真知和能力的行动过程中，必然会引起综合素质的积极变化。

通过教学活动基本规律的理性分析，可以基本确定行动导向教学对现代职业教育目标的适应性。行动导向教学范式因其在培养和提高学生的全面素质和综合职业能力方面起着十分重要的作用，从而代表了当今世界先进的职业教育教学理念，成为世界职教教学改革的一大亮点和一面旗帜。

第二节　职教行动导向教学范式的心理过程与角色

职业教育行动导向的整个教学过程可分为收集信息阶段、制定工作计划阶

---

① 德国各州文教部长联席会议对学习领域的定义是：学习领域是一个由学习目标表述的主题学习单元。见：姜大源，吴全全.当代德国职业教育主流教学思想研究[M].北京：清华大学出版社，2007：32－33.

段、决定阶段、实施阶段、检查阶段和评估阶段。在行动导向教学过程中,遵循"资讯、计划、决策、实施、检查、评估"这一完整的行动过程序列,学生通过自主独立的行动实践,掌握职业技能,习得专业知识,从而构建属于自己的行动能力、生活经验和知识体系。在教学中教师与学生互动,学生、教师的地位和角色都发生根本的转变。

一、职教行动导向教学范式的心理过程

行动导向教学强调:学生是学习过程的中心和学习行动的主体,教学要以职业情境中的行动能力为目标,以基于职业情境的学习情境中的行动过程为途径,以自我调节的学习行动为方法,以师生及学生之间互动的合作行动为形式,以学生自我建构的行动过程为学习过程。

(一) 行动导向教学是自我建构、完整行动的过程

行动导向教学理论的特征之一是自我建构、重构和解构学习。在行动过程的框架内,知识系统不是从外部"输入"的,而是在学生个体内有机生成的,因而在具体的行动情境中,其内化于个体大脑中的有机成分将能很快地从内部"输出",迅速转换为实用而有效的行动。从广义上讲,学习者个人决定了教学过程,主动组织这一过程并进行反思。教学过程主要是自我定义的,学生参加全部教学过程。从信息的收集、计划的制定、方案的选择、目标的实施、信息的反馈到成果的评价,学生参与问题解决的整个过程。这样学生既了解职业行动的总体目标,又能够清楚行动过程每一环节的具体要求,从而全面提高行动能力。

(二) 行动导向教学是学会学习、积极行动的过程

行动导向教学过程中,案例化学习、研究性学习代替了肤浅的结构化的知识学习。学生参与教学实践活动过程,就是解决问题、学会学习的过程,也是获得经验、自主行动的过程。学习作为一种行动,行动的主体——学生就必须处在一个主动的地位。学生不再是一个被动受教育的客体,而更多的是一个行动着的学习主体,充分发挥学习的主动性和积极性,积极主动地变"要我学"为"我要学"。从某种意义上来说,学生作为行动者也是学习过程的"研究者",至少是学习过程的"参与研究者"。

(三)行动导向教学是教学相长、师生互动的过程

行动导向教学是教学相长、师生互动型的教学模式。教师与学生的人格地位是平等的,师生之间在教学过程中是一种互动合作、相互促进、和谐融洽的积极型关系。行动导向教学中,教师不再是知识的权威和象征,也不会再是一个"施教"的主体。教师不应是传统意义上传道授业的教师,而课堂教学更不应该是一种单纯的教师讲、学生听的教学模式。行动导向教学要求教师使用轻松愉快的、充满民主的教学风格进行教学,只控制教学过程,不控制内容;只控制活动主题,不控制答案。

二、职教行动导向教学过程中师生的心理角色

行动导向教学以学生学习为中心,教师处于辅助地位,突出的是学生的学习活动。教师的作用从教学过程的主要承担者和知识的传授者摆脱出来,淡出主角,在教学中教师更多的是学习行动的促进者、鼓励者、支持者、咨询者与协调者。

(一)学生的主体角色

行动导向教学是以学生为主,让学生担任主角,在获取信息→制定步骤→决策→付诸行动→检查过程→反思与评估这一完整的思维过程中完成整个工作过程。通过学会获得信息、学会计划、学会决策、学会独立完成任务、学会自我分析判断检查完成任务的质量、学会评估这六个步骤,学生可以获得知识,掌握技能,形成能力。学生是教学过程的主体,学生对学习过程的自我控制主要表现在:一是目标明确的学习,由学生自己设立学习目标,是解决问题的或产品指向的学习。二是整体性的学习,包括计划、实施、评价等各环节的职业工作全过程。三是合作式的、研究性的、创造性的、发现性的学习。四是反思性和批判性的学习,学生在"做"的过程中思考,总结经验,提升能力,完善素质。

(二)教师的专业角色

在行动导向教学方式的转化中,教师的角色发生了变化,由过去课堂教学的主导地位,变成课堂教学活动过程的"主持人"。但这并不影响教师作用的充分发挥,相反对教师的专业素质和角色要求则是提高了。

1. 教学过程引导者

行动导向教学要求教师的主要职能必须从"授"转变为"导",教师成为课堂

学习行动的"导师"、学习情境的"导演"和学习过程的"导游",他们的责任是激发学习的行动,引导、维持课堂,对整个学习过程进行发动、监督、帮助、控制和评估,积极提供资源,答疑解惑,给予建议,当好学生的参谋和助手。教师要全面真实自然地扮演操作行动的"教练员"或指导者,计划执行的"咨询员"或辅导者,矛盾冲突的"协调员"或疏导者,探索创新的"引航员"或倡导者,检查反馈的"巡视员"或督导者,充当学生行动过程、工作过程或学习过程的"信息员""服务员""观察员""管理员"的专业角色。

2. 教学实践研究者

德国职业教育界的创造性工作,或者说行动导向教学范式的独到之处,就在于把"教师成为行动研究者"的理论成功运用于职业教育教学。教师是行动导向教学范式实践的研究者,而且是行动导向教学研究的"当局者";行动导向教学是反思性实践,教师是反思性实践者。行动导向教学要求教师能够灵活采用多种教学方法、方式,如头脑风暴法、卡片展示法、项目教学法、文本引导法、模拟教学法、角色扮演法、思维导图法、案例教学法等。综合运用行动导向教学,教师要认真研究教法,更要积极研究学法,而深入研究教法也是为了更好地改进和指导学法。

3. 教学成效评价者

现代职业教育理论认为,基于科学发展观的行动导向教学评价观应该是以人为本的整体性评价观,职业教育的评价将发生由功利性向人本性的转变。行动导向教学成效在于学生行动能力的改变,包括由内化而至外显的行动。对学习者个体实施评价时,教师要全面把握以专业能力、个性能力、社会能力、学习能力、方法能力、交流能力等元素整合后形成的职业行动能力为评价标准。所涉及的核心问题就是,教师既要关注对显性能力评价,还要关注对隐性能力评价,遵循整体性、主体性、发展性、科学性等基本原则。

第三节 职教行动导向教学范式的心理特征与原则

任何职业劳动和职业教育,都是以职业的形式进行的。这意味着,职业的内涵既规范了职业劳动(实际的社会职业或劳动岗位)的维度,又规范了职业教育(职教专业、职教课程和职教考试)的标准。职教行动导向教学范式的目标指向明确,职业针对性强,教学效率高,已经形成了独具特色的个性化教学风格。

一、职教行动导向教学范式的心理特征

理论与实践相结合是职业教育中一切教学方法选择、使用和评价的基本特点。从心理学角度分析,职业教育行动导向教学范式具有如下特征。

(一) 职业发展性

在教学目标定位上,行动导向教学的出发点是提高职业行动能力,而现代职业教育的一个明确目标就是要发展职业行动能力。"职业教育中的职业,是一种教育的职业,是来自社会,高于社会的职业;职业教育的专业,不是普通教育的专业,不是高等教育目录中的教育专业,而是更多地具有职业的属性。"[①]职业教育的职业属性要求职业教育的教学过程应尽可能与职业的工作过程保持一致性,因而这一整合将"强迫"学习过程依照职业的工作过程展开,让学生主动去思维和探索,以便获得完整的职业行动能力。

(二) 情境活动性

在教学环境设计上,行动导向教学应尽量以真实或实际的经验情境或行动情境作为教学的基础,即为了职业情境中的行动而学习,通过学习情境中的行动来学习。通过创造某种特定的"环境"或称"情境",让学生在教师所设计的学习环境中进行学习,使每个学习者都有施展个性能力的机会和舞台。这种教与学通常围绕某一课题、问题或项目开展教学活动,强调多种教学媒体的综合运用,倡导学生参与教学的全过程,重视学习过程的活动体验,个体和集体的教学活动互为补充,注重主体的情境感受和经验积累,在形象、仿真的环境中评价、检查学生分析和解决实际问题的能力。

(三) 学科交叉性

在教学内容选择上,行动导向教学具有跨学科融合、多学科交叉的特点。跨学科的理念是行动导向教学根据内在逻辑而产生的,因此它并不以学科结构为导向,而是采用非学科式的、能力本位的教学设计选择教学内容。行动导向

---

① 姜大源.建立以行动为导向的职业教育课程体系[J].人民政协网(www.rmzxb.com.cn),2008-12-17.

教学内容安排上不是传统的学科体系,而是根据教学目标分类要求,以职业行动能力为指向,以职业工作过程分析为基础,以职业"学习任务"为载体,横向综合各有关学科的知识点和技能,形成新的课程结构——学习领域。

(四) 积极主体性

在教学对象认识上,行动导向教学视学生为主体,调动学生学习的自主性、积极性,强调学生学习动机的激发和学习品格的培养。行动导向教学关注学生的学习兴趣和需求,让学生对所学的内容感到好奇和惊讶、提出问题和能自主反思。同时充分尊重学生的个性,注重学生自信心、自尊心和责任感的培养,不断地启发和鼓励学生。行动导向教学并不要求学生是一个完美的人,而是一个会犯错误并能从错误中学习的人。教学过程中教师要多关注学生的优点,少讲不足和缺点,允许学生犯错误,不允许武断批评和粗暴惩罚学生。

(五) 团队合作性

在教学组织形式上,行动导向教学鼓励和支持学生以团队合作形式共同解决提出的问题,强调在团队学习中发挥每个学生的主体作用和独特优势。在教师引导下,学生以团队互助、分工协作的形式进行学习,共同参与活动过程,共同讨论交流,共同承担工作责任,扮演不同的职业角色,分享彼此的学习经验,在互相支持和鼓励的合作学习过程中最终获得问题解决。

二、职教行动导向教学范式的心理原则

行动导向教学要求遵循职业教育教学基本规律和学生心理发展成长规律,正确处理教学过程的基本关系。"行动导向教学法的基础是基于以下假设的,即职业行动能力的发展特别需要教学安排的支持,在这些教学安排中,学习过程是以行动为导向的。"[①]从教学心理学的角度归纳行动导向教学的基本要求,概括为五大优先的基本原则。

(一) 能力优先原则

在知识目标与能力目标关系上,行动导向教学的核心是注重职业能力的培养,真正从职业技能教育入手,让学生愉快地、轻松地完成学习任务。行为导向

---

① [德] Bünning, Frank:职业技术教育培训(TVET)中的行动导向教学法导论——心理学原理及其相关教学理念(内部资料), Bonn:Internationale Weiterbildung und Entwicklung gGmbH, 2007.

教学能做到在团队活动及社会交往中培养与人合作的能力,在活动中通过展示技术和作品的训练培养表达能力,在综合性的实践活动中培养社会能力。学生在自行制定工作计划、提出解决实际问题的思路和在评估工作结果等活动中,掌握工作方法和解决问题的方法,不断把知识内化为能力。显然,采用行动导向教学获得知识符合人的职业成长规律,学生的综合职业能力通过实践得到全面锻炼,避免了过去单纯重视专业技能的状况,从而真正实现职业教育的价值——在于培养那些不能被机器所取代的职业能力。

(二) 行动优先原则

在理论学习与实践活动关系上,行动导向教学遵循学习理解过程中的行动优先原则。德国联邦职业教育研究所原比较研究部负责人劳尔·恩斯特女士指出,行动即学习原则。学习就是一个行动过程,通过"做"来学习——坚持"做中学"的基本原则。学生通过学习情境中的行动来学习:行动构成学习的基本起点,尽可能自己行动或通过思考再现行动。为了行动而学习,这是教学目标;通过行动来学习,这是教学过程;行动就是学习,就是做中学、学中做,教学做合一。学习者的行动包括两个层面:有组织的学习过程中的行动,在工作生活和个人生活中非组织性的学习过程中的行动。职业教育中学习过程的设计应该以人类行动(完整的行动)的基本结构为导向。

(三) 建构优先原则

在课堂讲授与自我建构关系上,行动导向教学具有三个典型的特征:基于行动、生成和建构意义的"学",学生主动存在;基于支持、激励和咨询意义的"教",教师反应存在;基于整体、过程和实践意义的"境",情境真实存在。① 在建构主义学习环境下,学生和教师的角色和作用与传统教学相比发生了很大变化。学生不再是受到外界刺激的被动接受者,而是知识意义的主动建构者,教师也不再是传统教学模式下的知识传授者,而是促进学生主动建构意义的指导者。而卓有成效的职教行动导向教学成功的关键,在于寻求建构与指导之间的平衡,实现指导性教学原则与建构性教学原则的融合。

(四) 学习优先原则

在学生学习与教师教学关系上,行动导向教学的显著特点是:教学主体活

---

① 姜大源.指导优先原则与建构优先原则的特征及其融合:关于职业教育行动导向的教学则及其思辨[J].职教通讯,2005,(2):5-8.

动是学生的学习,而不是教师的教导。行动导向教学是从教学生"学会学习"目标出发,使职业教育教学从注重"教法"转到注重"学法",将学生的学习与学生发展密切结合起来。行动导向教学体现了"以学为本,因学施教"的教学准则,因为"学"在学生的活动中占据主导地位,而教则应因学生、因学习过程施以不同的"教"。"教"在于对学生的学习、成长和发展起着辅助和促进的作用。

(五) 整合优先原则

在教学过程与教学评价关系上,行动导向教学具有整体统一性,坚持理论学习与实践活动一体化,教学目标与德育要求一体化,行动过程与评价过程一体化,核心就是实现工作过程、行动过程与学习过程一体化的融合。这里所说的行动,既包括个体的主观意识行动,又包括个体的客观具体行动,即要实现动作行动与心智行动的整合。行动导向教学由师生共同确定的行动产品来引导教学组织过程,让学生的所有感觉器官都参与学习,达到脑力劳动和体力劳动的统一(Meyer,1989)。每个单项学习的累积与各个部分的结合,可以成为有机的教学过程整体。

职教行动导向教学过程需要遵循上述基本原则,不断开发学习条件和资源,形成积极的制度环境、组织环境和学习环境,给学习者提供更大的自主建构和自由发展空间,使其能够更加充分灵活地行动和学习,最优化地实现职业教育教学目标。

三、职教行动导向教学范式的启示

职教行动导向教学范式是一种现代教学指导思想和课程建设理念,是一种先进的职业教育思潮和完整的职业教育模式。目前行动导向教学范式日益成为世界职业教学理念的完美组合、各国职业教育改革的重要依据。推广和使用这种范式已经成为现代职业教育、培训的主要发展趋势,也必将对职业教育教学改革与发展产生极为深刻而广泛的影响。

(一) 树立实施积极职业教育的新理念

行动导向教学范式促进人们更深刻地认识职业教育的本质和功能,职业教育不是单一的知识传授或技能训练教育,不是"补差"式教育或者"二流"的教育,不是学习"失败者"的教育,也不应该是消极防御、被动应付的"救火式"教育。职业教育对学生的培养不应该"削足适履"、整齐划一,而应该鼓励学生扬长避短、个性化多元发展。我们需要树立以人为本、助人自助、育人至上的积极职业教育新理念①,以积极的认知方式和思维方式把握职业教育目标,大力开展以行动为导向的职业素质教育,积极实施主体发展性教学过程,建构积极的职业教育管理模式。

(二)树立现代职教教学设计的新概念

行动导向教学不是职业教育的一种具体方法,而是一种教学设计的科学理念,使得职业教育在一种全新的概念与模式下运作。职业教育教学设计与学生的认知世界结合越紧密,则他们越能将自己的个人经验和评价纳入学习过程。职业教育教学应遵循职业能力形成的规律,优化行动导向教学设计思路,将知识目标与能力目标按职业行动规律进行递进分类,针对每一类别来设计教学项目,每个项目教与学的全过程采用行动导向准则设计教学环境和情境,让学生学会"用正确的方法做正确的事",在自主行动过程中形成职业能力和综合素质。

(三)树立促进职校生心理发展的新观念

职业学校教师要科学认识职业教育与职校生心理发展的辩证关系,全面客观地理解和评价当代职校生,把握职校生心理发展的基本特征,引导学生强化自信心、自尊心、责任心和进取心,促进职校生的个性和谐发展,让职校生心理世界充满和煦的阳光。职业学校教师要对当代职校生的职业发展和专业成才抱有信心,积极关注职校生的学习过程和成长历程,引导学生真正"学会学习,学会做事,学会共处(共同生活)和学会发展"②,获得积极的人生发展观和职业价值观。

(四)树立开展校本行动研究的新思维

职业学校要借鉴职教行动导向教学范式具有规律性、普适性的科学研究成果,自主开展个性化的校本行动研究,强化教师树立"我是一个研究者"的意识,探索职教专业课程建设、教学方法的新途径、新举措,以高质量、有特色、重行动、求实效为目标,全面推进职业教育教学改革,形成适合职业教育实际的行动导向教学课程体系和操作体系。

---

① 崔景贵.育人为本:我国职业教育创新变革的基本理念[J].教育与职业,2007,(30):10-12.
② 国际21世纪教育委员会.教育:财富蕴藏其中[M].北京:教育科学出版社,1996:2-3.

彻底的行动导向教学是职业教育范式的一次"革命",必将带来职业教育前所未有的崭新面貌。我们应该充分吸收职教行动导向教学范式的思想精髓,积极运用职业教育心理学的新成果,促进职业教育教学的改革深化与创新发展,建立真正适切本土文化的、具有中国特色的现代职业教育行动导向教学范式。

【本章思考与练习】

1. 概述职教行动导向教学范式的心理基础。
2. 职教行动导向教学范式的心理目标主要有哪些?
3. 如何理解职教行动导向教学范式的心理过程?
4. 如何理解职教行动导向教学过程中教师与学生的心理角色?
5. 从心理学角度,简述职教行动导向教学范式的特征。
6. 结合职校教育实际,阐述行动导向教学范式的基本原则。

参考文献

[美]阿内特.阿内特青少年心理学[M].雷雳,等,译.北京:中国人民大学出版社,2015.

[美]博比特.课程[M].刘幸,译.北京:教育科学出版社,2017.

曹新美,郭得俊.习得性无助理论模型的演变与争议[J].心理学探新,2005,25(2):30-34.

陈琦,刘儒德.当代教育心理学[M].北京:北京师范大学出版社,2007.

陈生生.对大学生职业价值观的调查分析[J].西南民族学院学报(哲社版),2001,22(4):86-88.

陈衍.对高职教师职业倦怠与应对方式关系的调查[J].职教论坛,2011,(23):87-89.

程虹娟,龚永辉,朱从书.青少年社会支持研究综述[J].健康心理学杂志,2003,11(5):351-353.

崔景贵.班集体建设与大学生素质发展[J].吉林教育科学,2001,(4):11-14.

崔景贵.建设有利于学生个性发展的现代班集体[J].教育探索,2001,(7):31-32.

崔景贵.职业教育心理学的学科定位与教材建设[J].职业技术教育(教科版),2002,(4):40-42.

崔景贵.育人为本:我国职业教育创新变革的基本理念[J].教育与职业,2007,(30):10-12.

崔景贵.职业教育心理学导论[M].北京:科学出版社,2008.

崔景贵.专业化:国外学校心理教师发展的路径与目标[J].思想理论教育导

刊,2008,(8):74-79

崔景贵,谢莉花.德国学校心理学家的职业角色与伦理准则[J].教育导刊,2010,(3):59-62.

崔景贵.解读职校生"习得性无助"现象:心理症结与教育策略[J].中国职业技术教育,2013,(12):65-72.

崔景贵.积极职业教育范式的基本理念与建构策略[J].教育研究,2015,(6):64-69.

崔景贵.追寻积极:现代职业教育发展的理念、内涵与范式[J].江苏社会科学,2015,(5):242-247.

崔景贵,黄亮.职校生技能竞赛的心理训练及实施策略[J].职业技术教育,2014,(20):79-85.

崔景贵,黄亮.职校生技能竞赛的心理分析与策略[J].职业技术教育,2014,(17):73-78.

崔景贵,杨治菁.职校生专业学习心理与职校积极课堂教学的建构[J].职教论坛,2015,(7):15-19.

邓宏宝.职业技术学校学生职业素养体系的构建[J].职业技术教育,2000,(13):8-9.

邓莉,伍绍杨.人是如何学习的[N].光明日报,2018-10-10(14).

杜冰,陈锋,田立国,等.来,到"学习工厂"体验产教融合的新型学习[N].光明日报,2019-4-9(15).

樊富珉.团体心理咨询[M].北京:高等教育出版社,2005.

范皑皑.当教育从劳动密集型转向人才密集型,教师素质该怎么升级[N].光明日报,2018-12-8(6).

方翰青,谭明.高职生职业适应性的实证研究[J].教育学术月刊,2012,(11):83-86.

方俐洛.职业心理与成功求职[M].北京:机械工业出版社,2001.

方双虎.论课堂心理气氛及其营造[J].教学与管理,2003,(5):52-53.

冯忠良,伍新春,姚梅林.教育心理学[M].北京:人民教育出版社,2000.

[爱尔兰]格里芬,[英]泰里尔.人类天赋[M].刘勇,译.北京:线装书局,2014.

谷欣颖,李辉,刘雨田.元认知策略与学习者自主性的研究[J].中国成人教育,2012,(11):100-102.

郭衎,曹一鸣.学习动机对学习效果影响的深度解析:基于大规模学生调查的实证研究[J].教育科学研究,2019,(3):62-67.

[美]哈迪曼.脑科学与课堂:以脑为导向的教学模式[M].杨志,等,译.上海:华东师范大学出版社,2017.

[新西兰]哈蒂,[新西兰]马斯特斯,[澳]伯奇.可见的学习在行动[M].彭正梅,等,译.北京:教育科学出版社,2018.

[新西兰]哈蒂,[澳]耶茨.可见的学习与学习科学[M].彭正梅,等,译.北京:教育科学出版社,2018.

何文明.我国职业教育教学方法研究述评[J].职业技术教育,2011,(11):41-46.

胡维芳,颜晓彬.中职生职业兴趣现状的对策研究[J].中国职业技术教育,2013,(15):70-74.

[英]怀斯曼.不可思议的心理控制实验[M].蒋涛,译.长沙:湖南文艺出版社,2016.

[美]加涅.学习的条件和教学论[M].皮连生,等,译.上海:华东师范大学出版社,1999.

[美]加涅.教学设计原理[M].皮连生,等,译.上海:华东师范大学出版社,1999.

蒋波.学会学习:职校生学习心理教育的新理念[J].职教通讯,2004,(9):51-54.

蒋波.发展性儿童团体辅导的理念与实践[J].思想·理论·教育,2006,(6):57-60.

蒋波.建构主义理论对高职院校创新教育的启示[J].职业技术教育,2011,(25):52-55.

蒋波.创新技能型人才培养与高职院校教学改革[J].职教论坛,2012,(15):31-33.

蒋波.有效合作学习的原理与策略[M].北京:科学出版社,2018.

蒋波,崔景贵.职业教育心理学课程建设的困境与出路[J].职业技术教育.

2014,(32):80-83.

姜尔岚,谢华. 高校毕业生职业价值取向分析[J].教育与职业,2006,(9):40-42.

[法]焦尔当. 学习的本质[M]. 杭零,译. 上海:华东师范大学出版社,2015.

[美]科佐林诺. 优化课堂中的依恋与学习:大脑神经可塑性带来的启示[M]. 杨安博,姜雪,译. 上海:华东师范大学出版社,2018.

联合国教科文组织. 反思教育:向"全球共同利益"的理念转变?[M]. 联合国教科文组织总部中文科译. 北京:教育科学出版社,2017.

李海萍,陈喜. 论职业心理素养与职业选择[J].中国职业技术教育,2006,(15):22-24.

李龙辉,张毅,刘蒲珍. 现代教师人格品质及养成[J].当代教育论坛,2005,(12):12-13.

刘重庆,崔景贵. 职业教育心理学[M]. 上海:立信会计出版社,1998.

刘重庆,崔景贵. 我国职业教育心理学的研究现状与展望[J]. 职业技术教育,2000,(13):10-11.

刘电芝. 高效学习的追求:学习策略的研究与实践[J]. 中国教育科学,2019,(6):81-99.

刘华山. 学校心理辅导[M].合肥:安徽人民出版社,1998.

刘景忠. 职校教师该如何为自己的角色定位[N].中国教育报,2012-10-24.

刘又堂. 谈新世纪职校教师的角色转变[J].职教论坛,2003,(11):54-55.

卢红,李利军. 职业教育心理学[M]. 上海:华东师范大学出版社,2010.

[美]罗杰斯,弗赖伯格. 自由学习[M]. 王烨晖,译. 北京:人民邮电出版社,2015.

马勇琼."习得性无助"学生的心理特征及其教育措施[J]. 江西社会科学,2004,(5):174-176.

[美]迈耶. 教育心理学的生机:学科学习与教学心理学[M]. 姚梅林,译. 南京:江苏教育出版社,2005.

[美]梅迪纳. 让孩子的大脑自由[M]. 王佳艺,译. 杭州:浙江人民出版社,2012.

彭婀娜.基于职业任务驱动的教学评价模式初探[J].职业技术教育,2013,(3):15-17.

皮连生.教学设计:心理学的理论与技术[M].北京:高等教育出版社,2000.

皮连生.教育心理学[M].上海:上海教育出版社,2004.

冉苒,苏宗荣.管理心理学(第2版)[M].北京:清华大学出版社,2018.

尚勇.试论职业情感的科学界定[J].理论观察,2007,(1):153-154.

邵瑞珍.教育心理学(修订本)[M].上海:上海教育出版社,1997.

[美]史密斯,科林斯.认知心理学:心智与脑[M].王乃弋,等,译.北京:教育科学出版社,2017.

[美]斯莱文.教育心理学[M].姚梅林,等,译.北京:人民邮电出版社,2004.

[英]斯托尔,[加]芬克.未来的学校:变革的目标与路径[M].柳国辉,译.北京:北京大学出版社,2015.

孙文学.以就业为导向的高职学生职业能力培养[J].职业技术教育,2005,(4):20-22.

谭顶良.高等教育心理学[M].南京:南京师范大学出版社,2017.

[美]特纳,马扎诺.加工新知:参与学习的方法[M].郑州:大象出版社,2018.

王春雪.职业耗竭逼近 应该如何应对[N].光明日报,2018-7-28(10).

王东宇.学校心理辅导机构的建设与管理[J].中国学校卫生,2001,22(6):546-547.

王以雷.新型和谐师生关系的建构[J].教学与管理,2016,(36):59-61.

吴庆麟.教育心理学[M].上海:华东师范大学出版社,2003.

吴俊华,张进辅.我国大学生职业兴趣的特点调查[J].西南大学学报(社会科学版),2008,34(2):6-11.

吴增强.学校心理辅导通论[M].上海:上海科技教育出版社,2004.

伍新春.高等教育心理学[M].北京:高等教育出版社,1999.

伍新春,林崇德,臧伟伟.试论学校心理危机干预体系的构建[J].北京师范大学学报(社会科学版),2010,(1):45-50.

武任恒,杨国柱.中等职业学校学生机械操作技能表象训练的实验研究[J].

职教论坛,2014,(27):79-84.

肖计划.应付与应付方式[J].中国心理卫生杂志,1992,(4):181-183.

谢幼如,刘嘉欣,孙宁蔚,等.智慧学习环境下学生科学探究心智技能的培养[J].2016,22(2):104-112.

易近.儿童社会支持系统:一个重要的研究内容[J].心理发展与教育,1999,(2):58-61.

余海波,张大均,张进辅.高师生职业价值观研究的初步构想[J].西南师范大学学报(人文社会科学版),2001,27(2):61-66.

曾玲娟.职业教育心理学[M].北京:北京师范大学出版社,2010.

张爱卿.现代教育心理学[M].合肥:安徽人民出版社,2001.

张存库.当代大学生职业价值观的特点及教育[J].高等工程教育研究,2000,(2):61-63.

张大均.教育心理学[M].北京:人民教育出版社,1999.

张大均,余林.职业心理素质及其培训[J].重庆职业技术学院学报(综合版),2003,(2):1-7.

张厚粲,冯伯麟,袁坤.我国中学生职业兴趣的特点与测验编制[J].心理学报,2004,36(1):89-95.

张林.大学生心理压力应对方式特点的研究[J].心理科学,2005,28(1):36-41.

张琳霓,蔡丹,任偲.工作记忆训练及对数学能力的迁移作用[J].心理科学,2019,42(5):1120-1126.

张卿.学与教的历史轨迹:20世纪的教育心理学[M].济南:山东教育出版社,1995.

张霞.学习动机与努力程度对学生学习成绩的影响研究[J].教育理论与实践,2018,(5):31-33.

张志勇.当学习不再围着考试转,将会怎样?[N].光明日报,2019-12-17(14).

张荣华,刘电芝.高效学习:学习策略的生成和掌握[J].课程·教材·教法,2012,(4):21-26.

郑日昌,江光荣,伍新春.当代心理咨询与治疗体系[M].北京:高等教育出版社,2008.

郑晓边.心理变态与健康[M].合肥:安徽人民出版社,1998.

赵伟.高职生实习实训中心理危机干预模型的构建[J].职教论坛,2013,(12):28-30.

赵鑫,周仁来.工作记忆训练:一个很有价值的研究方向[J].心理科学进展,2010,18(5):711-717.

Baer J. Grouping and achievement in cooperative learning[J]. College Teaching, 2003,51(4):169-173.

Cohen E G. Restructuring the classroom: Conditions for productive small groups[J]. Review of Educational Research,1994, 64: 1~35.

Flavell J H. Metacognition and cognitive monitoring: a new area of cognitive-developmental inquiry [J]. American Psychogist, 1979, 34(10): 906-911.

Gillies R M, Ashman A F. The effects of cooperative learning on students with learning difficulties in the lower elementary school[J]. The Journal of Special Education, 2000, 34(1):19-27.

Hay K E,Barab S A. Comparison and contrast of apprenticeship and constructionist learning environments[J]. The Journal of the Learning Sciences, 2001,10(3):281-322.

Hendry G D, Frommer M, Walker R A. Constructivism and problem-based learning[J]. Journal of Further and Higher Education, 1999,23,(3):359-370

Iran-Nejad A. Constructivism as substitute for memorization in learning: meaning is created by learner[J]. Education, 1995,116,(1):16-31.

Jaques D. Learning in Groups: A handbook for improving group work [M]. 3rd edition. London: Routledge Falmer, 2000.

Johnson D W, Johnson R E, Buckman, L A., & Richards, P S. The effect of prolonged implementation of cooperative learning on social support within the classroom[J]. The Journal of Psychology, 1985,119(5):405-411.

Leon L A, Tai L S. Implementing cooperative learning in a team-teaching environment [J]. Journal of Education for Business, 2004, 79(5): 287-293.

Orton, G L. Strategies for counseling with children and their parents[M]. Pacific grove, CA: Brooks/Cole, 1997.

Partanen P, Jansson B, Lisspers J, & Sundin Ö. Metacognitive strategy training adds to the effects of working memory training in children with special educational needs[J]. International Journal of Psychological Studies, 2015, 7(3), 130-140.

Slavin R E. Cooperative learning and the cooperative school[J]. Educational Leadership, 1987, 45(3): 7-13.

Stevens R J, Slavin R E. Effects of a cooperative learning approach in reading and writing on academically handicapped students [J]. Elementary School Journal, 1995, 95(3):241-261.

Westling D L, Herzog M J, Cooper-Duffy K, Prohn K. The Teacher Support Program: A Proposed Resource for the Special Education Profession and initialvalidation[J].Remedial and Special Education. 2006, 27(3):136-147.

后　记

《职业教育心理学》是体现职业技术高师办学特色的一门重要课程,也是职业师范教育专业学生教师教育类核心课程之一。江苏理工学院坚持"面向职教、服务职教、研究职教、引领职教"的办学定位,秉承"以人为本、注重能力、分型培养"的人才培养理念,以高素质"双师型"职业院校专业教师为培养目标,注重学术性、技术性和师范性的有机融合,切实提高职业师范教育专业学生的培养质量。学习本课程后,职业师范教育专业学生要树立科学的职教教学观和学生发展观,掌握职业教育学与教的心理基础知识、基本原理和基本技能,具备终身学习能力、沟通表达能力、团队合作能力、创新实践能力和科学研究能力,分析与解决职业教育教学问题的综合能力,具有较高的职业心理素质和教育教学素养,增强对职业师范教育专业的认同感、自豪感和使命感,努力成为有理想信念、有教育情怀、有扎实学识、有使命担当的时代新人,成为爱岗敬业、乐学善教、知行合一、务实尚新的现代职业教育专业工作者。

本教材是教师教育国家级精品资源共享课程和江苏省高校重点教材建设的标志性成果。自 20 世纪 80 年代末,江苏理工学院(原常州技术师范学院、江苏技术师范学院)就开设"职业教育心理学"课程,主要面向职业师范教育专业的本科学生。三十多年来,课程建设与改革创新始终坚持教学育人的目标导向、问题导向、行动导向和结果导向,重视课程建设基础理论研究,坚持守好课程思政、课程育人的"初心",注重因势利导、因材施教,全面提升课程教学与人才培养目标的达成度,形成了具有鲜明特色的课程体系,取得显著的建设成效。"职业教育心理学"课程获评学校首批优秀课程(1997 年)、江苏省普通高校优秀课程(2000 年),教材获批江苏省高校立项建设精品教材(2005 年)、江苏省高校精品教材(2011年)、江苏省高校重点建设教材(2014年)。2017年课程正式获批教师教育国家级精品资源共享课程(2013年立项建设,全国2所高校的"职业教育心理学"课程入选)。2020年课程获批为国家级一流本科课程。课程团队教师的相关成果获江苏省高等教育优秀教学成果一等奖(2017年)、国家职教类优秀教学成果二等奖(2018年)、江苏省哲学社会科学优秀成果一等奖(2014年)、第五届全国教育科学研究优秀成果一等奖(2016年)、第七届高等学校科学研究优秀成果三等奖(人文社会科学,2015年)等,在学术界产生积极反响。

本教材建设全面落实立德树人、铸魂育人的根本任务,科学把握职校教师职业成长与教学改革方向,充分吸收现代职教教师教育发展的新理念、新思想、新经验。本教材内容与时俱进,资源建设及应用多样,符合现代职教师范生专业成长规律,契合课程教学目标,教学适用性好。为确保课程建设的创新性、高阶性、综合性、研究性,教材编写组结合《教师教育课程标准(试行)》(2011年),吸纳职业教育心理学的研究成果,对《职业教育心理学导论》(崔景贵主编,科学出版社2008年版)进行全新的修订,修订的重点是聚焦前沿,丰富教材内容;挖掘经典,提升教材难度;注重运用,增加实际案例。教材内容注重基础经典与实际应用、基本要求与拓展创新的有机结合,体现先进教育教学理念和职业教育发展需求,增加与职业教育改革关系密切的最新成果,整合职业心理学、学习心理学、管理心理学、学科教学及信息技术研究的新成果。教材编写组总结课程教学实践经验和研究成果,还编写出版了科学性、实用性强的教学参考用书《现代职业教育心理学:积极范式的实证研究》。

本教材的编写秉承"求异存同、注重特色、积极发展、育人至上"的理念,立足新时代职业教育发展实际,以深化课程教学改革创新为动力,以建设更为适合、更加优质课程为抓手,立足"三全"(全员、全过程、全方位)育人,深化"三教"(教师、教材、教法)建设,注重因时而化、因势利导,注重因人(专业)而异、因材施教,与时俱进、多元协同,聚焦着力提高课程教学育人成效,聚力优化新时代职校师资培养质量和模式。以培养合格职业院校教师的师范素质为立足点和出发点,以师范生在职业教育教学过程中的工作与活动为主线,坚持以学为本,即围绕职业学校学生的学习与活动,以"学生心理—学习心理—学业心理—学力心理"为主体内容,坚持以"实"为本,即联系实际、体现实用、突出实践、注重实效,进一步优化教材结构、内容与职业教育特色。总体来看,本教材编写创新性地建构职业教育心理学体系,充分体现思想性、科学性与时代性的积极整合,全面实现学术性、技术性与师范性的有机融合,注重凸现人文性、示范性与发展性的高度耦合。

本书是国家社科基金教育学一般课题(BJA200094)和江苏省高校哲学社会科学研究优秀创新团队"江苏职业教育现代化研究"(2017ZSTD020)的代表性成果。本书主编为江苏理工学院崔景贵教授和江苏第二师范学院蒋波教授。两位主编拟定编写框架和相关体例,江苏理工学院教师教育学院心理学系和心理教育研究所的10多位老师,团结互助、精诚合作,多次共同研讨教材编写提纲,克服困难数易其稿。各章编写分工如下:第一章、第二章、第三章、第十七章,崔景贵;第四章,赵晓川、张冬梅;第五章、第六章、第七章,蒋波;第八章,黄亮、崔景贵;第九章,方翰青、施兰芳;第十章,胡维芳;第十一章,赵伟;第十二章,戴玉英;第十三章,张冬梅;第十四章,冉苒;第十五章,温清霞;第十六章,张长英;参考文献,蒋波;后记,崔景贵、蒋波。在各章初稿完成后,两位主编负责全书各章的修改、统稿和定稿,根据实际需要调整、补充了部分章节内容,张长英、赵伟、董云英、孔博鉴、刘礼艳和谢颖等老师协助主编对部分章节进行了修改和校对工作。

职业教育心理学是研究现代职业教育情境中学与教的基本心理现象与规律的科学,是心理学在职业教育教学领域的积极应用,对职教实践创新具有描述、解释、预测和控制的作用。"职业教育心理学"课程是聚力协同培养高素质双师型现代职教专业师资、推动现代职业教育改革创新高质量发展的重要支撑。今后,本课程教学团队将聚焦建设更强、更优、更特的一流本科课程,树立立德树人、以人为本、助人自助的理念,树立教学相长、教学合一、教学育人的理念,进一步优化课程教学团队,进一步丰富课程教学资源,进一步深化教学改革研究,进一步提升职业师范教育专业人才培养质量,为加快推进我国职业教育治理体系和治理能力现代化贡献智慧和力量。

本书可供广大中高等职业院校教师、职业师范教育类专业学生使用,也可供职业教育研究者和对职业教育心理学感兴趣的人士参考。感谢南京大学出版社王其平为本书的出版付出的辛勤努力和卓越作为！本书撰写过程中，参考了大量国内外的研究成果，由于篇幅有限，书后列出了直接引用的主要参考文献，间接引用的参考文献未能一一标出，谨对文献作者表示诚挚谢意！由于我们学识水平有限，本书肯定还有一些疏漏和不妥之处，敬请各位专家、同行和广大读者提出宝贵意见！

《职业教育心理学新论》教材编写组

2020年10月18日